21世纪高等学校物流管理与物流工程系列教材

仓储规划与管理
（第2版）

主　编　刘云霞
副主编　张　玲　庞海云　王富忠

清华大学出版社
北京交通大学出版社
·北京·

内 容 简 介

本书紧密结合当前仓储规划与管理涉及的主要理论、方法和技术，内容全面、结构完整、严谨务实。

本书主要从 7 章来进行阐述，分别为仓储概述、仓储规划基础资料分析、仓储设施设备、仓储装卸搬运设备、仓储系统规划、仓储业务管理、库存控制管理等内容。本书注重仓储规划管理内容的完整性，对设施设备的应用和特征、仓储管理控制涉及的重要技术方法都进行了较为详细的阐述。

本书可作为物流工程、物流管理、工业工程和物资管理类等本科专业的教学用书，也可以作为物流、工商企业从业人员及相关专业本科生的参考用书。

本书封面贴有清华大学出版社防伪标签，无标签者不得销售。
版权所有，侵权必究。侵权举报电话：010-62782989　13501256678　13801310933

图书在版编目（CIP）数据

仓储规划与管理 / 刘云霞主编. —2 版. —北京：北京交通大学出版社：清华大学出版社，2021.9
 ISBN 978-7-5121-4538-2

Ⅰ.① 仓⋯　Ⅱ.① 刘⋯　Ⅲ.① 仓库管理—高等学校—教材　Ⅳ.① F253.4

中国版本图书馆 CIP 数据核字（2021）第 153037 号

仓储规划与管理
CANGCHU GUIHUA YU GUANLI

策划编辑：郭东青	责任编辑：郭东青			
出版发行：	清 华 大 学 出 版 社	邮编：100084	电话：010-62776969
	北京交通大学出版社	邮编：100044	电话：010-51686414
印 刷 者：	艺堂印刷（天津）有限公司		
经　　销：	全国新华书店		
开　　本：	185 mm×260 mm　　印张：19.75　　字数：493 千字		
版 印 次：	2013 年 9 月第 1 版　2021 年 9 月第 2 版　2021 年 9 月第 1 次印刷		
印　　数：	1～2 000 册　　定价：59.00 元		

本书如有质量问题，请向北京交通大学出版社质监组反映。对您的意见和批评，我们表示欢迎和感谢。
投诉电话：010-51686043，51686008；传真：010-62225406；E-mail：press@bjtu.edu.cn。

第 2 版前言

2013 年 8 月，为了满足教学的需要，我们出版了《仓储规划与管理》一书，8 年过去了，物流的理论、方法、技术、管理等发展迅猛，不断地变化更新。经过近 10 年的知识更新和教学实践，作者下决心对本书进行修订，对原版内容进行必要的删减和修改；在保留原有目录框架的基础上，根据我国国家标准《物流术语（GB/T 18354—2021）》，对仓储相关的概念进行了更新；对实用性较强的理论方法增加了例题说明；对仓储规划与管理的技术方法应用进行了完善更新；对课后的大部分案例进行了更新替换；最后对全书的文字表述进行推敲修改，使其更符合规范；统一了各章节出现的名词或专业术语，并重点地对仓储设施设备的分类进行了删减和增补。在修订过程中，力求做到观念新、概念新、内容新、结构合理，使本书得以保持一种鲜活的时代特色，反映当代仓储理论和实践成果。希望读者能够从中得到有益的启示。

本书共分 7 章，由浙江科技学院经济管理学院刘云霞、庞海云、张玲和王富忠共同修订，其中第 1、3～5 章由刘云霞修订，第 2 章由王富忠修订，第 6 章由张玲修订，第 7 章由庞海云修订。

在本书修订过程中，参考了大量的文献资料，吸收并借鉴了众多专家学者的研究成果，浙江科技学院经济管理学院庞海云博士根据课堂教学实践提出了很多宝贵的修订意见，在此特向这些专家、学者表示深深的感谢。由于物流行业的发展和理论研究是一个不断探索的过程，再加上作者的水平有限，尽管在整个教材的修订过程中尽了最大的努力，但错误和疏漏之处在所难免，衷心希望读者批评指正。

编者
2021 年 8 月

前　言

自从物流概念引入我国30多年来，物流相关行业在我国得到了快速发展，各行各业对物流给予了足够的重视，这既是经济全球化不断深入发展及我国经济日益融入世界经济体系的大势所趋，也是社会各界迫切要求实现我国流通产业现代化的集中体现。仓储作为物流的一个重要环节，其规划管理的合理化对物流乃至整个供应链都会产生影响，虽然现代物流追求零库存的思想，但是库存是不可能消除的，也不意味着两大主体功能之一的仓储功能不再重要，而是提出了更高的要求，要求周转速度更快、成本更低。因此仓储规划与管理要求更高的作业效率，仓储规划管理向更专业的方向发展。

目前国内关于仓储管理的教材不断问世，大多数教材在阐述仓储设施设备、业务管理和库存控制三个方面进行了取舍，要么对仓储设施设备的阐述过于简单，其特征和应用没进行深入探讨；要么对库存控制的阐述比较缺乏，不便于对实际情况的了解和掌握。鉴于此，本书重点论述了仓储设施设备的特征和应用、仓储系统的规划、仓储系统的业务管理、库存控制四个方面的内容，特别是对设施设备、规划和库存控制方面的内容进行了较全面的论述。

通过本书的学习，读者能够掌握仓储规划的基本技术和方法，对涉及的技术设备特征和应用有一个较全面的把握，熟悉各种仓储设施设备的特征和应用，能够较全面地掌握仓储管理业务和库存控制两个重要内容，并对具体仓储行业的仓库规划、仓储设施设备的选用和库存控制有一定的了解，使之具备较强的仓储规划能力。

本书可作为物流工程、物流管理、工业工程、物资管理等本科专业的教学用书，也可以作为物流、工商企业从业人员及相关专业本科生的参考用书。

本书共分7章，由浙江科技学院经济管理学院刘云霞、江思定、张玲和王富忠共同编写，其中第1、3~5章由刘云霞编写，第2章由王富忠编写，第6章由张玲编写，第7章由江思定编写。

在本书编写过程中，编者参考了大量的国内外教材、书籍、期刊和网页资料，在此特向这些专家学者表示深深的感谢，由于作者的疏忽，难免在参考文献中存在漏挂情况，敬请谅解。由于物流行业的发展和理论研究还是一个不断探索的过程，再加上作者的水平有限，尽管在整个教材的编写过程中，我们尽了最大的努力，但不足之处在所难免，衷心希望读者批评指正。

编者
2013年8月

目 录

第1章 仓储概述 ... 1
引导案例 ... 1
1.1 仓储活动的产生和发展 ... 1
　1.1.1 仓储活动的产生 ... 2
　1.1.2 仓储活动的现状 ... 3
　1.1.3 仓储活动的发展趋势 ... 4
1.2 仓储的基本概念与意义 ... 5
　1.2.1 仓储的基本概念 ... 5
　1.2.2 仓储的意义 ... 6
　1.2.3 仓储的功能 ... 8
1.3 仓储管理的特点和内容 ... 9
　1.3.1 仓储管理的特点与原则 ... 9
　1.3.2 仓储管理的内容 ... 11
　1.3.3 仓储管理的任务 ... 12
1.4 仓储管理模式与决策 ... 13
　1.4.1 不同类型企业的仓储管理要求 ... 14
　1.4.2 按活动运作方分类的仓储管理模式 ... 14
　1.4.3 按库存所有权分类的仓储管理模式 ... 17
　1.4.4 仓储管理模式的决策依据 ... 17
1.5 仓储管理发展趋势 ... 18
　1.5.1 影响仓储管理的重要变革因素 ... 18
　1.5.2 仓储管理方法的发展趋势 ... 20
　1.5.3 仓储管理技术的发展趋势 ... 21
　1.5.4 仓储行业的发展趋势 ... 22
思考与案例分析 ... 24
　1. 思考题 ... 24
　2. 案例分析 ... 24

第2章 仓储规划基础资料分析 ... 26
引导案例 ... 26
2.1 仓储系统规划基础资料分析概述 ... 27
　2.1.1 仓储系统规划所需的基础资料 ... 27
　2.1.2 基础资料分析方法 ... 28
2.2 物品需求特征分析 ... 31
　2.2.1 物品储运单位与物品特性分析 ... 31
　2.2.2 ABC分析法 ... 33
　2.2.3 订单变动趋势分析法 ... 34
　2.2.4 EIQ分析法 ... 36
2.3 仓储绩效分析 ... 46
　2.3.1 仓储绩效衡量指标 ... 46
　2.3.2 考虑竞争的仓储绩效衡量 ... 49
　2.3.3 仓储实践与仓储绩效 ... 52
思考与案例分析 ... 55
　1. 思考题 ... 55
　2. 案例分析 ... 55

第3章 仓储设施设备 ... 56
引导案例 ... 56
3.1 仓储设施设备概述 ... 57
　3.1.1 仓储设施设备的分类 ... 57
　3.1.2 仓储设施设备特点 ... 58
　3.1.3 仓储设施设备的发展趋势 ... 58
3.2 仓储设施 ... 60
　3.2.1 仓储设施的类型 ... 60
　3.2.2 仓储设施的构成 ... 63
　3.2.3 站台设施 ... 66
3.3 集装单元化储存设备 ... 68
　3.3.1 集装单元化设备概述 ... 68

| 3.3.2 托盘 ………………………… 70
| 3.3.3 集装箱 ……………………… 78
| 3.4 货架储存设备 …………………………… 93
| 3.4.1 货架储存设备概述 ……………… 93
| 3.4.2 货架的分类 ……………………… 94
| 3.4.3 几种典型的货架 ………………… 95
| 3.5 自动化立体仓库 ………………………… 104
| 3.5.1 自动化立体仓库概述 …………… 104
| 3.5.2 自动化立体仓库的构成 ………… 107
| 3.5.3 自动化立体仓库存取
| 工艺 ………………………………… 112
| 3.5.4 自动化立体仓库的发展
| 趋势 ………………………………… 113
| 思考与案例分析 ……………………………… 115
| 1. 思考题 ………………………………… 115
| 2. 案例分析 ……………………………… 115

第4章 仓储装卸搬运设备 …………… 117
引导案例 ……………………………………… 117
4.1 装卸搬运设备概述 ……………………… 118
    4.1.1 装卸搬运的概念 ………………… 119
    4.1.2 装卸搬运设备的工作
          特点 ………………………………… 119
    4.1.3 装卸搬运设备的作用 …………… 120
    4.1.4 装卸搬运设备的分类 …………… 120
4.2 叉车 ……………………………………… 121
    4.2.1 叉车的特点及总体结构 ………… 122
    4.2.2 叉车的分类 ……………………… 123
    4.2.3 叉车型号和技术参数 …………… 128
    4.2.4 叉车属具 ………………………… 130
4.3 起重机械设备 …………………………… 132
    4.3.1 简单起重机械 …………………… 132
    4.3.2 通用起重机械 …………………… 133
    4.3.3 特种起重机械 …………………… 134
    4.3.4 起重机的基本参数 ……………… 135
    4.3.5 起重机械的主要属具 …………… 137
4.4 输送设备 ………………………………… 143
    4.4.1 输送机概述 ……………………… 143
    4.4.2 输送机的分类 …………………… 144
    4.4.3 几种典型的输送机 ……………… 144

4.5 其他装卸搬运设备 ……………………… 147
    4.5.1 自动导引车 ……………………… 147
    4.5.2 穿梭车 …………………………… 151
    4.5.3 机器人 …………………………… 151
思考与案例分析 ……………………………… 154
    1. 思考题 ………………………………… 154
    2. 案例分析 ……………………………… 155

第5章 仓储系统规划 …………………… 157
引导案例 ……………………………………… 157
5.1 仓储系统规划概述 ……………………… 158
    5.1.1 仓储系统的功能 ………………… 158
    5.1.2 仓储系统的构成 ………………… 159
    5.1.3 仓储系统规划的内容 …………… 161
5.2 仓储系统的总体规划 …………………… 162
    5.2.1 仓储系统总体规划概述 ………… 162
    5.2.2 仓库规模设计 …………………… 165
    5.2.3 仓库总平面区域规划 …………… 169
    5.2.4 仓储系统外围空间规划
          布置 ………………………………… 171
    5.2.5 仓库系统储存货物空间
          规划布置 …………………………… 175
5.3 仓储系统平面布局设计 ………………… 180
    5.3.1 仓储系统平面布局概述 ………… 180
    5.3.2 储存设备的选择 ………………… 184
    5.3.3 装卸搬运设备的选型 …………… 188
    5.3.4 仓储系统平面布局示例 ………… 192
5.4 自动化立体仓库系统规划 ……………… 194
    5.4.1 自动化立体仓库系统规划
          概述 ………………………………… 194
    5.4.2 自动化立体仓库系统的
          具体设计 …………………………… 196
思考与案例分析 ……………………………… 199
    1. 思考题 ………………………………… 199
    2. 案例分析 ……………………………… 199

第6章 仓储业务管理 …………………… 201
引导案例 ……………………………………… 201
6.1 仓储业务管理的内容 …………………… 202
    6.1.1 货物入库验收概述 ……………… 202
    6.1.2 货物保管概述 …………………… 203

  6.1.3 库存检查概述 ······ 204
  6.1.4 货物出库概述 ······ 205
 6.2 仓储入库管理 ······ 206
  6.2.1 影响入库作业的因素 ······ 206
  6.2.2 货物入库准备 ······ 207
  6.2.3 货物入库检验 ······ 207
  6.2.4 入库手续交接和登记 ······ 209
 6.3 仓储在库管理 ······ 210
  6.3.1 "5S"现场管理 ······ 210
  6.3.2 仓储货物盘点技术 ······ 214
  6.3.3 仓储货物养护技术 ······ 217
 6.4 储存规划 ······ 231
  6.4.1 储存规划概述 ······ 231
  6.4.2 货位编码与货物编号 ······ 236
  6.4.3 货位指派优化 ······ 240
 6.5 仓储出库管理 ······ 242
  6.5.1 货物出库方式 ······ 243
  6.5.2 出库作业流程 ······ 243
  6.5.3 出库时问题的处理 ······ 250
思考与案例分析 ······ 252
 1. 思考题 ······ 252
 2. 案例分析 ······ 252

第7章 库存控制管理 ······ 255
引导案例 ······ 255
 7.1 库存及库存管理的相关概念 ······ 255
  7.1.1 库存的重要性 ······ 255
  7.1.2 库存管理的内容 ······ 256
 7.2 面向单品种的库存控制方法 ······ 259
  7.2.1 EOQ库存控制方法 ······ 259
  7.2.2 再订货点库存控制方法 ······ 262
  7.2.3 安全库存的确定方法 ······ 264
 7.3 面向多品种的库存控制方法 ······ 267
  7.3.1 ABC库存控制方法 ······ 267
  7.3.2 MRP库存控制方法 ······ 270
 7.4 面向供应链的库存控制思想 ······ 279
  7.4.1 牛鞭效应 ······ 280
  7.4.2 零库存管理 ······ 283
  7.4.3 供应商管理库存控制思想 ······ 287
  7.4.4 联合管理库存控制思想 ······ 294
  7.4.5 合作计划、预测与补给 ······ 299
思考与案例分析 ······ 305
 1. 思考题 ······ 305
 2. 案例分析 ······ 305

参考文献 ······ 307

第 1 章

仓储概述

某零售商的混合仓储管理模式

美国某药品和杂货零售商成功实现其并购计划之后销售额急剧上升,需要扩大分拨系统以满足需要。一种设计是利用6个仓库供应全美约1 000家分店。公司既往的物流战略是全部使用自有仓库和车辆为各分店提供高水平的服务,因而此次公司计划投入700万美元新建一个仓库,用来缓解仓储不足的问题。新仓库主要供应匹兹堡附近的市场,通过配置最先进的搬运、存储设备和进行流程控制降低成本。管理层已经同意了这一战略,且已经开始寻找修建新仓库的地点。

然而,公司同时进行的一项网络设计研究表明,新仓库并没有完全解决仓储能力不足的问题。这时,有人建议采用混合战略——除使用自建仓库外,部分地利用营业型租赁仓库,这样做的总成本比全部使用自建仓库的总成本要低。于是企业将部分产品转移至营业型仓库,然后安装新设备,腾出足够的自有空间以满足可预见的需求。新设备的成本为20万美元。这样,企业成功地通过混合战略避免了单一仓储模式下可能导致的700万美元的巨额投资。

问题:比较该实例前后采用的两种不同仓储管理模式的优劣。

1.1 仓储活动的产生和发展

仓储活动是物流的一个重要环节,是不可缺少的,仓储活动随着经济的发展发生了很大变化,不管是仓储活动的场所,还是仓储活动所涉及的技术设备、管理方法都在改变,仓储活动具有很悠久的历史,从活动对象的单一性到全面性、从被动仓储到主动仓储均显示了仓储活动产生的巨大经济效益，并对人类的进步发挥了一定作用，因此仓储活动将向更高层次发展。

1.1.1 仓储活动的产生

仓储是在特定的场所储存物品的行为，人类社会自从有剩余产品以来，就产生了储存。"积谷防饥"简要意思是将丰年剩余的粮食储存起来以防歉年之虞，原始社会末期，当某个人、部落获得的食物自给有余时，就会把多余的食品储藏起来。我国发现最早的仓库雏形"窖穴"。在西安半坡村的仰韶遗址发现了许多储存食物和用具的窖穴，多数密集在居住区内，和房屋交错在一起。在古籍中常看到"仓廪""窦窖""邸阁"这样的词语。"仓廪"的"仓"是专门藏谷的场所，"廪"是专门藏米的场所；"窦窖"是指储藏物品的地下室，椭圆形的叫"窦"，方形的叫"窖"；"邸阁"是用来存放粮食的地方。古代把存放兵器的地方叫作"库"，后人把"仓"和"库"结合使用，把储存和保管物品的建筑物或场所统称为"仓库"。

仓储业是一个古老的行业，我国的仓储具有悠久的历史，但是由于中国经济长期受封建主义的束缚，到近代再加上帝国主义的侵略，致使旧中国生产力水平极其低下，民族工业得不到正常发展，商品生产和交换的规模较小，因此，服务于商品交换，随商品生产的发展而发展的仓储业基本上处于一个低水平状态。新中国成立以后，随着社会经济的不断发展，仓储业已成为社会经济发展的重要力量，目前我国的仓储业已有了较大的规模，且形成了各种专业化的门类齐全的仓储分工。纵观中国仓储活动的历史，大致经历以下四个阶段。

（1）古代仓储业。中国古代的商业仓库是随着社会分工和专业化生产的发展而逐渐形成和扩大的。"邸店"可以说是商业仓库的最初形式，它既具有商品寄存性质，又具有旅店性质。随着社会分工的进一步发展和商品交换的不断扩大，专门储存商品的"塌房"从"邸店"中分离出来，成为带有企业性质的商业仓库。

（2）近代仓储业。随着商品经济的发展和商业活动范围的扩大，中国近代商业仓库得到了一定的发展。19世纪的商业仓库叫作"堆栈"，即指堆存和保管物品的场地和设备。堆栈业初期的业务只限于堆存货物，物品的所有权属于寄存人。随着堆栈业务的扩大，服务对象的增加，新中国成立前的堆栈业已经具有码头堆栈、铁路堆栈、保管堆栈、厂号堆栈、金融堆栈和海关堆栈等专业划分。近代堆栈业的显著特点是建立明确的业务种类、经营范围、责任业务、仓租、进出手续等。

（3）社会主义仓储业。新中国成立以后接管并改造了旧中国留下来的仓库，当时采取对口接管改造的政策，如铁路、港口仓库由交通运输部门接管；物资部门仓库由全国物资清理委员会接管；私营库由商业部门对口接管改造；外商仓库按经营的性质，分别由港务、外贸、商业等有关部门接管收买。1962年，国家物资储运局（后改为物资储运总公司）成立，1984年，国家物资储运总公司在各地设有14个直属储运公司，下属76个仓库，主要承担国家掌握的机动物资、国务院各部门中转物资及其他物资的储运任务，再加上各地物资局下属的储运公司和仓库，在全国逐步形成了一个物资储运网。在这一阶段，无论仓库建筑、装备，还是装卸搬运设施，都比旧中国商业仓库有了较大的发展。

（4）现代化仓储业。中国在一个较长的时间里，仓库一直属于劳动密集型企业，即仓库中大量的装卸、搬运、堆码、计量等作业都是由人工来完成的，因此，仓库不仅占用了大量的劳动力，而且劳动强度大、劳动条件差，特别在一些危险品仓库，还极易发生中毒、爆炸等事故。为迅速改变这种落后状况,政府在这方面下了很大力气。一方面重视旧式仓库的改造工作,按照现代仓储作业要求,改建旧式仓库,增加设备的投入,配备各种装卸、搬运、堆码等设备,减轻工人的劳动强度,改善劳动条件,提高仓储作业化的机械水平;另一方面,新建了一批具有先进技术水平的现代化仓库。我国从20世纪70年代开始建造自动化仓库,并普遍采用电子计算机辅助仓库管理,使中国仓储业进入了自动化的新阶段。

1.1.2 仓储活动的现状

我国的仓储业历史悠久,特别是新中国成立之后得到了极大的发展。随着社会主义市场经济的不断发展,我国的仓储业已经形成了较大的规模,且形成了各种专业化门类齐全的仓储分工,仓储业在国民经济体系中占有重要的地位,成为社会经济发展不可或缺的力量。2016年,我国仓储企业共有2.9万家,仓储业从业人员92.9万人,其中仓储企业最多的是山东省,其次是上海市,且冷库建设快速增长,主要涉及肉类加工、果品加工、蔬菜储运、医药、茶叶、食品等行业,电子商务的发展也对仓储活动提出了新的要求。虽然目前我国的仓储业在数量上能够完全满足我国经济发展的需要,但是在服务质量和效益上还存在着明显的不足。我国的仓储业现状可归纳如下。

1. 技术水平分化,发展不均衡

自改革开放以来,国外先进的仓储技术传入我国,使我国仓储业发生了显著的变化,特别是自动化立体仓库技术传入我国以后,我国的仓储技术有了很大的提高。

虽然我国在建造自动化仓库时注意引进先进的仓储技术、提高仓储工作人员的素质、重视仓储管理工作,但由于资金、资源等各方面的原因导致各地区发展不平衡。除此之外,仓库建设本身一般为了满足一时需要而采取的短期行为、应急式的决策,使得所建设的仓库普遍都是简易仓库和货场,缺乏机械和设备。同样因为仓储企业的经营管理水平低下,仓储自身发展能力极弱,大多数仓储技术水平低下,机械化程度很低。再加上仓库建设和仓储管理源出多头而导致互相之间缺乏联系和合作,功能分工不明确,使得大多数仓储功能相近,用途相同。为了满足社会需要,政府的投资使得个别行业拥有一定数量的专业化、机械化、自动化程度都很高的仓库,但整体上并没有充分发挥其应有的作用。

2. 众多布局不合理的仓库

由于部门行业的分头建设,不同层次、不同部门为了满足自身需要,广泛开展仓库建设,在经济集中地区,特别是部门集中地区,仓库较为集中,数量众多。

为了便于纵向的联系和资源调配,仓库都集中建在交通中心附近,造成在一个地区,以致在全国的仓储布局极度不合理。仓储集中的地区仓储能力出现严重剩余,其他许多地方仓储能力严重不足。在经济落后地区,仓储能力的不足严重限制了当地经济的发展。

3. 条块分割,仓储分为多个部门

我国长时间实行的计划经济体制导致物质资源通过部门体制的方式分配。各部门间争夺物质资源、储存所获得的分配资源,形成以部门为体系的纵向方式部署仓储——中央、地方,物资、商业、农业、交通、铁路、电力等部门体系的仓储结构,它们之间互不联系。

4. 存量巨大,管理水平低下

我国的仓库拥有量居世界前列。但由于没有一个仓储管理部门进行全国性的统计,因此底数并不清楚。我国的仓储能力巨大,但是仓储管理水平非常低的特点主要表现如下。

(1) 我国仓储利用率低下,货物周转率低,物资流通速度慢,仓储保管能力差,货物损耗严重。我国许多仓储企业并没有改造成为能自主地利用仓储资源进行盈利的独立市场主体,同时由于我国总体上不重视仓储管理、仓储管理的资源投入不够、仓储管理人员的整体文化素质不高、专业知识程度低,从而导致仓储管理水平低下。

(2) 绝大多数仓储企业由于没有自主经营的能力,因而也就不能充分利用仓储资源,为社会提供更加优质的服务,更没有意识到能够利用仓储中的巨量沉淀资本为企业和社会创造经济价值。

5. 管理法规不够健全完善

建立健全以责任制为核心的规章制度是仓储管理的一项基础工作,严格的责任制是现代化大生产的客观要求,也是规范每个岗位职责的依据。

市场经济是法制的经济,严格的依法管理和完善的法律制度是经济发展的重要保证。处在市场经济初级阶段的仓储业也需要完整、健全的法律管理体系。我国关于仓储立法主要表现在《中华人民共和国民法典》中的第二编《物权》的物权规范和第三编《合同》中的保管合同和仓储合同,《消防法》中的消防要求和消防管理,以及其他一些规章制度。但随着生产的发展和科学水平的提高,至今有些规章制度已经不适合工作,需要进行修改和新建。在仓储管理法制建设方面,我国起步较晚,至今还没有一部完整的仓储法。对于仓储经营中的一些经济行为缺乏足够的法律支持。仓储企业通过法律的手段保护自身的利益也远远做得不够。同时,企业内部的法制化水平也比较低下,仓储管理人员的法制观念不强,不会运用法律手段来维护企业的利益。

当前,我国的仓储设施大量闲置,许多储运企业的库房均出租挪作他用。但这并不代表我国仓储设施供大于求,问题在于仓储设施已经不符合企业的现代化需求。调查显示,拥有库房和搬运设施的企业的普遍情况是普通平房库、简易仓库和普通楼房库为主要库种。这种仓储设施陈旧老化的问题正是导致我国仓储表面"供大于求"的主要原因。此外,中国仓储协会的调查还显示,仓储设施不能满足客户的特定需求是另一大阻碍因素。因此,我国的仓储能力相对结构性过剩。

随着买方市场的形成,我国仓储业逐渐暴露出它的弊病。虽有大量的仓储设施却不能满足企业个性化的需求。比如我国对于冷冻仓储需求越来越大,但仓储的现状却不能满足这种需求。因此,我国的仓储业需要在专业化个性化服务上做出调整,针对市场进行技术改造和结构调整,以适应企业的市场需求。

1.1.3 仓储活动的发展趋势

自我国加入 WTO 以来,我国能够提供租赁、速递、货物储运、货仓、技术检测和分析、包装服务等方面业务的物流公司正面临着激烈的竞争和众多的机遇,面对全社会物流管理水平的提高,我国仓储业已不能满足现代生产的需要。因此,中国仓储业必须尽快转变经营观念、提升管理水平。仓储业需要加快改造步伐,迅速提高质量和效率,满足社会经济发展的需要,同时实现仓储业的健康发展。仓储活动的发展趋势体现在以下六个方面。

(1) 仓储社会化。把仓储资源变成社会化资源,彻底改变目前利用率不高、效率低、自身发展能力低的不良状况,使其真正成为市场资源,促进仓储业的发展。

（2）功能专业化。通过专业化的发展提供个性产品，将企业资源充分利用到有特长的项目上，才能提高效益、形成竞争的优势。

（3）仓储标准化。采用法律法规规定的仓储标准或者行业普遍实行的惯例。不仅实现仓储环节与其他环节的密切配合，同时提高仓库内部作业效率，充分利用仓储设施和设备的有效手段，是开展信息化、机械化、自动化仓储的前提条件。

仓储标准化主要包括：包装标准化、标志标准化、托盘标准化、容器标准化、计量标准化、条码、作业工具标准化、仓储信息等技术标准化，以及服务标准、单证报表、合同格式等标准化。

（4）仓储自动化。对仓储作业进行计算机管理和控制，在仓储作业中通过物流条码技术、射频通信、数据处理、仓储信息管理等技术指挥堆垛机、传送带、自动导引车、自动分拣等自动设备完成仓储作业，并同时完成报表、单证的制作和传送。对于危险品仓储、冷库、粮食等特殊仓储，采用温度、湿度自动控制技术和自动监控技术，确保仓储安全。

（5）仓储信息化。通过计算机和相关信息输入输出设备，对货物识别、理货、入库、保管、出库等进行操作管理，进行账目处理、货位管理、存量控制，制作各种报表和提供实时查询。物流中心和配送中心的存货品种繁多，存量差异巨大，入出库频率各不相同。要提高仓库利用率保持高效率的货物周转，实施精确的存货控制，必须进行计算机的信息管理和处理。仓储信息化管理是提高仓储效率、降低仓储成本的必要途径。

（6）仓储管理科学化。在仓储管理中采用合理、高效、先进的管理模式和方法，包括管理体制、管理组织、管理方法几个方面。采用高效化的组织机构，实行规章化的责任制度，建立动态的奖励分配制度，实施有效和系统的职工教育培训制度。仓储管理科学化是实现高效率、高效益仓储的保障。

1.2 仓储的基本概念与意义

仓储作为物流系统唯一的静态活动，是物流活动的主要功能之一，与物流其他功能有密不可分的联系。根据其活动内容或意义的不同，仓储活动存在很多不同的叫法。

1.2.1 仓储的基本概念

"仓"即仓库，为存放、保管、储存物品的建筑物和场地的总称，可以是房屋建筑、洞穴、大型容器或特定的场地等，具有存放和保护物品的功能。

"储"即储存、储备，表示收存以备使用，具有收存、保管、交付使用的意思。根据我国国家标准《物流术语（GB/T 18354—2021）》中的定义，所谓仓储（warehousing），是指利用仓库及相关设施设备进行物品的入库、储存、出库的活动，而储存（storing）是指储藏、保护、管理商品。可见，与作为物流基本功能要素之一的储存相比，仓储的含义及所包含的活动内容更为宽泛，储存应包含在仓储之中，是其主要活动。人类社会自从有剩余产品以来，就产生了储存，而仓储随着物品储存的产生而产生，又随着生产力的发展而发展。仓储是商品流通的重要环节之一，也是物流活动的重要支柱。仓储是集中反映工厂物资活动状况的综合场所，是连接生产、供应、销售的中转站，对促进生产、提高效率起着重要的辅助作用。在现代物流中，还有静态仓储和动态仓储的区分。由于物品不能被及时消耗完而需要暂时存放在某一场所，称为静态仓储；将物品存入仓库并对其进行保管、控制、提供出库使用等管理，称为动态仓储。

除了仓储与储存的概念，还有相关的概念，如库存、保管、存货等，它们既有紧密的联系，又有一定的区别，很多时候在实践中相互代替，如：

库存（stock）：指储存作为今后按预定的目的使用而处于闲置或非生产状态的物品。广义的库存还包括处于制造加工状态和运输状态的物品。

保管（stock keeping）：指对物品进行储存，并对其进行保护和管理的活动。

存货、库存（inventory）：原义为详细目录，存货清单。这是一种更一般的提法，一切目前闲置的，用于未来的，有经济价值的资源，通常转化成可比较的货币量。

仓储管理（warehouse management）是指服务于一切库存物品的经济技术方法和活动，是为了更好地利用所具有的仓储资源提供高效的仓储服务而进行的计划、控制、组织和协调过程。

仓储管理是一门经济管理科学，同时也涉及应用技术科学，故属于边缘性学科。仓储管理的内涵随着其在社会经济领域中的作用不断扩大而变化。仓储管理，即库管，是指对仓库及其库存物品的管理，仓储系统是企业物流系统中不可缺少的子系统。物流系统的整体目标是以最低成本提供令客户满意的服务，而仓储系统在其中发挥着重要作用。仓储活动能够促进企业提高客户服务水平，增强企业的竞争能力。现代仓储管理已从静态管理向动态管理发生了根本性的变化，对仓储管理的基础工作也提出了更高的要求。

1.2.2 仓储的意义

随着经济的发展，消费方式出现了个性化、多样化的改变，生产方式也变为多品种、小批量的柔性生产方式。物流的特征由少品种、大批量变为多品种、少批量或多批次、小批量，仓储的功能也从重视保管效率逐渐变为重视流通功能的实现。在这里，物质实体在化解其供求之间时间上的矛盾的同时，也创造了新的时间上的效益（如时令上的差值等）。因此，仓储是物流中的重要环节，相对于整个物流体系来说，既有缓冲与调节的作用，也有创值与增效的功能。

仓储活动是由生产和消费之间的客观矛盾所决定的。商品在从生产领域向消费领域转移的过程中，由于生产和消费在时间上、空间上及品种和数量等方面的不同步，就会产生仓储活动。也正是在这些不同步中，仓储发挥了它的重要意义。

1. 仓储活动对国家进行战略性储备具有保障作用

从整个国家的角度来讲，国家要对一些关系国计民生的重要产品（粮棉、油、药、军用物资及战备物资等）进行战略性储备，以保证国民经济可持续发展，防止战争、自然灾害给国民经济带来重大损失。同时，国家进行战略性储备以应对国际政治经济形势的变化，确保国家安全具有十分重要的战略意义。

2. 仓储是使社会再生产过程顺利进行的必要条件

通过搞好流通，搞好仓储活动，发挥仓储活动连接生产与消费的纽带和桥梁作用，借以克服众多的相互分离又相互联系的生产者之间、生产者与消费者之间在商品生产与消费地理上的分离，衔接商品生产与消费时间上的不一致，以及调节商品生产与消费方式上的差异，使社会简单再生产和扩大再生产能在建立一定的商品资源的基础上，保证社会再生产的顺利进行。具体来讲，仓储活动主要从以下几个方面保证社会再生产过程的顺利进行。

(1) 克服生产与消费地理上的分离。从空间方面来说，商品生产与消费的矛盾主要表现在生产与消费地理上的分离。随着经济发展的全球化，企业生产的产品不再是仅仅满足本地区的需要，许多产品需要销往其他地区，或者在全国范围内销售，甚至销往国外。生产的规模越大、越集中，越需要寻求更大的市场，将商品运送到更远的距离。另外，生产的社会化，使不同产品的生产在地区间形成分工。为了更加充分地利用不同地区的自然经济条件和资源，一种商品的生产逐渐趋向于在生产该种商品最经济的地区进行。这样，就必须依靠运输把产品运送到其他市场上去。社会化生产的规律决定了生产与消费的矛盾不是逐渐缩小而是逐渐扩大。随着商品生产的发展，不但需要运输的商品品种、数量增加，而且平均运输的距离也在不断增加。商品仓储活动的重要意义之一就是通过仓储活动平衡运输的装载量。

(2) 衔接生产与消费时间上的背离。商品的生产和消费之间，有一定的时间间隔，在绝大多数情况下，今天生产的商品不可能马上就能卖掉，这就需要产生商品的仓储活动。有的商品是季节生产、常年消费；有的商品是常年生产、季节消费。无论何种情况，在产品从生产过程进入到消费过程，都存在一定的时间间隔。商品在流通领域中暂时的停滞过程，形成了商品的仓储。同时，商品仓储又是商品流通的必要条件，为保证商品流通以正常进行，就必须进行商品仓储活动，以衔接生产与消费在时间上的背离。

(3) 调节生产与消费方式上的差别。生产和消费的矛盾还表现在品种与数量方面。专业化程度越高，工厂生产的产品品种越少。但消费者却要求更广泛的品种和多样化的商品。另外，企业为实现规模效益，生产的品种比较单一，但数量却很大。而在消费方面，消费者需要广泛的品种和较少的数量，因此就要求在流通过程中，不断在品种上加以组合，在数量上加以分散，以满足消费者的需求。

总之，生产和消费在空间、时间、品种、数量等各方面都存在矛盾。这些矛盾既不能在生产领域里解决，也不可能在消费领域里得到解决，所以只能在流通领域，通过连接生产与消费的仓储活动加以解决。仓储活动在推动生产发展、满足市场供应中具有重要意义。

3. 保持商品原有使用价值

任何一种商品，当它生产出来以后至消费之前，由于其本身的性质，所处的条件，以及自然、社会、经济和技术等各方面的因素，都可能使其使用价值在数量上减少、质量上降低，如果不创造必要的条件，会不可避免地对商品造成损害。因此，必须进行科学的管理，加强对商品的养护，搞好仓储活动，以保护好处于暂时停滞状态的商品的使用价值。同时，在仓储过程中，尽可能加快商品流转速度，不断提高供应链各环节效率，使有限的商品能及时发挥最大的效用。

4. 合理的仓储管理可以提高企业经济效益

在仓储活动中，为了保证商品的使用价值在时空上的顺利转移，必然要消耗一定的物化劳动和活劳动，尽管这些合理费用的支出是必要的，但由于它不能创造使用价值，因而，在保证商品使用价值得到有效的保护、有利于社会再生产顺利进行的前提下，费用支出越少越好。做好仓储管理，就可以减少商品在仓储过程中的物质耗损和劳动消耗，加速商品流通和资金周转，从而节省费用支出，降低物流成本，开拓"第三利润源"，提高社会和企业的经济效益。

5. 促进资源合理利用，优化配置

在库存阶段，商品是处于闲置状态的，所以当部分企业储存的物资超过保证生产所必需的界限时，从整个社会来看，就是对资源的一种浪费。在实际经济生活中经常可以看到，同类产品在一些行业呆滞、长期闲置不用，而在另一些行业和企业却表现短缺，乃至影响正常生产。过剩和短缺并存的部分原因是因为流通体制不合理和库存管理不适宜，从技术上讲，现代的仓储理论能够解决库存的合理数量问题，这样就可以为促进资源合理利用、优化资源配置做出一定贡献。

1.2.3 仓储的功能

仓储主要是对流通中的商品进行检验、保管、加工、集散和转换运输方式，并为解决供需之间和不同运输方式之间的矛盾，提供场所价值和时间效益，使商品的所有权和使用价值得到保护，加速商品流转，提高物流效率和质量，促进社会效益的提高。概括起来，仓储的功能可以分为以下几个方面。

1. 调节功能

现代化的大生产形式是多种多样的。综观生产和消费的连续性，各种产品具有不同的特点和特性，有些产品在生产过程中是均衡的，而消费为不均衡；而一些产品在生产过程是不均衡的，而消费却是均衡的。为了使生产和消费协调起来，就需要用仓库进行调节，起到"蓄水池"的作用。一方面，仓储可以调节生产与消费的关系，如销售与消费的关系，使它们在时间上和空间上得到协调，保证社会再生产的顺利进行。另一方面，它还可以实现对运输的调节。因为产品从生产地向销售地流转，主要依靠运输完成，但不同的运输方式在运向、运程、运量及运输线路和运输时间上存在着差距。一种运输方式一般不能直达目的地，需要在中途改变运输方式、运输线路、运输规模、运输方法和运输工具及为协调运输时间和完成产品倒装、转运、分装、集装等物流作业，这种在产品运输的中途停留，即仓储。

根据采用的运输方式，使用的各种运输工具的运输能力是有差别的。船舶的运输能力较大，海运船可以达到万吨级以上，江河船在数百吨至数千吨；火车的运输能力相对较弱，每节车皮的装载能力在30~60 t，一列货运火车的运输量最多可达数百吨；汽车的运输能力小，一般每辆车可装4~30 t。因此，相互之间的运输衔接是不平衡的，这种运输能力的差异，必须通过仓库进行调节和衔接。

2. 检验功能

仓库是具有一定空间、用于容纳和保管物品的场所。在物流过程中，为了保障商品的数量和质量准确无误，明确事故责任，维护各方面的经济利益，要求必须对商品及有关事项进行严格的检验，以满足生产、运输、销售及用户的要求，仓储为组织检验提供了场地和条件。因此现代仓库常常不仅是一个物品储存的场所，还应具备相应的设备，根据储存物品的特性进行搬运与存储。例如，对于储存挥发性溶剂的仓库，必须设有通风设备；而储存精密仪器的仓库，需要防潮、防尘、恒温，必要时还必须设置空调、恒温等调控设备。

3. 集散功能

仓储把生产单位的产品汇集起来，形成规模，然后根据需要分散发送到消费地去。通过一集一散，衔接产需，均衡运输，提高了物流速度。

4. 配送功能

配送是指根据用户的需要，帮助商品进行分拣、组配、包装和配发等作业，并将配好的商品送货上门。仓储配送功能是仓储保管功能的外延，提高了仓储的社会服务效能，也就是要确保仓储商品的安全，最大限度地保持商品在仓储中的使用价值，减少保管损失。合理仓储，就是要保证货畅其流，要以不间断满足市场供应为依据，以此确定恰当的仓储定额和商品品种结构，实现仓储的合理化。否则仓储过多，就会造成商品的积压，增加占用资金，使仓储保管费用增加，造成商品在库损失，形成巨大的浪费。如果仓储过少，又会造成市场脱销，影响社会消费，最终也会影响国民经济的发展。因此，仓储的合理化，具有很重要的意义。

目前，拥有仓储或配送中心具有许多战略上的因素，如提供本地库存服务，这也是为了满足顾客获得全球范围快速服务的要求，有利于促进本地仓库网络的发展；为顾客提供附加值服务，例如贴标签、包装等流通加工；就近选择一些关键供应商，作为材料控制中心的供应合作伙伴；形成订货的最佳结合点，将一次订货的多元部件组合起来送给顾客；整合外运订单，使运输更加经济化；防止受到制造交付周期的影响；处理逆向物流；进行质量检测；制造经济化，如仓储产品能使生产线在季节性需求波动到来时保持平稳运行；提高采购效率，如当原材料价格下降时进行大量采购。

对于任何一个物流活动，管理者都必须确保被选择的仓储战略能给物流系统带来整体效益。也就是说，建造和保养仓库的成本必须小于公司获得的收益。如果仓储成本高于节省下来的采购成本，那么就不能储存原材料，而是在需要时用相对较高的价格进行采购。

1.3 仓储管理的特点和内容

仓储管理简单来说就是对仓库及仓库内的物资所进行的管理。具体来说，仓储管理包括仓储资源的获得、仓库管理、经营决策、商务管理、作业管理、仓储保管、安全管理、劳动人事管理、财务管理等一系列管理工作。因此仓储管理和生产管理既有相似的地方，又有区别，因此进行仓储管理时必须掌握其基本特点和原则。

1.3.1 仓储管理的特点与原则

1. 仓储管理的特点

在确定仓储规划与管理的内容之前，首先需要明确仓储管理的特点。总的来看，仓储活动是生产性的，仓储活动是社会再生产过程中不可缺少的一环。任何产品的生产过程，只有当产品进入消费后才算终结，因为产品的使用价值只有在消费中才能实现。而产品从脱离生产到进入消费，一般情况下都要经过运输和储存。所以说储存和运输一样，都是社会再生产过程的中间环节。同时仓储管理也体现了一些与生产管理的相似之处与不同的特点。

1）仓储管理与生产管理有相似之处

仓储活动同其他物质生产活动一样，具有生产三要素，即劳动力、劳动资料（劳动手段）

和劳动对象,三者缺一不可。物质的生产过程,就是劳动力借助于劳动资料,作用于劳动对象的过程。仓储活动同样具有生产三要素:劳动力——仓库作业人员,劳动资料——各种仓库设施,劳动对象——储存保管的物资。仓储活动中的某些环节,实际上已经构成生产过程的一个组成部分。例如,卷板在储存中的碾平及切割、原木的加工、零部件的配套、机械设备的组装等,都是为投入使用做准备,其生产性更为明显。仓储活动是仓库作业人员借助于仓储设施,对商品进行收发保管的过程。仓储管理与生产管理具有相似之处。

2) 仓储管理与一般生产管理又有区别

仓储活动具有生产性质,但它又区别于一般的物质生产活动,具体体现为以下几个方面。

(1) 仓储活动所消耗的物化劳动和活劳动,不改变劳动对象的功能、性质和使用价值,只是保持和延续其使用价值。

(2) 仓储活动的产品,无实物形态,却有实际内容,即仓储服务,也称为仓储劳务,即不是以实物形式而是以仓储活动形式为他人提供的某种特殊使用价值。

(3) 物品经过储存保管使用价值不变,但其价值增加。这是因为仓储活动的一切劳动消耗,要追加到商品的价值中,追加数量的多少,取决于仓储活动的社会必要劳动量。

(4) 作为仓储活动的产品——仓储服务,其生产过程和消费过程是同时进行的,既不能储存也不能积累。

(5) 在仓储活动中,还要消耗一定数量的原材料,有适当的机械设备相配合,这部分消耗和设备的磨损要转移到库存商品中,构成其价值增量的一部分。

(6) 仓储劳动的质量通过在库物品的数量和质量的完好程度、保证供应的及时程度来体现。

2. 仓储管理的基本原则

保证质量、注重效率、确保安全、讲求经济及服务是仓储管理的基本原则。

1) 保证质量

仓储管理中的一切活动,都必须以保证在库物品的质量为中心。没有质量的数量是无效的,甚至是有害的,因为这些物品依然占用资金、产生管理费用、占用仓库空间。因此,为了完成仓储管理的基本任务,仓储活动中的各项作业必须有质量标准,并严格按标准进行作业。

经济全球化和区域经济一体化使包括仓储企业在内的物流企业面对着开放的市场,用户需求日益多样化、个性化,物流企业在质量水平、营业水平上面临激烈的竞争。

2) 注重效率

仓储成本是物流成本的重要组成部分,因而仓储效率的提高关系到整个物流系统的效率和成本。在仓储管理过程中要充分发挥仓储设施设备的作用,提高仓库设施和设备的利用率;要充分调动仓库生产人员的积极性,提高劳动生产率;要加速在库物品周转,缩短物品在库时间,提高库存周转率。

3) 确保安全

仓储活动中不安全因素有很多。有的来自库存物,如有些物品具有毒性、腐蚀性、辐射性、易燃易爆性等;有的来自装卸搬运作业过程,如每一种机械的使用都有其操作规程,违反规程就要出事故;还有的来自人为破坏。因此特别要加强安全教育、提高认识,制定安全制度、贯彻执行"安全第一,预防为主"的安全生产方针。

4) 讲求经济

仓储活动中所耗费的物化劳动和活劳动的补偿是由社会必要劳动时间决定的。为实现一定的经济效益目标，必须力争以最少的人财物消耗，及时准确地完成最多的储存任务。因此，对仓储生产过程进行计划、控制和评价是仓储管理的主要内容。

5）服务的原则

仓储活动本身就是向社会提供服务产品。服务是贯穿在仓储中的一条主线，仓储的定位、仓储的具体操作、对储存货物的控制都要围绕着服务进行。仓储管理要围绕着服务定位，如提供服务、改善服务、提高服务质量，包括直接的服务管理和以服务为原则的生产管理。

仓储的服务水平与仓储经营成本有着密切的相关性，两者互相对立。服务好，成本高，收费就高。仓储服务管理就是在降低成本和提高（保持）服务水平之间保持平衡。仓储企业进行服务定位的策略如下。

（1）进入或者引起竞争时期：高服务低价格且不惜增加仓储成本。

（2）积极竞争时期：用一定的成本实现较高的仓储服务。

（3）稳定竞争时期：提高服务水平，争取不断降低成本。

（4）已占有足够的市场份额，处于垄断竞争（寡头）地位：服务水平不变，尽力降低成本。

（5）退出阶段或者完全垄断：大幅度降低成本，但也降低服务水平。

1.3.2 仓储管理的内容

仓储管理的对象既包括仓库及库存物资这种实体，又包括"虚体"——仓储服务。具体而言，仓储规划与管理包括以下几个方面的内容。

1. 仓储规划

在确定仓储规划流程的基础上，重点考虑以下四个方面的内容。

（1）仓储规划基础资料分析。在进行仓储规划与管理之前，需要对仓储作业、仓储绩效、物品的供给与需求及物品本身特点进行详细分析，作为进行仓储规划与管理的依据。

（2）仓储设施规划。在对仓储基础资料与数据分析的基础上，对仓储模式、设施规模进行决策，确定仓库选址，进行库区布局、仓库内部布置、仓储设备的选择与配置等工作，为仓储提供合适的场所，以有利于仓储流程的合理运行和仓储成本的控制。

（3）储存规划。包括储存空间设计、储位管理与优化等，为物品存入仓库选择合适的地点，以充分利用仓储设施空间，并方便仓储作业，有利于降低仓储成本。

（4）仓储管理信息系统规划。这是保证所有仓储工作有效进行的必要工作，其重要性毋庸置疑。

2. 仓储管理

仓储管理主要包括仓储业务管理、辅助性工作管理、仓储管理技术及仓储成本管理等。

（1）仓储业务管理与辅助性工作管理。包括仓储业务流程的制定，对入出库、拣货与补货、盘点与呆废物资处理等具体环节的管理，以及流通加工、包装与装卸搬运等辅助性工作的管理，以保证有秩序的仓储活动的进行。

（2）仓储管理技术。包括计算机与信息技术在仓储管理中的应用，以及物资养护技术、货物堆垛技术、安全管理技术、库存控制技术等，目的是提高仓储管理工作效率，保证仓储作业有秩序进行，并且保障储存物品的质量和安全。

(3) 仓储成本管理。分析仓储成本的构成，研究仓储成本控制方法，使仓储成本能够得到正确计算与合理控制，以求不断降低仓储成本，追求仓储成本管理的卓越化。

1.3.3 仓储管理的任务

现代物流是对原材料采购、产品生产及其销售过程的实物流动的统一管理，需要经过众多的环节，其中仓储过程是最为重要的环节，是不可缺少的。仓储从传统的单一的物资存储、流通中心发展成为物流系统网络中的节点，仓储管理不仅作为物流管理的核心环节发挥着协调系统整体的作用，同时也是产品制造管理过程中的关键环节。仓储管理以提供存货储备、装运整合、配送、生产支持、售前准备等功能为企业带来了经济效益和服务利益，为供应链中的企业提供快速反应和及时供给能力。但由于经济发展水平和物流管理水平参差不齐，仓储管理在不同国家与地区、不同企业中承担的具体任务也各有不同。就我国现阶段而言，根据前面所述的仓储功能，仓储管理一般有以下几项基本任务。

1. 利用市场经济的手段获得最大的仓储资源的配置

市场经济最主要的功能是通过市场的价格杠杆和供求关系调节经济资源的配置。市场配置资源是以实现资源最大效益为原则，这也是企业经营的目的。配置仓储资源也应依据所配置的资源能获得最大效益为原则，仓储管理需要营造仓储机构的局部效益空间，吸引资源投入。其具体任务包括：根据市场供求关系确定仓储的建设，依据竞争优势选择仓储地址，以生产差别产品决定仓储专业化分工和确定仓储功能，以所确定的功能决定仓储布局，根据设备利用率决定设备配置等。

2. 以高效率为原则组织管理机构

仓储管理机构是开展有效仓储管理的基本条件，是一切管理活动的保证和依托。生产要素尤其是人的要素只有通过良好的组织才能发挥作用，实现整体的力量。仓储组织机构的确定需围绕仓储经营的目标，以实现仓储经营的最终目标为原则，依据管理幅度、因事设岗、责权对等的原则，建立结构简单、分工明确、互相合作和促进的管理机构和管理队伍。

仓储管理机构因仓储机构的属性不同有所区别，分为独立仓储企业的管理组织和附属仓储机构的管理组织。管理组织一般都设有内部行政管理机构、商务、库场管理、机械设备管理、安全保卫、财务及其他必要的机构，实行直线智能管理制或者事业部制。随着计算机网络的应用和普及，管理机构趋向于向扁平化发展。

3. 以不断满足社会需要为原则开展商务工作

商务工作是仓储对外的经济联系，包括市场定位、市场营销、交易和合同关系、客户关系管理、争议处理等。仓储商务是仓储经营生存和发展的关键，是经营收入和仓储资源充分利用的保证。从功能来说，商务管理是为了实现收益最大化，但是作为社会主义的仓储管理，必须遵循社会主义的不断满足社会生产和人民生活需要的生产原则，最大限度地提供仓储产品，满足市场需要。满足市场需要包括数量上满足和质量上满足两个方面，仓储管理者还要不断把握市场的变化发展，不断创新，提供适合经济发展的仓储服务。

4. 以高效率、低成本为原则组织仓储生产

仓储生产包括货物入仓、堆存、保管、出仓作业，也包括仓储物验收、理货交接，在仓储期间的保管照料、质量维护、安全防护等。仓储生产的组织遵循高效、低耗的原则，充分利用机械设备、先进的保管技术、有效的管理手段,以实现仓储快进、快出,提高仓储利用率,降低成本,不发生差、损、错事故,保持连续、稳定的生产。生产管理的核心在于充分利用先进的生产技术和手段,建立科学的生产作业制度和操作规程,实行严格的监督管理,采取有效的员工激励机制。特别是非独立经营的部门仓储管理,其中心工作就是开展高效率、低成本的仓储生产管理,充分配合企业的生产和经营。

5. 以优质、诚信服务为原则树立企业形象

企业形象是指企业展现在社会公众面前的各种感性印象和总体评价的总和,包括企业及产品的知名度、社会的认可程度、美誉度、对企业的忠诚度等方面。企业形象是企业的无形财富,良好的形象会促进产品的销售,也为企业的发展提供良好的社会环境。作为为厂商服务的仓储业,其企业形象所面向的对象主要是生产、流通经营者,其企业形象的建立主要通过服务质量、产品质量、诚信和友好合作等方式,并通过一定的宣传手段在潜在客户中加强。在现代物流管理中,对服务质量的高度要求、对合作伙伴的充分信任使仓储企业形象的树立变得极为必要,只有具有良好形象的仓储企业才能在物流体系中占有一席之地,适应现代物流的发展。

6. 通过制度化、科学化的先进手段不断提高仓储管理水平

任何企业的管理都不可能一成不变,需要随着形势的发展而不断发展,以适应新的变化,仓储管理也要根据仓储企业经营目的的改变、社会需求的变化而改变。管理可能一步到位,不可能一开始就设计出一整套完善的管理制度实施于企业,因为那样不仅教条,而且不可执行。仓储管理也要从简单管理到复杂管理,从直观管理到系统管理,在管理实践中不断补充、修正、完善、提高,实行动态的仓储管理。

仓储管理的动态化和管理变革,既可以促进管理水平和仓储效益的提高,也可能因为脱离实际、不同于人们的惯性思维或形而上学,而使管理的变革失败,甚至倒退,从而不利于仓储的发展。因而仓储管理的变革需要制度性的变革管理,通过科学的论证,广泛吸取先进的管理经验,针对本企业的客观实际开展管理。

7. 从技术层次到精神层次提高员工素质

没有高素质的员工就没有优秀的企业。企业的一切行为都是人的行为,是每一个员工履行职责的行为表现。员工的精神面貌表现了企业形象和企业文化。仓储管理的一项重要工作就是根据企业形象建设的需要不断提高员工的素质和加强对员工的约束和激励。

员工的素质包括员工的技术素质和精神素质。通过不断的、系统的培训和严格的考核,保证每个员工能够熟练掌握所从事劳动岗位应知应会的操作、管理技术和理论知识,而且要求精益求精,跟得上技术和知识的发展和更新。另外还要让员工明白岗位的工作制度、操作规程,明确岗位所承担的责任。

1.4 仓储管理模式与决策

不同类型的企业,其仓储管理的对象、内容与要求是不同的,因此仓储管理模式有很大差异,同一企业在其发展的不同时期,因其规模的发展及外界环境的变化,管理的要求也有差别,仓储管理模式也有所不同。

1.4.1 不同类型企业的仓储管理要求

根据企业经营性质的不同,企业可分为制造企业、流通企业和物流企业,三种不同类型的企业,其仓储管理的对象、内容与要求等也是不同的,主要表现在以下方面。

1. 制造企业

制造企业仓储管理的对象是企业制造与销售所需的原材料、半成品和产成品的储存,包括检验入库、在库养护、出库与发运及一些包装、流通加工等一般性业务工作。制造企业的仓储管理比较复杂,其要求是多方面的:一是要确保在物流过程中仓储物资的价值和使用价值不受损失,为企业内部与外部用户提供良好的仓储服务,简单来讲,要对物资的收、管、发、运做到及时、准确、安全、节约;二是对于库存数量的管理,主要是对原材料库存数量进行科学管理,在保证供应的基础上尽可能降低仓储成本、库存成本,这项工作往往是由采购、生产、销售、物流等各方共同完成的,仓储部门在提供库存资料、计算仓储成本等方面起着重要作用。

2. 流通企业

这里所说的流通企业不包括物流企业。流通企业的主要功能是购销存,不包括生产制造,因此其首要目的是根据市场的需求来确定商品的品种、数量、规格等,通过加强对市场需求的调查,了解上游生产商的生产能力,积极组织货源以满足市场的需求。流通企业仓储管理的对象均是暂时存放在企业的、为了对外销售的货物,因此与制造企业区别很大。其工作重点依然是一般性业务管理与库存数量管理两个方面,其中库存数量管理的目的与制造企业基本相同,而认真做好物资保管与养护工作、确保物资质量的重要性变得更为突出。

3. 物流企业

对专业物流企业(包括仓储企业)而言,仓储管理是其生产经营活动的一个组成部分,都是提供给客户的服务,其管理内容基本包括前面述及的各项工作,但其要求与制造企业、流通企业不大相同,保证储存货物的安全、制定并遵守作业规范、提高作业绩效、为客户提供各种基础服务与增值性服务是其重点。库存数量管理显然不是物流企业考虑的,物资保管与养护、不断开拓新的服务项目才是物流企业仓储管理的重点。

1.4.2 按活动运作方分类的仓储管理模式

仓储管理模式是物资保管方法和措施的总和。企业、部门或地区拥有一定数量的库存是客观需求,库存控制和保管是企业生产经营过程和部门管理的重要环节,仓储成本是企业物流总成本的重要组成,而选择适当的仓储管理模式,既可以保证企业的资源供应,又可以有效地控制仓储成本。

仓储管理模式按仓储活动的运作方可以分为自营仓储、租赁仓库仓储和第三方仓储;还可以按仓储所有权划分为寄售和供应商管理库存等。

1. 自营仓储管理模式

自营仓储就是企业自己修建仓库进行仓储,并进行仓储管理活动,这种模式的优点如下。

(1)可以更大程度地控制仓储。由于企业对仓库拥有所有权,所以企业作为货主可以对仓储实施更大程度的控制,而且有助于与其他系统进行协调。

(2) 管理更具灵活性。此处的灵活性并不是指能迅速增加或减少仓储空间，而是指由于企业是仓库的所有者，所以可以按照企业要求和产品特点对仓库进行设计与布局。

(3) 长期仓储成本低。如果仓库得到长期的充分利用，可以降低单位货物的仓储成本，在某种程度上说这也是一种规模经济。

(4) 可以帮助企业树立良好形象。当企业将产品储存在自有自建的仓库中时，会给客户一种企业长期持续经营的良好印象，客户会认为企业经营十分稳定、可靠，是产品的持续供应者，这有助于提高企业的竞争优势。

这种模式存在的缺点是仓库固定的容量和成本使得企业的一部分资金被长期占用，投资较大。不管企业对仓储空间的需求如何，仓库的容量是固定的，不能随着需求的增加或减少而扩大或减少。当企业对仓储空间的需求减少时，仍需承担仓库中未利用部分的成本；而当企业对仓储空间有额外需求时，仓库却又无法满足。

另外，自营仓储位置和结构的局限性限制企业的经营。如果企业只能使用自有仓库，则其会由于数量限制而失去战略性优化选址的灵活性。市场的大小、位置和客户的偏好经常变化，如果企业在仓库结构和服务上不能适应这种变化，企业将失去许多商业机会。

2. 租赁仓库仓储管理模式

租赁仓库仓储就是委托营业性仓库进行仓储管理。这种模式的优点如下。

(1) 从财务角度上看，租赁仓库仓储最突出的优点是不需要企业做出资本投资。任何一种资本投资都要在详细的可行性分析研究基础上才能实施，但租赁仓库仓储可以使企业避免资本投资和财务风险。企业可以不对仓储设备和设施做出任何投资，只需支付相对较少的租金就可得到仓储服务。

(2) 可以满足企业在库存高峰时大量额外的库存需求。如果企业的经营具有季节性，那么采用租赁仓库仓储的方式将满足企业在销售淡旺季对仓储空间的不同需要；而自建仓库仓储则会受到仓库容量的限制，并且在某些时候仓库可能闲置。大多数企业的存货水平会因为产品的季节性、促销活动或其他原因而变化，利用租赁仓库仓储，则没有仓库容量的限制，从而能够满足企业在不同时期对仓储空间的需求，尤其是库存高峰时大量额外的仓库需求。同时，仓储的成本持有将直接随着储存货物数量的变化而变动，便于管理者掌握。

(3) 减少管理的难度。工人的培训和管理是任何一类仓库所面临的一个重要问题。尤其是对于产品需要特殊搬运或具有季节性的企业来说，很难维持一个有经验的仓库员工队伍，而使用公共仓储则可以避免这一困难。

(4) 营业型仓库的规模经济可以降低货主的仓储成本。由于营业型仓库为众多企业保管大量库存，因此，与企业自建的仓库相比，前者通常可以大大提高仓库的利用率，从而降低仓库物品的单位储存成本；另外，规模经济还使营业型仓库能够采用更加有效的物料搬运设备，从而提供更好的服务；此外，营业型仓库的规模经济还有利于拼箱作业和大批量运输，降低货主的运输成本。

(5) 使用租赁仓库仓储时企业的经营活动可以更加灵活。如果企业自己拥有仓库，那么当市场、运输方式、产品销售或企业财务状况发生变化，或者企业搬迁需要设立仓库的位置发生变化时，则原来的仓库就有可能变成企业的负担。如果企业租赁营业型仓库进行仓储，租赁合同通常都是有期限的，企业能在已知的期限内灵活地改变仓库的位置；另外，企业可以不必因仓库业务量的变化而增减员工，还可以根据仓库对整个分销系统的贡献及成本和服务质量等因素，临时签订或终止租赁合同。

（6）便于企业掌握保管和搬运成本。由于每月可以得到仓储费用单据，所以租赁仓库仓储可使企业清楚地掌握保管和搬运成本，预测和控制不同仓储水平的成本；而企业自己拥有仓库时，很难确定其可变成本和固定成本的变化情况。

这种模式的主要缺点体现在以下两个方面。

（1）增加了企业的包装成本。由于营业型仓库中存储了不同企业的各种不同种类的货物，而各种不同性质的货物有可能相互影响，因此，企业租赁仓库进行仓储时必须增强对货物保护性的包装，从而增加了包装成本。

（2）增加了企业控制库存的难度和风险。企业与仓库经营者都有履行合同的义务，但盗窃等对货物的损坏给货主造成的损失将远大于得到的赔偿，因此租赁仓库仓储在控制库存方面将比使用自建仓库承担更大的风险。另外，在租赁仓库中泄露有关商业机密的风险也比自建仓库大。

3. 第三方仓储管理模式

在物流发达的国家，越来越多的企业转向利用第三方仓储或称合同仓储来进行仓储管理。

第三方仓储是指企业将仓储管理等物流活动转包给外部公司，由外部公司为企业提供综合物流服务。第三方仓储不同于一般的租赁仓库仓储，它能够提供专业化的高效、经济和准确的分销服务。企业若想得到高水平的质量和服务，则可以利用第三方仓储，因为这些仓库的设计水平较高，并且符合特殊商品的高标准、专业化的搬运要求；如果企业只需要一般水平的搬运服务则可以选择租赁仓库仓储。从本质上看，第三方仓储是在生产企业和专业仓储企业之间建立的伙伴关系。正是由于这种伙伴关系，第三方仓储公司与传统仓储公司相比，能为货主提供特殊要求的空间、人力、设备和特殊服务。

第三方仓储企业可以为货主提供存储、卸货、拼箱、订货分类、现货库存、在途混合、存货控制、运输安排、信息和货主要求的其他专门物流服务。由此可见，其不仅仅只是提供存储服务，而且还可为货主提供一整套物流服务。与自建仓库仓储和租赁仓库仓储相比较，第三方仓储具有以下优势。

（1）有利于企业有效利用资源。利用第三方仓储比企业自建仓库仓储更能有效处理季节性产业普遍存在的产品淡、旺季存储问题，能够有效地利用设备与空间。另外，由于第三方仓储公司的管理具有专业性，管理专家拥有更具有创新性的分销理念、掌握更多降低成本的方法，因此物流系统的效率更高。

（2）有利于企业扩大市场。第三方仓储企业具有经过战略性选址的设施与服务，货主在不同位置得到的仓储管理和一系列物流服务都是相同的。许多企业将自有仓库数量减少到有限几个，而将各地区的物流转包给合同仓储公司。通过这种自有仓储和合同仓储相结合的网络，企业在保持对集中仓储设施的直接控制的同时，利用合同仓储来降低直接人力成本，扩大市场的地理范围。

（3）有利于企业进行新市场的测试。货主企业在促销现有产品或推出新产品时，可以利用短期第三方仓储来考察产品的市场需求。当企业试图进入一个新的市场时，要花很长时间建立一套分销设施；然而，通过合同仓储网络，企业可以利用这一地区的现有设施为客户服务。

（4）有利于企业降低运输成本。第三方仓储企业同时处理不同货主的大量产品，经过拼箱作业后可通过大规模运输大大降低运输成本。

虽然第三方仓储具有以上优势特点，但也存在一些不利因素，其中对物流活动失去直接控制是企业最担心的问题。企业对合同仓库的运作过程和雇用员工等控制较少，这一因素成为产品价值较高的企业利用合同仓储的最大障碍。

1.4.3　按库存所有权分类的仓储管理模式

在企业仓储管理非自营的情况下，仓储管理模式按库存所有权可以分为寄售和供应商管理库存等。

1. 寄售

寄售是企业实现"零库存资金占用"的一种有效方式，即供应商将产品直接存放在用户的仓库中，并拥有库存的所有权，用户只有在领用这些产品后才与供应商进行货款的结算。这种仓储管理模式的实质是：供应商实现的是产成品库存实物零库存，而产成品库存资金占用不为零；用户实现的是库存原材料或存货商品资金占用为零，而实物不为零。

从供应商方面看，寄售的优点是有利于供应商节省在商品库存方面的仓库建设投资和日常仓储管理方面的投入，大大降低商品的仓储成本；从用户方面来看，寄售有利于保证原材料或存货商品的及时供应而又不占用资金，可以大大节约采购成本。

2. 供应商管理库存

根据我国国家标准《物流术语（GB/T 18354—2021）》中的定义，供应商管理库存是按照双方达成的协议，由供应链的上游企业根据下游企业的物料需求计划、销售信息和库存量，主动对下游企业的库存进行管理与控制。供应商管理库存通常可以理解为企业的原材料库存由供应商进行管理，当企业需要时再运送过来。由于供应商管理库存把库存物资及其仓储管理工作转移给了供应商，因此选择一个有效率、有效益和可信赖的供应商是非常重要的。这种模式如果实施成功，对于下游企业非常有利，其具体内容见第 7 章。

1.4.4　仓储管理模式的决策依据

决策选用何种仓储管理模式时，最重要、最困难的就是仓储成本的分析。三种仓储管理模式的成本比较如图 1-1 所示。租赁仓库仓储和第三方仓储的成本只包含可变成本，随着存

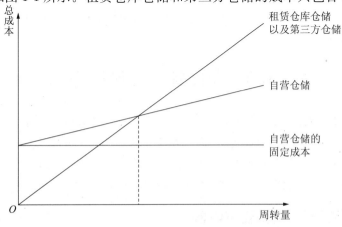

图 1-1　三种仓储管理模式的成本比较示意图

储总量的增加，租赁的空间就会增加；由于营业型仓库一般按库存产品所占用的空间来收费，这样成本就和总周转量成正比，其成本函数是线性的。自营仓储的成本结构中存在固定成本，但由于营业型仓库具有营利性质，因此自营仓库仓储的可变成本增长速率通常低于租赁仓库仓储和第三方仓储成本增长速率。当总周转量达到一定规模时，两条成本线相交，即成本相等。这表明在周转量较低时，选择租赁仓库仓储或第三方仓储较好；随着周转量的增加，由于可以把固定成本均摊到大量存货中，因此自营仓储则可能会更经济。

由以上分析可以看出，一个企业是采用自营仓储、租赁仓库仓储还是采用第三方仓储的仓储管理模式，主要由货物周转总量、需求的稳定性和市场密度三大因素决定（见表1-1）。

表1-1 仓储管理模式的适用条件分析

适用条件	仓储模式		
	自营仓储	租赁仓库仓储	第三方仓储
周转总量	大	大、小均可	大、小均可
需求稳定性	是	是、否均可	是、否均可
市场密度	集中	集中、分散均可	集中、分散均可

考虑货物周转量时，由于自建仓库的固定成本相对较高，而且与使用程度无关，因此，只有在存货周转量较高、使得自建仓库仓储的平均成本低于公共仓储的平均成本时，自建仓库仓储才更经济；相反，当周转量相对较低时，选择租赁仓库仓储或第三方仓储则更为明智。

需求的稳定性是选择自营仓储与否的另一个关键因素。如果厂商具有多种产品线，仓库具有稳定的需求量，自营仓储将更为经济；反之，采用租赁仓库仓储和利用第三方仓储会使生产和经营更具有灵活性。

市场密度是第三个影响因素。当市场密度较大或供应商相对集中时，自建仓库将会提高企业对供应链的稳定性和成本的控制能力；相反，当供应商和用户比较分散而使得市场密度较低时，在不同地区同时使用几个公共仓库要比用自营仓库去服务一个很大的地区更经济。

从表1-1可以看到，自营仓储的前提非常苛刻，租赁仓库仓储和第三方仓储更具有灵活性，而且符合物流社会化的发展趋势。在许多时候，企业可以根据各个区域市场的具体情况，分别采用不同的仓储管理模式，对于某一项具体的仓储管理活动可以采取自营与租赁或第三方仓储相结合的混合模式。

1.5 仓储管理发展趋势

随着生产方式的变化，人们越来越个性化的需求，仓储管理为了适应变化的要求，也发生了很大的改变，无论是仓库的设置方式、功能要求、储存时间长短都发生了很大的变化，而且仓储作为物流的静态环节越来越弱化，加入了更多的流通、加工、配货、调拨的功能要素，因此，不管是对管理方法、管理技术、管理环境均提出了更高的要求。

1.5.1 影响仓储管理的重要变革因素

以下几个方面的变革，对于仓储的发展趋势起到了关键作用。

1. 仓库设置方式的变革原因

随着整合等理念的深入人心，今后的一个趋势是仓库在数量上将减少，但每个仓库的规模将加大，工作量也会加大。这意味着入出库频次的加快，以及收货、储存、拣货及装卸搬运作业的增加。这一趋势将对物料处理系统提出更高的要求，对叉车和传送带等设备产生重大影响。

2. 仓储作业技术的变革原因

首先，仓储作业的处理量增长迅速，而人力资源成本又不断上涨，因此仓储作业需要大大提高自动化程度。例如，在仓库里需要使用更多的传送带来长距离运送小件物品，更多地使用包装机和装卸作业平台，更多地使用自动分拣设备，等等。因此，在诸如货物搬运这类增值很少甚至无增值的作业方面，自动化设备将继续替代劳力。

其次，仓库管理者一般会把货物从仓库的进出（包括收货、发货、分拣和装运等）作业看作是他们工作中的最关键部分，但在执行这些工作时往往遇到一个很大的问题——难以及时获取精确的信息。实施仓库工作的无纸化可以改变这一现状。从原则上讲，无纸化仓库意味着所有物流活动的电子化操作，从而减少甚至消除在产品识别、存储地点确认、数据输入和准确分拣方面可能产生的传统错误。同时，电子控制系统还能避免数据输入的延误，并能够即时更新库存、随时找到所需的货物。

3. 仓储业务方式的变革原因

首先，直拨方式发展较快，即物品在物流环节中，不经过中间仓库或者站点，直接从一个运输工具换载到另一个运输工具的物流衔接方式。分销商在将商品存入仓库之前，常常将收到的货物以直拨方式发给顾客，以满足已被延期交付的订单。由于每个仓库需要处理的订单会更多，这一趋势将使大多数的分销中心希望能通过直拨方式来提高效率。这对参与各方之间的紧密合作和即时的信息交换有较高要求。

其次，不间断供货的要求越来越明显，这也就要求产品在供应链系统中同步化顺畅运作，避免巨大的库存。以前的仓库有可能每个月甚至每个季度才发一次货，现在却经常每星期就会发一次货，甚至是每星期两次。因此，信息的流动也需要加速，以和物流保持协调一致。在线或即时信息系统将替换原先的滞后系统。在信息时代，仓储在数据处理方面将会有巨大的变化和改进。

最后，在客户化定制、拉动式生产流行的今天，客户订单日益呈现出批量减少、频次增加的趋势。造成这一趋势的原因包括信息更易获得、技术进步、供应商管理库存计划的执行和一些地方批发仓库的取消等。尤其是随着很多企业"直接供应商店"和"直接供应客户"计划的实施，使得大批量装运的日子一去不复返。在将来，为任何规模的订单服务对企业来说将不仅仅是意味着挑战，更意味着机遇。

4. 先进理念的施行

首先，"以顾客为中心"的理念在各行业均得到广泛实施。成功的企业必然与其客户交流顺畅并倾听他们的意见，因为他们知道，必须在适当的时间以适当的方式存储或发送适当的产品，在满足客户需要的基础上实现产品的增值。另外，成功的企业将和供应商及顾客发展真正的合作伙伴关系，从而通过信息共享、计划沟通等取得双赢。而运作高效、反应迅速的仓储是实现这一目标的关键。

其次，物流外包与第三方物流理念深入人心。现在的企业基本都认识到了培育、巩固它们核心竞争力的重要性，从而不愿再为高库存专门设立存储场所，而是将这一部分业务外包，这在一定程度上促进了第三方仓储的发展。这和第三方物流的发展大趋势是一致的，会有越来越多的企业借助第三方仓储来减少资本投入，提高服务水平。从长期来看，第三方仓储因有众多的优点，而会成为仓储运作的市场主体。

5. 员工技能的提高

仓库作业的自动化和电子化将要求工人必须不断提高他们的技能，尤其是计算机技能。而更为关键的是需要不仅熟悉仓储工作，而且懂管理和经营的管理者。培养和吸纳技术、机械和管理类相结合的复合型管理人员是重中之重。

根据以上分析可以看出，社会经济发展对于仓储管理提出了更高的要求，要求仓储管理方法更加先进合理，仓储设备与手段更加先进适用，仓储作业更加高效、优质、安全。而科学技术的长足发展及其在物流领域的充分应用又为仓储管理的发展提供了保证与基础条件。下面重点从仓储管理方法和仓储管理技术两个方面来描述仓储管理的发展趋势。

1.5.2 仓储管理方法的发展趋势

现代化的科学管理方法及手段在仓储管理中将得到更加广泛的运用，仓储管理向着科学化、现代化方向发展。

1. 系统管理方法的应用

仓储系统是一个由人及被储存的物资、储存场地、储存时间、储存设备诸要素组成的具有统一功能的系统，因此，运用系统工程方法进行仓储管理，是一种行之有效的方法。仓储的系统管理主要是运用系统论的整体原则来设计现代仓储管理结构，探讨仓储管理与市场经营之间的有机联系，运用运筹学的定量分析方法研究仓储营运的最优计划及仓库布局、货位规划的最佳方案，运用控制论的观点组织和协调仓储管理各个环节的关系，运用信息论的方法研究现代仓储管理系统的信息传递，为实现现代化的仓储管理提供科学依据。

2. 仓储质量管理的推行

仓储质量管理的主要目标，是保证物资质量的完好、维护物资的使用价值和安全。全面质量管理就是从采购、入库验收、储存养护检查、分装换装直至出库、售后服务、综合管理全过程中对物资的质量进行管理，建立严密的质量保障体系，实行工序或环节控制的方法，重视物资质量信息反馈，运用数理统计原理，以概率论为理论基础，根据检测或观察到的数据，对库存物资质量的变化做出种种合理的估计和正确的判断，从而发现可能出现的问题的预兆，及时加以控制和解决。常用的数理统计工具，如直方图法、因果分析图法、主次分析图法、管理图法、相关图法和正交试验设计法等在仓储质量管理工作中将得到广泛运用。

3. 仓储管理形式的转变

仓储管理工作的改善，从节约人力和节省资金发展到以节省空间为主要目的。强调仓库的"活货"储存，在"流动"中储存物资，力求做到进货与发货同步进行。物资在库内停留时间很短，有的还可不停留，入库物资经过分货、配货、加工之后随即出库，物资在仓库处于运动状态。同时，还积极开展分货、配货、包装、配送、流转、加工、商情咨询、代办运输等增值性服务,仓库不再仅仅是物资储存中心,而且也将成为服务中心。

4. 信息化的应用

可以肯定,未来的社会将是一个完全信息化的社会,信息在社会生活及各行各业中的作用愈加明显,随着计算机技术与通信技术的充分发展及全球信息网络的建成,仓储管理的信息化趋势也将得到进一步发展,使物资的收发运转实现计算机控制,仓储计划的编制、质量管理的数理统计也都由计算机完成。

5. 储存保管规划的科学化

储存保管规划的好坏,直接关系到仓储设施的利用率、收发的准确性、物资流动更新的及时性。今后,SLP(systematic layout planning,系统布置设计)等设施规划技术会得以更广泛的推广应用,各类物资的储存布局会更加规范合理,每个仓库内部的布局也将更加适合收发作业流程的要求,这将使仓储作业效率大大提高。

1.5.3 仓储管理技术的发展趋势

前面提到仓储管理是边缘学科,因此很多方面的技术发展都影响着仓储管理技术的发展,归纳如下。

1. 仓储系统柔性化

多批次、少批量的柔性生产已成为趋势,为了适应这种生产方式的需要,仓储系统与设备也要求具有足够的柔性,能适应不断变化发展的要求,而且作业效率要高,费用要少。例如,为了适应储存运输物资多变的要求,未来仓库的结构和存取方式将可以变化,越来越多地使用一种可拆卸或可移动的仓库结构,可以根据储运方式和货物的品种批量进行拼装组建。

2. 仓储技术标准化

未来社会的经济发展将越来越呈现出一种完全国际化、全球化的趋势,因而,为社会生产和经济发展服务的物流产业也呈现出一种完全社会化与国际化的趋势,这对物流技术发展的全球标准化提出了更高的要求,对于仓储技术也是如此。将来,无论是仓储设备,还是仓储系统,其设计与制造必须首先满足标准化的要求,以适应高效率物流的要求,如推进装卸搬运、存储设备的标准化,适应各种货物国际联运与"门到门"直达运输的要求;推进票据标准化,以满足电子数据交换的需要等。

3. 储存集装化、单元化

为了使物资储存方式更适于机械化作业,未来物资储存必将普遍实行集装化、单元化,这可以提高空间利用率,减少作业次数,减少物资损失,避免配套差错,并且可以帮助实现"门到门"运输,加快物资周转速度。因此,集装箱、托盘及一些辅助工具等将得以广泛应用。

4. 仓库作业机械化、智能化

首先,是装卸搬运作业的机械化、智能化趋势。在自动立体仓库以及其他现代化仓库中,库内物资流动可以全部实现机械化,充分利用叉车、牵引车、起重机、托盘搬运车、码垛机、自动拣选机、输送机等实现流水作业。人工智能在仓储作业中也会得到更广泛的推广应用,例如,在自动导引车和智能吊车中应用专家系统确定行走路线和运行方案,在物资存取过程中应用专家系统指挥机器人进行入架操作和出架操作等。随着时间的推移，人们在这些方面的研究将逐步趋于成熟并不断增强，从而研制出更多的智能化仓储设备和系统加以应用。

其次，仓库内的包装和流通加工作业也有操作机械化、装载定型化和包装规格化的趋势。未来的仓库将会十分注意包装在仓储中的作用，根据社会化大生产的发展趋势，仓库将成为"第二次包装"的主要场所，不仅分装、配装、配送等需要包装作业，而且随着多品种、少批量、多批次、运送快的新要求和新的发展趋势，仓库业务也开始由以储存业务为主，逐步转为储存与包装、流通加工兼顾。简单的流通加工和包装可以基本混起来进行，不能区分得非常清楚，例如，将大包装加工改为小包装以适应物资勤进快销和消费者的需要，既是流通加工活动的一种，又是包装活动。因此，这里将其合并说明。随着这种趋势，包装技术和设备也会得到大的发展，各种新式包装机械如自动充填机、自动打包机、自动捆扎机、吸塑机及真空包装机等将在仓库得到普遍运用。包装将逐步达到标准化、定型化，包装的规格与托盘、集装箱、运输工具及立体货架的尺寸构成模数系列，均可互换通用。

5. 物资质量检测技术处理优质化

储存物资质量检测技术处理实现优质化是仓储作业系统中一项十分重要的内容，是掌握储存物资质量状况及变化规律，维护储存物资使用价值及安全有效的重要手段及保证。为此，一些新的先进的检测技术将会得到更普遍的应用，用感官进行物资入库验收将被仪器自动检测取代，如：无损检测技术、激光检测技术、气相色谱测定技术、磁共振检测技术、质谱测定技术、光谱检测技术、超声波及原子吸收检测技术、样品试片检测技术、模拟试验技术、"灵境检测技术"等，将被广泛应用于储存物资的质量检测，使物资质量检测的准确性大大提高。

6. 储存环境监控自动化

储存环境的优劣直接影响物资的储存质量和使用价值。未来，储存环境监控技术将得到飞速发展。一是利用先进的技术手段对自然环境如台风、暴风雨、地震、山洪、水灾、泥石流等进行准确的监测、预报和警报，避免物资遭受自然灾害的侵袭；二是采用先进的技术手段对物资储存的微观环境如温度、湿度、光照度、粉尘、有害气体浓度、烟雾等因素进行准确定量测试；三是采用先进的技术对储存环境状态的图像监控与自动报警等。总之，先进的技术集群将安全报警、物资管理、图像处理和环境自动控制融为一体，并对各种环境信息具有储存、检索、放大、打印的功能，从而使储存环境监控自动化。

总之，尽管由于科学技术的飞速发展而无法对仓储管理未来的发展情况做出更详尽的具体描述，但是随着仓储功能的进一步延伸和变化，相信仓储管理必将向着更为先进、合理、适用的方向发展，并将一如既往地在供应链之中发挥其重要作用。

1.5.4 仓储行业的发展趋势

众多的仓储企业逐渐加大现代化改造的步伐，包括两方面。①加大对仓库的硬件投入。这包括库房建设和改造，购置新型货架、托盘、数码自动识别系统和分拣、加工、包装等新型物流设备，大幅度提升现有仓储自动化水平和物流运作效率，增加物流服务功能。②加大对仓库的软件投入，加强物流信息化建设。实现仓储管理、商品销售、开单结算、配送运输、信息查询、客户管理、货物跟踪查询等功能，为客户提供更为方便、可靠、快捷的物流服务。

所以现代仓储业有如下发展趋势。

1. 以顾客为中心

成功的企业愿意和客户保持交流并倾听他们的意见,因为他们知道仓库的作业必须通过在适当的时间以适当的方式储存或发送适当的产品,在满足客户需要的基础上实现产品的增值。另外,成功的企业将和供应商与顾客发展真正的合作伙伴关系,从而从共享的信息、互相商定的计划和双赢的协议中受益。运作高效、反应迅速的仓储是实现这一目标的关键。

2. 减少作业、压缩时间

今后,仓储中心在数量上将减少,但每个中心的商品数量将增加。因此,以后的分销中心一方面规模更大,另一方面日常所要处理的订单也更多,这意味着装运频次的加快和收货、放置、拣货及装运作业的增加。这一趋势将对物料处理系统提出更高的要求,对叉车和传送带等设备产生重大影响。

3. 仓库作业的自动化

为适应仓储业作业的急速膨胀,仓储业需要提高自动化程度。比方说,需要使用更多的传送带来长距离地运送小件物品,同时设定适当数量的重新包装站和装卸作业平台。另外,如果使用更多的自动分拣设备,就能在不建造额外场所的情况下提高整体工作能力。因此,在诸如货物搬运这类增值很少甚至无增值的作业方面,自动化设备将继续代替劳力。

4. 零库存、整合化管理

仓储的最终目标是实现零库存。这种零库存只是存在于某个组织的零库存,是组织把自己的库存向上转移给供应商或向下转移给零售商。科技发展到今天,零库存是完全可以实现的。例如,丰田公司的准时制生产方式完全有效地消灭库存,实现"零库存"。零库存实际上含有两层意义:其一,库存对象物的数量向零趋近或等于零;其二,库存设备、设施的数量及库存劳动消费同时向零趋近或等于零。而第二种意义上的零库存,实际上是社会库存结构的合理调整和库存集中化的表现。然而在经济意义上,它并不来自通常意义上的库存物资数量的合理减少。企业物流管理的主要费用是库存费用。因此,仓储管理实施整合化仓储,即把社会的仓储设施,各相关供应商、零售商、制造商、批发商,甚至客户的仓储设施进行整合,达到企业库存管理的优化。也就是说在供应链管理的框架下,实行仓储管理,对相关仓储管理的作业或实施进行重建。

5. 计算机化与网络化管理

新科技革命以来,仓库管理者将把货物从仓库的进出(包括收货、放货、分拣和装运)作业看作他们工作中的最关键部分。无纸化操作可以减少其至消除在产品鉴别、地点确认、数据输入和准确分拣方面可能产生的传统错误。同时,电子控制系统还能避免数据输入的延误、及时更新库存、随时找到所需的货物。在美国,计算机在仓储管理中的运用日益广泛。它可以把复杂的数据处理简单化,同时还发展了许多成熟的仓储管理软件供企业挑选采用,网络在近年来的迅速普及使得库存管理网络化成为一种趋势。

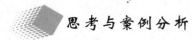

1. 思考题

（1）对仓储管理模式进行比较。
（2）不同类型的企业对仓储管理的要求有哪些不同？
（3）仓储管理的功能有哪些？
（4）影响仓储管理发生变化的因素有哪些？

2. 案例分析

制造企业 L 公司的仓储运作

1. 背景

L 公司于 1990 年在广州附近某城市成立，是一家合资企业，主要采用外国技术，生产超市用的一种设备。现有员工 500 人，年销售额约 8 亿元，每年以 20% 的速度递增。公司从 1994 年开始至今，市场占有率一直在 35% 左右，稳居同行业之首。但是，由于市场竞争越来越激烈，2000 年以来，一些小的生产厂家退出了本行业或被其他公司收购，本行业内进行了重组，虽然近几年 L 公司市场份额有所增加，但竞争对手增加更为迅速。尤其是 2008 年的全球性金融危机也影响到了整个行业的市场，销售额止步不前，生产成本上升。

基于各方面考虑，外国投资方决定增加投资，逐步把其国内的生产基地向中国内地转移，2009 年 L 公司增加 22 种新产品的生产，所以公司增加 3 条流水生产线。这 3 条生产线需要 10 000 m^2 的厂房，新建厂房的费用是每平方米 1 500 元。公司的厂区内还有空地可以建新的厂房。公司厂区平面示意图如图 1-2 所示。

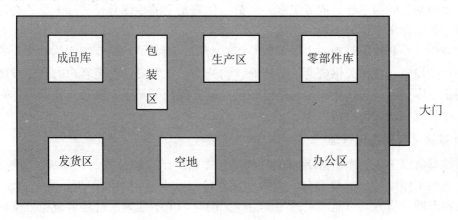

图 1-2 公司厂区平面示意图

2. 供应链物流流程

每周一，L 公司采购部的采购员通过公司的 ERP 系统统计零部件需求并打印订单，随即将订单传递给供应商，供应商接下来会按订单安排生产、发货。外地供应商通过铁路、公路、航空将零部件发到当地中转站，再由当地物流公司送货至 L 公司，供应商负担送货费；本地供应商则直接将零部件送到 L 公司的仓库。零部件仓库保管人员负责验收零部件、入库（使用货架)、录入计算机管理系统。仓管人员根据生产计划，一般提前两天按计算机计算的领料单准备好零部件，提前半天送到生产线。每周二至周五，采购人员处理因生产计划调整而需要追加的零部件订货或交货期的调整，与供应商沟通与协调。

成品从生产线下线后，在包装区内包装、贴上标签，进入成品库。成品库保管人员验收、入库，录入计算机管理系统。发货人员根据计划部转来的客户订单，安排发货车辆，按订单的数量、交货日期向客户发货。

L公司现在有170多家供应商，10%的供应商是大型企业、垄断企业或同行业中技术卓越的企业，很难就降价达成协议；50%的供应商在本地；外地供应商40%以上在以广州为中心的华南地区，最远的供应商在北京。采购人员9人，人均月工资4 000元。

3. 仓储运作

L公司为了保证生产连续进行，储存了约10 000种零部件。零部件库房面积约8 000 m²，库房高度10 m，货架区货架是4层，有效高3.3 m，分为入库暂存区、储存区（又分为散货区和货架区两部分）、出库暂存区等几个区域。现在的作业方式是用人工上架，散货区使用液压式手动叉车摆放和移动托盘，只能放单层托盘，有效高度1.5 m，零部件库存金额约4 000万元，保管员13人，每天处理1 800个零部件，人均月工资2 000元。取暖、空调、照明等费用每年约24万元。

在零部件仓库拣货时，保管员推着平板车或拉着手动液压叉车，把零部件从货架上搬下来，取出所需数量，再把余下的零部件放回架子。有的存放区堆放拥挤，为了先进先出，每次拣料都要先将外面后到的零部件搬出，取出里面的零部件，再将其余的摆回去。有的存货区通道较窄，货物摆放不整齐，取货困难。

厂区内设有专门的包装区进行成品的运输包装，成品包装人员共8人，人均月工资1 500元。成品库面积超过7 000 m²，成品库存约2 500万元，保管员6人，月工资2 000元。取暖、空调、照明等费用每年约26万元。成品运输费用每年1 300万元。

成品发货租用物流公司的车辆，发货车到仓库后，司机直接找到成品仓库管理员，安排货物，人工装车。每次发货单据多一些时，发货车辆也多，车辆都要到厂区装货，装车现场混乱，时常需要加班发货。有时发货车在上午8:00就到公司了，但一直到晚上下班还未全部开出。成品发货没有调度人员。

分析讨论题：

(1) 分析现在L公司在仓储及物流其他方面存在的问题。

(2) 针对上面的问题提出可能的解决方向。

(3) 试提出可行的解决方案。对于需要的数据可以作合理假设。

第 2 章

仓储规划基础资料分析

 引导案例

某医药公司的配送中心规划

某医药公司目前经营的中西药品有 3 000 余种，将来的目标是达到 10 000 种以上，客户众多、业务范围覆盖面广。物流配送中心项目的建设是该药业公司进行业务拓展、合理配送、优化管理的必然需求。公司日常库存药品约有 2 500 种，平均库存量在 16 箱以上的药品有 160 种。仓储量中小于 3 箱的药品种类占 60%～70%，约有 1 600 种。对 2005 全年订单数量进行动态 EIQ-ABC 分析发现每月的订单数量差距不大，无大幅度的波动。取出订货量占总订货量百分比大于 0.5% 的品种进行详细动态 EIQ-ABC 分析，所有品种总订货量：1 248 386（基本单位）。依据对 2004 年 10 月 1 日到 2005 年 4 月 25 日所有药品动态分析，统计的药品总数为 3 947 种，统计时间 207 天，总拣选次数 74 865 次。分析得到：拣选 100 次以上的药品有 103 种，拣选次数 14 378 次，根据计算，2.61% 的药品拣零次数占所有药品拣零次数的 19.21%。

可见，药品的配送处理具有品种多、批次多、批量小的典型特点，药品拣选是需要考虑的最主要处理流程。配送效率的提高很大程度上取决于药品拣选的速率。因此需要依据上述动态 EIQ-ABC 分析的结果结合公司的实际情况进行区域布置及拣选设备的选型。

整个配送中心共有三层，总布局设计原则是将批量较大、重量体积较大和入出库频率高的药品尽量放在一层，主要进行整件的存取，批量大、周转量快的药品采用托盘货架、轻型拣选货架、地面码放形式，采用叉车和无线射频系统拣选。大件拆零药品和库存量中等的药品采用大型轻型拣选货架、手推车分拣设备分拣；小批量的药品放在二层，主要进行药品的拣选，采用小型轻型拣选货架、周转箱、手推车或电子标签分拣系统进行分拣；三层作为第二层的业务扩展区使用。

通过合理的规划设计，最终可以优化该药业公司的业务流程，合理配置各功能区域，提

高拣选配送效率，降低成本，均衡各区物流量，提升企业整体服务水平。仿真分析及实际运行结果均表明入出库能力满足要求且留有足够近期经营品种扩展的余量，具备良好的经济性与系统可扩展性，设备冗余小。

2.1 仓储系统规划基础资料分析概述

仓储规划开始时，首先要对仓储系统的使用者进行规划所需基础资料的搜集与需求调查。搜集的方法包括现场访谈记录及厂商使用资料表格的搜集，另外，也可用事前规划好的需求分析表格，要求使用单位填写完成。至于表格中未能翔实填写的重要资料，则需要规划人员通过访谈与实地勘察测量等方法自行完成。

2.1.1 仓储系统规划所需的基础资料

规划所需资料分为两大类，包括现行作业资料及未来规划需求资料。如表 2-1 所示，当然，根据使用对象、规划者、仓储系统的类型、规模等的不同，这些资料并非全部必要，需要根据需求进行取舍。

表 2-1 仓储系统规划所需的基础资料

现行作业资料	未来规划需求资料
1. 企业基础运营资料	1. 企业营运策略与中长期发展规划
2. 供应商资料	2. 商品未来需求预测资料
3. 商品资料	3. 可能的仓库预选地资料
4. 销售、订单资料	4. 作业实施限制与范围
5. 业务流程与单据	5. 附属功能的需求
6. 作业流程	6. 预算范围与经营模式
7. 现有仓储设施资料	7. 时间范围限制
8. 人力与作业工时资料	8. 预期工作时数与人力
9. 物料搬运资料	9. 其他
10. 其他	

1. 现行作业资料

（1）企业基础营运资料：包括业务形态、营业范围、营业额、人员数、车辆数、上下游网点数等。

（2）供应商资料：包括供货厂商类型、供货厂商规模及特性、供货厂商数及分布、送货时段、接货地需求等。

（3）商品资料：包括商品形态、分类、品项数、供应来源、保管形态（自有/他人），以及相关的物品特性资料，例如物态、气味、温湿度需求、腐蚀变质特性、装填性质等包装特性资料，物品重量、体积、尺寸等包装规格资料，商品储存特性、有效期限等资料。包装规格部分另需区分单品、内包装、外包装单位等可能的包装规格。另外，配合渠道要求，有时也需进行收缩包装，可能会导致非标准单位的包装形式。

（4）销售，订单资料：依地区、商品、渠道、客户及时间分别统计的销售额资料，可依相关产品单位换算为同一计算单位的销货量资料（体积、重量等）。订单资料包括订购商品种类、数量、单位、订货日期、交货日期、订货厂商等，最好能包含一个完整年度的订单资料，以及历年订单以月或年分类的统计资料。

（5）业务流程与单据：包括接单、订单处理、采购、拣货、出货、配派车等业务及相关单据流程，以及其他进销存库存管理、应收与应付账款系统等业务流程及使用单据。

（6）作业流程：包括进货、储存、拣货、补货、流通加工、出货等一般性作业，以及退货作业、盘点作业、辅助性作业（移仓调拨、容器回收流通、废弃物回收处理）等作业流程。

（7）现有仓储设施资料：包括现有仓库使用来源、仓库类型、仓库的规模、仓库特性及分布、地理环境与交通状况、仓库收货时段、特殊仓储需求、布置形式、使用设备类型规格等的说明与图纸等资料。

（8）人力与作业工时资料：人力组织结构、各作业区使用人数、工作时数、作业时间与时序分布。

（9）物料搬运资料：包括进、出货及在库的存储单元、搬运机械进、出货频率与数量、进、出货车辆类型与时段等。

（10）其他：根据使用者需求需要收集的其他资料。

2. 未来规划需求资料

（1）企业营运策略与中长期发展规划：了解仓储系统使用者的背景、企业文化、未来发展策略、外部环境变化及政府政策等必要因素，以及使用者扩充弹性的需求程度及未来营运策略可能的变化。

（2）商品未来需求预测资料：依目前成长率及未来发展策略预估未来成长趋势，分析在商品种类、产品规划上可能的变化及策略目标。

（3）可能的仓库预选地资料：分析是否可利用现有地块或有无可行的参考预订地，或是需要另行寻找合适区域及地点。如果有的话，了解预选地的地理、交通、周边状况等外部环境资料及地块形状、面积、地质条件等内部资料。

（4）作业实施限制与范围：分析配送中心经营及服务范围，是否需包含企业使用者所有营业项目范围，或仅以部分商品或区域配合现行体制方式运作实施，以及有无新事业项目或单位的加入等因素。

（5）附属功能的需求：分析是否需包含生产、简易加工、包装、货位出租或考虑福利、休闲等附属功能，以及是否需配合商流与渠道拓展等目标。

（6）预算额度范围与经营模式：企业使用者需预估可行的预算额度范围及可能的资金来源，必要时必须考虑独资、合资、部分出租或与其他经营者合作的可能性，另外也可考虑建立策略联盟组合或仓库使用共同配送的经营模式。

（7）时间范围限制：企业使用者需预估计划执行年度、仓库开始营运年度，以及是否以分年、分阶段方式实施的可行性。

（8）预期工作时数与人力：预期未来工作时数、作业班次及人力组成，包括正式、临时及外包等不同性质的人力编制。

（9）其他：根据使用者需求需要收集的其他资料。

2.1.2 基础资料分析方法

通过对基础资料的收集、整理、编辑和分析，可以为规划设计阶段提供科学的参考依据。

分析方法包括定量和定性两种。定量分析一般包括：储运单位分析，物品特性分析，EIQ（entry，item，quantity）分析。定性分析一般包括：作业时序分析，人力需求分析，作业流程分析，作业功能需求分析，业务流程分析。很多时候，可以用图表工具来进行这些工作，这样可以帮助我们快速、直观地确定造成仓储活动中出现问题的根本原因，为制定系统规划或进行系统优化提供客观依据。

1. 不同分析方法的应用范围

不同的分析方法在很多时候同时使用，在于其具有不同的特点，但在使用各种分析方法的过程中，有以下几个问题需要特别注意。

1）统计方法的应用

在分析过程中，有人会用到一些统计分析方法，例如平均数分析等，但是只采用这些分析有时并不可靠。看下面这个例子。

假设我们想要确定平均每个订单所包含的商品种类，分析建立在一个有500个订单的随机抽样样本上，如果有200个订单只包含一种商品，没有包含两种商品的订单，还有300个订单包含三种商品。那么平均每个订单上所包含商品的平均品种数是多少？答案是2.2。这种现象实际发生的次数是多少呢？回答是0，也就是从来不曾发生过。可以看出，这里如果只以统计数据（例如平均数）而不认真地以概率分布为基础进行分析，整个规划方案就会出现缺陷。因此，要非常重视概率分布分析，而并非仅仅是简单的统计数据计算。

2）图表的应用

当看到一幅图时，人的大脑里会同时激发出千百种不同的设想，因此也就能够从相当多的角度去分析同一个问题。因此，如果将仓储系统的资料分析结果尽可能多地用图表显示，那么就不仅仅可以提供仓储系统规划所需的信息，而且有助于创新性思维，并帮助决策层统一意见、达成一致的决策，使得下一步的规划工作更为顺利。

3）数据分析的问题

规划分析中最容易犯的错误，通常在于对分析目的不明确，仅将搜集获得的资料做一番整理及统计计算，最后只得到一堆无用的数据与报表，却无法与规划设计的需求相结合。因此，在仓储规划基础资料分析的过程中，建立合理的分析步骤并有效地掌握分析数据是规划成功的关键。

2. 资料分析方法

传统的仓储规划分析方法，受到美国学者Richard Muther所发展的系统布置设计（systematic layout planning，SLP）方法的影响，大多按照下列步骤进行：①定义设施的主要活动和次要活动；②定义个别活动的需求面积；③以定量和定性的方式定义活动间的关联程度，决定设施的主要动态进行方向；④先决定设施的主要通道位置，通道走向自然决定了设施的动态方向；⑤依照动态方向，将各个活动与其空间面积放置于适当的方块位置，而产生出不同的布局方案。另外，现在的物流中心设计方法因受到日本物流作业系统规划方法的影响，多倾向于直接使用EIQ分析法，其实两种方法都有其优点且可互补，所不同的是使用情境不同致使出发点有差异。

1）资料分析方法的发展与经济的关系

传统上，设施规划学科都是以制造业设施为其研究对象，而早期制造业的生产管理哲学属于"推式"生产，惯用"make-to-store"而非"make-to-order"的拉式方式管理其生产系统。因此在设施规划的资料收集与分析过程中，只注重产品的质量、数量、生产路径与流程等信息，而未能直接反映顾客订单的周期性变化或其他特征，亦即顾客订单的需求变化只是在路径与流程信息中间接反映出来。其原因是推式生产所隐含的意义，即"只要有生产，早晚会卖掉"，顾客对于产品只有接受而无挑选的行为，这在早期"只患寡"的年代中的确是如此。此时管理者注重批量生产所带来的经济规模，设想批量生产所带来的成本降低足够支付过多库存所带来的成本上升，因此认为存货管理只要发展出经济订购量、定期订购法、定量订购法、复仓法等方法即可避免生产过剩等不良现象发生。

然而进入20世纪90年代以后，有两项因素使生产管理哲学发生了巨大的变动，也影响到设施规划的执行方向，说明如下。

（1）生产技术的大幅突破，促使生产成本大幅下降，吸引众多新兴工业国家加入竞争行列，使得产品种类逐渐趋于多质化，而产品的生命周期却大幅降低，生产过剩的库存品可能在一夜之间变成过期品而报废，形成巨大的存货成本压力，促使生产管理哲学逐渐从生产端控制转向消费端控制，亦即由"推式"生产转变成"拉式"生产。

（2）消费者的自主意识随着第二次世界大战后个人主义的盛行而方兴未艾，对于产品的选择形成"想要买什么，就会有人做"的情况，生产导向的时代逐渐转变成消费导向的时代。

因此设施规划的资料收集与分析方式亦有了改变，必须直接且即时地反映顾客的需求变化；而在物流中心类型设施的规划设计中，最能代表顾客需求变化的因素就是订单（E），若再加上传统设施规划原有的产品品种（I）和产品数量（Q）等两项因素即形成EIQ分析法。

2）顾客需求分析方法

资料分析的重要方法是顾客需求分析，可使用 ABC 分析法、订单变动趋势分析法，EIQ 分析法和 EIQ-PCB 分析法等四种方法，可以掌握顾客需求变化，了解这些变化对物流中心作业系统的影响，以及如何决定物流作业系统的单元负载单位和不同负载单位间的转换，以求得较佳的作业效率。

（1）ABC 分析法着重将物流中心货品品种依其重要性程度加以分类，以使管理资源可以集中于重要品种，避免事倍功半的情形发生。

（2）订单变动趋势分析法是从每一货品群组中找出代表性品种，观察订单历史变化，协助决定未来设计容量大小。

（3）EIQ 分析法是缩小分析的时间窗，但扩大分析的内容至订单、品种和数量，同时通过模块作业流程分析的协助，将前述设计容量细分为各作业模块容量，如进出货码头容量、储存容量、拣货容量、分货/集货容量等。

（4）为配合物流中心搬运单元负载化观念的实施，EIO-PCB 分析法则进一步将订单内容转换为单元负载搬运单位，而各作业模块容量亦要以单元负载容量来表示，因此可以针对物料搬运系统的设计提出建议。

（5）各作业模块的设计容量大小可进一步转换为对空间资源和设备资源的需求，亦即各作业模块的空间面积大小和所需设备类型数量应可初步决定，码头原始需求数目也可初步决定，以满足进出货作业模块容量需求，等到进入设计方案产生阶段后，再针对实际地形、地貌决定确切的码头类型和数目。资料收集与分析阶段和传统设施规划方法的不同如下。

① 考虑物流中心类型设施的基本作业功能，并应用实体模块和信息模块的组合来具体描述目标设施的作业系统，再由企业主检验其正确性。不同于传统依靠企业主口述和设计者个人经验的方式，这种方式较不易涵盖全貌且不易界定实体作业和信息作业间的关联性。

② 依据顾客需求决定各模块工作区域的设计容量基准。此处所使用的方法虽均为常见的方法，但以往研究较少指出这些方法在设施规划上的适用性和不同方法间的逻辑推演次序。

③ 以往研究大都是依据经验或简单法则来决定一个设施的总容量而未能细分为各工作区域的设计容量，容易导致空间需求和设备需求分配不均的现象发生。

2.2 物品需求特征分析

由于仓储管理的主体是"物"，因此对物品的需求特征分析是仓储系统分析中最基础的部分。仓库在进出货量的特性上，主要出现问题的是出货，常有出货日程不确定、前置时间短、出货量变化大等现象。面对出货品项多、订单资料量大的情况，规划分析者往往无从下手。

一般分析者在无法深入分析的情形下，常用总量或平均量来概括估计相关需求条件，往往与实际的需求变动产生很大的差异。若能掌握数据分析的原则，通过有效的资料统计及进一步的相关分析，就能使分析的过程简化，并把握实际有用的信息。

物品需求特性分析包括物品储运单位分析、物品特性分析、订单特征分析等。常用的EIQ分析就是利用"E、I、Q"这三个物流关键要素，来研究仓储系统需求的特性，为仓储系统提供规划依据。其中，E（entry）代表客户或者客户的订单，I（item）代表货物品项，Q（quantity）代表货物数量。EIQ分析被广泛用于配送中心规划中，在普通仓库的仓储系统规划中也同样适用。2.2.4节会有详细讲解。

需要说明的一点是，EIQ等分析法是针对仓库的出货作业的，因为相对出货而言，商品入库的批量、时间、频率、储运单元等数据与企业的采购策略有关，容易掌握，较有规律性，在库储存数据也较为固定，因此对于商品的入库、在库特性分析很简单，在此不再做专门阐述。

2.2.1 物品储运单位与物品特性分析

考虑仓储系统的各项作业活动内容时，可以看出这些作业以不同包装单位作为作业的基础，而不同的包装单位可能产生不同的设备和人力需求，因此掌握物流作业的单位转换相当重要，这也是将包装单位要素（P、C、B）加入EIQ分析的原因。EIQ-PCB分析法即依照各品种的计量换算单位，转换订单内容成整托盘、整箱或单件形态的EIQ相关分析，借以了解物流中心内部的托盘、箱或单件拣取或配送的需求分布状况，作为整体系统设计时，选择各种不同形态设备的考虑依据，以提升物流作业效率。由EIQ的PCB包装单位分析可以看出物流作业集中于何种包装单位，以及是否有不必要的作业单位转换产生，其功能整理如下所述。

（1）由EQ分析客户订单量，并根据订单内容分析其PCB的分布，了解出货状态及区域销售的数量和包装特征。

（2）出货单位的PCB分布状态，可作为计算拣货/出货人力需求，与搬运/输配送设备的选用依据。

（3）将IQ分析法作PCB分布分析，可知单一品种被订购的状态和包装单位，并以此作为整体拣货系统及储存方式和设备的设计参考。

（4）由于物流中心货品品种繁多，且个别品种每托盘、每箱、每件的组合都有差异，故在做 EIQ-PCB 分析时，I-PCB 表的建立也是分析过程的必要参考数据。

（5）EIQ 分析法也可利用不同的 PCB 单位，进行拣货策略的分析，比较不同拣货单位的效率表现。

（6）从 PCB 分析法中得知出货量与标准工时，便可计算出托盘、箱和单品拣取时所需的设备数目和人力需求预估。

1. PCB 分析

考察仓储系统的各个作业（进货、储存、拣货、装货出货等）环节，可看出这些作业均是以各种包装单位（P 托盘、C 箱子、B 单品）作为作业的基础，每一个作业环节都需要使用设备、人力资源，而且不同的包装单位对应着不同的设备、人力需求。因此，掌握仓储过程中的作业单位的变化过程相当重要，需要将包装单位要素加入 EIQ 分析。此即 PCB 分析，可以通过对 EIQ 资料表进行分析，得知包装单位特性。

进行 EIQ 分析时，如果能够配合相关物性、包装规格及特性、储运单位等因素，进行关联及交叉分析，会更易于对仓储设施进行规划布局。结合订单出货资料与物品包装储运单位的 EIQ-PCB 分析，即可将订单资料以 PCB 的单位加以分类，再按照各分类分别进行分析，得出 P-EIQ 分析、C-EIQ 分析、B-EIQ 分析等结果。

一般企业的订单资料中同时含有各类出货形态，有的订单中包括整箱与零散两种类型同时出货，有的订单中仅有整箱出货或仅有零星出货，整托盘出货的时候并不多见。为保证仓储区域适当规划，需要将订单资料依出货单位类型加以分割，并与入库单位、储存单位相结合，以正确计算各区实际的需求。

若依据模块化作业系统的发展，物流作业中商品的包装单位会因不同的需求而变化，如图 2-1 所示。运用 PCB 分析法不仅可使储运单位易于量化及转换，并经由出库单位的确认，进一步决定仓储与搬运设备及拣货方式的设计。如表 2-2 所示即将分析所得的各种拣货出库单位模式所适用的保管设备与拣货方式予以整理，在设计时可作为参考的依据。

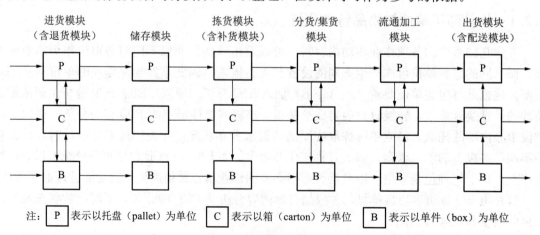

图 2-1　仓储系统商品包装作业单位变化图

表 2-2 拣货出库模式与保管设备和拣货方式的关系

拣货出库模式	保管设备	拣货方式
P—P	自动化立体仓库、托盘流力货架、托盘货架、就地堆垛	自动仓储设备 人工+叉车
P—P+C	自动化立体仓库、托盘流力货架、托盘货架	自动化仓库 人工+叉车、输送带
P—C	自动化立体仓库、托盘流力货架、托盘货架	自动化仓库 人工+叉车、输送带
C—C	自动化流力货架、箱用自动化立体仓库、流力货架、旋转货架	自动仓储/自动流力货架 人工+输送带
C—B	附显示器的流力货架、旋转货架、电子拣货台车	人工+附显示器流力货架、旋转货架、电子拣货台车
B—B	拣料机	自动拣料机 人工+旋转货架

2. 物品特性分析

除了储运单位特性外，物品特性资料也是产品分类的参考因素，如依储存保管特性分为干货、冷冻品和冷藏品，依产品重量分为重物、轻物，依产品价值分为贵重物品、一般物品等。不同物品特性不同，其保管环境不同，盗窃的可能性不同，混装混存的要求不同。

2.2.2 ABC 分析法

有的大型仓储系统的货品品种数少则数百种，多则上万种，若要收集个别品种的顾客需求变化，将耗费极为庞大的人力、物力于资料收集与分析过程，而其效益可能和付出成本不成比例，如何将有限的管理资源集中于可产生最大效益的需求分析中，将是对管理者的一大挑战。因此，顾客需求分析的第一步即运用 ABC 分析法试图将所有产品品种划分成 A 群组、B 群组和 C 群组，然后再从各群组中挑选具有代表性的品种，进行下一步骤的订单变动趋势分析。若是物流中心品种可以成功地划分成 A、B、C 群组（3~5 个群组），则可以考虑依照品种群组将此物流中心分割为数个区域（类似小型物流子中心），分别使用不同形态的设备和作业方式，以便管理和避免彼此干扰。若有两个群组的订单变动趋势互补，则可以合并成同一区域以收到互补的效果。同时，若有些品种的生命周期较短，即品种组合可能产生变动时，这些品种宜和其他品种群组分别考虑。

ABC 分析法的具体步骤说明如下。

(1) 将可能收集的产品数、出货量、产品采购次数或客户订购次数等资料，由大至小予以排序，须注意在分析之前应将有关数量值的信息转化成相同单位表示，如以托盘、箱为单位。

(2) 排序种类可包括各项资料的数量、相对百分比、累计数或累积百分比例大小等，并绘制统计图以协助了解各项排序的分布状况及所呈现结果的差异程度。

(3) 根据初步的统计结果，以 80/20 法则为基础，确定某一百分比，将订单、产品及客户划分成主要与次要群组，群组数目以 3~5 个较为恰当。

（4）后续的订单变动趋势分析法、EIQ 分析法及 EIQ-PCB 分析法可选择各群组的代表性项目进行分析，将繁杂的分析工作简化。

（5）运用 ABC 分析法所产生的统计图，得出产品订购数量累计分布图（如图 2-2 所示），将订购数量加总后，得出产品 ABC 分类群组图（如图 2-3 所示）。

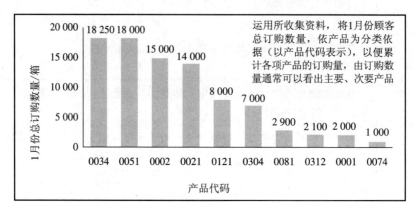

图 2-2　产品订购数量累计分布图

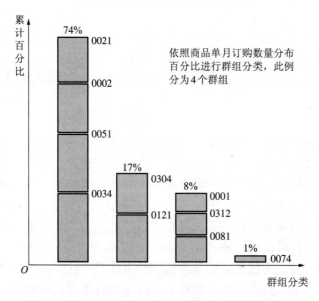

图 2-3　产品 ABC 分类群组图

2.2.3　订单变动趋势分析法

ABC 分析法是将物流中心货品品种根据其价值重要性程度作合理分类，本节则是从各品种群组中挑选具有代表性的品种进行各群组的订单分析。物流中心是消费者导向的服务设施，因此首先从长期（约半年到 1 年）的订单变化（可用订单金额或订单出货量体积为单位）来观察顾客需求变化，针对历史销售或出货资料进行分析，了解销货趋势及变动，如能找出各种可能的变动趋势或周期性变化，则有助于后续资料的分析。

一般分析过程的时间单位须视资料收集的范围及广度而定,如果要预测未来成长的趋势,通常以年为单位;如果要了解季节变动的趋势,通常以月为单位;如果要分析月或周内的倾向或变动趋势,则须将选取的期间展开至旬、周或日等时间单位,如此将使分析资料更为充实,但是相对所需花费的时间及分析过程也繁杂许多。常用的订单变动趋势分析方法包括时间序列分析与回归分析等。时间序列分析是一种重要的统计数列,它表现了一群统计资料依时间先后顺序的变动现象,针对这些现象加以探讨,可提供对此资料数列的认识与理解;回归分析则是以数学方程式来显示变量间的关系,通过数值的代入即可得到结果;而一般的变动趋势类型分析的应用可整理如表 2-3 所示。

表 2-3 订单变动趋势类型分析

订单变动趋势类型	分析	应用
长期趋势分析	长期趋势有持续递增或递减的趋向,应配合年周期的成长趋势加以判断	规划时可以中期的需求量为规模依据,若需考虑长期递增的需求,则可以预留空间或考虑设备扩充的弹性,以分阶段投资方式设置
季节趋势分析	季节性变动的明显趋势	季节变动的差距超过 3 倍以上时,可考虑以部分外包或租用设备方式,以避免过多的设备投资造成平时的闲置;另外在淡季时应争取互补性的商品业务以增加仓储设施利用率
循环变动分析	以 1 季为单位的周期性变动趋势	高低峰差距不大且周期较短,可以周期变动内的最大值规划,后续资料分析可缩小至以某一周期为单位以简化分析作业
不规则变动分析	无明显规则的变动趋势	系统较难规划,宜规划通用的设施,以增加运用的弹性,仓储储位应容易调整或扩充,应付可能突增的作业需求量

一般物流中心建立,从规划设计到建构完工,需 1~3 年的时间,其间订单需求将不同于现状,因此,必须根据现状趋势向未来 3 年延伸预测,避免估计差距太大,造成过度投资或容量不足的情况发生,换言之,此趋势变化可以设定未来的扩充弹性。而物流中心的订单需求趋势大多不会是水平稳定曲线,而是有周期循环或不规则上升或下降情形,但设计者仍必须以某一段周期的需求值作为设计基准。现将各种设计基准形态(如图 2-4 所示)的分析论述如下。

(1) 如图 2-4(a)所示,若以周期高峰值为基准,则在低谷期可能有设备或人员闲置的情况发生。

(2) 如图 2-4(b)所示,若以周期平均值为基准,则大部分时间均可满足需求,唯有在高峰期可能必须以外包契约或加班方式方能应付需求。

(3) 如图 2-4(c)所示,若以周期低谷值为基准,则设施必须时常保有一批契约外包工人以补足需求,而采用此种设计的企业则可以承担较小的投资成本风险和较多的回收效益。

订单变动趋势分析法的目的是决定以何段时间窗的订单需求为设计容量基准,如以周期高峰值、周期平均值、周期低谷值等为基准,以及预测此基准的扩充或缩减的弹性需求为何。接下来,便要把资料分析的范围缩小到被选定为设计容量基准的时间窗中,选取其中一段时间进行更深入的 EIQ 分析，其考虑因素不再局限于订单（E），还包含订单中的品种（I）和数量（Q）变化。

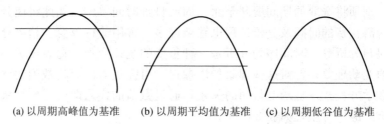

(a) 以周期高峰值为基准　　(b) 以周期平均值为基准　　(c) 以周期低谷值为基准

图 2-4　以订单趋势为设计基准的不同类型

2.2.4　EIQ 分析法

EIQ 分析法是针对以顾客导向为主，且具不稳定或波动条件的物流中心作业系统的一种分析方法，目的是协助设计者控制物流作业特征，探讨其运作方式，从而规划作业系统、拣货方式和储位划分等事项。所谓的 EIQ 指的是代表物流作业系统特征的三大元素：entry of order（接收订单，E）、item（品种，I）、quantity（数量，Q），分别取其前缀组合而成，说明如下。

（1）E：是指每一笔接收的订单具有同时拣货，且同时配送至同一地点的特征。只要在订单截止时间内，数笔追加的订单均可合并成单一订单，在物流作业过程视作同一订单。反之，在批量订单下，要求以不同时间或不同地点配送货品，对物流中心而言即视为多个订单，必须进行订单分割。

（2）I：是指商品品种或种类。只要是不同质、量、包装单位、包装形式等的产品，都视作不同的品种，原则上以各供应商的品号为区别依据。

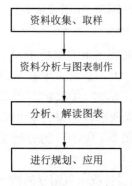

图 2-5　EIQ 分析步骤

（3）Q：是指每一笔订单、每一品种所订购的数量资料，它是结合订单与品种的桥梁，物流中心的作业特征有赖订单与品种间数量的分布状态而显现。

EIQ 分析法可了解物流作业特征，如从订单内容了解订货特征、接单特征、作业特征等，进而利用 EIQ 系统进行物流中心系统的基础规划，或利用 EIQ 系统进行模拟分析。最后讨论确定配合物流系统特征的物流设备。

了解 EIQ 分析法的观念之后，下面说明 EIQ 分析法的具体步骤，包含资料的收集、取样，资料分析和图表制作，分析、解读到最后的规划、运用（如图 2-5 所示），说明如下。

1. 资料收集取样

EIQ 分析资料，可依不同的用途分别以一日、一周、一个月，甚至一季时间为收集范围。由于物流中心工作负荷波动较大，所以抽取单一周期中最具代表性的一天，实属不易，建议可依平日作业经验多选取几天相互比较，并参考 1 周或 1 个月的资料，比较容易了解物流中心在淡旺季或各周期间的作业变化情形。一般 EIQ 资料的分析大概以一个月作为分析时间窗，以满足市场快速变化的情况。若 EIQ 的资料量过大，不易处理，通常可依据物流中心的作业周期性，先取一个周期或一星期的资料加以分析；若有必要再进行更长时间的资料分析，亦可依商品特征或客户类别将资料分成数个群组,针对不同的群组进行个别的 EIQ 分析;或是以某群组为代表,进行分析后再将结果乘上倍数,以求得全体资料。

2. 资料分析与图表制作

EIQ 分析法是一种量化的分析法,一般使用如表 2-4 所示的统计方法进行物流系统的各种物流特征分析。

表 2-4 EIQ 分析法的统计方法

方法	目的
算术平均值	取一个平均值
最大、最小值	取上、下限
总数	取总数
全距	最大与最小值的差距
众数	出现次数最多的数值
次数分布	各组资料出现次数统计
相对百分比	将个别值加以排列并计算其百分比
ABC 分析法	将数值按大小排列,并累计其百分比
总图	EIQ 统计表
分析表	EQ、EN、IQ、IK 等
分布图	EQ、EN、IQ、IK 等

将取样得到的资料,利用资料统计方法进行 EQ/EN/IQ/IK 等各类资料分析,并将所得出的分析数据图表化,即成为物流中心特征的重要资料,且根据各图表的分析结果去选择适用的状况。表 2-4 下半部分即为一般进行 EIQ 分析时,所产生的分析表及依其分析数据所绘制的分布图。

3. 分析、解读图表

(1) EQ 分析。为单张订单出货数量的分析。

EQ 分析表目的:可以明确地了解客户的订货量及比例,进而掌握货品配送的需求及客户分布,以作为管理参考的依据。

EQ 分布图目的:在面对众多的处理对象时,适时给予分类管理,或是在资源有限时给予重点管理,以求事半功倍的效果。通过观察多少百分比的订单数,占多少百分比的出货量,是否出货量集中在某些客户,来对众多的客户做分类。

(2) EN 分析。为单张订单出货品种数的分析。

EN 分析表目的:根据单张订单品种数据资料可了解客户订购品种数的多寡,判断较适用的拣货方式。

EN 分布图目的:让管理人员更容易掌握客户订货品种数的分布情形,以决定使用的拣货方式应为批量拣取或订单拣取,提高拣货效率,并可由分布图判断物品拣货时间与拣货人力需求,以此作为拣货作业的生产力指标。

(3) IQ 分析。为每单一品种出货总数量的分析。

IQ 分析表目的:针对众多商品做分类并予以重点管理,也就是观察多少百分比的出货商品种类，占多少百分比的出货量，是否出货量集中在某些商品？由此可以知道哪些品种为当期出货的主要产品。

IQ 分布图目的：从 IQ-ABC 分析让管理人员易于了解主要产品的状况及需加强控制的商品。IQ 分布图亦影响商品储区的规划弹性，甚至拣货系统的设计。

（4）IK 分析。为每单一品种出货次数的分析。

IK 分析表目的：即统计各种品种被不同客户重复订货的次数，有助于了解产品的出货频率。

IK 分布图目的：由分析得知产品出货次数频率，若能配合 IQ 分析，将使设计者易于决定仓储及拣货系统的设计，并可进一步划分储区及储位配置。

4. 执行

为说明 EIQ 分析法的实施，以表 2-5 至表 2-10 所示为简单示例。如 A 公司目前有 8 种产品品种，而客户向 A 公司下了 8 张订单，各订单所订产品数如表 2-5 所示。

表 2-5　EIQ 统计表

	Item	1	2	3	4	5	6	7	8	EQ	EN
ENTRY	E1	2	5	0	0	0	2	0	0	9	3
	E2	0	0	0	5	9	4	0	0	18	3
	E3	0	0	4	3	0	1	5	0	13	4
	E4	1	2	0	0	2	0	0	5	10	4
	E5	0	0	2	0	4	0	2	0	8	3
	E6	0	2	6	0	0	6	0	3	17	4
	E7	4	1	4	2	3	0	0	0	14	5
	E8	0	7	0	5	0	0	3	1	16	4
	IQ	7	17	16	15	18	13	10	9	105	
	IK	3	5	4	4	4	4	3	3		30

接着，按照 EQ 的大小排序，得出排序后的 EIQ 统计表，如表 2-6 所示。

表 2-6　排序后的 EIQ 统计表

	Item	1	2	3	4	5	6	7	8	EQ	EN
ENTRY	E2	0	0	0	5	9	4	0	0	18	3
	E6	0	2	6	0	0	6	0	3	17	4
	E8	0	7	0	5	0	0	3	1	16	4
	E7	4	1	4	2	3	0	0	0	14	5
	E3	0	0	4	3	0	1	5	0	13	4
	E4	1	2	0	0	2	0	0	5	10	4
	E1	2	5	0	0	0	2	0	0	9	3
	E5	0	0	2	0	4	0	2	0	8	3
	IQ	7	17	16	15	18	13	10	9	105	
	IK	3	5	4	4	4	4	3	3		30

现在，可以开始实施 EQ 分析（如表 2-7 和图 2-6 所示）、EN 分析（如表 2-8 和图 2-7 所示）、IQ 分析（如表 2-9 和图 2-8 所示）、IK 分析（如表 2-10 和图 2-9 所示）。

表 2-7 EQ 分析表

顺序	ENTRY	EQ	%	累计 EQ	累计/%	EN
1	E2	18	17.1	18	17.1	3
2	E6	17	16.2	35	33.3	4
3	E8	16	15.2	51	48.6	4
4	E7	14	13.3	65	61.9	5
5	E3	13	12.4	78	74.3	4
6	E4	10	9.5	88	83.8	4
7	E1	9	8.6	97	92.4	3
8	E5	8	7.6	105	100	3
总和		105	100			30

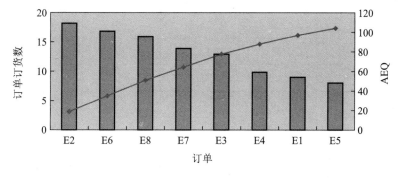

图 2-6 EQ 分布图

表 2-8 EN 分析表

顺序	ENTRY	EN	%	累计 EN	累计/%	EQ
1	E7	5	16.7	5	16.7	14
2	E3	4	13.3	9	30.0	13
3	E4	4	13.3	13	43.3	10
4	E6	4	13.3	17	56.7	17
5	E8	4	13.3	21	70.0	16
6	E1	3	10.0	24	80.0	9
7	E2	3	10.0	27	90.0	18
8	E5	3	10.0	30	100	8
总和		30	100			105

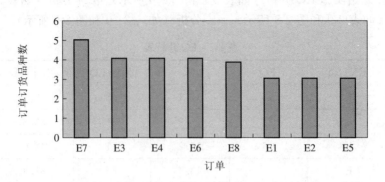

图 2-7　EN 分布图

表 2-9　IQ 分析表

顺序	Item	IQ	%	累计 IQ	累计/%	IK
1	5	18	17.1	18	17.1	4
2	2	17	16.2	35	33.3	5
3	3	16	15.2	51	48.6	4
4	4	15	14.3	66	62.9	4
5	6	13	12.4	79	75.2	4
6	7	10	9.5	89	84.8	3
7	8	9	8.6	98	93.3	3
8	1	7	6.7	105	100.0	3
总和		105	100			

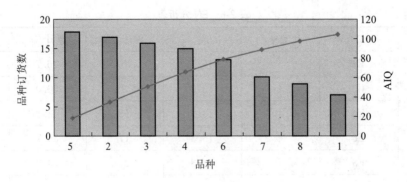

图 2-8　IQ 分布图

表 2-10　IK 分析表

顺序	Item	IK	%	累计 IK	累计/%	IQ
1	2	5	16.7	5	16.7	17
2	3	4	13.3	9	30.0	16
3	4	4	13.3	13	43.3	15
4	5	4	13.3	17	56.7	18
5	6	4	13.3	21	70.0	13
6	1	3	10.0	24	80.0	7
7	7	3	10.0	27	90.0	10
8	8	3	10.0	30	100.0	9
总和		30	100			105

图 2-9　IK 分布图

5. EQ、IQ、EN 及 IK 分布图形应用

EQ、EN、IQ、IK 等分布图形时常出现某些分布或变动倾向，可依不同分布类型说明其对拣货、储存区的设计所提供的建议，将其整理如表 2-11 至表 2-14 所示。

表 2-11　EQ 分布图的类型分析说明

EQ 分布图类型	状况	拣货情形
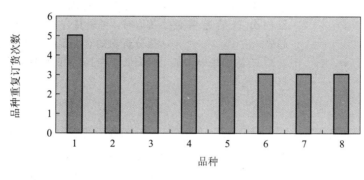	1. 每笔订单数量分布趋向两极化。 2. 利用 ABC 分析法进一步分类。 3. 将少数但量大的订单做重点管理	1. 规划时可以将 A 类订单做重点管理。 2. A 类订单客户具有较高的优先权，应重点考虑库存控制、储位分配、分拣策略。 3. A 类订单建议采用高频率小批量出货方式。 4. A 类客户订单可以采用摘果式分拣方法；其所订产品应靠近出口处或动管区，处于货架中较易拣取的位置

续表

EQ分布图类型	状况	拣货情形	
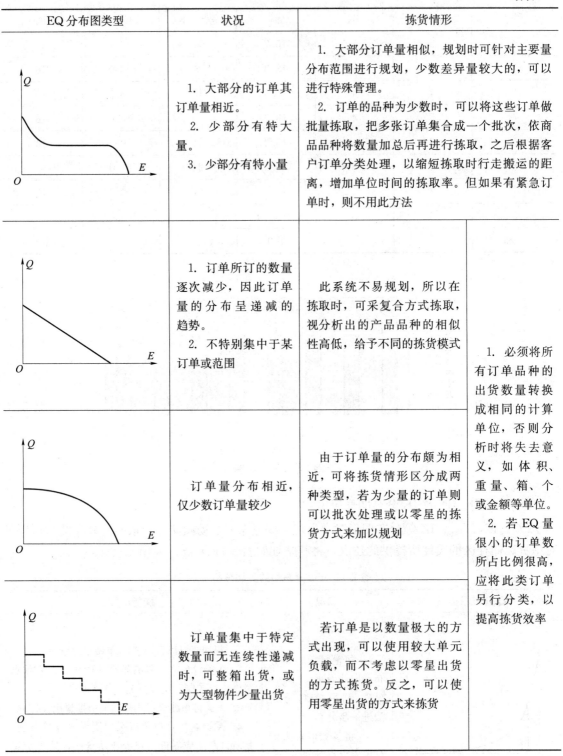	1. 大部分的订单其订单量相近。 2. 少部分有特大量。 3. 少部分有特小量	1. 大部分订单量相似，规划时可针对主要量分布范围进行规划，少数差异量较大的，可以进行特殊管理。 2. 订单的品种为少数时，可以将这些订单做批量拣取，把多张订单集合成一个批次，依商品品种将数量加总后再进行拣取，之后根据客户订单分类处理，以缩短拣取时行走搬运的距离，增加单位时间的拣取率。但如果有紧急订单时，则不用此方法	
	1. 订单所订的数量逐次减少，因此订单量的分布呈递减的趋势。 2. 不特别集中于某订单或范围	此系统不易规划，所以在拣取时，可采复合方式拣取，视分析出的产品品种的相似性高低，给予不同的拣货模式	1. 必须将所有订单品种的出货数量转换成相同的计算单位，否则分析时将失去意义，如体积、重量、箱、个或金额等单位。 2. 若EQ量很小的订单数所占比例很高，应将此类订单另行分类，以提高拣货效率
	订单量分布相近，仅少数订单量较少	由于订单量的分布颇为相近，可将拣货情形区分成两种类型，若为少量的订单则可以批次处理或以零星的拣货方式来加以规划	
	订单量集中于特定数量而无连续性递减时，可整箱出货，或为大型物件少量出货	若订单是以数量极大的方式出现，可以使用较大单元负载，而不考虑以零星出货的方式拣货。反之，可以使用零星出货的方式来拣货	

表 2-12　IQ 分不同的类型分析说明

IQ 分布图类型	状况	储位规划	建议使用设备
(曲线急剧下降图，标有 A、B、C 区)	产品数量分布趋向两极化，可作 ABC 组分类	当 A 类为体积大（或重型货物）的品种时，可储存于储区较下面、靠近出口的位置；当 A 类为体积小（轻型货物）的品种时，可储存在储区较中间、靠近出口的位置	1. 较重较大的品种可采用地板堆积储存。 2. A 组品种通常是少样多量的品种，可采用驶出式货架、流动式货架、后推式货架
(先平缓后急剧下降图)	大部分产品数量分布相当平均。少部分的数量分布有极大极小情形	因大部分品种分布相当，储位规划重点考虑物品物理特征，通常重型货物储存于储区下面；轻型货物储存于储区上面；体积小的品种储存在较易拣取的位置	各品种平均，没有集中的趋势，采用托盘货架，可任意组合位置
(直线递减图)	产品数量分布依次递减，且无法做 ABC 组分类	体积大（或重量大）数量多的品种储存于储区下方，靠近出口；数量小的品种储存于储区上方。体积小（或重量小）数量多的品种储存于储区中间，靠近出口；数量小的品种储存于储区上方	1. 可移动式货架，能使地板面积最大化，对一般物料的规划较有帮助。 2. 流动式箱货架，能增加储位的弹性，使架位易于调整
(平缓后凹形下降图)	1. 大部分的产品数量分布相近。 2. 少部分出货量较少	大部分分布相近的体积大的品种储存于储区下方。出货量较少的品种储存于储区上方，远离出口。大部分分布相近的体积小（或重量小）的品种可储存于储区位置中间。出货量较少的可储存于适当储区位置。重型货物储存于储区下方	1. 后推式货架：因为数量大多是大量的，只有少数为少量的，可在同一储区储放较多相同品种。 2. 托盘货架：各品种平均，没有集中的趋势，又可任意组合位置
(阶梯状下降图)	产品出货量集中于特定数量而无连续递减，可为整数（箱）出货，大型物件出货量较小	置于储区上方	1. 驶出式货架：若品种多为整板出货的话就可使用。 2. 流动式箱货架：若多为整箱出货的话就可使用

表 2-13　EN 分布图的类型分析说明

EN 分布图类型	状况分析	总品种数、出货品种累计及总出货品种数间的关系	拣货系统规划
（图：N总品种数、GN总出货品种累计数、N总出货品种数，EN=1）	1. 单一订单的出货品种数较小。2. EN=1 的比例很高	总品种数与出货品种累计数差距不大	由于订单出货品种重复率不高，可以考虑使用"汇总订单批量拣取"方式，并配合边拣边分类的作业方式
（图：N总品种数、GN总出货品种累计数、N总出货品种数，EN≥10）	1. 单一订单的出货品种数较大。2. EN≥10	总出货品种数及累计出货品种数均仅占总品种数的小部分，通常为经营品种数很多的物流中心	可以采用"订单拣取"方式作业。若拣货区路线很长，则可以采用"订单分割"方式，分区拣货再集中
（图：N总品种数、GN总出货品种累计数、N总出货品种数，EN=1）	1. 单一订单的出货品种数较小。2. EN=1 的比例较高	由于总品种数很多，总出货品种数及累计出货品种数均仅占总品种数的小部分	若各订单品种少，可以将订单以区域排序，并进行分区拣货
（图：GN总出货品种累计数、N总品种数、N总出货品种数）	1. 单一订单的出货品种数较大。2. 订单出货品种重复率高	产品总品种数不多，累计出货品种数较总出货品种数大出数倍，并较总品种数多	1. 可考虑以"批量拣取"方式作业。2. 需要再参考物性及物量大小决定拣取时分类或拣出后再分类
（图：GN总出货品种累计数、N总品种数、N总出货品种数）	单一订单的出货品种数较大	产品的品种数多，而累计出货品种数较总出货品种数大出数倍且较总品种数多	1. 可考虑以"批量拣取"方式作业。2. 若单张订单品种数多且重复率不高，则须考虑分类的困难度，否则可以"订单分割"方式拣货

表 2-14　IK 分布图的类型分析说明

IK 分布图类型	状况	储位规划	建议使用设备或拣货模式
![IK图1]	品种出货次数分布趋向两极化，可做 ABC 分类	当为 A 类且体积大（或重型货物）的品种时，可置于储区下面，并将其置于离出口较近或便于作业的位置。当为 C 类就置于储区上面，并将其置于离出口较远的位置。当为 A 类且体积小（或轻型货物）的品种时，可置于人工较易于拣取的位置，并将其置于离出口较近或便于作业的位置。当 C 类就置于储区上面，并将其置于离出口较远的地方或保管区的位置	1. 因为 A 组产品属于周转率较大的品种，以流力架可负荷的重量与体积状况，可考虑使用流力架或流动式托盘货架；再重一点的产品就使用后推式货架。 2. 如果品种多的话，可将订单分割后再进行拣货
![IK图2]	品种出货次数相当平均，但有部分产品订购量较大或较小	体积大的（或轻型货物）品种可置于储区上方，体积小的（重型货物）品种可置于储区下方；有极大订购量的品种出现，可置于出口附近，其余就可依品种特性排列	1. 使用托盘货架，可任意组合位置。 2. 体积较小的零件就可使用零件盒。 3. 产品订货数量平均，可将订单合并进行拣取。 4. 遇到紧急订单就需要个别进行订单拣取

6. EIQ 分析法在物流作业系统分析上的应用

EIQ 分析法除了对仓储、拣货系统有所助益，其在物流上的其他应用亦可提供相当多的信息。

1) EIQ 分析与物流特征

(1) 客户特征。由 E 的总项数可以了解配送客户的总数，从 EN（订货品种数）分析里得悉每位客户订货的品种数，显示客户区域的产品需求，从 EQ（订货数量）资料分析可明了客户规模和互相依赖的程度。

(2) 产品特征。由 I 的总项数看出产品的广度；从 IK（同品种各客户重复订货）资料看出产品需求属于多样化或少样化；从 IQ（各品种数量）资料代表整体产品的营销状况是属于畅销品还是滞销品。

(3）拣货特征。依据不同订单的需求，可能使用批量拣货再分类，或是以订单类别作拣取，也有依品种的不同而两种兼有。

（4）储存特征。了解出货拣货形态后，便可规划存放保管的方式。一般都会依照不同包装单位来设计不同的设备及面积，完成货品保管的作业。

（5）配送特征。每笔订单总数所能了解的是总量，但可能因为各品种计量单位的不同而造成误解。因此，订单必须辅以总体积或总重量，并配合每部卡车不同装载量，客户交通线限制，配合企业的配送政策，以发展该物流中心的配送系统。

（6）物流特征。综合上述各类特征，再配合物流中心的经营策略、信息策略与管理文化，可形成物流中心的特点。

2）计算库存及相关作业空间需求

IQ 的总出货平均量乘以品种数，可作为整体需求量，再乘以库存天数，可估计库存总需求量；EQ 平均数乘以订单数，即可估算配送车辆需求或暂存区域空间需求。

3）提供各作业效率资料

定期针对运作的物流中心进行 EIQ 分析，可以比较各阶段物流作业效率，由此发现物流系统的问题，避免系统因环境改变，造成不适用而管理者却不自知，故 EIQ 分析法可作为物流中心的诊断工具。

4）提供销售或出货预测资料

可以借助以往 EIQ 资料来作为销售预测和计划依据，进而提高库存周转率，提高员工作业效率和降低配送的前置时间。

5）提供物流设备系统资料

尽管物流中心的作业形态有许多变化，可是组成一个物流中心的副系统如自动仓库、自动分类机、拣货系统、流动棚架、旋转棚架、输送带、台车、堆高机等设备却常有一定设计规则。由 EIQ 资料来分析物流中心设计所需的设备类型或自动化程度，可避免过度自动化的设计，致使设备无法发挥预期效果，反而造成作业障碍。若从 IQ 曲线来考虑，将 A 群组先予以自动化，即可达到约 80% 的出货量自动化，亦即以 20% 的自动化成本，即可达到 80% 的自动化效益，但须考虑 Q 的大小规模，有时同属于 A 类的品种，因 Q 的大小规模不同，其设备需求亦不同，必须要适合该物流特征，才能提高作业效率。

2.3　仓储绩效分析

从仓储基础数据的分析中可以发现目前仓储作业过程中存在的问题，同时还可以发现提高仓储绩效的各种可能的途径。仓储系统对于所要达到的绩效水平要求不同，具体的规划设计也会不同。因此，此处专门介绍仓储绩效的衡量方法与比较方式，这些对于仓储系统设计是非常重要的。

2.3.1　仓储绩效衡量指标

不同专家、企业对于仓储绩效衡量指标的看法稍有不同，分类依据也不尽相同，但是相似的成分还是比较大的。一般可以将仓储绩效衡量指标分为五大类，每一类包括一些具体指标（如表 2-15 所示）。

表 2-15 仓储绩效衡量指标体系

指标大类	具体绩效衡量指标体系
数量指标	最高储存量、仓储吞吐量、平均库存量、装卸作业量、库存品种数、商品保管周期
质量指标	平均保管损失、库存商品损耗率、平均收发货时间、收发货差错率
效率指标	仓库利用率、仓库设备利用率、仓库劳动生产率
经济指标	资金利用率、仓储成本
安全指标	—

1. 数量指标

仓储数量指标反映某种量的大小,一般用绝对数表示。

1) 最高储存量

最高储存量指仓库各类商品的经常储备、保险储备和季节性储备之和,反映仓库规模和营运能力的大小。

2) 仓库吞吐量

仓库吞吐量指仓库在报告期内(一般以计划年度为报告期)收进和发出商品的数量之和,一般用重量表示,单位是吨。它反映仓库作业量的大小,是进行仓库规划的主要依据。

3) 平均库存量

指在报告期内,仓库平均在库储存保管商品的数量,可用实物或金额表示。计算公式如下:

$$月平均库存量 = (报告期内仓库某月的月初库存量 + 月末库存量)/2$$

$$年平均库存量 = 年度内各月平均库存量之和/12$$

4) 装卸作业量

装卸作业量指在报告期内各种商品装卸作业的总量,是确定装卸设备和人员的主要依据,计算公式如下:

$$仓库年度装卸作业量 = (仓库年吞吐量 \times 仓库商品装卸平均次数)/2$$

5) 库存品种数

库存品种数表明报告期内仓库平均储存保管商品的品种多少,与仓库作业关系密切。库存品种越多,作业技术就越复杂,作业量就越大,机械化、自动化作业的实现就越困难,越不利于提高设备利用率和劳动生产率。

6) 商品保管周期

商品保管周期又称商品周转时间,是指仓库对各类商品从验收入库保管开始一直到备料发运整个过程平均所用的时间。它反映商品在库保管时间的长短和周转的快慢,从中可以看出仓库的营运管理水平。计算公式如下:

$$库存商品平均保管周期 = 365/库存商品年内平均周转次数$$

2. 质量指标

质量指标主要用以考核仓储管理工作质量高低。

1) 平均保管损失

平均保管损失是指一定时期内,平均每单位储存商品的保管损失金额,一般以元/吨为计量单位。保管损失的计算范围包括因保管养护不当而造成商品的霉变残损、丢失短缺、超定额损耗及不按规定验收发生的损失等。计算公式如下：

$$平均保管损失 = 保管损失金额 / 平均储存量$$

2）库存商品损耗率

库存商品损耗率指在合理的保管条件下，某商品在储存期中的自然损耗量与入库商品数量的比率，以百分数或千分数表示。计算公式如下：

$$库存商品损耗率 = 商品损耗量 / 商品库存总量 \times 100\%$$
$$库存商品损耗率 = 商品损耗额 / 商品保管总额 \times 100\%$$

3）平均收发货时间

平均收发货时间指仓库工作人员收发每一笔（即入出库单据上的每一种商品）平均所用的时间，反映了仓库工作人员的劳动效率。计量单位为时/笔。计算公式如下：

$$平均收发货时间 = 收发货的总时间 / 收发货的总笔数$$

4）收发货差错率

收发货差错率以收发货所发生差错的累计笔数占收发货总笔数的比率来计算，常以千分率来表示。计算公式如下：

$$收发货差错率 = 报告期收发货差错累积笔数 / 报告期收发货总比数 \times 1\,000‰$$

3. 效率指标

1）仓库利用率

仓库利用率表明仓库被有效利用的程度。具体指标包括以下几种。

（1）仓库面积利用率：表明仓库内可供使用的面积被实际有效利用的程度。计算公式如下：

$$仓库面积利用率 = 仓库内存放商品实际占用面积 / 仓库内可供使用的有效面积 \times 100\%$$

（2）仓库高度利用率：表明仓库可被利用的有效高度实际被利用的程度。计算公式如下：

$$仓库高度利用率 = \frac{\sum(存放某类商品货架或货垛的高度 \times 某类商品占全部商品的比重)}{仓库可利用的有效高度} \times 100\%$$

（3）仓库空间利用率：是指仓库整个空间或容积被充分利用的程度，是全面反映仓库面积与高度利用程度的一项综合指标。其数值为仓库面积利用率与仓库高度利用率的乘积。

（4）仓库地面荷载能力利用率：表明仓库地面单位面积荷载能力被有效利用的程度。计算公式如下：

仓库地面荷载能力利用率

$$= \frac{\sum(仓库某类商品在单位面积上的实际储存量 \times 某类商品占全库商品的比重)}{仓库单位地坪面积设计荷载能力} \times 100\%$$

（5）仓库储存能力利用率：表明仓库最大储存能力被利用的程度。计算公式如下：

仓库储存能力利用率

$$= \frac{计划期内平均库存量}{仓库内可供使用的有效面积 \times 仓库面积利用率 \times 单位面积商品储存定额} \times 100\%$$

2）仓库设备利用率

仓库设备利用率表明仓库各种设备（如保管设备、装卸搬运设备、运输设备等）被有效利用的程度。一般可以通过以下几个具体指标来表示。

（1）工时利用率：是指装卸、运输等设备工作时间被利用的程度。

（2）工作日利用率：是指装卸、运输等设备在报告期内工作日被利用的程度。

（3）储存设备容积利用率：是指货架、料仓、料罐等储存设备的储存空间被利用的程度。

（4）装卸设备起重量利用率：是指各种起重机、叉车、堆垛机等的额定起重量被利用的程度。

（5）汽车载重量利用率：表明汽车标记载重量被有效利用的程度。

（6）设备作业能力利用率：表明设备的技术作业能力被利用的程度。

以上指标计算较为简单，不再列出计算公式。

3）仓库劳动生产率

在报告期内，仓库全体人员或直接作业人员平均每人所完成的供应任务量，以表明仓库人员的劳动效率，用劳动生产率除以人员数量计算得出。

4. 经济指标

1）资金利用率

资金利用率反映仓库资金的占用情况与资金使用的经济效果。

（1）固定资金占用系数：是指一定时期内，仓库每储存保管 1 t 商品所需占用的固定资金数额。

（2）流动资金占用系数：表明每 1 元的供应或销售金额所占用的流动资金。

2）仓储成本

货物的仓储成本主要是指货物保管的各种支出，其中一部分为仓储设施和设备的投资，另一部分则为仓储保管作业中的活劳动或者物化劳动的消耗，主要包括工资和能源消耗等。仓储成本包括仓库租金、仓库折旧、设备折旧、装卸费用、货物包装材料费用和管理费等。

此外，对外营业的仓储企业、物流企业等还要考核利润情况。

5. 安全指标

安全指标反映仓库作业的安全程度，主要用发生各种事故的大小和次数表示。如人身伤亡事故，仓库失火、爆炸、雷击、被盗等事故，机械损坏事故等。这类指标一般不需要计算，只是根据损失的大小划分不同的等级，以便于考核。

2.3.2 考虑竞争的仓储绩效衡量

国外对于仓储绩效的衡量更加偏重于从竞争角度考虑，认为一般商业活动中所适用的竞争力指标同样适用于仓储运营。一般商业活动的竞争建立在财务业绩、劳动生产率、产品质量水平及周转时间的基础之上，在仓储运作当中也可以使用这些一般商业活动所使用的业绩测量方法。表 2-16 是爱德华·弗雷兹对各种指标的总结。

表 2-16 考虑竞争的仓储绩效衡量

项目	财务绩效指标	劳动生产率绩效指标	利用率绩效指标	质量指标	周转时间绩效指标
收货	平均每项产品的收货成本	每人时收货量	卸货平台通道利用率	准确收货所占百分比	平均每次收货作业时间

续表

项目	财务绩效指标	劳动生产率绩效指标	利用率绩效指标	质量指标	周转时间绩效指标
入库	平均每项产品的入库成本	每人时入库量	入库操作员或设备利用率	无差错入库所占百分比	平均每次入库作业时间
储存	单位产品的储存空间成本	每平方米存货	平面区位或立体体积利用率	无差错存货所占百分比	在库产品库存时间
拣选	平均每项产品的拣选成本	每人时订单拣选量	拣选员或设备利用率	无差错拣选所占百分比	订单拣选周转时间
出库	平均每项订单的装运成本	每人时准备装运出库量	装运平台利用率	无差错装运所占百分比	仓库订单周转时间
合计	每项订单、每项产品、每件产品的合计成本	每人时装运的产品种类	全部吞吐量及储存容量利用率	无差错订单完成所占百分比	总的仓储周转时间＝DTS＋WOCT

可以看出，具体指标与我国常用的指标并无大的差异。下面对操作上有启发性的几个指标进行说明。

1. 仓储财务绩效

如果需要对仓储进行财务绩效分析，可以考虑建立一个以仓储活动为基础的成本管理计划。如表 2-17 所示，该表中列有每一项仓储活动（如收货、存储、拣选、运送、营销等）所发生的成本。当企业就自营仓储与第三方仓储方式相比较、制定预算、测量仓储绩效改善程度及为仓储服务定价的时候，就可以参考这些仓储活动成本的高低，并以此为基础作决策。

表 2-17　仓储活动成本表示例　　　　　　　　　单位：元

项目	劳动力成本	空间成本	物料搬运系统成本	仓储管理系统成本	总成本	单元交易成本	备注
收货	1 963 055	238 125	569 820	218 333	2 989 333	1.38	每次收货
入库	1 090 534		416 000	240 333	1 746 867	0.49	每种产品
存储	999 640	1 933 250	1 650 710	123 833	4 707 433	86.93	每存货单位
拣选	1 946 966		1 830 782	161 833	3 939 581	1.10	每种产品
整合	287 188	100 500	135 000	38 333	561 021	61.45	每次装运
运送	68 225	50 000	69 000	38 333	225 558	24.71	每次装运
营销	3 534 218	105 000	222 200	113 833	3 975 251	0.22	每件产品
退货处理	68 225	99 250	6 000	113 000	286 475		
合计额	9 958 051	2 526 125	4 899 512	1 047 831	18 431 519	368.63	每份订单
合计比例	54.03%	13.71%	26.58%	5.68%	100.00%		
成本销售额	4.05%	1.03%	1.99%	0.43%	7.49%		总销售额 246 000 000

续表

项目	劳动力成本	空间成本	物料搬运系统成本	仓储管理系统成本	总成本	单元交易成本	备注
平均每份订单成本	199.16	50.52	97.99	20.96	368.63		订单共50 000份
平均每个货箱成本	4.58	1.16	2.25	0.48	8.47		货箱共2 175 000个
平均每种产品成本	2.79	0.71	1.37	0.29	5.16		产品共3 570 000种
平均每件成品成本	0.55	0.14	0.27	0.06	1.02		产品共18 000 000件
平均每个存货单位仓储成本	183.90	46.65	90.48	19.35	340.38		存货单位54 150个

从类似于表 2-17 的表格中就可以看出仓储活动的各种成本。由此，可以将每种、每件产品的销售额与仓储成本进行对比，看是否销售额足以弥补仓储成本。然后，考虑如何进行仓储模式、仓储作业等的改革和优化，从而降低仓储成本，以获取更大的利润。

2. 仓储生产率绩效

仓储生产率是最常用的和传统的衡量仓储活动绩效的方法，其中最常用的指标是衡量仓储地面空间利用率的指标，国外一般称其为存储密度（storage density），用总的可存货能力比仓库地面面积，通常用每平方米所容纳的产品价值、产品体积或产品件数来表示。此外，区位利用率（现有储存区位已被占用的比率）和立体空间利用率（现有储存空间体积被占用的比率）也经常使用。存储密度的数值应该在一个合理范围之内，密度太大、太小都不好。密度太大就意味着存储环境拥挤，而密度太小又意味着仓库的利用率较低。

3. 仓储质量绩效

在美国，最好的仓储经营者所能达到的装运准确性比值是 99.97%；在日本，该比值能达到 99.997%。通过与其他企业的类似比较，可以帮助仓储系统使用者事先确定这些指标，以指导将来的规划。

4. 仓储周转时间绩效

有这样两个指标值得关注。

1) 装卸平台—存货位时间（dock to stock time，DTS time）

DTS 时间指的是从货物到达仓库到随时可以对该批货物进行拣选或装运作业所经历的时间。

2) 仓库订单周转时间（warehouse order cycle time，WOCT）

WOCT 指的是从客户下订单到货物被分拣、包装并准备运送时所经历的时间。

在了解了各项绩效指标数据之后，可以采用仓储绩效差异分析（warehouse performance

gap analysis，WPGA）方法来评价比较本单位的仓储绩效，可以从中发现自身在各项关键绩效指标上与目标水平的差距。通过计算，这种分析方法还可以揭示因缩小差距而节省的成本。图 2-10 是一个例子，其中的辐射线代表的是衡量仓储作业绩效的关键指标，外圈表示的是国际水平的仓储绩效。

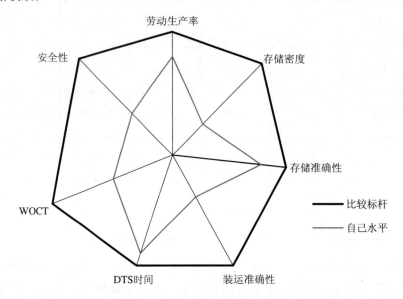

图 2-10　仓储活动绩效差异分析示例

采用这种方法，可以很快地指出仓储作业中的优点和缺点，而且，差距图表也可以用于计划目标的制订，并和其他企业进行对比。另外，还可以把差距分析法用于证明对新的仓储系统进行投资的合理性。因为这种分析表将现有的绩效水平与国际水平之间的差距量化了，可以据此计算出缩小各个领域的差距所能带来的资金收益（节省成本、避免不必要的成本支出、收入的增加），从而确定一个用于缩小差距的合理投资额。

这种分析方法的应用价值在很大程度上依赖于外圈信息的正确性。为了帮助经营者确定外圈的国际目标，国际物流资源管理组织为不同的行业制定了一些仓储绩效指标的国际标准数据，可供参考。

另外，是否有可能把所有的仓储绩效指标合并成一个来对仓储绩效进行估算？美国的爱德华·弗雷兹等已经做了一些研究，目的就是寻找一个能将所有的仓储绩效指标合而为一的指数，以便更好地对仓储绩效进行描述。这一合并而来的指数就是仓储绩效指数（warehouse performance index，WPI），根据一系列要素投入量（如劳动时间、仓储面积、系统投资）和产出量（如装运的订单数、存储的物料等）计算出一个劳动生产率指数，可以参考其著作进行了解。

2.3.3　仓储实践与仓储绩效

世界一流水平的仓储作业与其他仓储作业的区别究竟在哪里呢？世界一流仓储作业的显著特征在于其实践性。只有通过实践，世界一流水平才能显现出来，正如篮球或足球教练所说的那样，球队的水平只有通过实际比赛才能看出来。换句话说，仓库活动绩效指标不管好与差，都是仓库基本流程设计和管理的直接结果。我们经常以资源的缺乏及高层管理者的态度等因素作为绩效不好的借口，而实际上关键之处在于仓库内部所实施的作业流程、政策及程序。

为了帮助人们对仓储实践进行评价，爱德华·弗雷兹开发了一套在概念上与仓储绩效差异分析类似的仓储实践差异分析方法。二者主要的不同是：前者是可以进行定量分析的，后者只能对实践进行描述性的分析。他把各项仓储实践活动（收货、入库、储存、补货、定位、订单拣选、装运出库、信息通信及业绩测量）划分为五个阶段：第五个阶段代表世界一流水平，第三个阶段代表中流水平，而第一个阶段是末流水平（如表 2-18 所示）。

例如，末流水平的收货作业是按如下程序进行的：当货物到达时，员工们预先并不知道，而且也不了解其中包含哪些货物，不知道是否已经有客户订购了这些货物。因为对这批货物的到达事先不知情，所以他们也就没有安排员工把卡车上的货物卸载下来，也很可能没有空缺的卸货平台。一旦有了空闲的装卸工和装卸平台，他们就打开通道，将货物卸载下来并暂时存放于平台处。然后，他们还要安排员工做一些文字记录工作，将所收到的货物与采购订单相对照，对采购订单的错误进行纠正（假设所收到的货物是正确的）。最后，他们安排一个叉车操作员将货物运走入库，该操作员为货物寻找最近的空缺储存区位或储存巷道，并把货物的入库位置记录下来。不幸的是，这种荒谬的作业程序确实很接近某些操作员的实际情况。

表 2-18 各个阶段的仓储实践

作业流程	第一阶段	第二阶段	第三阶段	第四阶段	第五阶段
收货	卸货、暂存及检验	立即入库到存储位	立即入库到主要拣选位	越仓处理	预收货
入库	先来后到原则	按照区域划分批量处理	批量及按序入库	储存区位移动至堆料机	自动入库
存储	地面储存	传统的货架及箱式货架	某些产品用倍深式货架储存	窄巷储存	最优组合储存
拣选	每次只完成一项订单的拣选任务	批量拣选	分区拣选——逐步完成订单	分区拣选——下游分类	动态拣选
定位	随机	以产品的热销程度为依据	以产品热销程度和空间周转率为依据	以产品热销程度、空间周转率和需求相关性为依据	动态定位
补货	当需要时——拣选面的货物已全部被拣选完	当需要时	以目测预计	自动预测	直接从储备存储位拣选
装运出库	检验、暂存及装货	暂存及装货	直接装货	自动装货	将产品直接拣选到拖车上
工作测定	无标准	用于计划编制的标准	用于评估的标准	用于激励的标准	用于连续反馈的标准
信息沟通	通过纸张文字沟通	条码扫描	无线射频终端设备	头戴式听筒	虚拟显示

现在来看第五个阶段,也就是世界一流水平的仓储作业程序。例如,在 Burlington Industries 公司,从生产线上下来的托盘承载货物会被直接卸到出库拖车上准备出库。每个托盘都带有一个条码标签,当叉车操作员在生产线末端执行拣选作业的时候会对条码进行扫描。当叉车操作员将承载货物运送到出库拖车上时,他也会对装货平台上方的一个条码标签进行扫描。一旦所有的货物都被放置在拖车上,装货过程就停止了,仓库向下订单的客户发出预先出库通知,告知客户货物装运出库的时间、每个托盘在卡车上的确切位置和预定的到达时间。

此外,每个出库卡车在挡风玻璃的位置都安置了一个射频标签。高速路上每隔 10 英里安装一个天线,当卡车驶往客户所在地时,该天线就在卡车通过的时候读取射频标签上的内容,从而可以及时通知客户卡车所在的位置及预定到达的时间。另外,因为供应商事先通知了仓库收货时间,所以仓库可以提前为将要到达的货物安排卸货操作员及卸货平台。一旦货物被卸到平台上,操作员或相关的扫描设备会对条码进行扫描,然后根据扫描的结果对货物进行下一步安排。首先检查是否要执行越仓作业,如果被扫描的产品已经被客户订购了,叉车操作员就直接将该产品送到拖车上;否则,系统会指示操作员为产品安排储存区位(由仓库管理系统来安排)。如果操作员需要对货物执行再储存作业,那么首要的选择就是将产品存放到拣选区位,然后再存放到储备区位。

比较一下这两种仓储作业的物料搬运量及所耗费的时间,可以看出,提高仓储绩效的关键是减少工作内容——其中首要的就是物料及信息处理。每搬运一件产品或处理一条信息,所耗费的时间和资源就要相应增加。

为了帮助大家将自身的仓储作业实践与世界一流水平的仓储实践相比照,爱德华·弗雷兹开发了一套与仓储绩效差异分析法相类似的方法,叫作仓储实践差异分析法(warehouse practices gap analysis),如图 2-11 所示。图中每条射线代表一项仓储作业,外圈仍然代表世界级标准,然后对照世界级标准在图上标出现有仓储实践所在的位置。还可以用这项技术来制定项目目标、对定点超越对象进行评估。图 2-11 这个特例用来对仓库管理系统的功能性进行评估。

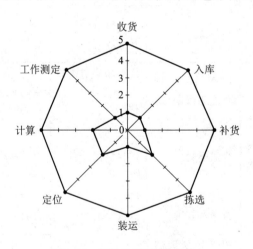

图 2-11 仓储实践差异分析法

总之,通过计算各种仓储绩效指标,进行仓储绩效衡量和定点超越分析,可以使仓储系统的规划目标向着世界一流水平靠近。因此应该运用外部定点超越进行分析,为仓储作业和流程优化方案制定世界级目标。在这个过程中,应该综合考虑一些主要的仓储绩效指标,如劳动生产率、装运出库准确性等。此外,还可以运用定点超越与仓储绩效差距分析逐步验证项目投资的合理性,为仓储系统规划提供背景资料的支撑。

思考与案例分析

1. 思考题

(1) 比较不同资料分析方法的优劣。
(2) EIQ 方法和 SLP 方法有什么不同?
(3) 请阐述 EIQ 分析方法的具体内容。
(4) 请分析不同的 EQ 和 IQ 分析图。

2. 案例分析

某物流分公司的仓库规划管理

1. 公司的存储背景

某物流分公司准备设计一个仓库,主要为一些同类生产企业提供仓储服务,仓储货物主要有6种,仓库最多可在三个方向设置出入口(I/O)。

2. 公司的进出库数据

该分公司某月的具体进出库数据如表2-19所示,公司通过数据分析进行入出库资源合理分配,考虑仓储物品存储原则和方法进行合理储位指派,缩短进出库路径,提高了进出库效率,降低了仓储成本。

表 2-19 货品进出库数据

产品	进货量	进仓次数	出货批量
A	40 托盘	40	2 托盘
B	200 箱	50	5 箱
C	100 箱	25	10 箱
D	10 托盘	5	1 托盘
E	80 箱	20	10 箱
F	50 托盘	25	5 托盘

分析讨论题:

(1) 请结合案例给定数据回答,该分公司是否可以使用 EIQ 分析方法?是否可以得到 EQ、IQ、EN、IK 分析图?如果可以,请给出分析图。如果不行,还需要补充哪些数据?

(2) 请根据数据分析,对该分公司的仓储设计、储位安排、分拣安排等提出具体建议。

第 3 章

仓储设施设备

 引导案例

某工厂货架选择

某工厂生产电饭煲，其原材料仓库存放的各种物料类别及使用量见表3-1，该工厂物料种类目前为2 000种左右，后期发展要达到3 000种以上，试为该工厂仓库选择合适的货架。

表3-1 物料类别及使用量

物料类别	包装箱规格	kg/箱	当前使用量	后期计划用量
冲压小件	胶箱68.8 cm×41.5 cm×36 cm	25	1 000	2 000
电器元件	胶箱68.8 cm×41.5 cm×36 cm	10	5 000	8 000
电路板	胶箱68.8 cm×41.5 cm×36 cm	10	1 000	1 500
标准件	胶箱68.8 cm×41.5 cm×36 cm	25	500	1 000
硅胶件	胶箱68.8 cm×41.5 cm×36 cm	10	1 000	2 000
塑料小件	胶箱62 cm×32 cm×37cm	25	5 000	8 000
电热盘	胶箱68.8 cm×41.5 cm×36 cm	25	3 000	4 000
塑料大件	胶箱62 cm×32 cm×37 cm	10	6 000	10 000
金属材料	地台板100 cm×80 cm	1 500/(kg/板)	300	500
塑料材料	地台板120 cm×110 cm	1 000/(kg/板)	200	400
合计			23 000	37 400

3.1 仓储设施设备概述

为了满足仓储管理的需要,仓库必须配备一定的硬件设施和设备。仓储设施主要是指用于仓储的库场建筑物,它由仓库的主体建筑、辅助建筑和附属设施构成。仓储设备的配置是仓储系统规划的重要内容,关系到仓库建设成本和运营费用,更关系到仓库的生产效率和效益。

仓储设施设备是指仓储业务所需的所有技术装置与机具,即仓库进行生产作业或辅助生产作业及保证仓库及作业安全所必需的各种机械设备的总称。

3.1.1 仓储设施设备的分类

仓储工作中所使用的设备按不同的分类方法有不同的分类方式,按照功能和特征可以分成装卸搬运设备、保管设备、计量设备、养护检验设备、通风保暖照明设备、消防安全设备、劳动防护设备及其他用途设备和工具等。

1. 装卸搬运设备

装卸搬运设备用于商品的入出库、库内堆码及翻垛作业。这类设备对改进仓储管理,减轻劳动强度,提高收发货效率具有重要作用。目前,国内仓库中所使用的装卸搬运设备通常可以分成以下三类。

(1) 装卸堆垛设备:包括桥式起重机、轮胎式起重机、门式起重机、叉车、堆垛机、滑车、跳板和滑板等。

(2) 搬运传送设备:包括搬运车、皮带输送机、电梯和手推车等。

(3) 成组搬运工具:包括托盘、网络等。

2. 保管设备

保管设备是用于保护仓储商品质量的设备,主要可归纳为以下几种。

(1) 苫垫用品:起遮挡雨水和隔潮、通风等作用。包括苫布(油布、塑料布等)、苫席、枕木、石条等。苫布、苫席用在露天堆场。

(2) 存货用具:包括各种类型的货架、货橱。①货架即存放货物的敞开式格架。根据仓库内的布置方式不同,货架可采用组合式或整体焊接式两种,整体焊接式的制造成本较高,不便于货架的组合变化,因此较少采用。货架在批发、零售量大的仓库,特别是立体仓库中起很大的作用。它便于货物的进出,又能提高仓库容积利用率。②货橱即存放货物的封闭式格架,主要用于存放比较贵重的或需要特别养护的商品。

3. 其他设备

除了保管和装卸搬运设备,还有方便保管作业的计量设备、养护检验设备、通风保暖照明设备、消防安全设备、劳动保护用品等。

计量设备是用于商品进出时的计量、点数,以及货存期间的盘点、检查等。如:地磅、轨道秤、电子秤、电子计数器、流量仪、皮带秤、天平仪以及较原始的磅秤、卷尺等,随着仓储管理现代化水平的提高,现代化的自动计量设备将会更多地得到应用。

养护检验设备是指商品进入仓库验收和在库内保管测试、化验以及防止商品变质、失效的机具、仪器。如:温度仪、测潮仪、吸潮器、烘干箱、风幕(设在库门处,以隔内外温差)、空气调节器、商品质量化验仪器等。在规模较大的仓库这类设备使用较多。

通风保暖照明设备是根据商品保管和仓储作业的需要而设。

消防安全设备是仓库必不可少的设备。它包括：报警器、消防车、手动抽水器、水枪、消防水源、砂土箱、消防云梯等。

劳动保护用品主要用于确保仓库职工在作业中的人身安全。

3.1.2 仓储设施设备特点

仓储设备是完成货物进库、出库和储存的设备。从仓储机械的作业过程看，仓储机械具有起重、装卸、搬运、储存和堆码的功能。尽管仓储机械从外形到功能差别很大，但由于它是为在特定的作业环境完成特定的物料搬运作业而设计的，因而具有以下一些共性。

（1）搬运要求较高，但对速度的要求较低。由于仓储机械主要作用于货物的移动和起升，因此其作业范围相对较小，对货物的搬运要求高，但对速度的要求较低。

（2）运动线路较固定。由于作业场所的限制，且作业场所较固定，因此仓储机械的运动线路也比较固定。

（3）专业化程度高。仓储作业由一系列实现特定功能的作业环节或工序组成，但各工序的功能较单一，而且工序间的功能差别一般较大，应提高工作效率，使得仓储机械的专业化程度越来越高。

（4）标准化程度高。一方面，商品流通各环节对商品的外观和包装提出了标准化要求；另一方面，商品包装的标准化也促进了物流设备包括仓储机械设备的标准化。

（5）机械化、自动化程度高。随着条码技术、光学字符识别技术、磁编码识别技术、无线电射频识别技术、自动认证技术、自动称重技术和计数技术的广泛应用，现代仓储设备的自动化程度大大提高。

（6）节能性和经济性要求高。仓储过程作为流通领域或企业物流必不可少的环节，为实现商品的价值起到了极其重要的作用，因此为控制仓储成本，在设计和选用仓储机械时，必须考虑其节能性和经济性。

（7）环保性要求。仓储机械由于作业环境的特殊性，必须严格控制其对环境的污染程度。

（8）安全性要求。在仓储作业过程中，要在复杂的环境和有限的空间中保障人员、设备和货物的安全，对仓储机械的安全性要求很高。

3.1.3 仓储设施设备的发展趋势

现代仓储机械设备是仓库运作的必要条件，它不仅直接影响企业为物流需求者提供的物流量、物流服务质量及作业效率，而且影响现代物流企业的物流成本、物流速度、安全生产及物流作业的生产秩序。设备的好坏，对现代物流企业的生存和发展都有重大影响。因此，把握仓储机械设备的发展趋势，对正确、合理配置和运用仓储机械设备有重大意义。仓储设备的发展趋势与物流设备的发展趋势一致，主要表现在以下几个方面。

1. 大型化和高速化

大型化指设备的容量、规模、能力越来越大。大型化是实现物流规模效应的基本手段。高速化指设备的运转速度、运行速度、识别速度、运算速度大大加快。

2. 实用化和轻型化

由于仓储物流设备是在通用的场合使用，工作并不很繁重，因此应好用，易维护、操作，具有耐久性、无故障性和良好的经济性，以及较高的安全性、可靠性和环保性。这类设备批量较大、用途广，考虑综合效益，可降低外形高度，简化结构，降低造价，同时也可减少设备的运行成本。

3. 专用化和通用化

随着物流的多样性，物流设备的品种越来越多且不断更新。物流活动的系统性、一致性、经济性、机动性、快速化，要求一些设备向专门化方向发展，一些设备向通用化、标准化方向发展。

物流设备专门化是提高物流效率的基础，主要体现在两个方面，一是物流设备专门化，二是物流方式专门化。物流设备专门化是以物流工具为主体的物流对象专门化。

通用化主要以集装箱运输的发展为代表。国外研制的公路、铁路两用车辆与机车，可直接实现公路铁路运输方式的转换，公路运输用大型集装箱拖车可运载海运、空运、铁运的所有尺寸的集装箱，还有客货两用飞机、水空两用飞机及正在研究的载客管道运输等。通用化的运输工具为物流系统供应链保持高效率提供了基本保证。通用化设备还可以实现物流作业的快速转换，可极大提高物流作业效率。

4. 自动化和智能化

将机械技术和电子技术相结合，将先进的微电子技术、电力电子技术、光缆技术、液压技术、模糊控制技术应用到机械的驱动和控制系统，实现物流设备的自动化和智能化将是今后的发展方向。例如，大型高效起重机的新一代电气控制装置将发展为全自动数字化控制系统，可使起重机具有更高的柔性，以提高单机综合自动化水平，自动化仓库中的送取货小车、自动导引车AGV、公路运输智能交通系统（ITS）的开发和应用已引起各国的广泛重视。此外，卫星通信技术及计算机、网络等多项高新技术结合起来的物流车辆管理技术正在逐渐被应用。

5. 成套化和系统化

只有当组成物流系统的设备成套、匹配时，物流系统才是最有效、最经济的。在物流设备单机自动化的基础上，通过计算机把各种物流设备组成一个集成系统，通过中央控制室的控制，与物流系统协调配合，形成不同机种的最佳匹配和组合，取长补短，发挥最佳效用。为此，成套化和系统化物流设备具有广阔发展前景，以后将重点发展的有工厂生产搬运自动化系统、货物配送集散系统、集装箱装卸搬运系统、货物自动分拣与搬运系统等。

6. "绿色"化

"绿色"就是要达到环保要求，这涉及两个方面：一是与牵引动力的发展及制造、辅助材料等有关，二是与使用有关。对于牵引力的发展，一要提高牵引动力，二要有效利用能源，减少污染排放，使用清洁能源及新型动力。对于使用因素，包括对各物流设备的维护，合理调度，恰当使用等。

3.2 仓储设施

在进行仓储活动之前，必须首先规划建设仓储设施。典型的仓储设施是仓库。仓库的规划包括仓库布局、布置、设备选用等。

3.2.1 仓储设施的类型

不同类型的企业对仓储设施的要求不同，不同产品对仓储设施的要求也不同，仓储设施主要指库场建筑物，其主要形式是仓库。仓库（warehouse）是储存、保管物品的建筑物和场所的总称，如库房、货棚、货场等。同时，"仓库"一词有时又指营业性的仓储场所。仓库与库存是同时产生的。当生产力发展到一定阶段，有了库存的需要，就出现相应的储存设施，这是不言而喻的。我国"仓库"从原始的储存谷米之类的"仓廪"到近代的"堆栈"（堆存和保管物品的场所与设备），发展到具有一定规模和水平的现代仓库，同样是生产力发展的结果。仓库从不同的角度看，可以有多种分类方法。

1. 按用途分类

仓库按在商品流通过程中所起的作用，可以分为以下几种。

1）采购供应仓库

采购供应仓库主要用于集中储存从生产部门收购的和供国际进出口的商品。这类库场一般设在商品生产比较集中的大中城市，或商品运输枢纽所在地。采购供应库场一般规模较大，如我国商业系统的一级和二级采购供应站的库场属于这类。其中，一级供应站面向全国，二级供应站面向省（自治区、直辖市）或经济区。随着市场经济的逐步确立，这种供应站的职能划分已被打破。

2）批发仓库

批发仓库主要用于收储从采购供应库场调进或在当地收购的商品。这类仓库贴近商品销售市场，是销地的批发性仓库。它既从事批发供货，也从事拆零供货业务。

3）零售仓库

零售仓库主要用于为商业零售业作短期储货，以供商店销售。在零售仓库中存储的商品周转速度较快，而库场规模较小，一般附属于零售企业。

4）储备仓库

这类仓库一般由国家设置，以保存国家应急的储备物资和战备物资。货物在这类仓库中储存的时间往往较长，并且为保证储存物资的质量需定期更新储存的物资。

5）中转仓库

中转仓库处于货物运输系统的中间环节，存放那些待转运的货物。这类仓库一般设在铁路、公路的场站和水路运输的港口码头附近。

6）加工仓库

在这种仓库内，除商品储存外，还兼营某些商品的挑选、整理、分级、包装等简单的加工业务，以便于商品适应消费市场的需要。目前，兼有加工功能的仓库是物流企业仓储服务发展的趋势。

7)保税仓库

保税仓库是指为国际贸易的需要,设置在一国国土之上,但在海关关境以外的仓库。外国货物可以免税进出这类仓库而无须办理海关申报手续。并且,经批准后,可在保税仓库内对货物进行加工、存储、包装和整理等业务。对于在划定的更大区域内的货物保税,则可称为保税区。

2. 按仓库建筑物的构造分类

1)单层仓库

这是最常见的、使用很广泛的一种仓库建筑类型。这种仓库没有上层,不设楼梯(如图 3-1 所示),其主要使用特点如下。

(1)单层仓库设计简单,在建造和维修上投资较省。

(2)全部仓储作业都在一个层面上进行,货物在库内装卸和搬运方便。

(3)各种设备(如通风、供水、供电等)的安装、使用和维护比较方便。

(4)仓库地面能承受较重的货物堆放。

但是,单层仓库的建筑面积利用率较低,在城市土地使用价格不断上涨的今天,在市内建这类仓库,其单位货物的存储成本较高。故单层仓库一般建在城市的边缘地区。

2)多层仓库

多层仓库一般建在人口较稠密的、土地使用价格较高的市区,它采用垂直输送设备(如电梯或倾斜皮带输送机等)实现货物上楼作业。一种阶梯形的多层仓库,它通过库外起重机将货物吊运至各层平台(如图 3-2 所示)。多层仓库主要有以下特点。

图 3-1 单层仓库示意图

图 3-2 多层仓库示意图

(1)多层仓库可适用于各种不同的使用要求,如办公室与库房可分别使用不同的楼面。

(2)分层的仓库结构将库区自然分隔,这有助于仓库的安全和防火,如火警的发生往往可以被控制在一个层面,而不危及其他层面的货物。

(3)现代的仓库建筑技术已能满足将较重的货物提升上楼的要求。

(4)多层仓库一般建在市区,特别适用于存放城市日常用的高附加值、小型的商品(如家用电器、生活用品、办公用品等)。

多层仓库的最大问题是建造和使用中维护的投资较大,故堆存费用较高,一般适用于高附加值的商品堆存。

3）立体仓库

立体仓库又称高架仓库，实质上是一种特殊的单层仓库，它利用高层货架堆放货物。一般与之配套的是在库内采用自动化的搬运设备，形成自动化立体仓库。当采用自动化的堆存和搬运设备时，便称为自动化立体仓库，如图 3-3 所示。

4）筒仓

筒仓指用于存放散装的小颗粒或粉末状货物的封闭式仓库，一般置于高架之上，如图 3-4 所示。如存储粮食、水泥和化肥等。

图 3-3　立体仓库示意图

图 3-4　筒仓示意图

5）露天堆场

露天堆场，用于货物露天堆放的场所。一般堆放大宗原材料，或不怕受潮的货物，如图 3-5 所示。

图 3-5　露天堆场示意图

3. 按仓库的管理体制分类

根据仓库隶属关系的不同，按其管理体制可将仓库分为以下两类。

1）自用仓库

这类仓库只为企业本身使用，不对社会开放，在物流概念中被称为第一方物流仓库和第二方物流仓库。如我国大型企业的仓库和大多数外贸公司的仓库属于此类。这些仓库由企业自己管理。当然,随着市场经济的影响,已有许多自用仓库在满足自身的需要以后,也逐步向社会开放。

2) 公用仓库

这是一种专业从事仓储经营管理的、面向社会的、独立于其他企业的仓库,在物流概念中被称为第三方物流仓库。国外的大型仓储中心、货物配送中心属于此类。近年来,国内从事仓储业务的企业发展迅速,已在物流系统中扮演着越来越重要的角色。

3.2.2 仓储设施的构成

为了满足仓储管理的需要,仓库必须配置一定的硬件设施和设备。仓储建筑物由仓库的主体建筑、辅助建筑和附属设施构成。

仓库主体建筑有多种类型,可按不同的标准进行分类。按仓库的结构特点,可将仓库主体建筑分为三大类,即封闭式仓库(库房)、半封闭式仓库(货棚)和露天式仓库(堆场)。

1. 库房

库房是在仓库中,用于储存、保管物品的封闭式建筑物。如图3-6所示,库房按其与地面的相互位置关系,可分为地上库房、半地下库房和地下库房。

图 3-6 库房

地上库房施工容易,造价较低,库内干燥,通风采光良好,作业方便;缺点是受自然因素和周围环境的影响比较大。地下库房与此完全相反,而半地下库房的优缺点介于两者之间。一般库房多为地上库房,只有存放油脂、油漆、酸类、橡胶及其制品等物料的库房才采用地下或半地下形式。

库房按其跨度可分为单跨库房、双跨库房和多跨库房。双跨或多跨库房又有等高不等高之分。双跨和多跨库房与单跨库房相比较(在建筑面积相同的情况下),前者可缩短围墙及其他附属装置的长度,可降低工程造价。

1) 库房主要建筑结构

(1) 基础。用于承受房屋的重量。库房基础可分为连续基础和支点基础,连续基础是在实体墙下采用砖、块石和水泥浆砌成;支点基础是在墙柱下形成柱形基础,柱形基础一般间隔 3~3.5 m。

(2) 地坪。用于承受堆存的货物。要求坚固(承受冲击)、耐久(耐摩擦)、有一定承载能力（5~10 t/m²）、平坦（便于车辆通行）。

（3）墙壁。墙壁是库房的维护、支撑结构，其作用是使库内环境尽可能不受外界气候影响。库房墙壁按其所起作用不同，可分为承重墙、骨架墙和间隔墙。其中，骨架墙是砌在梁柱间起填充作用和隔离作用的墙。

（4）库门。库门的尺寸应根据进出库场时运输工具携带货物的外形尺寸确定。对于较长的库房，每隔20~30 m应在其两侧设置库门；如果与火车装卸线对应，则库门的间距为14 m。

（5）库窗。用于库内采光和通风。为了便于开关库窗的操作，仓库可设置自动采光装置。

（6）柱。库房的承重构件。柱子位置和密度的确定取决于货物堆码方式、库房建筑面积、结构类型及便于车辆行驶等诸方面因素。

（7）库顶。其主要作用是防雨雪和保温。库顶的建筑要符合防火安全要求，坚固、耐久。库顶的外形有平顶、脊顶和拱顶三种。

（8）站台。为便于货物的车辆装卸和进出仓库，站台平面应与车厢底面和仓库地面平齐，一般高出地面1.1 m左右；站台宽度根据库内流动机械的回转半径确定，一般为6~8 m。站台围绕库房四周构筑。

（9）雨篷。在货物进出仓库时，防止雨雪浸淋。其宽度应大于站台2~4.5 m。

2）对库房的基本要求

（1）要满足物资保管的要求。储存保管物资是库房的基本功能。库房要为物资保管创造适宜的环境和良好的条件。对于普通库房来说，主要应具有良好的防水（自然降水、雨雪霜露等）、防潮、防风吹日晒、防尘、防有害气体、防盗、防破坏等功能。库房的地坪、墙体和屋顶应具有良好的隔潮性能，库房门窗应具有较好的密封性能，墙体和门窗要具有足够的坚固性。

对于取暖保温库房，除了上述要求外，还应有良好的隔热保温性能。这主要取决于墙体和屋顶的结构材料。此外，门窗的大小、结构和结构材料对库房的隔热保温性能也有一定的影响，如设置双层门窗，效果较好。

对于专用库房来说，由于存放的物资不同，应有不同的要求。如油库应具有良好的通风性能和隔热性能，酸库应具有一定的耐腐蚀性能和通风保温性能，电石库应具有良好的防潮性能和通风性能等。

（2）要满足仓库作业的要求。库存物资要经常进行收发，储存保管只是暂时的。因此，库房应为仓库作业提供方便，特别是要满足机械化作业的要求。如库内安装固定装卸搬运设备（桥式起重机或龙门式起重机、电动滑车、堆垛机、升降平台等）；为装卸运输设备入库作业提供方便（库门要足够大、地坪的承载能力要强、库房净空要高）；专用线进库或库边设站台，站台的宽度、长度、高度和两端的坡度要符合机械化作业的要求；等等。

（3）要满足防火安全的要求。物资仓库是集中储存保管大量物资的场所，仓库的防火安全非常重要。按照仓库储存物品发生火灾危险程度的不同，可将其分为甲、乙、丙、丁、戊五个类别。

甲、乙两类主要是自燃、易燃和易爆炸物品，丙类主要是可燃液体和固体；丁类为难燃烧物品；戊类为非燃烧物品。

根据《建筑设计防火规范》（GB 50016—2014）规定，厂房和仓库的耐火等级分为一、

二、三、四级。建筑物各部构件的燃烧性，可分为三种情况：①非燃烧体，如砖、石、钢材、水泥混凝土等；②难燃烧体，如沥青混凝土、水泥刨花板等；③燃烧体，如木材、竹材、油毡、苇席等。建筑物各部构件的耐火极限，是指任何建筑物构件，从受到火的作用时起，到失去支持能力、稳定性，或发生穿透性裂缝，或与火对立面的背面温度升高到150℃时止，这一段对火的抵抗时间，以小时计，对不同类别的物资仓库，要求与之相适应的建筑耐火等级的仓库建筑物。

2. 货棚

货棚也称为料棚，是一种简易的仓库，为半封闭式建筑，如图3-7所示。货棚用于存放对自然环境要求不高的货物。根据其围墙建筑情况，货棚可以分成敞棚（仅由支柱和棚顶构成）和半敞棚（有一面、二面和三面墙之分）。

图3-7 货棚

对货棚的要求与库房一样，应满足物资保管、仓库作业和防火安全的要求。但货棚在保管条件方面与库房不同，因为它只有屋顶和部分维护结构，其主要作用是防止大气降水及日照对物资的影响，对温度、湿度无法控制。考虑到潲雨和日光斜射对货棚内物资的影响，货棚在建筑上需要注意以下几个方面。

（1）大跨度或双跨。增大货棚的跨度，可增加安全面积，缩小潲雨、日照面积占总面积的比率。

（2）低柱头。货棚内潲雨和日光斜射所达到的深度，即所损失的面积与货棚的高度成正比，货棚越高，损失的面积越大。

（3）长挑檐。延长货棚的挑檐，能对潲雨和日照起一定的阻挡作用。当挑檐足够长时，潲雨和日照不会进入棚内。

（4）高屋脊。加高货棚的屋脊有利于泄水，可减少漏雨，并能扩大棚内空间，有利于防热。

（5）半围护。在货棚四周的垂直方向上，可设部分遮蔽物，无挑檐时设在上部，有挑檐时设在中部或下部，能遮蔽雨雪和日照。货棚靠库区围墙或库墙修建，可利用围墙或库墙作为一道侧墙，能解决侧面潲雨和日照问题。

3. 堆场

堆场用于堆存不怕雨淋、风吹的货物；采用油布覆盖时，则可堆存短期存放的、对环境要求不太高的货物，如图3-8所示。堆场的地面材料可根据堆存货物对地面承载要求，采用压实泥地、铺沙地、块石地和钢筋水泥地等方式铺设。

图 3-8　堆场

堆场是储存保管物资的露天场地，无任何固定的遮蔽物，对各种自然因素的侵蚀均不起防护作用，主要靠下垫上苫保护物资不受损失。一般要求堆场应具备下列条件。

（1）地势高燥。堆场地势要高，地下水位要低，地面要保持干燥，不返潮。

（2）排水良好。堆场应有良好的排水性能，雨后不积水，堆场横断面应成人字坡度，在最低处设排水沟（以暗沟为宜），并与排水管道连通，泄水通畅。料场如为软地面，可铺河沙、黏土、碎石、炉灰渣等，形成渗水层。

（3）地面坚实。堆场地坪应有足够的荷载能力，最好采用硬地面，可用水泥混凝土或沥青；如条件不允许，则可因地制宜，就地取材，砌筑石块。

（4）交通方便。堆场应有方便的交通条件，要有专用线通入，并有公路环绕，以便于物资的收发。

（5）设备齐全。堆场都应安装龙门式起重机，用以完成料场物资的装卸、搬运、检斤、堆垛、配料、集中等作业；堆场应配备检斤设备，如大型台秤、地衡等；还可根据需要，安装固定大型钢制悬臂料架或垛基。此外，堆场应有良好的照明条件和供电系统。

（6）环境适宜。堆场应远离工厂和锅炉房的烟囱，以防烟尘对物资的影响。堆场应与储灰场等保持一定的距离。场内应清除杂草和垃圾。堆场周围不宜栽种落叶树。

综上所述，货棚的保管条件不太好，而且作业不便；堆场虽然作业方便，但保管条件更差；为了改善保管条件，最好建造库房，这就需要大量投资，不宜实现；而采用充气式仓库和活动货棚，则是解决这一问题的好办法。

3.2.3　站台设施

1. 线路和站台

与仓库相连的线路或进入仓库内部的线路与仓库的连接点即站台，也称月台、码头，是仓库进出货的必经之路。这些设施既是仓库运行的基本保证，也是仓库高效运作不可忽视的重要部位。

1）线路

对与仓库相接线路的基本要求是能满足进出货运量的要求，不造成拥挤阻塞。

（1）铁道专用线，简称专用线，是指与铁路网相接的供仓库使用的线路。大量进出货的集散型仓库，一般依靠专用线将仓库与外界沟通，煤炭、水泥、油类、金属材料配送型仓库或配送中心，也往往依靠专用线解决大量进货的问题。

（2）汽车线，是指和公路干线相接的汽车线路，可以深入仓库内部甚至库房中。一般进出货量往往靠汽车线与外界相连。

有的生产企业的大型成品库中，是靠铁路线及汽车线向外运货。一般流通仓库，铁道专用线与进货区相连而汽车线与出货区相连。现代仓库，在汽车大型化的前提下，很多不设铁道专用线，尤其在大城市内的仓库，主要依靠汽车线与外界相接。

2）站台

站台的基本作用是：车辆停靠处、装卸货物处、暂存处，利用站台就能方便地将货物装进车辆中或从车辆中取出，实现物流网络中线与结点的衔接转换。

2. 站台的主要形式

1）高站台

站台高度与车辆货台高度一样，一旦车辆停靠后，车辆货台与站台处于同一平面，有利于使用装卸作业车辆进行水平装卸，提高装卸效率，使装卸合理化。

2）低站台

站台和地面一样高，往往是和仓库地面处于同一高度，以利于站台与仓库之间的搬运。低站台与车辆之间的装卸作业不如高站台方便，但是，如果采用传送装置装卸货，由于传送装置安装需有一定高度，采用低站台，传送装置安装后可与车辆货台保持同等高度。此外，采用低站台也有利于叉车作业。

在现代仓库中，分货设备的分支机构出口端部往往和站台合而为一，汽车停靠在端部，分货机分选的货物可直接装入车中，减少了一道装卸过程。

3）站台高度的确定

在一个库区内可考虑停靠车辆的种类，有若干不同高度的停靠位置，也可考虑车种平均高度，尽可能缩小货车车厢的底板与站台高度差，以达到提高作业效率的目的。

在仓库中，进出货车种可能很多，因而即使考虑不同高度的站台，也很难使全部车辆与站台相接合。要克服车辆与月台间的间距和高度差，一般站台为作业安全与方便起见，常采用下列三种设施。

(1) 可移动式楔块。可搬移的楔块又叫竖板（见图 3-9），当装卸货品时，可使卡车或拖车的车轮固定不动，以避免装卸货期间车轮意外地滚动可能造成的危险。

(2) 升降平台。最安全也最有弹性的卸货辅助器应属于升降平台。升降平台分为卡车升降平台（见图3-10）和码头升降平台（见图3-11）两种。当配送车到达时，以卡车升降平台而言，可提高或降低车子后轮使得车底板高度与月台一致，而方便装卸货；若以码头升降平台而言，则可调节码头平台高度来配合配送车车底板的高度，因而两者有异曲同工的效果。

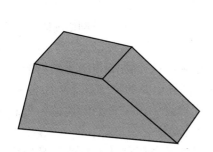

图 3-9　可移动式楔块

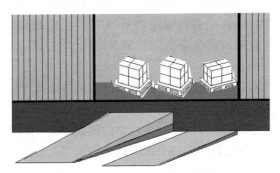

图 3-10　卡车升降平台

(3) 车尾附升降台。这是装置于配送车尾部的特殊平台。当装卸货时，可运用此平台将货物装上卡车或卸至月台，如图 3-12 所示。车尾附升降台可延伸至月台，亦可倾斜放至地面，其设计有多种样式，适于无月台设施的物流中心或零售点的装卸使用。

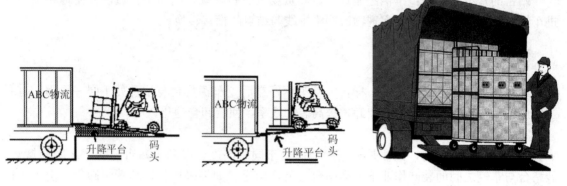

图 3-11　码头升降平台　　　　　　　　图 3-12　车尾附升降台

3.3　集装单元化储存设备

集装单元化储存设备形式种类很多，因储存物品形状、重量、体积、包装形式、物品存储要求、入出库流量、搬运设备、建筑结构等特性的不同，其使用的储存形式也不相同。一般仓储企业的储存设备，按储存单位分类，可大致分为托盘、容器、单品及其他等四大类，其中主要是以单元负载的托盘储存方式为主，配合各种拣货方式的需要。在港口码头等以海运为主的场合，集装单元化储存设备主要是各种集装箱，集装箱的容量大，配合专用吊具，装卸搬运速度快，且能很好保护里面的货物。

3.3.1　集装单元化设备概述

1. 集装单元化概念

集装单元化是把一定的物料整齐地集结成一个便于储存、搬运和运输的单元，是以集装单元为基础而组织的装卸、搬运、储存和运输等物流活动一体化运作的方式，是物流现代化的基础建设内容，其实质就是要形成集装单元化系统，即由货物单元、集装器具、物料搬运设备和输送设备等有机组成的高效、快速进行物流功能运作的系统。集装单元化有效地将各项分散的物流活动联结成一个整体，是物流系统合理化的核心内容和主要方式。

集装单元化已运用于物流全过程的各个环节，是现代物流技术进步和结构创新的一项重大举措。集装单元化作为现代物流的重要特征之一，具有极其重要的经济意义和社会意义。

现代物流的特征之一是物料的集装单元化，它在现代物流中占有重要的地位，集装单元化程度的高低是判断一个国家现代物流是否发达的重要标志之一。

在货物的储运过程中，为便于装卸和搬运，用集装器具或采用捆扎方法将物品组成标准规格的单元货件，称为货物的集装单元化。被集装单元化的货物称为单元货物。用于集装货物的工具称为集装单元器具，它必须具备两个条件：一是能使货物集装成一个完整、统一的重量或体积单元；二是具有便于机械装卸搬运的结构，如托盘有叉孔，集装箱有角件吊孔等，这是它与普通货箱和容器的主要区别。

从包装角度来看，集装是一种按一定单元将杂散物品组合包装的形态，是属于大型包装的形态。在多种类型的产品中，小件杂散货物很难像机床、构件等产品那样进行单件处理，由于其杂、散且个体体积、重量都不大的特点，所以，总是需要进行一定程度的组合，才能有利于销售、物流和使用。从这一点上说，商品的外包装、粉粒体物料的纸袋及液体和气体的容器等也是一种集装单元。但一般物流技术上所称的集装单元化，则是指固体物料（如机械零部件）和商品运输包装的集装单元化，如零件堆放在集装盘内或纸箱堆码在托盘上等。集装是在材料科学和装卸技术两个方面都有了突破进展之后才出现的，用大单元实现组合，是整个包装技术的一大进展。

从运输角度来看，集装所组合的组合体往往又正好是一个装卸运输单位，非常利于运输和装卸，因而在这个领域把集装主要看成是一个运输体（货载），称为单元组合货载或集装货载。

2. 集装单元化的类型

集装单元化有若干种典型的方式，通常使用的集装单元主要有下列几种类型。

1）集装箱系统

它将大型容器发展成为集装箱，集装箱配置半挂车又演变成大型的台车。集装箱是当前集装单元发展的最高阶段。

2）托盘类

它以平托盘为主体，包括从平托盘发展到柱式托盘、箱式托盘、轮式托盘和专用托盘。集装箱系统和托盘类是集装单元化的两大支柱，托盘和集装箱是最重要的两种集装单元化器具。

3）捆扎型

它是指用绳索、钢丝或打包铁皮把小件的货物扎成一捆或一叠，这是简单的集装单元化，如成捆的型钢、木材，成扎的铝锭等。

4）其他容器

它包括柔性集装袋、集装网络和罐式集装箱等。

3. 集装单元化的优越性

集装单元的主要特点是集小为大，而这种集小为大是按照标准化、通用化要求而进行的，这就使中、小件散杂货以一定规模进入市场，进入流通领域，形成了规模优势。集装的效果实际上是这种规模优势的效果。货物集装单元化之所以发展非常迅速，是因为它在物流过程中具有突出的优点。集装单元化的优点如下。

1）便于实现产品装卸、运输的机械化和自动化

集装单元把零散货物集合成大的包装单元，在流通过程的各环节都可以采用机械化操作，容易实现装卸、运输作业的机械化、自动化。如使用叉式起重车和铲车等，不仅提高了装卸效率，而且大大节省了劳动力，减轻了劳动强度。

2) 简化了产品流通环节，加速了产品的流通

采用集装单元的产品能从发货单位仓库直接运到收货单位仓库，无论途中经过陆路还是水路运输，都不用搬动集装单元内的产品，从而实现"门到门"的运输。集装单元能缩短装卸时间，加速产品的流通。如铁路用50 t车厢装运零散货物需6人装卸3~4 h，而用集装箱3人只需15 min就可以完成；一般万吨级货轮，用传统方式装卸需要半个月，而用集装箱货轮，装卸时间不会超过1天。

3) 保证了产品的运输安全

集装单元把产品密封在包装容器（如集装箱等）内，实际上起了一个强度很大的外包装作用。在运输过程中无论经过多少环节，都不需搬动集合包装内的产品，因而有效地保护了产品，减少了破损，同时还能防止产品被盗或丢失。如美国集装箱运输的货损率就很低，只有0.01%。

4) 节省包装费用，降低运输成本

集装单元节省包装材料。集装箱和托盘等可以反复周转使用，大多数产品改用集装单元后，原来的外包装可以降低用料标准，如原来用木箱的可改用瓦楞纸箱，原来用5层瓦楞纸箱的可改用3层等。

另外，如平板玻璃原来采用平板木箱包装，改为金属框架集合包装后，每年可以节省十几万立方米木材。集装单元可以减少包装操作程序，减轻劳动强度，降低包装费用。如有的产品用集装箱运输，只要把产品按顺序装到箱内，箱上加上铅封，用叉车装运即可。托盘包装可进行整组产品捆扎，省去了每小箱产品捆扎的工序。集装单元可以通过联运简化运输手续，提高运输工具的运载率，从而降低运输费用。有些集装单元包装件可以露天堆放，节省仓库容积，从而减少仓储储存费用。

5) 促进了包装规格的标准化

集装单元要求货物有一定的规格尺寸，每种产品外包装尺寸必须适合于在集装箱或托盘等集装单元上装放，避免造成集装单元的空位。对于单件搬运的杂件货物，要按一定的尺寸组成同一规格的货组，以保证杂件货物运输、装卸的合理化，从而促进包装的标准化、规格化和系列化。

3.3.2 托盘

1. 托盘的概念和特点

1) 托盘的概念和发展

托盘是指在运输、搬运和存储过程中，将物品规整为货物单元时，作为承载面并包括承载面上辅助结构件的装置。托盘是用于机械化装卸、搬运和堆存货物的集装单元工具。而通常所说托盘（pallet）是指平托盘，指用于集装、堆放、搬运和运输的作为放置单元负荷的货物和制品的水平平台装置。

托盘作为叉车的产物，20世纪30年代叉车出现在市场之后，托盘开始广泛地应用在装卸领域，与叉车配套使用，并且在工业部门得到推广，得到共同发展，成为叉车附属装卸搬运工具之一。在应用过程中，又进一步发展了托盘的作用，使之成为储存设施的一部分，一个运输单位计量工具，广泛应用于各个领域，在自动化仓库的货架储存中起到极其重要的作用。

在仓储、运输与装卸应用过程中，托盘尺寸的选择直接关系到货位尺寸、货架设计、堆垛机及输送系统尺寸的选择，因而，托盘对现代物流的形成、物流系统的建立起到完善的作用，使装卸机械水平得到大幅度提高，使运输中装卸过程的瓶颈问题得以解决和完善。目前托盘被广泛应用于生产、流通、消费各个领域，成为一种应用最广泛、数量最大的物流工具。

据统计，美国托盘的使用达到了平均每个美国人可分到 10 个托盘的量。托盘的出现也促进了集装箱和其他集装方式的形成和发展，现在，托盘已成为和集装箱一样重要的集装方式，形成了集装系统的两大支柱。

2）托盘的特点

托盘作为集装单元化器具的主要形式之一，具有以下优点。

（1）自重量小。与集装箱相比，托盘用于装卸、运输所消耗的劳动强度较小，无效运输及装卸负荷相对也比集装箱小。

（2）返空容易。返空时占用运力很少。由于托盘造价不高，普及程度较集装箱程度高，很容易互相代用，互相以对方托盘抵补，所以无须像集装箱那样必须有固定归属者，也无须像集装箱那样返空。即使回运，也比集装箱容易操作。

（3）装盘容易。不需要像集装箱那样深入到箱体内部，装盘后可采用捆扎、紧包等技术处理，使用简便。

（4）与其他集装形式相比，装载量适宜，组合量较大。

但托盘也存在一些不足，如露天存放困难，需要有仓库等设施；回运需要一定的成本支出；托盘本身也占用一定的仓容空间等。

任何一种集装单元化器具都有自己的优缺点，总的来说，托盘单元化是物流标准化发展的重要标志之一，广泛应用到各种制造、流通等场内、库内保管场所。

2. 托盘的种类与结构形式

托盘的种类繁多，结构各异，就目前国内外常见的托盘种类来说，大致可以划分为五大类。

1）平托盘

平托盘是由双层板或单层板另加底脚支撑构成，无上层装置，在承载面和支撑面间夹以纵梁，构成可集装物料，可使用叉车或搬运车等进行作业的货盘。平托盘是托盘中使用量最大的一种，也是托盘的最基本形式，适宜码放各种耐压的盒装件、货装件及其他具有立方形体的物料及加工件等。平托盘可进一步分为以下几类。

（1）按台面分类，可分为单面型、单面使用型、双面使用型和翼型四种（如图 3-13 所示）。

（2）按叉车插入方式分类，可分为单向插入型、双向插入型、四向插入型三种。叉车插入方向越多，则操作越灵活，在码放时对空间要求越低，空间利用率会越高。因此四向插入型的用途最广。

（3）按平托盘的材料，根据使用对象与要求，平托盘可以采用木材、纸、钢、铝、塑料、钢木、胶合托盘、复合材料及塑木等材料制作。

① 木制托盘。木制托盘是将分割成板材或棱木的垫块，使用托盘专用的托盘钉（麻花钉）钉制而成。基本结构是由两层铺板，中间夹以纵梁（或垫块）或单层铺板下设纵梁（或垫块、

图 3-13 托盘的不同台面类型

支腿）所组成。托盘的最小高度应能保证方便地使用叉车或托盘搬运车货叉的深入。优点是自重轻，码放货物不易打滑，制作简单，一次性投资少。缺点是不够坚固，易于损坏。目前，国外木托盘的使用量较大，国内由于木材资源短缺，虽然使用量相对较小，仍然是托盘中最大的使用量。特别是在自动化立体仓库中，为了防止码放货物时打滑，普遍采用木托盘。

② 塑料托盘。塑料托盘一般采用注塑成形，使用的材料为高密度聚乙烯、聚苯乙烯和纤维增强塑料等材料。优点是重量轻、耐腐蚀、使用寿命长，清洁卫生。适用于轻工食品、精密仪表、电器零件的搬运与储存，一般不适用于沉重物品的搬运。缺点是制造成本较高、容易打滑、易受温度影响，负载过大时，易产生变形和下挠现象，内部可以加装钢芯。

③ 钢制托盘。钢制托盘通常采用薄板折成异形结构后焊接而成，或采用钢板冲压（热压）成一体。优点是坚固耐用、强度高，使用寿命长，维修工作量小，长期使用费用低，适用于重物品的搬运。在自动化立体仓库中，大量用于堆放摩擦因数大的货物。缺点是自重较大，码放时易打滑，一次性投资大。

④ 钢木合制托盘。具有钢托盘和木制托盘的优点，同时又可提高托盘的强度。根据我国木材资源短缺的实际状况，钢木合制托盘具有实际的推广意义。

2) 柱式托盘

柱式托盘是在平托盘的四角设置有四根支柱的托盘，多用于包装件、桶装货物、棒料和管材等的集装，还可以作为可移动的货架、货位。并且托盘因立柱的顶部装有定位装置，所以堆码容易，堆码的质量也能得到保证；而且多层堆码时，因上部托盘的载荷通过立柱传递，下层托盘货物可不受上层托盘货物的挤压，适用于码放不稳定的、需要有支持的物品。按支柱的结构可分为固定式、可拆装式和折叠式，如图3-14所示。

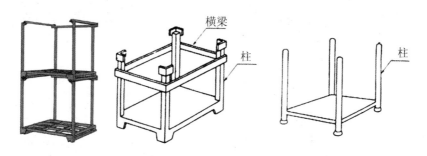

图3-14 柱式托盘示意图

（1）固定柱式托盘。其特点是四角承载的体积相等。固定柱式托盘有两种形式，一种是上支承式柱式托盘，在立柱上部形成支承点。码垛时，上层托盘的腿部支承在下层托盘立柱上部的支承点上，从而保证码垛支承的稳固。这种托盘上支承点往往有吊钩孔，可用起重机吊运。另一种为下支承式柱式托盘，四角立柱的支腿上焊有马蹄形的支脚。码垛时，上层托盘支腿上的支承碗放在下层托盘立柱的顶端。在支承碗的限制下，保证了托盘码垛时的稳固性。固定柱式托盘主要用于桶装、棒料、管料等物料的搬运存储。

（2）可拆装柱式托盘。为了减少托盘回收后的堆放空间，在立柱底脚设有支承的插口，使托盘的立柱与托盘可以拆分。主要用于盒装、桶装、棒料、管料等的搬运和存储。

（3）折叠柱式托盘。在以上两种托盘的基础上设计的托盘，综合了两者的优点。

3）箱式托盘

箱式托盘又称货箱，是在平托盘基础上发展起来的、在平托盘上设有至少三个垂直的侧板（可用薄钢板、金属网、空心板等）的托盘，如图3-15所示。适用于积压物品的码垛、散装物料、简易包装或无包装物品及各种加工件的搬运存储，多用于装载一些不易包装或形状不规则的散件或散状货物，也可以装载蔬菜、瓜果等农副产品，金属箱式托盘还用于热车间集装热料。这种托盘的下部可插装，上部可吊装，可使用托盘搬运车、叉车、起重机等作业；并可进行码垛，码垛时可相互堆叠四层；空箱可折叠。箱壁可以是平板或网状构造物，可以有盖或无盖。有盖的箱式托盘常用于装载贵重物品。这类托盘的特点是牢固、刚度好，经久耐用，用途广泛，主要有以下几种形式。

（1）用于搬运重物品的焊接箱式托盘。用角钢作支柱，钢板与角钢支柱焊接成箱式托盘，具有强度高、坚固耐用等特点。适用于锻、铸件及各类钢制零件的搬运与存储。

（2）四向进叉的箱式托盘。构架四侧及底部用波纹钢板和角钢焊接而成。该种托盘能够搬运或吊运，具有较高的抗冲击强度，是最常用的货箱之一，适用于装运加工零件。

（3）网状箱式托盘。用金属网板与型钢立柱焊接而成，重量轻，适用于装运轻、小类物品。

（4）半开式箱式托盘。将一侧箱壁形成半开式。其特点是重量轻，在堆垛的情况下也能存取货物。

图 3-15　箱式托盘示意图

（5）折叠式箱式托盘。将箱的四壁做成可折叠的。下部铰接，上部有连接销或钩连接。空盘堆放时可以折叠起来，减少堆放空间。

4）轮式托盘

轮式托盘是在平托盘、柱式托盘或网箱托盘的底部装上脚轮而成，既便于机械化搬运，又宜于短距离的人力移动（如图 3-16 所示）。适用于企业工序间的物流搬运，也可在工厂或配送中心装上货物运到商店，直接作为商品货架的一部分。

图 3-16　轮式托盘

5) 特殊专用托盘

上述托盘都带有一定通用性，可以装多种中、小件杂、散、包装货物，由于托盘制作简单、造价低，所以对于某些运输数量较大的货物，可按其特殊要求制造装载效率高、装运方便的专用托盘。

(1) 航空托盘。航空货运或行李托运用托盘，一般采用铝合金制造，为适应各种飞机货舱及舱门的限制，一般制成平托盘，托盘上所载物品用网络覆罩固定。

(2) 平板玻璃集装托盘，又称平板玻璃集装架。这种托盘能支撑和固定平板玻璃，在装运时，平板玻璃顺着运输方向放置以保持托盘货载的稳定性。平板玻璃集装托盘有若干种，使用较多的是 L 形单面装放平板玻璃、单面进叉式托盘。A 形双面装放平板玻璃、双向进叉托盘、吊叉结合式托盘及框架式双向进叉式托盘。

(3) 油桶专用托盘。专门装运标准油桶的异形平托盘，托盘为双面型，两个面皆有稳固油桶的波形表面或侧挡板。油桶卧放于托盘上面，由于波形槽或挡板的作用，不会发生滚动位移。可几层堆垛，解决桶形物难堆高码放的问题，也方便了储存。

(4) 货架式托盘。其结构特点是一种框架形托盘，框架正面尺寸比平托盘稍宽，以保证托盘能放入架内；架的深度比托盘宽度窄，以保证托盘能搭放在架上。架子下部有四个支脚，形成叉车进叉的空间。这种架式托盘叠高组合，便成了托盘货架，可将托盘货载送入其内放置。这种架式托盘也是托盘货架的一种，是货架与托盘的一体物。

(5) 长尺寸物托盘。指专门用于装放长尺寸材料的托盘，这种托盘高码放后便形成了组装式长尺寸货架。

(6) 轮胎专用托盘。轮胎本身有一定的耐水、耐蚀性，因而在物流过程中无须密闭，且本身很轻，装放于集装箱中不能充分发挥箱的载重能力。其主要问题是储运时怕压、挤，采用这种托盘是一种很好的选择。

3. 托盘的标准化

以托盘作为仓储货物集装单元化的装载工具，可使用机械装备如叉车等来装卸、搬运货物。在整个物流环节中，同一托盘可以连续使用，不需更换。但是如果托盘规格不统一，在各作业环节间不能通用与互换，势必因更换托盘而增加人力、时间与资金投入，造成不必要的麻烦与浪费，因此要实行托盘化，必须做到托盘规格的统一。

由于世界各国使用托盘的历史不同，各国的托盘尺寸存在差异。为了达到国际联运的目的，托盘标准化尺寸规格应有国际统一标准，但目前很难实现，现有托盘有以下规格。

1 200 mm×800 mm 和 1 200 mm×1 000 mm。1 200 mm×800 mm 盘也称欧洲托盘，应用范围最为广泛；1 200 mm×1 000 mm 托盘多用于化学工业。

1 100 mm×1 100 mm：该尺寸系列是由发展较晚的国际集装箱最小内部宽度尺寸 2 330 mm 确定形成的。

1 140 mm×1 140 mm：该尺寸对 1100 系列进行了改进，目的是充分利用集装箱内部空间。

1 219 mm×1 016 mm（48 in×40 in）：是考虑北美国家习惯以英寸为单位制定的系列。

1 067 mm×1 067 mm（42 in×42 in）：该尺寸系列在澳大利亚广泛应用。

为了便于企业内部、企业之间及国际流通，减少重复搬运、减低搬运成本、便于专业化生产、合理地利用材料等，国际标准化组织和世界各国十分重视托盘的标准，相继制定了托盘的尺寸标准。

我国的联运平托盘标准经过了几次修订,于1982年制定联运平托盘外形尺寸系列的国家标准,将联运托盘即平托盘的平面尺寸定为800 mm×1 200 mm、800 mm×1 000 mm和1 000 mm×1 200 mm三种。我国GB/T 2934—1996中规定的联运通用平托盘的尺寸为800 mm×1 200 mm、1 000 mm×1 200 mm、1 140 mm×1 140 mm和1 219 mm×1 016 mm四种。我国GB/T 2934—2007中规定的联运通用平托盘的尺寸为1 000 mm×1 200 mm和1 100 mm×1 100 mm两种形式。

此系列标准主要适用于公路、铁路、水运、航空等运输方式的联运。在此基础上,铁路运输部门同时又规定了货运钢制平托盘尺寸为1 250 mm×850 mm。

原机械工业部在制定柱式托盘和箱式托盘的基本尺寸与载荷标准时,又规定了单层和双层单面联运托盘的外部尺寸和托盘搬运车、叉车及其他装卸设备的有关尺寸。托盘的外廓尺寸为1 200 mm×1 000 mm和1 200 mm×800 mm两种。

4. 托盘的选择

在托盘规格的选定过程中,应综合考虑下列因素。

(1) 托盘是自动化立体仓库的基础单元,托盘的大小直接影响到货架的设计、形式的布置及仓库面积的有效利用。因此,必须要慎重对待,先应对库存物资进行分类,为了使尽可能多的货物存放在货架上,要对储存物进行分类,确定码盘规则,使货物在满足托盘的承载量的基础上,充分利用托盘底板面积,争取有效利用率在80%以上。

规格尺寸的选定首先考虑货物的包装规格及在托盘上的摆放方式。

考虑船运集装箱宽度2 300 mm的整合性,用1 100mm×1 100 mm的托盘,摆放2列,2向进叉或4向进叉都可以;而对于1 000 mm×1 200 mm的托盘,要用长1 200 mm和宽1 000 mm的组合摆放,必须选用4向进叉。在仓库货架上使用,要考虑货架的宽度及进深的尺寸,并留出一定的存取活动空间。选用托盘的尺寸也要考虑通用性,目前规格相对比较集中的是1 100mm×1 100mm和1 200mm×1 000mm。

(2) 托盘的规格选择应在满足要求的前提下,尽量减少托盘的规格以便于管理和维修。在选择规格时首先应在国标或行业所规定的范围内选择,以利于流通过程中的标准化与通用化。

(3) 托盘的选择要与选择的装载工具相适应。如选用堆垛机存取,要考虑托盘的叉口与货叉是否相适应。如采用叉车搬运,托盘的纵梁长度应小于叉车载荷中心距2倍。托盘的长度最大不应超过叉车叉子长度的1.5倍,否则要考虑采用加长货叉长度。而托盘允许超载量不得大于堆垛机额定载重量的10%。

按照所使用的装卸搬运设备及自动立体仓库、高位货架、堆码、平地放置等存放状态来决定是选用单面托盘还是双面托盘。

自动立体仓库或高位货架,以堆垛机或电动叉车垂直搬运为主的场合,双面货架系列托盘和单面货架系列托盘都可以选择。若在货架上的载重达到1 t,而且货架没有铺板,建议采用双面货架系列托盘。

对于占地面积大并以水平运输为主的场合,若用手动液压托盘搬运车搬运则适合选用单面托盘;若用电动叉车搬运则单面托盘和双面托盘都适合。

若用电动叉车堆码货物,托盘的底部和下方货物的上面相重叠,则用双面托盘或田字形的单面托盘较好。托盘基本上是配合叉车使用的。平均每台叉车配备800～1 000片托盘。

托盘使用时不应超过承载要求,承载重量在静止状态和运动状态要求不同。①动载指使用电动叉车或手动液压托盘搬运车一次所能允许举起的最大重量。一般超轻系列能承重0.5 t、标准系列能承重1 t、货架系列能承重1.5～2 t。②静载指在堆码中,最下面的托盘所能承受的最大重量。一般超轻系列能承重1 t、标准系列能承重4 t、货架系列能承重6～8 t。

货架承载指每个托盘放在货架上时允许的最大重量。承载量与货架结构、环境温度及仓储周期有密切关系,一般标准系列能承重0.4～0.6 t、货架系列能承重0.7～1 t。

(4) 托盘的材料选用应根据所装运货物的要求而定,对自制托盘以因地制宜、就地取材为原则。同时,不能因自制托盘而放松要求,还必须以高标准、严要求保证制作质量。

(5) 载货托盘外形尺寸与公称尺寸的偏差,宽度、长度、高度不应超过20 mm。

该要求对于自动化仓库中的货物定位是非常重要的,所以为了防止不合格的托盘流入库内,应使用有托盘外形尺寸的自动化检测技术装置,随时进行跟踪检查。

5. 托盘的制作与使用

1) 托盘设计原则

托盘在设计时,可参考以下原则。

(1) 在设计和制定企业或行业内部托盘标准时,为实现托盘作业的普及、建立企业或行业间的托盘交换及托盘流通社会化,应尽量采用或靠近国家、国际标准。

(2) 通用托盘种类和尺寸尽量少,以便于维修和管理。

(3) 能够靠近通用标准托盘的就不必设计专用托盘。

(4) 必须考虑托盘的性质、尺寸、强度,托盘的搬运方式、使用范围,搬运设备、运输工具和装卸工具的规格和性能及物流作业场地的具体要求。

(5) 对于生产企业,物料在储运过程中,托盘应能够适应工艺和物流作业的要求。

(6) 托盘要求结构简单,刚性好,重量轻,维修方便。

(7) 与托盘配套使用的包装和容器的尺寸与托盘尺寸形成对应模数关系。

(8) 以专用托盘的构件形成标准化、尺寸模数化、支撑结构实现组装化为要点。尽量减少类型,扩大托盘的使用范围。在特殊场合使用的钢制托盘,应该十分注意人性化设计。该托盘用于经常有人通过的地方,为了避免托盘角、边与人碰撞,宜使用圆管作为主架,四周为圆弧角。

(9) 尽量少用木材,而使用塑料复合材料或再生材料,以保护自然环境。

(10) 要考虑托盘制造的工艺性、经济性及托盘搬运的方式。在一个立体仓库中,托盘使用的数量成百上千个,节省每个托盘的制造成本,经济效益将是相当可观的。

通常,在钢制托盘设计过程中,具有钢构形式的金属类材料制作的托盘强度较高,一般不需要特殊设计即能够满足各行各业的使用要求,对于采用折板方式提高强度的钢制托盘需要根据使用的钢板厚度、折弯宽度及高度进行力学分析计算,也可以通过有限元法进行分析计算。但是,此类托盘抗冲击性能差,不适应堆放有棱角的货物。

在材料选择方面,金属类托盘可以使用普通钢结构的各种材料,如铝合金、不锈钢等材料制作。但是,对于特殊环境使用的托盘,在材料选用方面应该十分注意,如在氯气环境中使用的托盘不宜使用不锈钢材料制作,湿度高的环境中使用的钢制托盘应进行良好的防锈处理,合金铝易受酸碱性物质的腐蚀等。

用塑料制作的托盘具有质轻、美观、强度高、寿命长、耐腐蚀、易于回收再利用等优点,广泛用于食品、医药、机械、汽车、烟草和化工等行业的仓储工作中。但是,存在易燃、易损及受温度影响变脆等缺点。所以在选用塑料托盘材料时的一个重要指标就是对其阻燃性能的要求,其次是受温度、湿度及脆性等方面对性能的影响,一般塑料托盘主要采用低压高密度聚乙烯或聚丙烯等材料一次注塑成型。

塑料托盘的种类很多,主要有标准系列、货架系列、超轻系列、单面型、双面型及有特殊要求的塑料托盘,如可以应用型钢作为骨架,提高塑料托盘的强度。

在物流仓储系统的各种类型托盘使用中,木制托盘的应用最为广泛,以下以木制平托盘设计为例进行简单介绍。

2)木制平托盘的制作使用要求

木制平托盘设有上、下层结构,用途广泛,品种较多。在设计时,按叉车货叉的插入口可分为两向进叉托盘和四向进叉托盘;按使用面可分为单面托盘和双面托盘。

对于木制托盘支撑面进行力学分析时,根据使用不同木材的承载力学特性,得到其承载能力。对于中间没有支撑梁的部分可以按照简支梁进行计算,有支撑梁的可以按照超静定连续梁计算其承载能力,校核板材的设计厚度及最大承载能力。

(1)在选购或制作木托盘时,应严格保证托盘的质量。木材材种、材质和铺板、纵梁尺寸应符合国家标准的要求,含水率要小于25%,节疤要少,边板不能有木节。

钉子的规格、排列和数量要符合规定,钉子必须用 80 mm 及 90 mm 长四线螺旋钉,钉入前要钻孔;铺板时,钉的方向要和木纹一致;严格验收把关,按国家标准测试。

(2)严格执行操作规程。承载物应均匀平整地摆放在托盘上,保证均匀受力;在使用叉车提升货物前,应保证货叉完全深入到托盘内(进入深度不应少于托盘的三分之二深度);要对准插孔,且货叉保持水平;工作人员切勿站立在托盘上,以免发生危险。

(3)加强养护与维修。专人检查,一经发现任何损坏,应立即停止使用;及时修理,木托盘损坏最多的部位是盘面,从实例看,盘面重钉修理占总数的 60%~80%,所以托盘的寿命除因叉车操作不当,使横梁损伤报废外,更取决于盘面的重钉次数;考虑到钉穴,重钉修理次数仅限于3次,根据实际情况考虑,每两年重钉一次,寿命为8年;实际工作中,有的地方对横梁采取增强措施,将使用寿命提高到10年以上;从实际情况看,运输用托盘的寿命平均为3年,保管用托盘的寿命平均为6年。

3.3.3 集装箱

1. 集装箱概述

1)集装箱的概念

集装箱运输是用集装箱载运的一种现代化运输方法。集装箱是以钢、铝合金、塑料等材料,按一定的统一规格制成,专供货物运输中周转使用的大型箱形容器,如图3-17所示。集装箱可以把几十件、成百件大小不同、形状各异,或包装种类繁杂的商品装在箱内,汇集成一个单元。在运输过程中使用装卸机械进行起吊、搬运、堆存等作业。

图 3-17 集装箱外观

国际标准化组织根据集装箱在装卸、堆放及运输过程中的安全需要,规定了作为一种运输工具的货物集装箱的基本条件和功能:①能长期反复使用,具有足够的强度;②途中转运不用移动箱内的货物,可以直接换装;③可以进行快速装卸,并可以从一种运输工具直接方便地换装到另一种运输工具;④便于货物的装满与卸空;⑤具有 1 m^3(即 35.32 ft^3)或 1 m^3 以上的内容积。

集装箱中,通用集装箱是集装箱的主体,对其有专门定义:通用集装箱是用于运输和储存若干单元货物,包括货物或散装货的风雨密封型、长方形集装箱,它可以限制和防止发生货损,可脱离运输工具作为单元货物进行装卸和运输,无须倒装箱内货物。

2)集装箱的特点

(1)优点。集装箱作为一种集合运输包装,有着其他包装形式无法比拟的优点,概括如下。

① 强度高,保护防护能力强,因而货损小。

② 集装箱功能多,它本身还是一个小型的储存仓库,因此,可以不再配备仓库、库房。

③ 集装箱可以重叠垛放,有利于提高单位地面的储存数量。在车站、码头等待外运,占地也较少。

④ 在几种集装方式中,尤其在散杂货集放方式中,集装箱使用数量较大。集装箱的装载量与自重之和,最高可达 30 t 以上。

⑤ 集装箱还具备标准化装备的一系列优点,如尺寸、大小、形状有一定规定,便于对装运货物和承运设备做出规划、计划,可统一装卸、运输,简化装卸工艺,通用性、互换性强。

(2)缺点。集装箱也有一些重大缺点,限制了集装箱在更广的范围中的应用,这些缺点主要包括以下方面。

① 自重大,因而无效运输、无效装卸的比重大。物流过程中,许多劳动消耗于箱体本身上,增加了货物的运费。

② 本身造价高,在每次物流中分摊成本较高。

③ 空箱返空造成很大浪费。

3) 集装箱的一般构造

集装箱的一般构造如图3-18所示。其典型结构是梁板结构,梁起支撑作用,板起支承作用,其他还有底板、顶板、两侧板等,两端一端是端壁,另一端是端门。箱顶部两端安装起吊挂钩,以便于吊车类装卸机具进行装卸操作。有的箱底侧部有的设有叉车插入的槽孔,以利用叉车进行装卸作业。

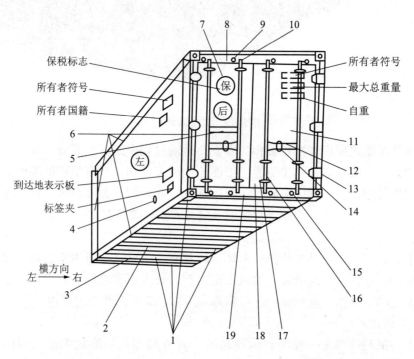

1—箱底结构;2—底横梁;3—箱底;4—门钩扣槽;5—箱门横构件;6—侧框架;7—门板;8—门楣;9—门锁凸轮;10—凸轮托座;11—端门;12—门锁把手;13—门铰链;14—把手锁;15—门槛;16—门锁杆;17—门锁杆托架;18—门钩;19—门底缘材

图 3-18 集装箱构造

通用的干货集装箱是一个六面长方体,它由一个框架结构、两个侧壁、一个箱顶、一个端面、一个箱底和一对箱门以及八个角配件组成。

角配件位于集装箱八个角端部,用于支承、堆码、装卸和栓固集装箱。角配件在三个面上各有一个长孔,孔的尺寸与集装箱装卸设备上的旋锁相匹配,如图3-19所示。

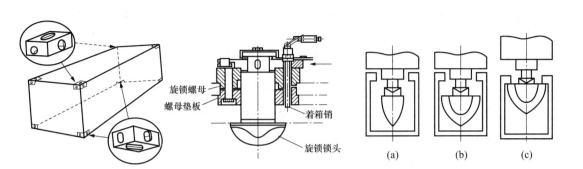

图 3-19　角配件及旋锁匹配

2. 集装箱的种类

1）按制造材料分

根据箱子主体部件（侧壁、端壁、箱顶等）使用材料分类，集装箱可分成以下几类。

（1）铝合金集装箱。优点是重量轻，外表美观，防腐性强，弹性好，加工方便以及加工费、修理费低，使用年限长，一般为15~16年；缺点是造价高，焊接性差。

（2）钢集装箱。钢集装箱的外板用钢板，结构部件均采用钢材。最大的优点是强度大、结构牢、焊接性和水密性好，价格低廉。但其重量大，易腐蚀生锈，每年一般需要进行两次除锈涂漆，使用期限较短，一般为11~12年。

（3）玻璃钢制集装箱：优点是强度大，刚性好，内容积大、隔热、防腐、耐化学性好，易清扫，修理简便；缺点是重量大，易老化，拧螺栓处强度会降低。

2）按用途分类

（1）杂货集装箱，又称为干货集装箱（dry container），是一种通用集装箱（见图3-20）。这类集装箱适用于装载除液体货和需要调节温度的货物，其使用范围极广，使用量占集装箱总数的70%~80%，国际标准化组织建议使用的13种集装箱均为此类集装箱。

（2）散货集装箱。散货集装箱（solid bulk container）是适用于装载豆类、谷物、硼砂、树脂等各种散堆颗粒状、粉末状物料的集装箱，可节约包装且提高装卸效率（见图3-21）。散货集装箱是一种密闭式集装箱，有玻璃钢制和钢制两种。散货集装箱的顶部的装货口应设置水密性良好的盖，以防雨水浸入箱内。

图 3-20　杂货集装箱

图 3-21　散货集装箱

（3）冷藏集装箱。冷藏集装箱（refrigerated container）是专为运输途中要求保持一定温度的冷冻货或低温货而进行特殊设计的集装箱（见图3-22）。目前国际上采用的冷藏集装箱基本上分两种：一种是集装箱内带有冷冻机的，称为机械式冷藏集装箱，箱内温度可在－25～25℃调整；另一种是集装箱内没有冷冻机而只有隔热结构，在集装箱端壁上设有进气孔，由船舶的冷冻装置供应冷气的，称为离合式冷藏集装箱。

（4）开顶集装箱。开顶集装箱（open tap container）是一种顶部可开启的集装箱，箱顶又分为硬顶和软顶两种。软顶是指用可拆式扩伸弓支撑的帆布、塑料布式涂塑布制成的顶篷，硬顶是用一整块钢板制成的顶篷（见图3-23）。适用于装载大型货物、重型货物，如钢材、木材、特别是玻璃板等易碎的重型货物。这种集装箱的特点是吊机可从箱子上面进行货物装卸，既不易损坏货物，又便于在箱内将货物固定。

图 3-22　冷藏集装箱

图 3-23　开顶集装箱

（5）框架集装箱。框架集装箱（flat rack container）没有顶和左右侧壁，箱端（包括门端和盲端）也可拆卸，货物可从箱子侧面进行装卸，适用于装载长大笨重件（见图3-24）。这种集装箱的主要特点是密封性差，自重大。框架集装箱以箱底承受货物的重量，其强度要求很高，故集装箱底部较厚，可供使用的装货高度较小。

（6）罐状集装箱。罐状集装箱（tank container）是一种适用于装运如酒、油、液态化学品等液体货物，并为装载这类货物而具有特殊结构和设备的集装箱，主要由罐体和箱体框架两部分组成（见图3-25）。框架一般用高强度钢制成，角柱上装有国际标准角配件。罐体材料有钢和不锈钢两种，罐体外采用保温材料形成双层结构，使罐内液体与外界充分隔热。对黏度高的货物，装卸时需加热，故在罐体的下部设有加热器。罐上还设有水密的装货口，货物由液罐顶部的装货口进入，卸货时，货物由排出口靠重力作用自行流出，或者由顶部装货口吸出。

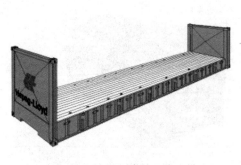
图 3-24　框架集装箱

图 3-25　罐状集装箱

（7）特殊集装箱。除了上述各种集装箱外，还有一些特种专用集装箱，如可通风并带有喂料、除粪装置，以铁丝网为侧壁的，用于运输活牲畜的动物集装箱（见图3-26）；专用于运输汽车，并分为两层装货的汽车集装箱（见图3-27）；备有两层底，供储有渗漏液体，专运生皮等有带汁渗漏性质的兽皮集装箱及专供挂运成衣的挂衣集装箱等（见图3-28）。还有以运输超重、超长货物为目的，并且在超过一个集装箱能装货物的最大重量和尺寸时，可以把两个集装箱连接起来使用，甚至可加倍装载一个集装箱所能装载的重量或长度的平台集装箱（见图3-29）。另外，还有可折叠板架的折叠式集装箱。

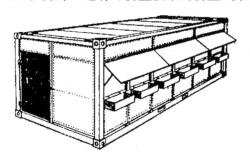

图3-26　动物集装箱

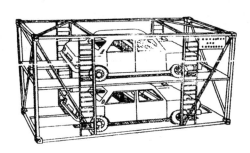

图3-27　汽车集装箱

图3-28　挂衣集装箱

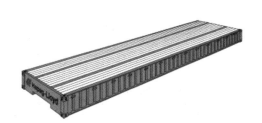

图3-29　平台集装箱

3）按运输方式分类

（1）联运集装箱。联运集装箱是能满足物流系统多种运输形式，并在转运节点能进行快速转运，不需对箱内装运物重组的集装箱。一般而言，这种集装箱需满足国际联运要求，主要指符合国际标准（ISO标准）的国际海上运输大型集装箱，尤其是指20 ft（6 096 mm）及40 ft（12 192 mm）这两种标准箱。

（2）海运集装箱。国际集装箱运输以海运为联运的核心，因此，海运集装箱和国际联运集装箱是相同的。

（3）铁道集装箱。铁道集装箱是铁道系统为适应货车运输要求和小范围铁－水、铁－陆联运而具有一定专用性的集装箱。一般的铁道集装箱尺寸及吨位均小于联运集装箱，我国铁道集装箱主要有5 t、10 t两种，也有1 t的集装箱。

（4）空运集装箱。这是指适合于航空货运及航空行李托运的集装箱。即使是同一飞机用的集装箱，在机腹不同位置，箱的形状尺寸也不同，一架飞机需若干集装箱相配套，才能保证飞机的有效装运。

3. 集装箱标准

集装箱标准对集装箱的发展有非常重要的作用，为了有效地开展国际集装箱多式联运，必须强化集装箱标准化。集装箱标准按使用范围分为国际标准、国家标准、地区标准和公司标准四种。

1) 国际标准集装箱

国际标准集装箱是指根据国际标准化组织（ISO）第 104 技术委员会制定的标准来制造的国际通用的标准集装箱。现行的国际标准集装箱为第 1 系列共 16 种（见表 3-2）。

表 3-2　国际标准集装箱现行箱型系列

箱型	长度		宽度		高度		额定总质量	
	mm	ft/in	mm	ft/in	mm	ft/in	kg	lb
1EEE	13 716	4 544/0	2 438	8/0	2 896	9/6	30 480	67 200
1EE	13 716	4 544/0	2 438	8/0	2 591	8/6	30 480	67 200
1AAA	12 192	40/0	2 438	8/0	2 896	9/6	30 480	67 200
1AA	12 192	40/0	2 438	8/0	2 591	8/6	30 480	67 200
1A	12 192	40/0	2 438	8/0	2 438	8/0	30 480	67 200
1AX	12 192	40/0	2 438	8/0	<2 438	<8/0	30 480	67 200
1BBB	9 125	29/11.25	2 438	8/0	2 896	9/6	30 480	67 200
1BB	9 125	29/11.5	2 438	8/0	2 591	8/6	30 480	67 200
1B	9 125	29/11.25	2 438	8/0	2 438	8/0	30 480	67 200
1BX	9 125	29/11.25	2 438	8/0	<2 438	<8/0	30 480	67 200
1CCC	6 058	19/10.5	2 438	8/0	2 896	9/6	30 480	67 200
1CC	6 058	19/10.5	2 438	8/0	2 591	8/6	30 480	67 200
1C	6 058	19/10.5	2 438	8/0	2 438	8/0	30 480	67 200
1CX	6 058	19/10.5	2 438	8/0	<2 438	<8/0	30 480	67 200
1D	2 991	9/9.75	2 438	8/0	2 438	8/0	10 160	22 400
1DX	2 991	9/9.75	2 438	8/0	<2 438	<8/0	10 160	22 400

注：表中 mm 为毫米，ft 为英尺，in 为英寸，kg 为千克，lb 为磅，29/11.25 表示 29 英尺 11.25 英寸。
1AX、1BX、1CX、1DX 共 4 种集装箱箱型基本被淘汰。

为了便于统计集装箱的运量，ISO 将 20 ft 单箱总重量 30 t 的集装箱作为国际标准集装箱的换算单位，称其为换算箱或标准箱，简称 TEU（twenty-foot equivalent unit），一个 20 ft 的标准集装箱换算为一个 TEU，通常用 TEU 来表示船舶装载集装箱的能力，它也是集装箱和港口吞吐量的重要统计、换算单位。一个 40 ft 的标准集装箱，简称 FEU（forty-foot equivalent unit），1 FEU＝2 TEU。自然箱（unit）是统计集装箱数量时用的一个术语，也称实物箱。自然箱是不进行换算的实物箱,即不论是 40ft 集装箱,30ft 集装箱,20ft 集装箱或 10ft 集装箱均作为一个集装箱统计。

A、B、C、D 四类国际标准集装箱长度之间的关系如图 3-30 所示。45 英尺的超高超长集装箱由于很适合大量低密度的货物运输而逐渐普及。

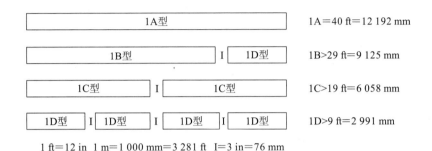

图 3-30 国际标准集装箱的长度关系

A,B,C,D,E 型(宽度均为 8 ft,高度均为 8 ft=2 438 mm)
AX,BX,CX,DX(宽度均为 8 ft,高度均为<8 ft)
AA,BB,CC,EE(宽度均为 8 ft,高度均为>8 ft=2 591 mm)
AAA,BBB,CCC,EEE(宽度均为 8 ft,高度均为>9 ft=2 896 mm)

由表 3-4 可知,每种集装箱的宽度相同,为充分利用各种运输工具的底面积,必须了解各种规格集装箱的长度关系,如图 3-30 所示。其中,1A 型 40 ft(12 192 mm),1B 型 30 ft(9 125 mm),1C 型 20 ft(6 058 mm),1D 型 10 ft(2 991 mm)。集装箱间的标准间距 I 为 3 in(76 mm),则各种集装箱箱型之间的尺寸关系为

1A=1B+I+1D=9125+76+2 991=12 192 mm
1B=1D+I+1D+I+1D=3×2 991+2×76=9 125 mm
1C=1D+I+1D=2×2 991+76=6 058 mm

2)国家标准集装箱

国家标准集装箱是指各国参照国际标准并参考本国国情制定的集装箱标准制造的国家通用的标准集装箱。各国都有自己的国家标准,我国国家标准中,集装箱各种型号的外部尺寸和额定总质量与国际标准集装箱相同。

3)地区标准集装箱

地区标准集装箱,是指各地区组织根据该地区的特殊情况制定的集装箱标准制造的集装箱,根据此类标准制造的集装箱仅适用于该地区。另外,一些集装箱运输公司,如作为集装箱运输先驱的美国海陆公司及麦逊公司,根据本公司的情况而制定了自己的集装箱标准,将其称为公司标准集装箱,如海陆公司的集装箱外形尺寸长为 35 ft,宽为 8 ft,高为 8 ft。

4. 集装箱的标志和识别

为了便于对国际流通的集装箱进行识别、监督和管理,每一个集装箱都应该在适当和明显的位置印刷永久标志。国际标准化组织对国际标准集装箱的标志项目和标志位置做了统一的规定,集装箱标记的内容主要有以下几项(见图 3-31)。

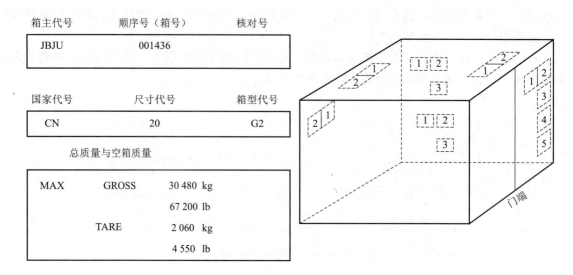

图 3-31 集装箱标记内容

1）箱主代号

箱主代号是用来表示集装箱所有人的代号。箱主代号用 4 位拉丁字母表示。前三位由箱主自己规定，并向国家集装箱局登记，第四位规定为 U（U 为国际标准中海运集装箱的代号）。国际流通中的集装箱，需向国际集装箱局登记，登记时不得与登记在先的箱主代号重复。如 COSU 为中国远洋运输（集团）公司的箱主代号。

2）顺序号和核对号

顺序号是集装箱的箱号，用 6 位阿拉伯数字表示，如数字不足 6 位时，在数字前加 0 补足 6 位。核对号是用于计算机核对箱主代号与顺序号正确性的号码。一般位于顺序号之后，用 1 位阿拉伯数字，并加以方框表示。

核对号由箱主代号的 4 位字母和顺序号的 6 位阿拉伯数字通过以下方式计算而得，具体换算步骤如下。

(1) 根据等效数值表（见表 3-3），按顺序取出箱主代号中的每一个字母和顺序号中每一个数字的等效数值（共 10 个）。

表 3-3 等效数值表

字母	A	B	C	D	E	F	G	H	I	J	K	L	M
数字	10	12	13	14	15	16	17	18	19	20	21	23	24
字母	N	O	P	Q	R	S	T	U	V	W	X	Y	Z
数字	25	26	27	28	29	30	31	32	34	35	36	37	38

(2) 将每一个有效数值分别按次序乘以 $2^0 \sim 2^9$ 的加权系数（共 10 个）。

(3) 将所有的乘积相加，得到的总和除以模数 11，余数即为核对号。如余数为 10 则核对号取 0。例如，以中国远洋运输公司的某箱为例，箱主代号与顺序号为 COSU 800121，通过查表 3-6，知 COSU 转换后的数字为 13－26－30－32，加上顺序号 800121，于是对应的 10 个数字为 13－26－30－32－8－0－0－1－2－1，计算得 S=1721，除以 11 后余数为 5，其核对号为 5。

在集装箱运行中,每次交接记录箱号时,在将"箱主代号"与"顺序号"录入计算机时,计算机就会自动按上述原理计算"核对号",当记录人员输入的最后一位"核对号"与计算机计算得出的数字不符时,计算机就会提醒箱号记录"出错",这样就能有效地避免箱号记录出错的事故。

3)国家(地区)代号

国家(地区)代号用两位大写拉丁字母表示,说明集装箱的登记国(地区)。如 CN 表示登记国为中华人民共和国,US 表示登记国为美国。

4)规格尺寸代号和箱型代号

规格尺寸代号和箱型代号由四位数符组成。前两位是阿拉伯数字,为尺寸代号,用以表示集装箱的大小。后两位由两位数符组成,用以表示集装箱的类型,箱型代号可从有关手册中查得。例如,"22 G1"即为某集装箱的规格尺寸和箱型代号,其中"22"为集装箱的尺寸代号,表示箱长为 20 ft(6 068 mm),箱宽为 8 ft(2 438 mm),箱高为 8 ft 6in(2 591 mm);"G1"为集装箱类型代号,表示上方有透气罩的通用集装箱。

5)作业标志

作业标志包括最大总重量和箱体自重、空陆水联运标记、登箱顶触电警告标记。最大总重量(MAX GROSS)又称额定重量,是集装箱自重和最大允许装货重量之和。自重是指集装箱的空箱重量。集装箱最大重量和自重的标记要求用千克(kg)和磅(lb)两种单位同时标出。

5. 集装箱吊具

集装箱吊具是一种装卸集装箱的专用吊具,它通过其端部横梁四角的旋锁与集装箱的角件连接,由司机操作控制旋锁的开闭,进行集装箱装卸作业。集装箱吊具是按照 ISO 标准设计和制造的。按照集装箱吊具的结构特点,集装箱吊具可分为以下五种形式。

1)固定式吊具

(1)直接吊装式吊具。直接吊装式吊具是起吊 20 ft 或者 40 ft 集装箱的专用吊具,直接悬挂在起升钢丝绳上,液压装置装设在吊具上,通过旋锁机构转动旋锁,与集装箱的角配件连接或者松脱,如图 3-32 所示。这种吊具结构简单,重量最轻,但只适用于起吊一定尺寸的集装箱,更换吊具需要花费较长的时间,使用起来不够方便。

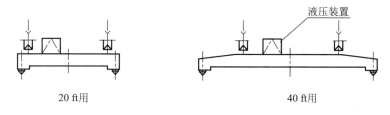

图 3-32 直接吊装式吊具

(2)吊梁式吊具。吊梁式吊具是将专门制作的吊梁悬挂在起升钢丝绳上,当起吊 20 ft 集装箱时,则将 20 ft 专用吊具与吊梁连接。起吊 40 ft 集装箱时,则将 40 ft 专用吊具与吊梁连接,液压装置分别装设在 20 ft 或 40 ft 专用吊具上,如图 3-33 所示。这种吊具更换起来比直接吊装式吊具容易,但较重。

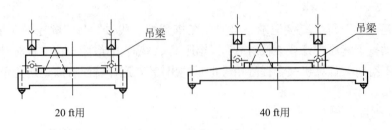

图 3-33 吊梁式吊具

2) 主从式吊具

主从式吊具为 20 ft 集装箱专用吊具，可起吊 20 ft 集装箱，液压装置装设在基本吊具上，通过旋锁机构转动旋锁，如图 3-34 所示。当需要起吊 40 ft 集装箱时，则将 40 ft 集装箱专用吊具的角配件（与集装箱角配件相同）与 20 ft 集装箱专用吊具的旋锁连接。40 ft 集装箱专用吊具的旋锁机构由装设在 20 ft 集装箱专用吊具上的液压装置驱动。主从式吊具更换吊具比直接吊装式吊具更为方便，但增加了重量，为 8～9 t。

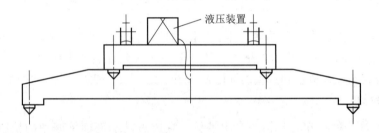

图 3-34 主从式吊具

3) 伸缩式吊具

伸缩式吊具是在近几年出现的一种吊具，如图 3-35 所示，它具有伸缩吊架，因而能适应不同规格集装箱的吊运，当收缩到最小尺寸时可起吊 20 ft 集装箱，而当伸开到最大尺寸时则可起吊 40 ft 集装箱。吊具的伸缩在司机室内操作，变换吊具的时间只要 20 s 左右，动作迅速平衡，但结构较复杂，自重也较大，为 10～11 t。伸缩式吊具是目前集装箱起重机采用最为广泛的一种吊具，特别适用于码头前沿和堆场装卸作业的岸边集装箱起重机和龙门起重机。因为这类机械往往需要吊运几种规格的集装箱，为了快速装卸，要求尽可能不更换吊具。

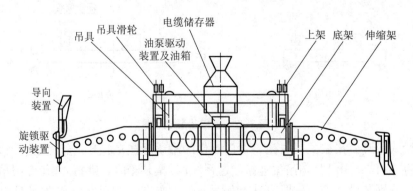

图 3-35 伸缩式吊具

4)子母式吊具

子母式吊具是一种将专门制作的吊梁悬挂在起升钢丝绳上,吊梁上装有液压装置,用以驱动吊具上的旋锁机构的吊具,如图 3-36 所示。当需要起吊 20 ft 集装箱时,则将 20 ft 专用吊具与吊梁连接;当需要起吊 40 ft 集装箱时,则将 40 ft 专用吊具与吊梁连接,连接方式不是采用旋锁机构转动旋锁与角配件连接,因而这种吊具比主从式吊具轻,为 8 t 左右。

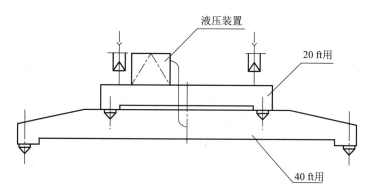

图 3-36　子母式吊具

5)双吊式吊具

双吊式吊具由悬挂在起升钢丝绳上的直接吊装式吊具组成,相互之间采用自动联结装置连接,如图 3-37 所示。双吊式吊具可同时起吊两个 20 ft 集装箱,因而大大提高了集装箱起重机的装卸效率,但集装箱必须放置在一定的位置,且只能起吊 20 ft 集装箱,作业条件受到局限,只适于特定的作业条件。

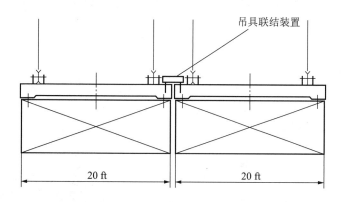

图 3-37　双吊式吊具

至于选用哪种形式的吊具更为合理,取决于所装卸的集装箱数量、箱型变化情况和经济性等,不能一概而论哪种吊具最为合理。在各种集装箱混载的情况下,为了缩短更换吊具的时间,多采用伸缩式吊具。但伸缩式吊具较重,液压部件多,容易发生故障,伸缩框架容易损坏,在同一箱型装卸数量大的情况下,往往是不经济的,不如配备多种专用吊具更为合适。

对于各种结构形式的吊具,都要努力做到轻量化,提高其可靠性。在集装箱起重机起重量一定的情况下,减轻吊具的自重,可以减少起重机的起升载荷,对于起升机构具有变扭矩调速特性的起重机,可大大提高起重机的装卸效率。

6. 集装箱码头装卸搬运设备

1）概述

集装箱物流是港口物流的重要组成部分，集装箱装卸搬运设备经过几十年的发展，形成了一套完整的系统。现代集装箱物流装卸搬运系统如图 3-38 所示。

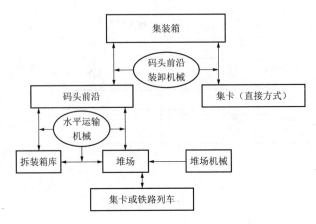

图 3-38　集装箱物流装卸搬运系统构成

集装箱船通过码头前沿的装卸机械（如岸边集装箱起重机）将集装箱吊进吊出进行装船和卸船作业，水平运输机械完成码头前沿、堆场和装拆箱库之间的水平运输任务，堆场机械则用来完成集装箱的堆码和拆垛。通常，船到车或车到船的集装箱物流都是通过堆场进行中转，若条件允许，也可以直接船到车或车到船。为了满足客户对集装箱物流服务的多种需求，有时需要将集装箱送入拆、装箱库进行拆箱、分箱重组。

2）集装箱装卸搬运设备的主要类型

（1）集装箱前沿码头机械。

① 岸边集装箱起重机。岸边集装箱起重机又称集装箱装卸桥，简称岸桥，如图 3-39 所示。它是承担集装箱装卸作业的专用起重机，装卸效率高，适用于吞吐量较大的集装箱码头。岸桥沿着与码头岸线平行的轨道行走。

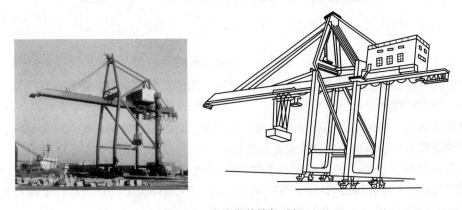

图 3-39　岸边集装箱起重机

岸桥主要由带行走机构的门架、承担臂架机构的拉杆和臂架等几部分组成。臂架又可分为海侧臂架、陆侧臂架及门中臂架三部分。海侧臂架和陆侧臂架由门中臂架连接。臂架的主要作用是承受桥吊小车的重量，小车带有升降机构，而升降机构又用来承受集装箱吊具和集装箱的重量。海侧臂架一般设计成可变幅式，当岸桥移动时，为了船舶或航道的安全，一般将海侧臂架仰起。岸桥在沿轨道平行移动的过程中，由于受电缆坑和电缆长度的影响，其活动范围受到一定的限制。

目前我国港口设置的岸桥多为普通型（第一代）岸桥，每小时平均生产率为 25 TEU。随着集装箱运输船舶的大型化，对岸桥提出了新要求，岸桥除了外伸距加大以外，其他技术参数也相应提高。上海振华港机公司（ZPMC）为美国奥克兰港生产的外伸距达 65 m，吊具下起重量达 65 t 的特大型岸桥，其生产率可达每小时 50~60 TEU。

② 多用途桥式起重机。多用途桥式起重机又称多用途装卸桥，配备专业的吊具和属具。它既可以装卸集装箱，又可以装卸重件、成组物品及其他货物，适用于中小港口的多用途码头。

③ 多用途门座起重机。多用途门座起重机适用于在多用途码头进行集装箱和件杂货的装卸作业，对于年箱量在 5 万 TEU 以下的中小港口多用途码头更为适用。

④ 高架轮胎式起重机。该机型类似于普通的轮胎式起重机，机动性较好，可任意行走，配备专用的吊具和属具。适用于集装箱、件杂货装卸作业的多用途码头。

(2) 集装箱水平运输机械。

① 集装箱跨运车。这是一种专用于集装箱短途水平搬运和堆码的机械，如图 3-40 所示。跨运车作业时，以门形车架跨在集装箱上，并由装有集装箱吊具的液压升降系统对集装箱进行搬运和堆码。该机的特点是机动性好，可一机多用，既可用作水平运输，也可用作堆场堆码、搬运和装卸作业。但集装箱跨运车造价高，使用维护费用高，驾驶视野有待改善，目前我国港口使用不多。

② 集装箱牵引车。集装箱牵引车又称拖头，是专门用于牵引集装箱挂车的运输车辆，如图 3-41 所示。其本身不能装载集装箱，通过连接器和挂车相连，牵引其运行，达到水平搬运作业的目的，是一种广泛使用的集装箱水平运输设备。

图 3-40　集装箱跨运车

图 3-41　集装箱牵引车

③ 自动导引车。自动导引车（AGV）是一种以电池为动力，装有非触导向装置、独立寻址系统的无人驾驶自动运输车。AGV 目前在欧洲国家的一些现代化集装箱大港得到应用，与大型岸边集装箱起重机一起，构成了新型高效的集装箱搬运系统。

(3) 集装箱堆场作业机械。

① 轨道式集装箱门式起重机（RMG），又称轨道式集装箱龙门起重机，如图3-42所示，是集装箱码头堆场进行装卸、搬运和堆码的专用机械。其在固定的钢轨上行走，可跨多列集装箱及跨一个车道，因而其堆存能力大，堆场面积利用率高。由于其在固定轨道上行驶，适用于吞吐量大、前沿港域不足，而后方堆场较大的码头。

② 轮胎式集装箱门式起重机，又称轮胎式集装箱龙门起重机（RTG），如图3-43所示，是使用广泛的集装箱堆场作业机械。由于采用轮胎式运行机构，没有专用的固定轨道，具有机动灵活的特点，可以从一个堆场转移到另外一个堆场，堆高3~4层或更多层的集装箱，提高了堆场面积的利用率，适用于吞吐量较大的集装箱码头。

图3-42 轨道式集装箱龙门起重机

图3-43 轮胎式集装箱龙门起重机

③ 集装箱叉车。在堆场按用途分，通常用于重箱作业的称为重载叉车，用于空箱作业的称为堆高叉车，如图3-44所示。为了方便装卸集装箱，通常配有标准货叉及顶部或侧面起吊的专用属具，或集装箱专用吊具。集装箱叉车机动灵活，可一机多用，既可用作水平运输，又可用作堆场堆码、装卸搬运、拆装箱作业，造价低，使用维修方便，特别适合于空箱作业，一般用于吞吐量不大的多用途码头。

图3-44 集装箱叉车

图3-45 集装箱正面吊

④ 集装箱正面吊。这是一种有可伸缩的臂架和左右旋转120°的吊具的起重机，便于在堆

场做吊装和搬运,如图 3-45 所示。臂架不可做俯仰运动,可加装吊钩来吊装重件。该机机动性强,可以一机多用,既可吊装作业,又可短距离搬运,其起升高度一般可达 4 层高,且稳定性好,是一种适应性强的堆场装卸搬运机械,适用于吞吐量不大的集装箱码头。

3.4 货架储存设备

20 世纪 60 年代以后,为了适应现代化工业的高度自动化生产需要,提高仓储密度、仓储及运转效率,立体仓库的储存方式从平面向高层立体化方向发展。因此,为了满足多层钢货架结构作为储存系统,货架成为仓库的储存主体,钢材消耗量最大,成为仓储设备中总体投资比例最大的部分。

3.4.1 货架储存设备概述

1. 货架的概念

根据国家标准《物流术语》(GB/T 18354—2021)中的定义,货架(rack)是用立柱、隔板或横梁等组成的立体储存物品的设施。为了既要有效保护货物,又要提高仓库空间利用率,货架是具有一定强度材料,按一定格式建成用来存放货物的几何构筑体。

根据存储方式、货物形状、体积及库房面积,合理地选择和设计货架的排列与结构形式,对库房的经济效益是十分重要的。今天,货架制造业已经成为物流设备产业中的一个重要分支。我国自 20 世纪 70 年代以来,在自动化立体仓库中采用货架分离式或库架合一式的钢货架;自 20 世纪 90 年代开始,已普遍采用组合式货架,同时也发展起一批货架制造厂商。

2. 货架的作用与功能

货架在现代物流活动中,起着相当重要的作用,仓库管理实现现代化,与货架的种类、功能有直接的关系,货架的作用及功能有以下几方面。

(1) 货架是一种架式结构物,可充分利用仓库空间,提高库容利用率,扩大仓库储存能力。

(2) 存入货架中的货物,互不挤压,物资损耗小,可完整保证物资本身的功能,减少货物的损失。

(3) 货架中的货物,存取方便,便于清点及计量,可做到先进先出。

(4) 保证存储货物的质量,可以采取防潮、防尘、防盗、防破坏等措施,以提高物资存储质量。

(5) 很多新型货架的结构及功能有利于实现仓库的机械化及自动化管理。

当节约成本、提高效率这些现代化的管理理念成为管理者考虑的首要因素时候,如何有效地利用仓库空间,提高仓库的使用容积,也被提上重要的地位。储位管理的重点有两个方面,一是如何增加储位空间的有效利用,二是如何促进货品的流动。

储存货品的空间称为保管空间,此空间表面上虽为储物之用,但实际上为货品采购运销配送中继站,因此保管区域已成为货品储运中心枢纽。故保管空间有效利用已成为管理者和物流中心业者努力改善的重要课题,这就对货架提出了更高的要求。现代化仓库的出现,带动了货架的发展。

用货架陈列商品比起摆地摊来充分利用了营业空间,把商品布置得井井有条,可以把商品信息最快地传递给顾客，使顾客一目了然通过商品的感性展示，激发并加强顾客购买的决心；同时也是售货员向顾客提供高水准的服务的基本经营设施。不论是柜式货架、橱式货架、箱式货架、吊杆货架等，都是用来放置不同的商品以方便顾客挑选的。一组一组的货架分隔出销售的不同品种，组成售货的班组，使顾客一走进商店营业厅就能顺着货架构成的通道网，看到商店经营的琳琅满目的各种商品，商店的销售服务都是在货架前与顾客直接完成的。

3.4.2 货架的分类

随着物流行业迅速发展，仓库形式多种多样，使货架的形式也各不相同，主要有以下几种不同的分类形式。

（1）按建筑形式货架可分为整体式和分离式货架，如图 3-46 所示。

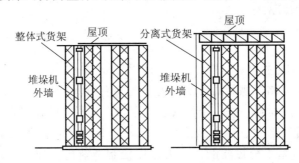

图 3-46　整体式和分离式货架示意图

整体式货架又称库架合一式货架，此类货架的结构形式除了可以储存货物之外，还作为建筑物的支撑结构，由货架立柱直接承受屋顶荷重。优点是基础抗震性好，多用于库房高度大于 12 m 的自动化立体仓库，也可用于高度略低的半自动化或手动的立体仓库，这类货架结构大多配用巷道式堆垛机存取货物。缺点是库房造价较一般库房高，货架结构形式不易改变，其防火等级宜高于相应同类库房。通常设计货架时要预留自动灭火装置的空间，并在钢货架表面加涂防火涂料或采取其他保护措施。

分离式货架是指建筑物与货架分离，在建筑物及地基基础完成之后，再安装货架。当库存形式要求改变时，可重新进行货架的安装和技术改造，机动性大。由于建筑与货架分别建造，总造价比整体式货架高。

在现代物流系统中，储存型物流中心、吞吐量及储存量较大的仓库或者配送中心的存货库多采用整体式货架。而车间仓库、配送中心的中间仓库和转送中心等多采用分离式货架。

（2）按重量货架可分为重型、中量型和轻量型货架。

① 重型货架。每层货架载重量在 500 kg 以上，采用优质冷轧钢板经辊压成型，立柱可高达 6 m 而中间无接缝，横梁选用优质方钢，承重力大，不易变形，横梁与立柱之间挂件为圆柱凸起插入，连接可靠、拆装容易，并使用锁钉，以防叉车工作时将横梁挑起；全部货架的表面均经酸洗、磷化静电喷涂等工序处理，防腐防锈，外形美观。适用于大型仓库。

② 中量型货架。每层货架（或搁板）载重量为 150～500 kg，中量型货架造型别致，结构合理，装拆方便，不用螺丝，且坚固结实，承载力大，广泛应用于商场、超市、企业仓库及事业单位。

③ 轻量型货架。每层货架载重量在 150 kg 以下，轻量型冲孔货架是一种通用性很强的结构系统，可广泛应用于组装轻型料架、工作台、工具车、悬挂系统、安全护网及支撑骨架。冲孔角钢的长度可按刻度快捷切割、用螺丝任意组装、修正并重新安装，这样它既可满足经周密计划的使用，又可满足紧急使用的需要。

（3）按货架的发展分为传统货架和新型货架。

传统货架包括：层架、层格式货架、横梁货架、抽屉式货架、橱柜式货架、U 形架、悬臂架、栅架、鞍架、气罐钢筒架、轮胎专用货架等。新型货架包括：旋转式货架、移动式货架、装配式货架、调节式货架、托盘货架、贯通式货架、高层货架、阁楼式货架、重力式货架、屏挂式货架等。

（4）按货架的适用性分为通用货架和专用货架。

（5）按货架的制造材料分为钢货架、钢筋混凝土货架、钢与钢筋混凝土混合式货架、木制货架、钢木合制货架等。

（6）按货架的封闭程度分为敞开式货架、半封闭式货架、封闭式货架等。

（7）按结构特点分为层架、层格架、橱、抽屉架、悬臂架、三角架、栅型架等。

（8）按货架的可动性分为固定式货架、移动式货架、旋转式货架、组合货架、可调式货架、流动储存货架等。

（9）按货架的载货方式分为悬臂式货架、橱柜式货架、棚板式货架。

（10）按货架的构造分为组合可拆卸式货架、固定式货架。其中固定式货架又分为单元式货架、一般式货架、流动式货架、贯通式货架。

（11）按货架高度分为高度在 5 m 以下的低层货架，高度在 5～15 m 的中层货架，高度在 15 m 以上的高层货架。

（12）按货架的可动性分为固定式货架与活动式货架。固定式货架又分为单元式货架、贯通式货架、重力式货架、阁楼式货架、滑板式货架、悬臂式货架等。

3.4.3 几种典型的货架

1）单元货架

单元货架仓库是使用最广、适用性较强的一种货架形式，可以沿库房的宽度方向分为若干排，一般以两排货架为一组，对面排列，中间有一巷道供堆垛机或高架叉车作业。排货架沿仓库纵向方向按货位数分为数列，沿垂直方向分为若干层，用以储存货物。这类货架目前一般从结构上区别有两种结构形式，如图 3-47 所示，一种称为牛腿式，由货架片与牛腿组成货格，每一货格存放一个货物单元（一个托盘或一个货箱）。另一种称为横梁式，由货架片与横梁组成一个货格，在每一货格内可存放两至三个货物单元，这种形式的货架是我国引进德国西马克公司货架技术在宝钢备件库应用后，逐渐在国内得到普遍使用，与牛腿式货架相比，存放同样货物单元的货架总重量明显下降。

单元货架又称巷道型货架，是自动化立体仓库主要的货架形式，由于货架以两排货架为一组，中间留有通道，空间利用率较高，但是面积利用率在 60% 左右称为托盘货架。近年来，为了提高面积利用率，开发了以四排货架为一组，中间留有通道，与前者相比，它具有储存两只托盘以上的深度，在存取后部托盘时，必须使用能伸入货架的特殊叉车，或者有轨巷道堆垛机，具有两倍深度的货叉装置，这种货架又称为倍深式货架。

图 3-47　牛腿和横梁结构形式

（1）托盘货架。托盘货架是使用最普遍的一种货架，提供 100% 的存取性，并且有很好的拣取效率。但存储密度较低，需要较多通道。一般可按照存取通道的宽度，分为常规式、窄道式及超窄道式，后者需配合适当的叉车使用，具有以下特点。

① 适合品种多样、中量保管。
② 适合 ABC 分类中的 B 类及 C 类商品。
③ 一般使用 3～5 层，货架高度受限，一般在 6 m 以下。
④ 可任意调整组合。
⑤ 架设施工简易，费用经济。
⑥ 入出库存取不受物品先后顺序的限制。
⑦ 货架撑脚需加装叉车防撞装置。

在选用托盘货架时，需考虑单元负载的尺寸、重量以及叠放的层数，以决定适当的支柱及横梁尺寸。如图 3-48 所示的托盘货架为常用托盘叠放方式，即一个横梁开口存放两个托盘。托盘间隔 10 cm 以上，托盘与上横梁或板的间隔应在 8～10 cm，背面连接杆距离应在 10 cm 以上调节，保证托盘货物内缩。这种托盘货架高度在 4～6 m，并需配合前移式叉车进行存取作业。为了保证存取作业安全，货架上横梁与天花板距离至少在 2.3 m 以上，顶层托盘货物应与天花板保留 30 cm 以上的作业间隔。

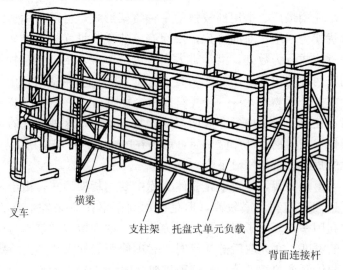

图 3-48　托盘货架

（2）倍深式货架。倍深式货架与托盘货架具有相同的基本结构，只是把两组托盘货架结合起来，以增加第二列的存储位置，因此存储密度可加倍，托盘货架与倍深式货架的储存密度比较如图3-49所示。但相对地，其存取性及入出库能力也降低了，而且必须配合使用倍深式叉车以存取第二列的托盘。

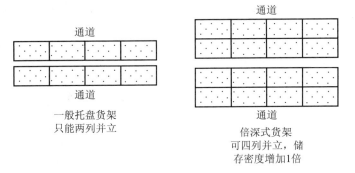

图 3-49　托盘货架和倍深式货架的储存密度比较

2）贯通式货架

贯通式货架是一种不以通道分割、连续性的整幢式货架。货架采用钢结构，钢立柱上一定位置有外向伸出的牛腿式水平突出构件，当托盘送入时，突出的构件将托盘底部的两条底边托住，使托盘本身起横梁作用。当架上没有放置托盘时，货架正面成为无横梁状态，就形成了若干通道。前移式或平衡重式叉车均能方便驶入整幢货架中间，并在货架任何立面前存取托盘。贯通式货架可分为驶入式货架和驶出式货架两种形式，如图3-50所示。

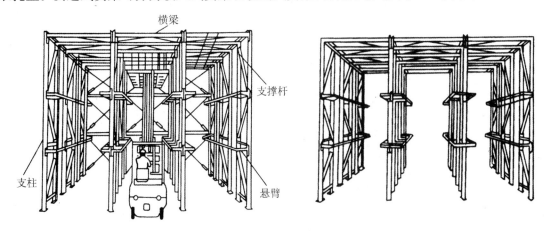

图 3-50　驶入式货架和驶出式货架示意图

这种货架优点是具有高密度储存能力，与一般货架相比，其容量可加倍，高度可达10 m，不会压损物品。与其他高密度系统相比，其投资成本相对较低，能很好地适用储存季节性的货物。

缺点是无法不移动其他托盘而拣取所需托盘，取货时只能由外向内顺序取。因此每一巷道只宜保管同一种货物。此种货架适用于品种单一、大批量及不受保管时间限制的货物。

（1）驶入式货架。可以两组驶入式货架面对面或单组靠着墙壁的方式配置，堆高机的进出使用相同的通道，存储密度非常好，但存取性则受到相当大的限制，不易做到先进先出的管理。由于叉车在整个货架里面，因此驾驶者必须非常小心。驶入式货架的纵深以 3~5 列最为理想，堆码四层最容易管理，适合少品种大批量的产品。在相同的面积上，驶入式货架比普通托盘货架存储空间可提高一倍（见图 3-51）。其特点为以下方面。

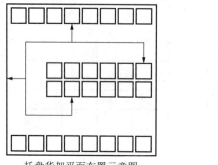

托盘货架平面布置示意图　　　　驶入式货架平面布置示意图

图 3-51　普通托盘货架与驶入式货架存储密度比较

① 存储密度高，存取性差。
② 适合少样多量的物品存储。
③ 高度可达 10 m。
④ 存取物品受存放位置先后顺序的限制，不易做到先进先出。
⑤ 不适合太长或太重货品。

（2）驶出式货架。驶出式货架与驶入式货架使用相同的组件，有相同特性，但因末端没有支撑杆封闭，故前后均可安排存取通道，但存储密度比驶入式货架低，如图 3-52 所示，因此可做到先进先出的管理。

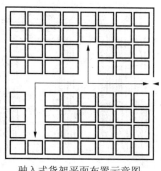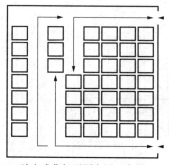

驶入式货架平面布置示意图　　　　驶出式货架平面布置示意图

图 3-52　驶入式货架与驶出式货架存储密度比较

3）重力式货架

重力式货架又称托盘自滑式货架、流力式货架或流动式货架，如图 3-53 所示。存货通道由多组上下纵横并列的带坡度的重力输送滑道组成，或通道由带坡度的导轨（角钢等形式）货物托盘的底部装有滑轮在自重作用下沿轨道下滑，坡度一般为 1.5%~3.5%，木托盘可取坡度为 3.0%~3.5%；塑料托盘可取坡度为 2.0%~2.5%；钢制托盘可取坡度为 1.5%~2.0%。存货时托盘从货架斜坡高端通过堆垛机或叉车送入滑道，通过滑道下滑，逐个存放。取货时从斜坡低端取出，其后的托盘逐一向下滑动待取。托盘滑动速率，一方面由斜坡的坡度及润滑性决定，另一方面由限速制动器或其他形式的制动器（阻尼器）控制，下滑速度一般 2~3 m 设一根制动器。

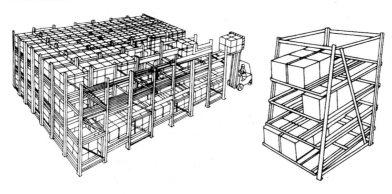

图 3-53 重力式货架

这种货架的空间利用率高，可达 85%。在每一滑道中能达到自动化存货流动，托盘依次流入流出，因而特别适用易损货物和大批量同品种、短期储存的货物，从而降低运营成本。但由于托盘型号必须与货架相适应，滑道的长度和阻尼器的设置、形式选择必须符合使用要求。另外滑道不能太长，因为滑道越长，货架上下的"死角"越大。

重力式货架用于货物品种不太多而数量又相对较大的仓库时，可取得明显的经济效果。小型重力式货架又称容器箱流动式货架，一般坡度不长，通道较小，用塑料滚子代替滑道，适宜批量少、品种多的人工拣选存储作业。

重力式货架按照其负载可分为托盘用与容器用两种，两者的比较如表 3-4 所示。存储和取出分别利用各自通道，一边通道用作存放，另一边通道用作取出，负载置放于滚轮上。货架朝出口的方向往下稍微倾斜，利用重力使货物向出口方向向下滑动。重力式货架存储的密度很好，但成本较高。

表 3-4 托盘重力式货架与容器重力式货架的比较

托盘重力式货架	容器重力式货架
少样多量高频率的存储	主要用于拣货，少量多样的拣取，方便人工拣货，适合安装显示器，并使用计算机辅助拣货系统。适用于超级市场配送中心等
适用大量存放且需短时间出货的货品	适合多样少量的保管
适合 ABC 分类中的 B 类商品	
适合先进先出	货品可先进先出
采用密集通道存储，空间使用率可达 85%	
适用于一般叉车存取	
高度受限，一般在 6 m 以下	使用托盘车或手推车搬运，可设置轻量型输送带

4）活动式货架

活动式货架可分为移动式货架、旋转式货架。

(1) 移动式货架。移动式货架一般是两排货架一组安装在一个移动支架上，如图 3-54 所示。货架底部长轴，带动四只滚轮沿铺于地面上的轨道移动。突出的优点是可提高空间利用率，移动式货架只需一道通道即能解决若干排货架作业（见图 3-55）。按动按钮即能驱动货架，使其平稳地移开，开启所需的通道。开启一条通道只需 30 s 左右。对一些轻便移动式货架，如存放档案资料用的货架电动机驱动改为人工手摇方式带动齿轮旋转来开启通道。而装载货物的移动式货架都采用电动机驱动，也便于电气控制，移动式货架特点如下。

图 3-54 移动式货架

① 能尽可能多地利用空间，按土地面积计算有 80% 以上能用于储存。

② 对每种货物均能直接存取，不受先进先出限制，货架高度一般在 6 m 以上，最高可达 14 m。

③ 适用于少品种、大批量、低频率的存储与保管。

④ 制造成本高，施工周期长，机电装置多，维护困难，轨道要埋在地表，以利搬运车通过。移动式货架长度根据设计而定，要考虑货架的刚度及移动的平稳性，一般每排货物存放 4～8 列，通常采用叉车作业，可避免采用其他搬运机械而引起的高成本和风险。对于长大物料的储存可采用桥式堆垛机。

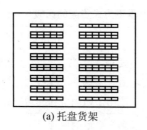   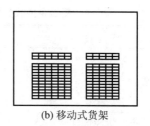

(a) 托盘货架　　　　　　　(b) 移动式货架

图 3-55 普通托盘货架与移动式货架存储密度比较

(2) 旋转式货架。旋转式货架是适应于目前生产线需要，储存货物由少品种、大批量向多品种发展趋势而发展起来的一类现代化保管储存货架。国外在 20 世纪 80 年代开始推行，国内于 20 世纪 90 年代起逐渐被采用。

旋转式货架通过货格旋转，使货物移动到操作者面前便于操作存取，货物的旋转可用单片机控制，也可用微机控制。根据下达的货物指令，该货格以最近的距离自动旋转到拣选货物点停止。这种货架存储密度大，和固定货物相比，可节省占地面积 30%～50%。由于货物移动，可使拣选货物路线短，拣选货物效率高，拣选货物差错少。

结合自动仓库货架功能，旋转式货架具有操作简单、存取作业迅速的特点，适用于电子零件、精密机件等少量、多品种、小物品的存储及管理。货架移动快速，可达每分钟 30m 的速度，存取物品的效率很高，又能根据需求自动存取物品，并可配合计算机联机达到存货的自动管理。

旋转式货架受高度限制少，可采用多层方式，空间利用率高，如图 3-56 所示。其特点如下。

① 减少人力使用，并可增加空间利用率。
② 标准化的组件及模块式的设计，能适应各种空间配置。
③ 存取出入口固定，货品不易失窃。
④ 可利用计算机快速检索、寻找指定的储位，适合拣货。
⑤ 需要使用电源，且维修费用高。
⑥ 取货口的高度符合人体工学，适合操作人员长时间作业。
⑦ 储物形态：纸箱、包、小件物品。

近年来，旋转式货架发展得较快，根据旋转方式不同可分为垂直旋转式和水平旋转式。其中垂直旋转式又称柜式立体仓库。

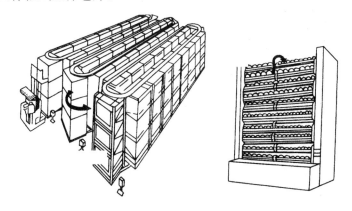

图 3-56　旋转式货架

① 水平旋转式货架。如果存放的物品相对较重或者物品相同但包装单位不同，此时可采用整体水平旋转，这种货架由多列货架联结，每列货架分为若干层，每旋转一次便有一列货架到达拣货面，可对这列货架的各层进行拣选。此类货架的电力驱动装置可设在货架的上部，也可设于货架的底座，由于整体旋转时动力消耗大，不适合拣选频率太高的作业。需要成组拣选或可按顺序拣选时适用小型分货领域。

多层水平旋转式货架在外观上与整体水平旋转式基本相同，但是货架在垂直方向可分层，并且可独立旋转，每层都有驱动装置，货架沿着由两个直线段和两个曲线段组成的环形轨道旋转。用开关或计算机下达执行命令使各层货物由远而近，有序地到达拣选点（一般拣选点安排在曲线段）、拣货效率较高，此类货架最大长度为 10～20 m，高度为 2～3 m，单元货位载重一般为几十千克，每分钟回转速度为 20～30 m。货架的货格形式很多，根据存放物品的形状、大小和重量设计，一般有盘状、盆状、盒状等。这种货架适用于小物品的存取。尤其是多品种货物更为方便，虽然储存密度大，但是容易管理，操作人员位置固定，因此可采用局部通风照明改善工作条件，管理成本低，受用户欢迎。

② 垂直旋转式货架。垂直旋转式货架拣选根据需要而定，可在货架正面、背面设拣选物台。当货架比较高、占到二层楼面时，在底层和二层各开一个拣选货物台，可方便地安排

入出库作业。在旋转控制上用编码开关、按钮开关通过单板机或计算机控制操作，也可通过计算机联机实现几台货架群控。

垂直旋转式货架类似垂直提升机，是在提升机构的两侧垂直支架的回转链轮上，间距相等地悬挂斗式货格，可正转与反转。原理与水平旋转式货架大致相同，只是旋转的方向与地面垂直，可充分利用仓库的上部空间，是一种空间节省型的仓储设备，比传统式平置轻型货架节省一半以上的货架摆设面积。但其移动速度较水平旋转式货架慢，旋转速度每分钟为5～10m。高度一般在3～9 m，正面宽度在2～3 m，层数可达10～40层，单元货位载重为30～400 kg。

这种货架属于拣选型货架，占地空间小，存放品种多，货架的货物可以用隔板隔成若干格，也可不分格，或抽屉形式，取消货格改为支架用于成卷货物如地毯、塑料布等存取。

垂直旋转式货架也有模块化设计。旋转式货架结合自动仓库货架，其单位存储成本低，安装容易且扩充性大，适合少量、多样化、高频率的存取。

5）后推式货架

在前后梁间以滑轨相接，由前方将托盘货物推入。托盘物品置于滑座上，后来填入的会将原先的推到后方（见图3-57），目前最多可推入5个托盘。滑座跨于滑轨上，滑轨本身具有倾斜角度，滑座会自动滑向前方入口。后推式货架比托盘式货架增加近30%的存储空间。具有以下特点。

① 存储密度高，存取性差，一般深三个储位。
② 比托盘货架节省三分之一的空间，可增加存储密度。
③ 适用于一般堆高机存取。
④ 适合少样多量物品。
⑤ 不适合承载太重物品。
⑥ 货品会自动滑至最前储位。
⑦ 无法先进先出。

 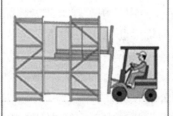 

（a）从外侧将货物推入　　（b）货物将已存货物推往里面　　（c）外侧货物取走，里面货物滑出

图3-57　后推式货架操作方法

6）悬臂式货架

悬臂式货架是由在立柱上装设悬臂来构成的，悬臂可以是固定的，也可以是移动的。由于其形状像树枝，故又形象地称为树枝形货架，如图3-58所示。

此类货架适合于存放钢管、型钢等长形的物品。若要放置圆形物品，在其管端装设挡块以防止滑落。此货架适用于杆料生产工厂。悬臂式货架具有以下特点。

① 只适用于长条状或长卷状物品存放。
② 需配有叉距较宽的搬运设备。

图 3-58　悬臂式货架

③ 高度受限，一般在 6 m 以下。
④ 空间利用率低为 35％～50％。
⑤ 储物形态：长条状物或长卷状物。

7) 阁楼式货架

阁楼式货架是把空间作双层以上运用的设计组合，在地板面积有限的情形下，可作立体的规划，充分利用空间。简单来说，就是利用钢梁和金属板将原有储区做楼层区隔，每个楼层可放置不同种类的货架，而货架结构具有支撑上层楼板的作用，如图 3-59 所示，此货架具有以下特点。

图 3-59　阁楼式货架

① 提高仓储高度，增加空间使用率。
② 上层仅限轻量物品储放，不适合重型搬运设备行走。
③ 搬运至上层的物品必须加装垂直输送设备。
④ 适合各类型货品存放。
⑤ 储物形态：下层通常为托盘；上层通常为箱、包、散品。

3.5　自动化立体仓库

自动化立体仓库是近年来国际上迅速发展起来的一种新型仓储设施。利用高层立体货架储存货物，并使仓储管理机械化、自动化，被认为是物流技术领域里一项突出的科学技术革命，用自动化功能齐全的立体仓库取代传统的普通房式仓库已成为世界仓储建设发展潮流。自动化立体仓库不仅具有节省占地面积、减轻劳动强度、提高物流效率、降低储运损耗等功能，而且在沟通物流信息、衔接生产需求、合理利用资源、进行科学存储与生产经营决策等方面起到了特定的作用。

3.5.1　自动化立体仓库概述

1. 自动化立体仓库概念

自动化立体仓库（automated storage & retrieval system，AS/RS）是指由高层货架、巷道堆垛起重机（有轨堆垛机）、入出库输送机系统、自动化控制系统、计算机仓库管理系统及其周边设备组成，可对集装单元物品实现机械化自动存取和控制作业的仓库。自动化立体仓库主要通过高层货架充分利用空间进行存取货物，所以又称为"自动化高架仓库系统"，也称为"自动存取系统"。自动化立体仓库技术是现代物流技术的核心，它集高架仓库及规划、管理、机械、电气于一身，是一门综合性的技术，图3-60为自动化立体仓库示意图。

图 3-60　自动化立体仓库示意图

自动化立体仓库的出现和发展是第二次世界大战以后生产和技术发展的结果。20 世纪 50 年代初，美国出现了采用桥式堆垛起重机的仓库，20 世纪 50 年代末至 60 年代初，出现了司机操作的巷道式堆垛起重机，1963 年美国首先在仓库业务中采用计算机控制，建立了第一座计算机控制的高架仓库。此后，自动立体化仓库在美国和欧洲得到迅速发展。20 世纪 60 年代中期以后，日本开始兴建自动化立体仓库，而且发展速度越来越快，成为当今世界上拥有自动化立体仓库数量最多的国家。我国自动化立体仓库的研究与应用经历了四个主要阶段。

1973—1985 年，属于起步阶段，已经完成系统的研制与应用，但限于经济发展的状况，应用非常有限，1963 年研制成第一台桥式堆垛起重机（机械部北京起重运输机械研究所），1973 年开始研制我国第一座由计算机控制的自动化立体仓库（高 15 m，机械部起重所负责），该库 1980 年投入运行。

1986—1998 年，属于初步发展阶段，通过引进吸收，研制了属于第二代技术，基于 PLC 控制的自动化立体仓库。应用领域逐步扩展到医药、化工、机械、烟草等，市场应用超过 200 套。

1999—2005 年，属于高速发展阶段，以联想电脑公司自动化物流系统为起点，基于激光测距的第三代技术得到全面应用。这一时期自动化立体仓库得到了广泛应用，市场保有量每年平均有 40 套左右增长，达到 500 套左右（此时 1990 年前建设的项目已基本拆除）。

2006 年至今，已经进入成熟应用阶段，每年市场需求平均增长达到 90 套左右，2017 年、2018 年我国新建自动化立体库均超过 800 座，截至 2018 年年底，全国自动化立体仓库面积约 2.91 亿 m^2，保有量在 5 000 座左右。2019 年中国自动化立体仓库保有量 6 000 座左右，30 年来我国自动化立体仓库保有量变化数据如图 3-61 所示，其中，电商、快递、零售、冷链行业等服务领域需求增速明显较工业制造领域强劲，服装、新能源等新兴行业亦开始发力，应用领域分布数据如图 3-62 所示。

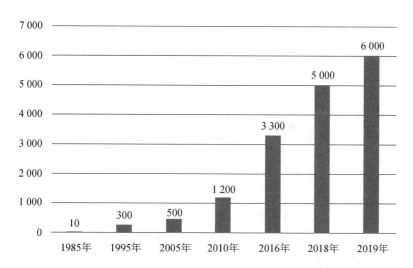

图 3-61　中国自动化立体仓库保有量变化数据

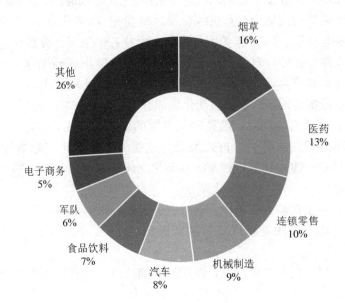

图 3-62 中国自动化立体仓库应用领域分布

目前我国的自动化立体仓库技术已经基本成熟，并进入大量应用阶段。其技术水平与先进国家的差异主要在于高速性能、工艺、可靠性等方面。

2. 自动化立体仓库的特点

自动化立体仓库出现以后，获得了迅速的发展，这主要是因为这种仓库具有一系列突出的优点，在整个企业的物流系统中具有重要的作用。

1) 能大幅度地增加仓库高度，减少占地面积

用人工存取货物的仓库，货架高 2 m 左右。用叉车的仓库货架高可达 3~4 m，但所需通道要 3 m 多宽，用其储存机电零件，单位面积储存量一般为 0.3~0.5 t。而立体仓库目前最高的已经达到 50 m，它的单位面积储存量比普通的仓库高得多。一座货架为 15 m 高的立体仓库，储存机电零件和外协件，其单位面积储存量可达 2~15 t，是普通货架仓库的 4~7 倍。对于一座拥有 6 000 个货位的仓库，如果托盘尺寸为 800 mm×1 200 mm，则普通的货架仓库高 5.5 m，占地面积为 3 609 m^2，而 30 m 高的自动化立体仓库，占地面积仅为 399 m^2。

2) 提高劳动生产率，降低劳动强度

使用机械和自动化设备，运行和处理速度快，提高了劳动生产率，降低了操作人员的劳动强度，同时，能方便地进入企业的物流系统，使企业物流更趋合理。采用自动化技术后，还能较好地适应黑暗、低温、污染、有毒和易爆等特殊场合的物品存储需要。如国内已有的冷冻物品自动化仓库和存储胶片的自动化仓库，在低温和完全黑暗的库房内，由计算机自动控制，实现货物的入出库作业，从而改善工作环境，保证安全操作。

3) 科学储备，提高物料调节水平，加快储备资金周转

由于自动化立体仓库采用计算机控制，对各种信息进行存储和管理，能减少货物处理过程中的差错，而利用人工管理不能做到这一点。同时借助计算机管理还能有效地利用仓库储

存能力，便于清点和盘库，合理减少库存，加快储备资金周转，节约流动资金，从而提高仓库的管理水平。

4）有效衔接生产与库存，加快物资周转，降低成本

作为生产过程的中间环节，自动化立体仓库具有原材料、在制品和成品的缓冲存储功能，在自动化和机械化设备处理下，自动化程度提高，各种物料库存周期缩短，从而降低了总成本。对不同运输方式、不同装运方式、不同状态的物料衔接，改变运输方式，改变装运方式和采用有效的技术，都会带来费用的降低。

5）为企业的生产指挥和决策提供有效的依据

自动化立体仓库的信息系统可以与企业的生产信息系统集成，实现企业信息管理的自动化。自动化仓库往往也是企业信息系统的重要环节，决策者可根据库存信息制定战略和计划，指挥、监测和调整企业行为。仓储信息管理及时准确，便于决策者随时掌握库存情况，根据生产及市场情况及时对企业计划做出调整，提高生产的应变力和决策力。

总之，自动化立体仓库这一新技术的出现，使有关仓储的传统观念发生了根本性的改变。原来那种固定货位、人工搬运和码放、人工管理、以储存为主的仓储作业已改变为优化选择货位，按需要实现先入先出的机械化、自动化仓库作业。

在自动化立体仓库里，存储的同时可以对货物进行跟踪及必要的拣选和组配，并根据整个企业生产的需要，有计划地将库存货物按指定的数量和时间要求送到恰当的地点，以满足均衡生产的需要。从整个企业物流的宏观角度看，货物在仓库中短时间的逗留只是物流中的一个环节，在完成拣选、组配以后，将继续流动。自动化立体仓库本身是整个企业物流的一部分，是它的一个子系统。用形象化的说法，是使"静态仓库"变成了"动态仓库"。

但是，自动化立体仓库的结构复杂，配套设备多，需要大量的基建和设备投资；高层货架安装精度要求高，施工比较困难，且施工周期长；目前储存货物单元为托盘或周转箱，货物品种受限；控制系统一旦发生故障，整个仓库将处于瘫痪状态，收发作业会因此中断。

3.5.2 自动化立体仓库的构成

自动化立体仓库（AS/RS）的主体是由高层货架、有轨巷道堆垛机、入出库输送系统、自动控制系统、仓储管理系统组成。高层货架是钢结构或钢筋混凝土结构的建筑物或结构体，货架内是标准尺寸的货位空间。有轨巷道堆垛机穿行于高层货架之间的巷道中，完成存、取货的工作。入出库输送系统是衔接巷道堆垛起重机和仓库站台的搬运设备，涉及自动分拣系统、自动导引车、有轨电动小车、叉车、机器人等设备。

自动化立体仓库用来存取货物单元的设备主要是堆垛机械。立体仓库常用的堆垛机按有无导轨一般分为两大类：有轨巷道堆垛机和无轨巷道堆垛机。按结构形式分为单立柱（见图 3-63）和双立柱堆垛机（见图 3-64）。此外还可分为单元式堆垛机、拣选式堆垛机和拣选-单元混合式堆垛机。单元式堆垛机是对托盘（或货箱）单元进行入出库作业的堆垛机；拣选式堆垛机是由操作人员从货格内的托盘中存入（或取出）少量货物，进行入出库作业的堆垛机，其特点是没有货叉；拣选-单元混合式堆垛机具有单元式堆垛机和拣选式堆垛机的综合功能。

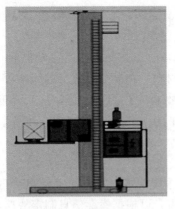

图 3-63 单立柱堆垛机

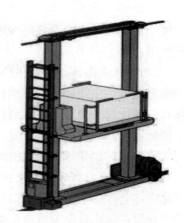

图 3-64 双立柱巷道堆垛机

1. 巷道堆垛机概述

巷道堆垛机是随着立体仓库的出现而发展起来的专用起重机,是立体仓库中最重要的存取作业机械。巷道堆垛机的主要用途是在高层货架的巷道内来回穿梭运行,将位于巷道口的货物存入货格,或者相反,取出货格内的货物运送到巷道口,这种使用工艺对巷道堆垛机在结构和性能方面提出了一系列的严格要求。立体仓库内常用的堆垛机有两大类:有轨巷道堆垛机和无轨巷道堆垛机,它们与普通叉车的性能比较见表 3-5。

表 3-5 有轨/无轨巷道堆垛机与普通叉车的性能比较

设备名称	巷道宽度	作业高度/m	作业灵活性	自动化程度
普通叉车	最大	<5	任意移动,非常灵活	一般为手动,自动化程度低
无轨巷道堆垛机	中	5~12	可服务于两个以上巷道并完成高层货架区外的作业	可以进行手动、半自动、自动及远距离集中控制
有轨巷道堆垛机	最小	>12	只能在巷道内作业,必须配备入、出库设备	可以进行手动、半自动、自动及远距离集中控制

1) 有轨巷道堆垛机

有轨巷道堆垛机是在中高层货架的窄巷道内进行作业的起重机,其作业环境示意图如图 3-65 所示。有轨巷道堆垛机沿着仓库内设置好的轨道水平运行,高度视立体仓库的高度而定。使用有轨巷道堆垛机可大大提高仓库的面积和空间利用率。起重量一般在 2 t 以下,有的可达 4~5 t,高度一般为 10~25 m,最高可达 50 m 左右。其结构特点如下:① 整机结构高而窄;② 堆垛机金属结构的设计除需满足强度要求外,还应具有足够的刚度和精度;③ 堆垛机配备有特殊的取物装置,常用的有伸缩货叉或伸缩平板,能向两侧货格伸出存取货物;④ 其运行应同时满足快速、平稳和准确三方面要求;⑤ 必须配备齐全的安全装置,并在电气控制上采取一系列连锁和保护措施。

2) 无轨巷道堆垛机

无轨巷道堆垛机又称三向堆垛叉车或高架叉车,如图 3-66 所示,高架叉车系列是为高货架而特别设计的叉车。它与有轨巷道堆垛机的主要区别是可以由地沿着不同的路径水平运行,不需要设置水平运行轨道。其作业特点是可以从 3 个方向进行货物的存取操作：向前、向左及向右。

图 3-65　有轨巷道堆垛机的作业环境示意图

图 3-66　无轨巷道堆垛机

2. 有轨巷道堆垛机的分类和基本结构

目前，在自动化立体仓库中常用的堆垛机械是有轨巷道堆垛机（简称堆垛机）。有轨巷道堆垛机的分类、特点与用途见表 3-6。

表 3-6　有轨巷道堆垛机的分类、特点与用途

	类型	特点	用途
按结构分类	单立柱巷道堆垛机	机架结构是由一根立柱、上横梁、下横梁组成的矩形框架，结构刚度比双立柱差	适用于起重量在 2 t 以下，起升高度在 16 m 以下的仓库
	双立柱巷道堆垛机	机架结构是由两根立柱、上横梁、下横梁组成的矩形框架，结构刚度比较好，质量比单立柱大	适用于各种起升高度的仓库，一般起重量可达 5 t，必要时还可以更大，可用于高速运行
按支撑方式分类	地面支撑型巷道堆垛机	支撑在地面铺设的轨道上，用下部的车轮支撑和驱动，上部导轮用来防止堆垛机倾倒，机械装置集中布置在下横梁，易保养维修	适用于各种高度的立体库，适用于起重量较大的仓库，应用广泛
	悬挂型巷道堆垛机	悬挂在巷道上方的轨道下翼缘上运行，其运行机构安装在堆垛机门架的上部，在货架下部两侧铺设下部轨道，防止堆垛机摆动	适用于起重量和起升高度较小的小型立体仓库，使用较少，便于转巷道
	货架支撑型巷道堆垛机	支撑在货架铺设的轨道上，在货架下部两侧铺设下部导轨，防止堆垛机摆动，货架应具有较大的强度和刚度	适用于起重量和起升高度较小的小型立体仓库，使用较少

续表

	类型	特点	用途
按用途分类	单元型巷道堆垛机	以托盘单元或货箱单元进行出库作业。自动控制，堆垛机上无司机	适用于各种控制方式，应用最广，可用于"货到人"式拣选作业
	拣选型巷道堆垛机	在堆垛机上的操作人员从货架内的托盘单元或货物单元中取少量货物，进行出库作业。堆垛机上装有司机室	一般为手动或半自动控制，用于"人到货"式拣选作业

以单立柱巷道堆垛机为例，它的基本结构由 5 部分组成：起升机构、运行机构、装有存取货机构的载货台、机架（车身）和电气设备。

(1) 起升机构。由电动机、制动器、减速机、滚筒或链轮和柔性件组成。常用的柔性件有钢丝绳和起重链两种。起重链传动装置多数装在上部，通常配有平衡重块，以减小提升功率。为使起升机构结构紧凑，常常使用带制动器的电机，起升机构的工作速度常为 15～25 m/min，最高可达 45 m/min。但不管选多大的工作速度，都应有慢速挡，一般为 3～5 m/min，主要作用是使起运机构能平稳、准确地停在规定位置，以便存取。

(2) 运行机构。运行机构由电机、联轴器、制动器、减速箱和行走轮组成。按运行机构所在位置的不同可以分为地面运行式、上部运行式、中间运行式等，其中地面运行式使用最广泛。这种方式一般用两个或四个车轮，沿铺设在地面上的单轨运行。在起重机的顶部有两组水平轮沿着固定在屋架下弦上的轨道导向。

上部运行式起重机又可分为支承式和悬挂式两种，前者支承在货架顶部铺设的两条轨道上运行，起重机下部有两组水平轮导向。悬挂式的起重机则是悬挂在位于巷道上方的工字钢下翼缘上运行，下部同样有水平轨导向。起重机运行机构的工作速度视仓库长度和需要的入出库频率而选定，一般为 80 m/min 以下，较高为 120 m/min，最高可达 180 m/min。为了便于存取货物，保证需要的停止精度，除工作速度外，还需要慢速挡，速度为 4 m/min。

(3) 载货台及取货装置。载货台是货物单元承接装置，通过钢丝绳或链条与起升机构连接。载货台可沿立柱导轨上下升降，取货装置安装在载货台上，有司机室的堆垛机，司机室一般也装在载货台随载货台升降。对只需要拣选一部分货物的拣选式堆垛机，则载货台上不设取货装置，只有平台供放置盛货容器。取货装置一般是货叉伸缩机构，货叉可以横向伸缩，向两侧货格送入（取出）货物。货叉结构常用三节伸缩式，由前叉、中间叉、固定叉以及导向滚轮等组成，货叉的传动方式主要有齿轮＋齿条和齿轮＋链条两种。货叉伸缩速度一般为 15 m/min 以下，高的可达 30 m/min。

(4) 机架。机架由立柱和上、下横梁连接而成，是堆垛机的承载构件。机架有单立柱和双立柱两大类。单立柱结构的机架只有一根立柱和一根下横梁。这种结构重量比较轻，制造工时和消耗材料少，起重机运行时，司机的视野比双立柱好得多，但刚度较差，一般适用于高度不到 10 m、轻载荷的堆垛机。双立柱的机架是由两根立柱和上、下横梁组成的一个长方形框架。这种结构强度和刚性都比较好，适用于起重量较大或起升高度较高的起重机。

(5) 电气设备。巷道堆垛机的电气设备包括电力驱动、控制、检测和安全保护等。在电力驱动方面,多用交流电动机驱动。如果调速要求较高,采用直流电动机进行驱动。对堆垛机的控制一般采用可编程控制器、单片机、单板机和计算机等,控制装置的控制方式有手动、半自动和自动3种,其中自动控制方式包括机电控制和远距离控制两种方法。堆垛机必须具有自动认址、货位虚实检测以及其他检测功能。电力拖动系统要同时满足快速、平稳和准确3个方面的要求。

(6) 安全保护装置。堆垛机的结构设计除了需满足强度要求外,还要具有足够的刚性并满足精度要求。为了保证人身及设备的安全,堆垛机除了必须配备有完善的硬件及软件的安全保护措施外,还应根据实际需要,增设各种保护装置。

3. 巷道堆垛机的主要技术参数及选择

巷道堆垛机的技术参数是表明巷道堆垛机的工作性能好坏的参数,一般包括质量参数、速度参数、尺寸参数等,巷道堆垛机按照巷道数量可分为直道型(一个巷道一台)、转弯型(两个或三个巷道一台)、转轨型(三个以上巷道一台)。按照载荷重量可分为轻型、中型和重型堆垛机,如表3-7所示。

表3-7 不同类型巷道堆垛机的比较

型式	轻型巷道堆垛机	中型巷道堆垛机	重型巷道堆垛机
货物类型	周转箱	货箱单元;托盘单元	托盘单元
起重量/(kg, t)	20;40;50;80;100;200 kg	250;500;750;1 000;1 500 kg	2.0 t;2.5 t;3.0 t
整机高度/m	≤20	≤30	≤15
托盘尺寸/(mm/m)	300×400;400×600;600×800 或定制	1.0×0.8,1.2×1.0 1.2×1.2 或定制	定制
结构形式	单立柱	单立柱	单立柱、双立柱
货叉类型	单货叉	单货叉、双货叉、多货叉	双货叉、多货叉

(1) 载重量。载重量是指堆垛机能够装载的货物重量,一般为几十千克到几吨,其中载重量为4~5 t的堆垛机使用最广泛。

(2) 运行速度。运行速度指堆垛机在水平方向上的行驶速度,一般为4~120 m/min。

(3) 起升速度。起升速度指堆垛机在垂直方向上的提升速度,一般为3~30 m/min。

(4) 货叉伸缩速度。货叉伸缩速度指货叉在进行叉取作业时的水平伸缩速度。

(5) 尺寸参数。巷道堆垛机的尺寸参数包括堆垛机的外廓尺寸(长、宽、高)、起升高度、最低货位极限高度和货叉的下挠度等。堆垛机的货叉下挠度是指在额定起重量下,货叉上升到最大高度时,货叉最前端下弯的高度,这一参数反映了货叉抵抗变形的能力,它与货叉的材料、结构形式以及加工货叉的制造工艺等因素有关。最低货位极限高度是指货叉在最低位置时其下表面到运行轨道安装水平面之间的垂直距离。

合理选择巷道堆垛机的类型和主要使用性能参数,是正确使用巷道堆垛机的重要前提条件。对提高装卸搬运的作业效率,充分发挥巷道堆垛机的有效功能,降低使用成本,提高经济效益,确保运行安全都有重要的现实意义。选型的基本要求是技术先进、经济合理、适合生产需要。选型的主要内容有：类型选择、具体结构形式选择和技术性能参数的选择、所需数量的确定、性能价格比评价和技术经济评估。

3.5.3 自动化立体仓库存取工艺

自动化立体仓库主要由货物储存系统、货物存取和传送系统、控制和管理三大系统组成，还有与它配套的供电系统、消防系统、称重计量系统和信息通信系统等，其中货物存取系统是其核心工艺，下面主要介绍货物存取和控制管理两大系统。

1. 自动化立体仓库的存取作业系统

1）入库作业系统

入库作业流程如图3-67所示。在实际入库作业过程中伴随着大量的信息处理和控制。货物单元入库时，由输送系统运输到入库台，货物进入射频识别读卡器能量范围时，电子标签携带的信息被读入，传递给中央服务器，控制系统根据中央服务器返回的信息来判断是否入库及货位坐标，当能够确定入库时发送包含货位坐标的入库指令给执行系统，堆垛机通过自动寻址，将货物存放到指定货格。在完成入库作业后，堆垛机向控制系统返回作业完成信息，并等待接收下一作业命令。控制系统同时把作业完成信息返回给中央服务器数据库进行入库管理。

图3-67 入库作业流程

2）出库作业系统

出库作业流程如图3-68所示。管理员在收到生产或客户的货物需求信息后，根据要求将货物信息输入管理机的出库单，中央服务器将自动进行库存查询，并按照先入先出、均匀出库、就近出库等原则生成出库作业，传输到终端控制系统中，控制系统根据当前出库作业及堆垛机状态，安排堆垛机的作业序列，并将安排好的作业命令逐条发送给相应堆垛机。

图3-68 出库作业流程

堆垛机到指定货位将货物取出放置到巷道出库台，并向控制系统返回作业完成信息，等待进行下一个作业。监控系统向中央服务器系统返回该货物出库完成信息，管理系统更新库存数据库中的货物信息和货位占用情况，完成出库管理。如果某货位上的货物已全部出库，则从货位占用表中清除此货物记录，并清除该货位占用标记。

3）自动拣选作业系统

在自动取货系统完成取货作业后，货物经各种传送方式进入主输送机。货物在输送机上输送时，要调整其在输送机上的位置，便于分拣信号的输入和满足分拣要求。货物经过分拣信号输入装置时，分拣信息通过条码扫描、色码扫描、键盘输入、重量检测、语音识别、形状识别等方式，输入到分拣控制系统中。货物离开分拣信号输入装置后在主输送机上移动时，根据控制装置发出的分拣指示，自动改变货物在主输送机上的运行方向，使其进入设定的分拣道，货物从主输送机经分拣道口滑向集货区。在集货区将来自分拣道口的所有货物集中后，经过流通加工或配装出货。

2. 自动化立体仓库的控制和管理系统

根据自动化立体仓库的不同要求，采用不同的控制方式。有的仓库只对存取堆垛机、入出库输送机的单台 PLC 进行控制，有的仓库对各单台机械实行联网控制，还有的仓库采用三级计算机管理与监控系统。

自动化立体仓库采用的三级计算机管理和监控系统如图 3-69 所示。计算机管理与监控系统由执行系统、监控系统和管理系统组成。

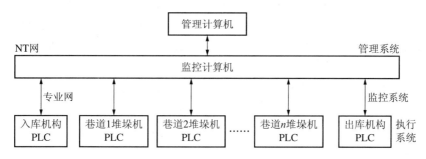

图 3-69　自动化仓库管理与监控三级计算机系统

控制系统是自动化立体仓库运行成功与否的关键。仓库中的巷道堆垛机、堆垛叉车、各种输送机采用可编程控制器 PLC 来实现动作控制。在控制器的指令下，各种机械可以顺序运行，又可以并行运行。

监控系统是自动化立体仓库的信息枢纽。自动化立体仓库中使用了很多机械设备，各设备的运行任务、运行路线和运行方向都要由监控系统统一调度，以使它们按照指挥系统的指令进行货物的搬运活动。另外，监控系统还要控制和监视整个自动化立体仓库的运行，监视货物流向及进行收发货显示等。

计算机管理系统对仓库中货物的品种、数量、价格、生产厂家等各种数据以文件形式储存在磁盘里，经计算机数据处理，使管理人员掌握库存货物的情况，通过优化设计，选择最佳的库存量，既满足生产需要，又不会造成资金的积压。对自动化立体仓库来说，货位管理是计算机管理系统的一个重要功能。货物入、出库的货位分配是由管理计算机按一定原则来完成的。计算机对货物的技术数据进行管理时，可以跟踪每一件货物在每一生产环节中数据的变化、存放的地址及目前的工艺状况。这样就可以作为进一步加工和做技术分析时的依据。

3.5.4　自动化立体仓库的发展趋势

1. 自动化立体仓库发展面临的问题

我国通过几十年的摸索，已经逐步形成一支建设自动化立体仓库的队伍。开展这项工作较早的有原机械部二院、四院，北京起重运输机械研究所，他们通过多年设计、实践、由小到大建设了一批自动化立体仓库。在这些自动化立体仓库的建设中，积累了经验。这无疑对我国自动化立体仓库建设起到了推动作用，一批自动化立体仓库设备及其基础元件生产厂在逐步形成，数个从设计、生产、安装总承包的集团也在近几年产生。但是，其发展还要注重以下几个方面的问题。

（1）加强相关标准的制订。目前在自动化立体仓库设计中，还没有国家统一的标准可循。

比如在自动化立体仓库中，应用特殊的起重设备，它具有一定的特殊性，不能完全按照起重机及电梯的标准照搬。世界发达国家早已颁布了自动化立体仓库的标准、法规，目前我国各设计部门还各自设计一套，不利于自动化立体仓库的发展。建设先要制订托盘及货架大小的尺寸标准，堆垛起重机吨位及速度参数标准，自动化立体仓库建设安全法规，货架计算统一标准，消防、环保标准。

（2）实行货物集装单元化。在自动化立体仓库里，存放的经常是品种繁多、大小不一的数十种甚至数百种货物。货物在货架区的存取及在库内的运输，都是以集装化单元的形式进行的。这种集装有效地将分散的物流各项活动联结成一个整体，是物流系统化的核心内容和主要方式。它贯穿了整个物流过程各项活动，在全过程中发挥作用，因而许多人已将其看成是干线物流发展方向。

因此，在自动化立体仓库里，确定货物集装单元显得尤为重要。它不仅影响仓库的投资，而且对于整个物流和自动化立体仓库的配备、设施以及有关因素都有极为重要的影响。

集装货物单元是指入出库作业和储存的集装单元，由集装单元化器具和货物两部分组成。一般需要确定两个方面的内容：集装单元化器具的类型，货物单元的外形尺寸和重量。自动化立体仓库常用的集装单元化器具有托盘和周转箱，且以托盘最为常见。

（3）有计划地开发自动化立体仓库所用的配套产品。在目前自动化立体仓库设计中，各单位都遇到了选不到合适配套件这种情况。国家应统筹安排巷道堆垛机、高层货架和入出库输送机等产品的专业生产厂，组织专用电动机、减速机的系列生产，抓好元器件的生产质量，开发一批适合于自动化立体仓库用的检测元件，降低自动化立体仓库的造价，增加使用的可靠性。

2. 自动化立体仓库发展趋势

自动化立体仓库提升了自动化、信息化水平，可替代传统存储工艺模式，为我国工业的生产提供了相应的技术支持，在工业行业具有广泛的应用前景。自动化立体仓库将向以下几个方向发展。

（1）自动化程度不断提高。近年来，采用可编程控制器（PLC）和微机控制搬运设备的仓库和采用计算机管理与PLC联网控制的全自动化立体仓库在全部高架仓库中的比重不断增加。日本1991年投产的1 628座自动化立体仓库中，64％是计算机管理和控制的自动化立体仓库。在生产企业，自动化立体仓库作为全厂计算机集成制造系统（CIMS）的一部分与全厂计算机系统联网的应用也日渐增多，成为今后的发展趋势。

（2）与工艺流程结合更为紧密。自动化立体仓库与生产企业的工艺流程密切结合，成为生产物流的一个组成部分。例如，柔性加工系统中的自动化立体仓库就是一个典型例子。在配送中心，自动化立体仓库与货物的拣选、配送相结合，成为配送中心的一个组成部分。

（3）储存货物品种多样化。自动化立体仓库可以储存大到长6 m以上、重4～10 t的钢板、钢管等长大件，小到电子元器件，以及用作汽车储存。

（4）提高自动化立体仓库入出库周转率。除管理因素外，技术上主要是提高物料搬运设备的工作速度。巷道堆垛起重机的起升速度已达90 m/min，运行速度达240 m/min，货叉伸缩速度达30 m/min，在有的高度较大的自动化立体仓库中，采用上下两层分别用巷道堆垛机进行搬运作业的方法提高入出库能力。

（5）提高仓库运转的可靠性与安全性及降低噪声。在自动控制与信息传输中采用高可靠性的硬件、软件,增强抗干扰能力;采用自动消防系统,货架涂刷耐火涂层;开发新的更可靠的检测与认址器件;采用低噪声车轮和传动元件等。

(6) 开发可供实用的拣选自动化设备和系统。在拣选作业自动化方面各方正加紧研究开发,但尚未真正达到实用的阶段。目前,提高拣选作业自动化程度的途径主要限于计算机指导拣选,包括优选作业路线、自动认址、提示拣选品种和数量等,而当前拣选动作大多仍由人工完成。如何合理规划和设计自动化立体仓库,如何实现自动化立体仓库与生产系统或配送系统的高效衔接,已经成为21世纪的重要研究课题。

思考与案例分析

1. 思考题

(1) 比较不同货架的适用范围?哪些货架能达到先进先出?
(2) 阐述托盘和集装箱的应用环境和各自特点。
(3) 自动化立体仓库的构成有哪些?
(4) 阐述国际标准集装箱的规格。
(5) 仓储设施主体建筑有哪些类型?适应范围是什么?
(6) 国际上集装托盘规格,托盘有哪几种分类方式。

2. 案例分析

晋亿公司的自动化立体仓库

1. 公司背景

晋亿公司主要生产各类螺丝,产品远销欧、美、日等市场,公司占地面积30万 m^2,厂房面积17万 m^2,总投资13亿元,其中半数用于投资固定资产,主要包括制造设备、物流设施和信息管理系统,建有私家内河码头及存放10万 t 产品的自动化立体仓库。

从跨出我国台湾地区开始,晋亿公司就有计划地搜集世界各国螺丝市场交易现况,建立一个整体螺丝进出口与使用现状的信息库,每年不断地搜集包括各国最大代理商当年买卖状况,输入计算机建立资料与分析系统。晋亿公司所有的库存按照市场实时状况予以调整,缺什么螺丝就生产什么螺丝。

晋亿公司不仅精确掌握全美最大螺丝代理商 Fastenal 下给全球各大螺丝厂订单的数量,还帮助 Fastenal 分析整体美国市场的最新状况,教 Fastenal 如何抓住螺丝市场的商机。同时不仅帮助 Fastenal 解决订单难题还要替它节省成本。过去螺丝交货是一个个货柜运往洛杉矶,Fastenal 收货之后再自行依不同规格与数量分装送往各大据点,而通过晋亿的自动仓储与螺丝分类系统,Fastenal 只要告知各据点的需求品种与数量,晋亿的工厂就会按照这些需求,直接送往美国各地,节省了 Fastenal 自行分装的人力与物流的费用。螺丝生产毛利仅10%,但晋亿一次式服务却能加收5%的服务费,在晋亿公司看来,螺丝产业不再是制造业,完全变成另一套管理与服务模式。

2. 公司自动化立体仓库解难题

对于制造螺丝产品而言,一个最主要的特性是投入的原材料品种相对单一,因此供应物流的管理相对简单，但经过数道加工工序后，会产出成千上万种不同规格的半成品、成品，货物的流量类似一个"大喇叭"。因此，随着不同物理状态的半成品或成品数量的迅速增加，整个工序的管理难度也不断加大。

更为复杂的是螺丝产品的制造并非连续生产，且许多订单要求不是标准件，需要特殊的工序，因此，不同规格的螺丝一旦进入大规模生产，其物流的流量与路径就相当复杂。

因此，数以万计不同规格的半成品、成品以及大量的模具在转换时，如何与仓库之间进行及时、准确的存取？手工管理条件和传统的仓库管理方式显然无力解决这些问题。尤其在整个制造系统高速运行的状况下，仓库管理员便无所适从，例如 $\phi16$ 型螺栓存放在仓库的什么地方？怎么从堆积如山的成品仓库中找到 $\phi21$ 型螺丝？如何知道仓库账物是否相符呢？如何完成生产车间与仓库之间的快速搬运？显然，大规模、多品种的生产与物流管理之间的矛盾同步增长，入出库与仓储管理的难度越来越大。

为解决入出库与仓储管理的困难，公司建立了自动化立体仓库。晋亿的自动化立体仓库采用开放式立体储存结构，半成品、模具和制成品三个自动化立体仓库分别设计了4 968个、14 400个和41 488个库位单元，6万多个库位单元的区分首先解决了仓库空间的有序利用。以制成品仓库为例，其存放高度达18 m，可存放15层，存放空间相当于传统仓库的5倍。仅就空间而言，晋亿三个自动化立体仓库相对于传统仓库节省了18 000多 m^2，这意味着晋亿因此节省了相当于4个足球场的面积。

同时，自动化立体仓库采用计算机控制输送设备和高架吊车，使货物的搬运、存取完全自动化，自动化立体仓库的分布与制造系统紧密结合在一起。实际上，晋亿的自动化立体仓库与制造系统构成一体化的物流体系，其中半成品与模具自动化立体仓库是配合制造工序必不可少的一部分，而成品自动化立体仓库成为实现企业内/外产品转移的物流中心。

立体化、机械化与信息化是自动化立体仓库的三大特性，也是晋亿实现地尽其利、货畅其流的主要技术基础。尤为重要的是，IT技术的应用是晋亿整个管理体系实现整合的基础平台。

分析讨论题：
(1) 该自动化立体仓库系统有哪些设备？具有什么特点？
(2) 该自动化立体仓库系统适合哪些场合？储存货物具有什么特点？

第 4 章

仓储装卸搬运设备

引导案例

穿梭车货架系统的应用

仓储系统中常用的货架类型主要有：横梁式货架、窄巷式货架、双深度货架、驶入式货架、后推式货架、重力式货架、穿梭车货架等。

穿梭车配合相配套的穿梭车货架系统作为一个新兴的物流解决方案，在仓储项目规划中非常普遍。基于"密集存储"概念的兴起，现代物流设备企业纷纷推出该产品，大力推动穿梭车货架系统在仓储系统中的应用。

穿梭车货架系统属于密集存储型货架系统，投资成本较高。适合存放批量大、品项多的货物，空间利用率可达约80%，但对于托盘的底面有一定的要求。

根据统计分析，传统的货架系统造价虽低，但对空间的利用率低，货物的周转效率不高。其他较先进的货架系统对空间利用率虽有很大提升，但相应成本也有所提高。穿梭车货架系统在仓库空间利用率、货物存取效率及货架投资成本方面都具有较大的比较优势。

依靠穿梭车在货架轨道中可自行堆栈的特性，穿梭车货架的深度可以尽可能设计大，并且每个单元可存放不同品项的货物，实现不同品类、不同批次货物，大批量的有序存储，方便仓库管理。

穿梭车货架系统在设计时，可以根据仓库的长宽尺寸，顺着物流动线的方向布置。利用穿梭车货架系统的深度优势，设计为一端入货，另一端出货，即货物先进先出，从而货物在出库时，可以大幅度减少叉车的行驶距离，进一步提高货物入出库的效率。

综合考虑穿梭车货架系统的特点及功能，其对于仓储容量要求大、货物批次与品种数量（SKU）较多及入出库效率要求高的仓储需求有较明显的优势，所以在快速消费品行业、冷链仓储行业、食品饮料行业、医药行业、烟草行业特别是生产型企业的原料仓库，该系统都

有很强的适用性。

　　自动化仓库纷纷"拔地而起",成为现代仓储的发展热点。穿梭车如果只是配合叉车来完成存取作业,即只是一个半自动化的物流系统,相应的人员配置也没有太大的减少。穿梭车应用到自动化立体仓库的案例在国外已经有很多,通过穿梭车本身的配置与堆垛机相互通信,配合仓库管理系统构成了穿梭车立体仓库。该方案既可以减少传统自动化立体仓库中堆垛机及巷道的数量,又可以更大地利用仓库高度和深度空间,从而增加仓库利用率,降低系统投资成本。

　　在相同的仓库内,采用穿梭车立体仓库方案能存放的托盘数量要比双深度的自动化立体仓库方案高约11%。双深度的自动化立体仓库方案需要多配置2台堆垛机,相同价格可以配置8台穿梭车,而穿梭车立体仓库方案只需配置6台穿梭车。另外,穿梭车立体仓库先进先出的出货顺序,也方便为相邻两台堆垛机存取货物,使货物的流转更灵活。在一台堆垛机维护的情况下,可以使用穿梭车从另一端对货物进行存取操作,应急能力更强。因此,在入出库量满足的情况下,选择穿梭车立体仓库的方案,可以提高库容,降低投资成本。这种方案非常适用于建库成本较高的冷链仓储行业,并能大大提高后期的仓储收益。

　　目前,上海鼎虎已经在食品冷链、快速消费品等行业成功实施了多个穿梭车货架系统项目。其为某快速消费品企业的客户规划的穿梭车货架方案如下。

　　客户对于仓库的需求有:要求存放的货物品种(种类)较多;进出库批量非常大;要求尽可能利用仓库空间,并确保物流动线运作顺畅。

　　上海鼎虎在详细了解到客户的需求和货物的特点后,对该仓库进行设计规划,确定在仓库中主要布置可密集存储的穿梭车货架系统,并根据快速消费品集中生产、分散消费、多品种、大批量、快速响应、先进先出的特点,提出了解决方案。

　　整体项目建成后满足了客户每年总产量260万件的存储要求,并满足了客户在不同情况(如旺季和淡季)的存储、出货要求。现代化的存储作业模式,实现了高效、便捷、快速的流程,全面提升了作业效率,取得了令人满意的效果。

4.1　装卸搬运设备概述

　　在仓储管理过程中,装卸搬运是随物品运输和保管而附带发生的作业,是必不可少的物流活动,且经常重复发生,所使用的人力也很多。因此,装卸搬运费用在仓储成本中所占的比重较高,其效率高低往往是影响仓储效率的重要因素。

　　运输能产生空间上的效用,保管能产生时间上的效用。装卸搬运本身并不产生新的效用或价值,但是在供应物流、企业内物流、销售物流等整个供应链物流过程中,它所占的比重较大。装卸搬运作业质量的好坏和效率的高低不仅影响物流成本,还与物品在装卸搬运过程中因损坏、污染等所造成的损失成本及因保护而产生的包装成本相关,并与是否能及时满足顾客的服务要求相关。因而,装卸搬运作业的合理化是实现物流活动效率化、顾客服务水平高度化的重要手段之一。

4.1.1 装卸搬运的概念

装卸搬运指在同一区域范围内,以改变物资的存放状态和空间位置为主要内容和目的的活动。习惯上,"装卸"是指以垂直位移为主的实物运动形式,"装卸"作用的结果是物资从一种支承状态转变为另一种支承状态,前后两种支承状态无论是否存在垂直距离差别,总是以一定的空间垂直位移的变化实现的。"搬运"是指物资在区域范围内(通常指在某一个物流结尾,如仓库、车站或码头等)所发生的短距离、以水平方向为主的位移。在流通领域,人们常把装卸搬运活动称为"物资装卸",而生产领域则把这种活动称为"物料搬运"。

装卸搬运设备指在场所内部用来搬移、升降、装卸和短距离输送货物的装备。它不仅用于完成车辆与船舶货物的装卸,而且还可完成库场货物的堆码、拆垛、运输及车内、舱内、库内货物的起重输送和搬运。

装卸搬运是人与物的结合,而完全的人工装卸搬运在物流发展到今天已经不复存在。现代装卸搬运表现为由劳动者、装卸搬运设备设施、货物,以及信息、管理等多项因素组成的作业系统。只有按照装卸搬运作业本身的要求,合理配备各种机械装备、安排劳动力,才能使装卸搬运各个环节互相协调、紧密配合。

物流各环节和同一环节不同活动之间,都需要进行装卸搬运作业。曾有美国产业界人士指出,当前美国全部生产过程中只有5%的时间用于加工制造,95%的时间则用于装卸搬运、储存等物流过程。根据运输部门考察,在运输的全过程中(包括运输前后的装卸搬运),装卸搬运所占的时间为全部运输时间的50%。正是装卸搬运活动把物流各环节连接起来,成为连续的流动过程。在生产企业物流中,装卸搬运成为各生产工序间连接的纽带。生产企业物流是以原材料、设备等装卸搬运为始,以产品装卸搬运为终的连续作业过程。从宏观物流考察,物资离开生产企业进入到再生产或生活消费环节,装卸搬运像影子一样伴随流通活动的始终。

4.1.2 装卸搬运设备的工作特点

为了顺利完成装卸搬运任务,装卸搬运设备必须适应装卸搬运作业的要求。装卸搬运作业要求装卸搬运设备结构简单牢固、作业稳定、造价低廉、易于维修保养、操作灵活方便、生产率高、安全可靠、能最大限度地发挥其工作能力。装卸搬运设备的性能和作业效率对整个物流的作业效率影响很大,其工作特点主要有以下几个方面。

1. 适应性强

由于装卸搬运作业受货物品类、作业时间、作业环境等影响较大,装卸搬运活动各具特点。因而,要求装卸搬运设备具有较强的适应性,能在各种环境下正常工作。

2. 工作能力强

装卸搬运设备起重能力大、起重量范围大、生产作业效率高,具有很强的装卸搬运作业能力。

3. 机动性较差

大部分装卸搬运设备都在设施内完成装卸搬运任务,只有个别设备可在设施外作业。

4. 安全性要求高

安全性是指装卸搬运设备在预定使用条件下执行其预定功能时不产生损伤或危害健康的

能力。物流机械设备的安全水平，关系到操作者的安全和健康，关系到装卸搬运质量。因此，安全性已成为选用装卸搬运设备时应重点考虑的因素，机械设备安全性越来越受到企业管理者的重视。装卸搬运设备在带来高效、快捷、方便的同时，也带来了不安全因素，如起重机常会发生事故。设备事故给操作者带来痛苦，使货物损坏，严重影响企业经济效益。

5. 工作忙闲不均

有的装卸搬运设备工作繁忙，而有些装卸搬运设备长期闲置。无论哪一种情况，都要求加强检查和维护，保证装卸搬运设备始终处于良好的技术状态。

4.1.3 装卸搬运设备的作用

装卸搬运设备是机械化生产的主要组成部分，是实现装卸搬运作业机械化的物质技术基础，是实现装卸搬运合理化、效率化、省力化的重要手段。在装卸搬运作业中，要不断反复进行装、搬、卸操作，这些都靠装卸搬运设备的有效衔接才能完成。因此，合理配置和应用装卸搬运设备，安全、迅速、优质地完成货物装卸、搬运、码垛等作业任务，对于实现装卸搬运作业的自动化，加快现代化物流发展，促进经济发展，均有着十分重要的作用。装卸搬运设备的作用主要体现在以下几个方面。

（1）提高作业效率。能节约劳动力，减轻装卸工人的劳动强度，改善劳动条件。

（2）缩短作业时间。可以加速车辆周转，加快货物的送达和发出。

（3）提高作业质量。可以保证货物的完整和运输安全，特别是对长大笨重货物的装卸。

（4）降低作业成本。装卸搬运设备的应用势必会提高装卸搬运作业效率，而效率提高使每吨货物摊到的作业费用相应减少，从而使作业成本降低。

（5）充分利用货位，加速货位周转，减少货物堆码的场地面积。采用机械作业，装卸搬运速度快，可以及时腾空货位，因此可以减少场地面积。

随着物流技术不断发展，装卸搬运设备将得到更为广泛的应用。因此，科学地使用好、管理好装卸搬运设备，充分发挥装卸搬运设备的潜能，必将极大提高装卸搬运效率。

4.1.4 装卸搬运设备的分类

装卸搬运设备所装卸搬运的货物，来源广，种类繁多，外形和特点也各不相同，如有箱装货物、袋装货物、桶装货物、散货、易燃易爆及剧毒品等。为了适应各类货物的装卸搬运和满足装卸搬运过程中各个环节的不同要求，各种装卸搬运设备应运而生。装卸搬运设备的机型和种类目前已达数千种，而且各国仍在不断研制新机种、新机型。装卸搬运设备常按以下方法进行分类。

1. 按主要用途或结构特征进行分类

按主要用途或结构特征进行分类，装卸搬运设备可分为起重设备、连续运输设备、装卸搬运设备、专用装卸搬运设备。其中，专用装卸搬运设备指带专用取物装置的装卸搬运设备，如托盘专用装卸搬运设备、集装箱专用装卸搬运设备、船舶专用装卸搬运设备、分拣专用设备等。

2. 按作业方向进行分类

按作业方向，装卸搬运设备可分为以下三类。

(1) 水平方向作业的装卸搬运设备。这种装卸搬运设备的主要特点是沿平行地面方向实现物资的空间转移，如各种机动、手动搬运车辆，各种皮带式、平板式输送机等。

(2) 垂直方向作业的装卸搬运设备。这种装卸搬运设备实现物资沿着与地面垂直方向的上下运动，如各种升降机、堆垛机等。

(3) 混合方向作业的装卸搬运设备。这种装卸搬运设备综合了水平方向和垂直方向两类装卸搬运设备的特长，在完成一定范围的垂直作业的同时，还要完成水平方向的移动。如门式起重机、桥式起重机、叉车、轮胎起重机等。

3. 按装卸搬运货物的种类进行分类

(1) 长大笨重货物的装卸搬运设备。长大笨重货物通常指大型机电设备、各种钢材、大型钢梁、原木、混凝土构件等，这类货物的装卸搬运作业通常采用轨行式起重机和自行式起重机两种。轨行式起重机有龙门起重机、桥式起重机、轨道起重机；自行式起重机有汽车起重机、轮轨起重机、履带起重机等。

(2) 散装货物的装卸搬运设备。散装货物通常指不计件、成堆搬运的货物，如煤、焦炭、沙子、白灰、矿石等。散装货物一般采用抓斗起重机、装卸机、输送车等进行装车，用链斗式卸车机、螺旋式卸车机、抓斗起重机等进行卸车。

(3) 成件包装货物的装卸搬运设备。成件包装货物一般指怕湿、怕晒，需要在仓库内存放并且多用棚车装运的货物，如日用百货、五金器材等。该类货物一般采用叉车，并配以托盘进行装卸搬运作业，还可以使用牵引车和挂车、带式输送机等进行搬运作业。

(4) 集装箱货物装卸搬运设备。1 t 集装箱一般选用 1 t 内燃叉车或电瓶叉车作业；5 t 及以上集装箱采用龙门起重机或旋转起重机进行装卸作业，还可以采用叉车、集装箱跨车、集装箱牵引车、集装箱搬运车等作业。近年来随着集装箱运输业的发展，市场上出现了专用搬运作业设备。

4.2 叉车

按照国家标准《物流术语》(GB/T 18354—2021) 的定义，叉车 (fork lift truck) 指具有各种叉具，能够对物品进行升降和移动及装卸作业的搬运车辆。叉车又称铲车，是物流领域中应用最广泛的装卸搬运设备之一。它以货叉作为主要的取货装置。叉车的前部装有标准货叉，可以自由地插入托盘取货和放货，依靠液压起升机构升降货物，由轮胎式行驶系统实现货物的水平搬运。叉车除了使用货叉外，通过配备其他取物装置后，还能用于散货和多种规格品种货物的装卸作业。因此，叉车是指具有各种叉具，无轨、轮胎行走式，能够对货物进行升降和移动及装卸作业的搬运车辆。

叉车具有良好的动力性能。根据叉车工作的需要，叉车前进和后退的最大行驶速度相同，前进挡和后退挡的挡数相同。叉车的上方设置护顶架，部分叉车装有司机室。叉车主要用于厂矿、仓库、车站、港口等场所，对成件、包装件及托盘等集装件进行装卸、堆码、拆垛、短距离搬运等作业。叉车的主要工作属具是货叉。叉车作业可以使货物的堆垛高度大大增加(一般可达 4~5 m)，因此，可使船舱、车厢、仓库的空间位置得到充分利用，利用系数可提高 30%~50%。

4.2.1 叉车的特点及总体结构

1. 叉车的特点

在物流装卸作业中,叉车有很多优点,如能够减轻装卸工人繁重的体力劳动,提高装卸效率,减少装卸搬运过程中的货损程度,缩短船舶与车辆停留时间,降低装卸成本,具体归纳如下。

1) 通用性广

叉车在物流的各个领域都有所应用,如仓库、车站、码头和港口都要应用叉车进行作业。如果叉车与托盘配合,它的应用范围会更广,同时可以提高作业的效率。

2) 机械化程度高

叉车是装卸和搬运一体化的设备,它将装卸和搬运两种作业合二为一,作业的效率高。

3) 机动灵活性好

叉车外形尺寸小,轮距较小,这样叉车的转弯半径很小,能在作业区域内任意调动,机动灵活性好,在许多机具难以使用的领域都可以使用叉车。

4) 经济效益比较好

与大型起重机械比较,叉车成本低,投资少,能获得较好的经济效益。

5) 装卸效率高和安全性强

叉车作业可缩短装卸、搬运、堆码的作业时间。加速车船周转,有利于开展托盘成组运输和集装箱运输;另外叉车作业可减少货物破损,提高作业的安全程度。

6) 仓库容积利用率高

叉车作业可使货物的堆垛高度大大增加,仓库和货舱的空间位置得到充分利用。

2. 叉车的总体结构

叉车是一种复杂的机器。尽管叉车的吨位大小、型号、式样不同,但都必须具备下述装置和系统,才能在使用中发挥作用。

叉车从总体结构上可分为动力系统、传动系统、转向系统、制动系统、起重系统、液压系统、电器设备和行驶系统八大部分。

(1) 动力系统。动力系统是叉车行驶和工作的动力来源。目前在叉车上采用的发动机80%为往复式。内燃机按燃料不同分汽油机、柴油机。动力为两端输出,后端通过飞轮与离合器连接,将动力传递给传动系统;前端经分动箱将动力传递给液压齿轮油泵。

(2) 传动系统。传动系统的作用是将发动机的动力有效地传递到车轮,满足叉车实际工况的需要。传动系统由离合器、变速器、驱动桥等组成。传动系统的传动方式有机械式传动、液力式传动和静压传动。

(3) 转向系统。转向系统在驾驶员操纵下,控制叉车的行驶方向。其组成由转向机和转向联动机构两部分组成。转向方式有机械转向器、具有液力助力器的机械转向器和全液压转向器。

(4) 制动系统。制动系统使叉车能迅速地减速或停车,并使叉车能稳妥地停放,以保证作业安全。制动系统通常由手制动和脚制动两个独立部分组成,它们又由制动器和制动驱动机构组成。制动驱动方式有机械驱动机构和液压驱动机构两种。

(5) 起重系统。起重系统的作用是通过起重装置实现对货物的装卸、堆垛,由内外门架、货叉架、货叉（前移叉、油桶挂钩等属具）组成。

（6）液压系统。液压系统是利用工作油传递能量的机构，通过液压油把能量传给各执行元件，以达到装卸货物的目的，通常把液压系统的工作过程称为液压传动。

（7）电器设备。电器设备包括发电机、启动机、照明、蓄电池、喇叭、仪表等。

（8）行驶系统。行驶系统承受叉车的全部重量，传递牵引力及其他力和力矩，并缓冲对叉车的冲击，以保证叉车平稳行驶。它由车架、悬挂装置、车轮等组成。

4.2.2 叉车的分类

按照不同的分类标准，叉车分为不同的类型。用途不同的叉车有时又有不同的名称，如搬运车、堆高车、托盘车、台车等，主要分类归纳如下。

1. 按动力装置不同分类

1）电动叉车

电动叉车采用电驱动，具有无污染、易操作、节能高效等优点。随着经济的发展和环保、节能要求的提高，电动叉车迅猛发展。其市场销量逐年上升。尤其是在港口、仓储及烟草、食品、轻纺等行业，电动叉车正逐步替代内燃叉车。托盘堆垛车、窄巷道叉车通常为电动叉车。

2）内燃叉车

内燃叉车采用内燃机驱动，稳定性好，宜于重载，使用时间无限制，使用场地一般在室外，如工地、码头。平衡重式叉车大多数属于内燃叉车。

2. 按举升高度不同分类

1）低举升叉车

低举升叉车的举升高度在 100～150 mm，通常由操作者站立操作，主要适用于平面点到点搬运的工具，所以又称为托盘车或搬运车，如图 4-1 所示。通常有手动和电动两种形式，手动搬运车由人力做水平及垂直的移动，移动距离在 15 m 左右，载重量可达 1.5～3 t。电动搬运车以电瓶提供动力做举升及搬运动作，分为步行或踏板式两种，搬运距离分别为 30～70 m。手动操作速度慢、费力且易造成操作员受伤，因此尽管电动叉车的成本较高，但应用日趋普遍。电动叉车适用于中等重量的短距离运输。具有加长型货叉的电动叉车可同时搬运两个或四个托盘（见图 4-2），操作员可站在叉车上来操作。

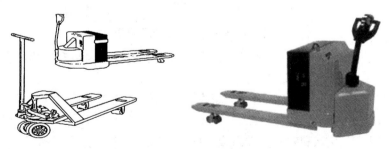

图 4-1 托盘搬运车

叉车货叉上的轮子是连杆机构的一部分，轮子收回，可使货叉伸入托盘上下面板的间隙或托盘与地板之间的间隙。搬运时，轮子放下可举起托盘。货叉宽度不可调整，要求货叉宽度必须适合标准的托盘尺寸。货叉宽度适用于 750～1 500 mm 的托盘。货叉长度应大于托盘长度，使轮子超出托盘，方可撑起托盘。

图 4-2　加长型托盘搬运车

2）高举升叉车

高举升叉车的举升高度通常可达 12 m。结合叉车和堆垛机的特点研制的高架叉车举升高度可达 18 m。操作者操作有步行、站立和坐式三种方式。步行、站立叉车举升高度为2.7～5 m。按动力不同，高举升叉车可分为手动、电动或液压式。其结构如图 4-3 所示。

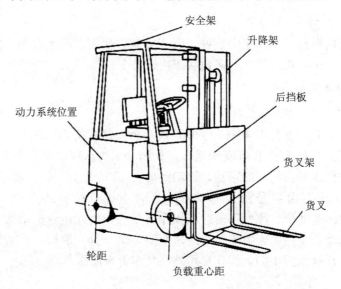

图 4-3　高举升叉车结构示意图

（1）安全架是保护操作员免于被掉落的物品击中的护架。因举升的物品会超过操作员头部以上的高度，叉车必须具备安全架。

（2）升降架是由一直立的槽型钢组合而成，利用油压缸或电动驱动的举升装置。升降架有一段式、二段式、三段式及四段式之分。

（3）货叉架由固定货叉和有关附件组成。货叉架组合通常会使用后挡板，以防止所载物品倾倒。

（4）货叉是搬运负载最必需的配件，一般 100～150 mm 宽，1 000～1 200 mm 长，40 mm 厚。最常使用的配备是货叉侧移装置，利用手动或油压驱动，可调整货叉的间距，以搬运不同规格的托盘。

(5) 轴距即前后轮的距离,决定着叉车操作及作业的特性,包括负载能力、旋转半径、直角堆放通道宽度,以及离地高度。

(6) 负载重心距是指负载重心到货叉架的距离。这是决定负载能力的因素之一。当负载在 4 500 kg 以下时,标准负载重心距为 0.6 m。

(7) 轮胎分为硬胎和气胎两种。硬胎多用于室内;气胎多用于室外,行走速度较快。

(8) 动力系统。室内叉车多用电力驱动,室外叉车多用内燃机驱动。

3. 按结构和用途不同分类

1) 平衡重式叉车

平衡重式叉车是使用最广泛、用量最大的一类高举升叉车(见图 4-4),约占叉车总数的 80% 以上,其特点是工作装置位于叉车的前端,货物载于前端的货叉上,为了平衡前端货物的重量,需要在叉车的后部装有平衡重。叉车有前后轮,通常前轮为驱动轮,后轮为转向轮。

图 4-4 平衡重式叉车

配重式叉车车体前方具有货叉和门架,后端利用配重底盘来平衡悬挂在动轴上方的负载,其提升高度为 2.7~4 m。由于车身尺寸和重量很大,它需要较大的作业空间。叉车动力分为内燃机和电瓶两种,传递方式分为机械传动、液压传动和静压传动三种形式。

立式配重叉车轴距小,在窄道中作业比较灵活方便,负载能力一般为 1 000~2 000 kg。坐式的轴距较立式的大,用于长距离搬运,负载能力一般为 1 000~5 000 kg。

2) 电动堆垛式叉车

电动堆垛式叉车又称跨立式叉车、插腿式叉车,如图 4-5 所示。该类叉车前方带有小轮子的跨架,能与货叉一起伸入货物底部,由货叉托起货物。货物的重心位于前后车轮所包围的支撑平面内,稳定性好,叉车不必再设平衡重。跨架支撑面积较大,具有较高的稳定性和较轻的重量。跨架需伸入货架下端。该叉车一般由电动机驱动,蓄电池供电,起重量在 2 t 以下。它的作业特点是起重量小、车速低、结构简单、外形尺寸小,行走轮直径小,适合于小型仓库,但对地面要求较高,适用于通道狭窄的仓库和室内堆垛、搬运作业。货叉需与支撑臂同时伸入托盘底部,导致无法用于双面托盘,无法用于驶入驶出式货架,货架的底梁常要高出地面 10 cm。

图 4-5 电动堆垛式叉车

3) 前移式叉车

前移式叉车的门架或货叉可沿叉车纵向前后移动，它结合了有支撑臂的电动堆垛机与无支撑架的平衡重式叉车的优点，也称为前伸式叉车或直达式叉车，如图 4-6 所示。它有两条前伸的支腿，与插腿式叉车比较，前轮较大，支腿较高，作业时支腿不能插入货物的底部。前移式叉车与插腿式叉车一样，都是货物的重心落到车辆的支撑平面内，因此，稳定性很好。

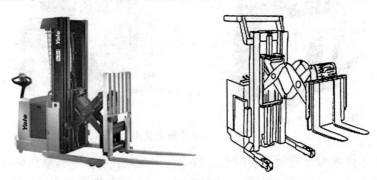

图 4-6 前移式叉车

前移式叉车分门架前移式和叉架前移式两种。前移式叉车的货叉和门架一起移动，叉车驶近货垛时，门架可能前伸的距离受外界空间对门架高度的限制。因此，只能对货垛的前排货物进行作业。叉架前移式叉车的门架则不动，货叉借助于伸缩机构单独前伸。如果地面具有一定的空间允许插腿插入，叉车就能够越过前排货架，对后一排货物进行作业。前移式叉车一般用蓄电池作动力，起重量在 3 t 以下，优点是车身小、重量轻、转弯半径小、机动性好，适合于通道较窄的室内仓库作业，通常有下面三种形式。

(1) 伸缩前移式叉车（见图 4-6）。其货叉可以前后伸缩，伸出时可超过底部跨架约 600 mm。因此，这种叉车也叫跨架式叉车。其特点是在存取货物时，货叉伸出长度超过底部跨架长度，动力系统和操作员起到配重作用，行走平稳。当货叉缩回时，与电动堆垛机相同，同时支撑面积较大，承载能力大，稳定性好。货叉可在任意高度上前后伸缩存取托盘。

(2) 倍深前移式叉车（见图 4-6）。具有两节伸缩臂装置，用于倍伸式货架的存取。要求货叉有足够的伸出长度来存取第 2 个托盘位置的货物，伸缩结构尺寸必须小于货格尺寸。

(3)滑轨前移式叉车（见图4-7）。利用底部跨架上的滑轨，整个升降架可在滑轨上移动。

4）侧面式叉车

侧面式叉车的门架和货叉在车体的侧面，还有一货物平台，如图4-8所示。侧面式叉车的特点是：由于货物沿纵向旋转，适于搬运条形尺寸货物；货叉位于侧面，使得叉车在入出库作业的过程中，车体进入通道，货叉面向货架或货垛，在进行装卸时不必转弯再作业；货物放置在货物平台上，叉车行驶时稳定性好；司机视野比平衡重式叉车好。缺点是门架和货叉只能向一侧伸出，当需要在对侧卸货时，必须将叉车驶出通道，掉头后才能卸货。

图4-7 滑轨前移式叉车

图4-8 侧面式叉车

5）高架三向窄巷道式叉车

高架三向窄巷道叉车可以实现三向旋转，能在较窄的通道，达到较高的举升高度。如果仓库面积较小，高度又较高，需要大储存量及较高的搬运装备时，可选用这类叉车。

根据是门架旋转还是货叉旋转可分为转柱式高架叉车（见图4-9）和转叉式高架叉车。

转柱式高架叉车的门架可实现正反旋转90°，特点是机动灵活、转弯半径小、作业巷道窄，如图4-10所示。

图4-9 转柱式叉车

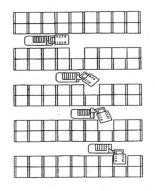
图4-10 转柱式叉车作业示意图

转叉式叉车的门架不动而货叉可做旋转和侧移，如图4-11所示，其作业过程如图4-12所示。这种叉车的设计结合了侧边负荷和配重式叉车特性，轴距较大，稳定性好。门架宽度较大，刚性好。其特点是机动灵活，转弯半径小，作业巷道窄，可实现正反旋转90°。如果仓库面积较小,储存高度较高,可选用此类叉车。货叉可做三向旋转,或直接从两侧叉取货物,在巷道中无须转弯,特别适合制药、电子电器等行业。

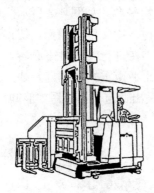

图 4-11 转叉式叉车

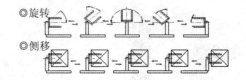

图 4-12 转叉式叉车作业示意图

6) 伸缩臂式叉车

伸缩臂式叉车(见图 4-13)与平衡重式叉车相比,具有如下特点。

图 4-13 伸缩臂式叉车

(1) 适用作业范围广。伸缩臂式叉车可以跨越障碍进行货物的堆垛作业,并通过变换叉车属具进行多种作业。

(2) 稳定性有所改善。伸缩臂式叉车整车重心后移,利于提高运行的稳定性;通过臂杆的移动而不需要车辆的移动来对准货位,利于提高堆垛的稳定性。

(3) 前方视野良好。驾驶室前方无障碍物遮挡,作业区域全部在操作者的视野范围内。

4.2.3 叉车型号和技术参数

1. 叉车型号

为了便于识别叉车性能,需要标注叉车型号。内燃叉车型号标注由 7 项内容组成,依次是:厂牌、叉车代号、结构形式代号、动力类型代号(用燃料代号表示)、传动形式代号、主参数代号和改进代号。

(1) 厂牌。用汉语拼音字母表示或用两个汉字表示,由厂家自定,可省略。

(2) 叉车代号。用 C 表示。

(3) 结构形式代号。P 表示平衡重式,C 表示侧叉式,Q 表示前移式,B 表示低起升高度插腿式，T 表示插入插腿式，Z 表示跨入插腿式，X 表示集装箱叉车，K 表示通用跨车，KX 表示集装箱跨车，KM 表示龙门跨车。

(4) 动力类型代号。汽油机标字母 Q，柴油机标字母 C，液态石油气机标字母 Y。

(5) 传动形式代号。机械传动不标字母，动液传动标字母 D，静液传动标字母 J。

(6) 主参数代号。以额定起重量（t）×10 表示。

(7) 改进代号。按汉语拼音字母顺序表示。

例如，CPQ10B 表示平衡重式叉车，以汽油机为动力，机械传动，额定起重量 1 t，同类同级叉车第二次改进。CPCD160A 表示平衡重式叉车，以柴油机为动力，动液传动，额定起重量为 16 t，同类同级叉车第一次改进。

2. 叉车的主要技术参数

叉车的技术参数用于说明叉车的结构特征和工作性能，是选择叉车的主要依据。

1) 额定起重量 Q 和载荷中心距 L

额定起重量（也称负载能力）Q 是指货物的重心处于载荷中心距以内时，允许叉车举起的最大重量。载荷中心距 L 是指叉车设计规定的额定起重量的标准货物重心到货叉垂直段前臂之间的距离，单位为 mm。额定起重量与载荷中心距是由叉车的两个相关的指标，如图 4-14 所示。载荷中心距是由叉车稳定性设计决定的，起重量不同，载荷中心距不同。

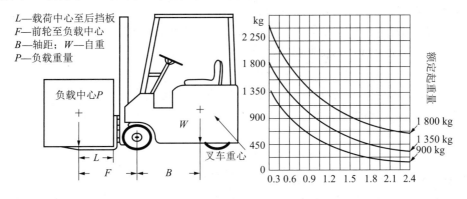

图 4-14 额定起重量和载荷中心距的关系

2) 最大起升高度 H

最大起升高度 H 是指在额定载荷下叉车的最大提升高度，又称扬程，即货物起升到最高位置时，货叉水平段的上表面距地面的垂直距离。

3) 自由升程

自由升程表示第二段升降架移动之前货叉可上升的高度，即指不改变叉车总高时，货叉可能起升的最大高度。一般低自由升程为 600 mm，高自由升程可达 1.5 m。高自由升程的叉车可用于较低空间条件下的托盘的堆放。

4) 叉车通道宽度

为使叉车平稳且在无干涉条件下进行存取或搬运作业，不同类型的叉车要求有相应宽度的作业通道。叉车的作业通道可分为宽道、窄道和超窄道三类。宽通道的宽度为 3.1～4.5 m，适合于平衡重式叉车。窄通道的宽度为 2.1～3.0 m，适合于直达式、跨立式和转柱式叉车。超窄式的宽度在 2.0 m 以下，适合于转叉式叉车。

5）最大起升速度

最大起升速度是指叉车在额定起重量下、门架处于垂直位置时货物起升的最大速度。提升速度一般在 0.3～0.5 m/s 范围内。

6）最高行驶速度

最高行驶速度是指叉车在平直、干硬的路面上满载行驶时所能达到的最高车速，以 km/h 表示。提高时速，可以提高作业效率，但是由于叉车运距短、停车和起步频繁等特点，过于提高时速，不仅没有必要，相反，很不经济、不安全。一般情况下，内燃叉车的最高运行车速是 20～27 km/h，库内作业的最高运行车速是 14～18 km/h。

7）门架倾角

门架倾角是指叉车在平坦、坚实的路面上作业时，门架相对于垂直位置向前或向后的最大倾角，门架前倾的目的是便于货叉取货，门架后倾的目的是防止叉车载货行驶时货物从货叉上滑落。一般叉车门架的前倾角和后倾角分别为 6°和 12°。

8）最小转弯半径

叉车在空载低速行驶、打满方向盘（即转向轮）使叉车处于最大偏转角时，车体最外侧点和最内侧点到转弯中心的距离，分别称为叉车最小外侧转弯半径和最小内侧转弯半径。最小转弯半径一般是指最小外侧转弯半径，转弯半径越小，叉车机动性越好。

9）最小离地间隙

最小离地间隙是指在叉车轮压正常时，叉车最低点距地面的距离。离地间隙越大，则通过性能越好，但离地间隙太大会影响叉车的稳定性。

10）轴距和轮距

轴距是指叉车的前后车桥中心线之间的水平距离；轮距是指叉车的同一车桥左右两个（或两组）车轮中心面之间的距离。

4.2.4 叉车属具

叉车属具是安装在叉车上以满足各种物料搬运和装卸作业要求的特殊辅助机构，它使叉车成为具有叉、夹、升、旋转、侧移、推拉、倾翻等多用途和高效能的物料搬运工具。由于货物形状和尺寸的差异，需要配备多种叉车属具以提高叉车的通用性。叉车属具可以扩大叉车的使用范围、保证作业安全、减少工人的劳动强度、提高叉车的作业效率。常用的叉车属具有货叉、吊架、侧夹器、推货器、集装箱吊具等。

1. 货叉

货叉是叉车最常用的属具，是叉车重要的承载构件，如图 4-15 所示。它的形状呈 L 形，水平段用来叉取并承载货物。水平段的上表面平直、光滑，下表面前端略有斜度，叉尖较薄较窄，两侧带有圆弧。货叉水平段的长度一般是载荷中心距的两倍左右。如果需要搬运体积大、质量轻的大件货物，需换用加长货叉或在原货叉上套装加长套。货叉的垂直段与滑架连接。根据连接方式的不同，货叉有挂钩型和铰接型两种。中、小型叉车一般采用挂钩型货叉，大型叉车一般采用铰接型货叉。

2. 侧移叉

侧移叉是一种横向移动属具，其结构和在车上的工作状况如图 4-16 所示。带侧移叉叉车与标准叉叉车相比，结构中主要增加了侧移叉架导轨与油缸。工作时驾驶员操纵侧移叉阀杆的控制手柄，侧移叉油缸就产生收缩运动，带动装有货物的侧移叉左右移动，以使货叉对准或者叉取侧面紧靠障碍物的货物。侧移叉取货物时，能使货叉处于最有利的位置，按照指定地点正确卸放，以减少叉车的倒车次数，提高叉车的作业效率。侧移叉的侧向行程一般为250 mm左右。

图 4-15　货叉

图 4-16　侧移叉

3. 夹持器

夹持器是一种以夹持方式搬运货物的属具（见图 4-17）。搬运装卸重量较小、外形规则（网柱体、立方体、长方体）、不怕挤压的货物时常使用这种属具。夹持器样式很多，常用的有移动式夹持器和旋转式夹持器。旋转式夹持器一般在平行货叉架的平面内旋转，横向移动式夹持器主要由夹板、导轨副、油缸等部件组成。

当油缸推动夹板相向移动时，夹板对货物产生夹持力，并依靠货物与夹板的摩擦力来搬运货物。两块夹板可以同时进行等距离运动，也可以一块固定不动，另一块作左右移动。旋转夹持器是在移动式夹持器结构中增加旋转机构。

4. 悬臂吊

叉车上使用的臂吊结构形式很多，常见的有单臂式（见图 4-18）。吊钩可根据需要在臂上移动以调节卸载距离，为了保证叉车的纵向稳定性，使用时必须根据制造厂提供的载荷特性曲线，使吊运货重不超过吊钩所在位置的额定起重量。

图 4-17　夹持器

图 4-18　悬臂吊

5. 串杆

串杆主要用来装卸环状货物，如钢丝卷、空心的筒状货物等，如图 4-19 所示为装有串杆的叉车。

6. 推出器

推出器是可以将货物从货叉上推出的属具（见图4-20）。推出器有液压作用式和重力作用式两种。液压推出器的推出动作由多路换向阀控制。

图 4-19　串杆

图 4-20　推出器

4.3　起重机械设备

按国家标准《物流术语》（GB/T 18354—2021）的定义，起重机械（hoisting machinery）是一种以间歇作业方式对物品起升、下降和水平移动的装卸搬运设备。起重机械工作是间歇的，各个机构不但时开时停，而且有时正转，有时反转；有的起重机日夜三班工作，有的只有一班工作，特殊用途的起重机甚至一年才用一两次；起重机工作时有时满载，有时空载，载荷也时大时小。在每次工作循环中，各个机构的开动次数和运动时间长短也不相同。

起重机械至少包含具有上下升降功能的起升机构。根据起升机构的活动范围不同，起重机械分为简单起重机械、通用起重机械和特种起重机械。

4.3.1　简单起重机械

简单起重机械又称轻小型起重设备，一般只做升降运动或一个直线方向移动，通常只有一个升降机构，使货物做升降运动。它们可独立使用或作为其他类型起重机械的一个机构（如起升机构、变幅机构或其中的一个部分），具有轻小简单、使用方便的特点，适用于流动性和临时性的作业，手动的简单起重设备尤其适合在无电源的场合使用。简单起重机械主要包括千斤顶、起重滑车、卷扬机、葫芦等。

1. 千斤顶

千斤顶又称举重器，是一种利用刚性承重件顶举或提升重物的起重设备（见图4-21）。它靠很小的外力就能顶高很重的重物，又可校正设备安装的偏差和构件的变形等。千斤顶的高度一般为100～400 mm，自重10～500 kg，最大起重量有的可达500 t。按结构特征其可分为齿条千斤顶、螺旋千斤顶和液压千斤顶三种。它的工作原理有机械式和液压式两种。机械式千斤顶又有齿条式与螺旋式两种，起重量小，操作费力，一般只用于机械维修工作。液压式千斤顶起重量大，结构紧凑，工作平稳，有自锁作用，故使用广泛。

千斤顶起重高度有限，起升速度慢，主要用于电力、建筑、机械制造、矿山、铁路桥梁、车辆维修、造船等行业设备的安装、起顶及拆卸作业。

2. 链条葫芦

链条葫芦（又称倒链）是一种可将重物在空间起升到任何一个需要位置的小型起重工具，具有携带使用方便、结构紧凑、手拉力小等特点，适用于小型设备和货物的短距离吊运。其类型主要有手拉葫芦、手扳葫芦、电动葫芦等，如图4-22所示。

图4-21　千斤顶　　　　　　　　图4-22　链条葫芦

1) 手拉葫芦

手拉葫芦又叫神仙葫芦、斤不落，是使用人力拉动链条的起重工具。它可与手动单轨小车配套组成起重小车，用于手动梁式起重机或者架空单轨输送系统，是一种使用简单、携带方便的手动起重机械，也称"环链葫芦"或"倒链"。它适用于小型设备和货物的短距离吊运，起重量一般0.5~20 t。

手拉葫芦具有安全可靠、维护简便、机械效率高、手链拉力小、自重较轻便于携带、外形美观、尺寸较小、经久耐用的特点，适用于工厂、矿山、建筑工地、码头、船坞、仓库等安装机器、起吊货物，尤其对于露天和无电源作业，更显示出其优越性。

2) 手扳葫芦

手扳葫芦是由人力通过手柄扳动钢丝绳或链条等运动机构来带动取物装置运动的起重葫芦。起重量一般为0.5~9 t，标准起重高度3 m。手扳葫芦广泛应用于造船、电力、运输、建筑、矿山、邮电等部门的设备安装、物品起吊等。尤其在狭小的工作场所、野外、高空作业和对各种不同角度的牵引力需要时，更具有独特的优越性。

3) 电动葫芦

电动葫芦是以电动机为动力源、以钢丝绳为承载的葫芦，具有结构紧凑、自身轻、效率高、操作简便等特点。起重量一般为0.1~80 t，起升高度为3~30 m。其由电动机、传动机构和卷筒或链轮组成，分为钢丝绳电动葫芦和环链电动葫芦两种。

电动葫芦主要用于悬挂式起重机和配备在运行小车上作为各类梁式、桥式起重机的起升机构，在工厂、矿山、铁路、码头、仓库、货场及服务性行业等场所中广泛应用。

4.3.2　通用起重机械

通用起重机械是使物品做水平方向的直线运动或回转运动的机构。"通用"不仅指搬运物品的多样性，而且也包括使用场所的广泛性。根据起重机械的特征通用起重机械分为桥式起重机和臂架式起重机。

1. 桥式起重机

桥式起重机配有起升机构、大车运行机构和小车运行机构，依靠这些机构配合动作，可在整个长方形场地及上空作业，适用于车间、仓库、露天堆场等场所。

桥式起重机一般由装有大车运行机构的桥架、装有起升机构和小车运行机构的起重小车、电气设备、司机室等几个部分组成。起升机构用来垂直升降物品，起重小车用来带着载荷做横向运动，桥架和大车运行机构用来将起重小车和物品做纵向移动，用于规定跨度内和高度内搬运和装卸货物。桥式起重机包括梁式起重机、通用桥式起重机、龙门起重机、装卸桥等，如图4-23所示。

图4-23　几种桥式起重机

2. 臂架式起重机

臂架式起重机配有起升机构、旋转机构、变幅机构和运行机构，液压起重机还配有伸缩臂机构，依靠这些机构的配合动作，可在圆柱形场地及上空作业。臂架式起重机可装在车辆上或其他运输（移动）工具上，构成运行臂架式起重机，这种起重机具有良好的机动性，可适用于码头、货场、工场等场所。臂架式起重机包括定柱式起重机、塔式起重机、门座式起重机、汽车起重机、履带式等，如图4-24所示。

图4-24　几种臂架式起重机

4.3.3　特种起重机械

特种起重机械的特殊性是指装卸搬运物品的特殊性，或者使用场合的特殊性。如大多数集装箱装卸搬运机械，其装卸搬运的对象是集装箱，主要有岸边集装箱起重机、集装箱跨运车、轮胎集装箱龙门起重机、轨道式集装箱龙门起重机等，均采用集装箱吊具作为专用的取物装置。还有一种巷道式堆垛机，主要用在自动化立体仓库中。

4.3.4 起重机的基本参数

起重机的基本参数是表明起重机工作特性的主要指标，也是正确选择和使用起重机的技术数据。

1) 额定起重量

起重机在正常作业时，允许提升货物的最大质量与可从起重机上取下的取物装置质量之和称为起重机的额定起重量，一般用字母 Q 表示，单位为 t。

2) 起升高度

起升高度是指起重机运行轨道面或地面到取物装置上极限位置的高度（吊钩测量到吊钩中心，抓斗测量到最低点）。当取物装置可以降到地面或轨道顶面以下时，从地面或轨道顶面下放至下极限位置的距离称为下放深度。起升高度与下放深度之和称为总起升高度，以字母 H 表示，单位为 m。

3) 跨度或幅度

跨度和幅度是表示起重机工作范围大小的参数。跨度是指桥式起重机大车运行两轨道中心线之间的距离，以字母 L 表示，单位为 m。幅度是指臂架起重机的旋转中心线至取物装置中心线之间的水平距离，以字母 R 表示，单位为 m，有最大幅度 R_{max} 和最小幅度 R_{min}。

4) 额定工作速度

起重机的工作速度包括起升、变幅、旋转、运行等机构的运行速度。

起升速度指吊钩（或其他取物装置）的上升速度，以字母 v 来表示，单位为 m/min。变幅速度指变幅机构从最大幅度变到最小幅度的平均线速度，单位为 m/min。旋转速度是指回转式起重机每分钟的转数，以字母 n 表示，单位为 r/min。运行速度一般指起重机的大车行走速度，以 u 表示，单位为 m/min；无轨道起重机行走速度单位为 km/h。

各类起重机根据安全、工艺、生产率等方面的综合要求，规定了上述工作速度的额定值，称为该机构的额定工作速度。例如，通用桥式吊钩起重机的各机构工作速度范围是：起升速度为 1～20 m/min；大车运行速度为 30～120 m/min；小车运行速度为 10～50 m/min。超速运行会影响安全生产，而速度太低又会降低生产率，因此，速度的选择必须恰当。

5) 起重机工作类型

起重机工作类型是指起重机工作忙闲程度和载荷变化程度的参数。工作忙闲程度，对整体起重机来说，就是指在一年总时间约 8 700 h 内，起重机的实际运转时长与总时长的比；对机构来说，则是指某一个机构在一年时间内起重机的工作时长与工作周期的百分比。在起重机的一个工作循环周期中，机构运转时间所占的百分比，称为该机构的负载持续率，用 JC 表示。

$$JC = \frac{t}{T} \times 100\%$$

式中：t——起重机一个工作周期中机构的工作时间；

T——起重机一个工作周期。

按额定起重量设计的起重机在实际作业中，起重机所起吊的载荷往往小于额定起重量，这种载荷的变化程度用起重量利用系数 $K = Q_{均}/Q_{额}$ 表示。$Q_{均}$ 为起重机在全年实际起重的平均值；$Q_{额}$ 为起重机的额定起重量。

根据起重机的工作忙闲程度和载荷变化程度，可把起重机的工作类型划分为轻级、中级、重级和特重级四级。

整个起重机及其金属结构的工作类型是根据主起升机构的工作类型而定的，同一台起重机各机构的工作类型可以各不相同。

起重机的工作类型和起重量是两个不同的概念。起重量大，不一定是重级；而起重量小，也不一定是轻级。如水电站用的起重机的起重量达数百吨，但使用机会很少，只有在安装机组、修理机组时才使用，所以尽管起重量很大，但还是属于轻级工作类型。又如车站货场用的龙门起重机，起重量一般为10～20t，但是非常忙，虽然起重量不大，却还是属于重级工作类型。

起重机工作类型与安全有着十分密切的关系。起重量、跨度、起升高度相同的起重机，如果工作类型不同，在设计制造时，所采用的安全系数就不相同，也就是零部件型号、尺寸、规格各不相同。如钢丝绳、制动器的安全系数不同（轻级安全系数小，重级安全系数大），选择零部件的型号就不相同。

从以上情况可知，如果把轻级工作类型的起重机用在重级工作类型的场所，起重机就会经常出故障，影响安全生产。所以在安全检查时，要注意起重机的工作类型必须与工作条件相符合。表4-1是起重机工作类型主要指标的平均值。

表4-1 起重机工作类型表

工作类型	工作忙闲程度		载荷变化程度	
	起重机一年工作小时数/h	机构负载持续率/（JC）	机构载荷变化范围	每小时工作循环数
轻级	1 000	15	经常起吊1/3额定载荷	5
中级	2 000	25	经常起吊（1/3～1/2）额定载荷	10
重级	4 000	40	经常起吊额定载荷	20
特重级	7 000	60	起吊额定载荷的机会较多	40

6）起重机和机构的工作级别

起重机的载荷是指起重机工作时受到各种力的作用，它包括起吊物品及吊具索具的重量、起重机的自重、起重和制动时的运动惯性力、缓冲器的碰撞力、风力等的合力作用。起重机受到的不是恒定不变的静载荷，而是变化着的动载荷。起重机是一种周期性间歇运动的机构，以短时的工作循环来升降和运移货物。每一工作循环中，有关机构都要做一次正向和反向运动，并且需要频繁地启动和制动。

由于起重机具有以上载荷和运动特点，在交变载荷作用下使得构件材料产生交变应力，即使最大工作应力低于材料的强度极限，起重机也会发生疲劳破坏现象。因此，影响起重机使用寿命的因素不但与载荷大小（即实际载荷与额定载荷之比）有关，而且与工作忙闲程度（即工作时间的长短）及使用频繁程度（即工作循环次数多少）有关。

根据起重机国家标准规定,根据起重机工作的利用等级和载荷状态,将起重机分为 A1、A2、A3、A4、A5、A6、A7、A8 等共八种工作级别;根据起重机各机构的利用等级和载荷状态将起重机机构分为 M1、M2、M3、M4、M5、M6、M7、M8 等共八种工作级别。起重机及其构件的设计和安全标准都与工作级别有关[分级方法详见国家标准《起重机设计规范》(GB/T 3811—2008)]。

4.3.5 起重机械的主要属具

起重机械的属具包括索具和取物装置两大类。常用的索具有钢丝绳、麻绳、化学纤维绳等;常用的取物装置有吊钩、抓斗、电磁盘等。

1. 起重机械常用索具

1) 钢丝绳

钢丝绳在起重作业中被广泛用作起重绳、变幅绳、小车牵引绳等,在装卸过程中还可用于货物的捆扎。钢丝绳具有承载能力大、过载能力强、挠性好、自重轻和传动平稳、无噪声等优点,适用于高速运动。由于绳股中钢丝断裂是逐渐产生的,一般不会发生整根钢丝绳突然断裂的现象,所以工作较安全可靠。

(1) 钢丝绳的构造。起重机的钢丝绳通常采用重绕绳,由 19 根或 37 根(也有用 61 根的)钢丝拧成股,再由股绕绳芯拧成绳。钢丝绳有 6 股绳和 8 股绳,比较常用的是 6 股钢丝绳。

钢丝采用优质碳钢(如 50 号、60 号、65 号)经冷拉和热处理制成。钢丝直径一般为 0.22~3.2 mm,抗拉强度极限达 1 400~2 000 N/mm^2。钢丝的质量根据耐弯折的次数分为特级、Ⅰ级和Ⅱ级三级。特级钢丝韧性最好,用于载人升降机;Ⅰ级钢丝韧性较好,用于一般起重机;Ⅱ级钢丝韧性一般,常用作捆扎绳。当腐蚀成为钢丝绳被报废的主要原因时,钢丝要进行镀锌处理。

绳芯材料与钢丝绳的挠性、强度、使用寿命有关,主要有纤维绳芯和金属绳芯两种。虽然金属绳芯强度好、耐高温,但起重机常用的还是麻芯钢丝绳,它具有较好的挠性和弹性,能储存润滑脂,便于从钢丝绳内部润滑钢丝。

(2) 钢丝绳的捻向。根据钢丝绳由丝捻成股的方向与由股捻成绳的方向是否一致,其可分为以下几类。

① 同向捻钢丝绳(也称顺绕绳)。其丝捻成股与股捻成绳的方向相同[见图 4-25 (a)、(b)],挠性和寿命都较交互捻绳要好,但因其易扭转、松散,一般只用来做牵引绳。

② 交互捻钢丝绳(也称交绕绳)。其丝捻成股与股捻成绳的方向相反。由于股与绳的捻向相反[见图 4-25 (c)、(d)],使用中不易扭转和松散,在起重机上广泛使用。

③ 不扭转钢丝绳。这种钢丝绳在设计时,使股与绳的扭转力矩相等,方向相反,克服了在使用中的扭转现象,常在起升高度较大的起重机上使用,并越来越受到重视。

钢丝绳按其断面结构不同分为普通型和复合型,如图 4-26 所示。普通型钢丝绳用直径相同的钢丝捻制而成,在起重机上应用广泛;复合型钢丝绳用不同直径的钢丝捻制而成,分为粗细式和外粗式两种。复合型钢丝绳比普通型钢丝绳的强度高,使用寿命也较前者高 1.2~2 倍,在起重机上的应用也较多。

图 4-25 钢丝绳的捻向

普通型　　　　　复合型粗细式　　　　复合型外粗式

图 4-26 钢丝绳的断面结构

(3) 钢丝绳的型号。钢丝绳的结构、类型和性能的标记可用下面的方框示意说明：

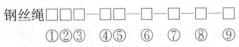

其中：

① 股数。

② 结构型式："x"表示普通型；"W"表示复合型粗细式；"X"表示复合型外粗式。

③ 每股钢丝根数。

④ 钢丝绳直径（mm），它是指钢丝绳的最大外径。

⑤ 公称抗拉强度（$\times 10$ N/mm^2）。

⑥ 钢丝的韧性号，有"特"号、"Ⅰ"号、"Ⅱ"号。

⑦ 钢丝表面情况。有"光"（光面钢丝）、"镀"（镀锌钢丝）、"甲"（用于严重腐蚀条件）、"乙"（用于一般腐蚀条件）、"丙"（用于较轻腐蚀条件）。

⑧ 捻向及捻线方式。有"右"（右向捻）、"左"（左向捻）、"交"（交绕）、"同"（顺绕）。

⑨ 产品依据的标准号。

例如，由六股组成、普通型、每股又由 37 根钢丝组成、钢丝绳的直径为 15 mm、钢丝的公称抗拉强度为 170×10 N/mm^2、钢丝韧性较好、钢丝表面镀锌可用于严重腐蚀条件、右向顺绕、按国家标准 GB 8918—2006 制造的钢丝绳，其标记为：

钢丝绳 6×37—15—170—Ⅰ—甲镀—右同—GB 8918—2006。

(4) 钢丝绳的使用和维护。每个班次作业前必须对钢丝绳进行检查并形成制度。检查应不留死角，特别对于不易看到和不易接近的部位应给予足够重视，必要时应做探伤检查。在检查和使用中应做到：

① 使用检验合格的产品，保证其力学性能和规格符合设计要求；

② 保证足够的安全系数，必要时在使用前要做受力计算，不得使用报废钢丝绳；

③ 使用中避免两钢丝绳的交叉、叠压受力，防止打结、扭曲、过度弯曲、划磨等；

④ 应注意减少钢丝绳弯折次数，尽量避免反向弯折；

⑤ 不在不洁净的地方拖拉，防止外界因素对钢丝绳的损伤、腐蚀，使钢丝绳性能降低；

⑥ 保持钢丝绳表面清洁、良好的润滑状态，加强对钢丝绳的保养和维护。

2）麻绳

麻绳具有质地柔韧、轻便、易于捆绑、结扣、解脱方便等优点，但其强度较低。一般麻绳的强度只有相同直径钢丝绳的10%左右，而且易磨损、腐烂、霉变。因此，麻绳在起重作业中主要用于捆绑重量较小的物品和吊运500 kg以下的较轻物体；当起吊重物时，可用麻绳拉紧物体，以保持被吊物体的稳定和在规定的位置上就位。

（1）麻绳的分类。麻绳的分类很多。按其原料的不同，可分为白棕绳、混合麻绳和线麻绳三种。

① 白棕绳。白棕绳是以剑麻（龙舌兰麻）为原料捻制而成的。它的抗拉力和抗扭能力较强，耐腐蚀、耐摩擦，而且富有弹性，在突然受到冲击载荷时也不易断裂，因而在起重作业中用得较多。

② 混合麻绳。混合麻绳是以剑麻和苎麻各一半，再掺入10%的大麻捻制而成。苎麻纤维抗拉力强，但韧性差，有胶质，遇水易腐蚀。混合麻绳的抗拉能力虽大于白棕绳，但耐久性和抗腐蚀性均较差，只在辅助作业中采用。

③ 线麻绳。线麻绳完全以大麻为原料制成。大麻的纤维柔韧，弹性好，抗拉能力大。线麻绳的用途与混合麻绳相同。

（2）麻绳的基本结构。麻绳是用相应的麻料纤维细线先捻搓成股，再合几股捻搓成绳。股的捻向与绳的捻向相反。按照捻制股数的多少，其可分为三股、四股和九股三种，如图4-27所示。

（a）三股　　　　　　（b）四股　　　　　　（c）九股

图4-27　麻绳的种类和构造

从力学性能上看，白棕绳强度较高，在起重中使用较多，四股麻绳和九股麻绳比三股麻绳使用更为普遍。但白棕绳价格比较昂贵，九股绳在制造上较麻烦，所以，在选用麻绳时，必须根据起重作业的具体情况进行合理的选择。

3）化学纤维绳

化学纤维绳俗称尼龙绳或合成纤维绳，目前多采用锦纶、尼龙、维尼纶、乙纶、丙纶等合成纤维搓制而成。它有质轻、柔韧、耐腐蚀、强度及弹性比麻绳好等优点，其缺点是不耐热，使用中忌火、忌高温。

在吊运表面光洁、不允许擦伤的物件和设备时，使用化学纤维绳比使用钢丝绳更有利于防止擦伤吊物表面，而且化学纤维绳能耐酸、耐碱、耐油和耐水，在特殊条件下使用可充分发挥它的优点。

2. 起重机械常用取物装置

取物装置是指通过吊、抓、吸、夹、托或其他方式，将物料与起重机联系起来进行物料吊运的装置。根据被吊物料种类、形态、体积不同，采用不同种类的取物装置。例如，成件的物品常用吊钩、吊环，散料（如粮食、矿石等）常用抓斗、料斗，液体物料使用盛筒、料罐等。也有针对特殊物料的特种吊具，如吊运长形物料的起重横梁，吊运导磁性物料的起重电磁吸盘，专门供冶金等部门使用的旋转吊钩。还有螺旋卸料、斗轮卸料等取物装置，以及集装箱专用吊具等。合适的取物装置可以减轻作业人员的劳动强度，大大提高工作效率。防止吊物坠落、保证作业人员的安全和吊物不受损伤是对取物装置的基本安全要求。

1）吊钩

吊钩是起重机最常用的取物装置，它与动滑轮组合成吊钩组，通过起升机构的卷绕系统将被吊物料与起重机联系起来。吊钩在起重作业中频繁受到重载荷的冲击，一旦发生断裂，可导致重物坠落，造成重大人身伤亡事故。因此，吊钩要有足够的承载力，同时要求有一定韧性，避免突然断裂的危险，以保证作业人员的安全和被吊运物料不受损害。

吊钩组是起重机上应用最普遍的取物装置。它由吊钩、吊钩螺母、推力轴承、吊钩横梁、滑轮、滑轮轴及拉板等零件组成。

吊钩一般用整块钢材锻造，也有用几块钢板叠在一起铆接制成的。锻造的吊钩必须进行正火处理，以消除制造过程中产生的内应力，处理后再按要求进行机械加工。

（1）吊钩的种类。目前吊钩按形状分为单钩和双钩，如图4-28所示。

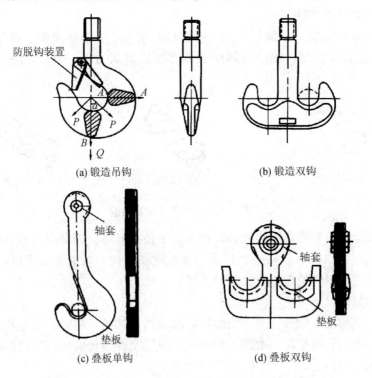

图 4-28　吊钩

单钩是最常用的一种吊钩，它构造简单，使用方便。单钩的尾部有直柄和环圈两种形式，带有螺丝的直柄与吊钩螺母和横梁连接，而环圈用于和起重机绳索连接。

叠片式吊钩是由切割成形的多片钢板铆接而成的，在吊钩口上装有护垫，这样可以减少钢丝绳的磨损，而且能将载荷均匀地分布在每一片钢板上。叠片式吊钩具有制造方便的优点。

由于叠成的钢板不会同时断裂，所以其工作可靠性比整体锻造的吊钩好。它的缺点是断面形状只能做成矩形，钩体材料不能充分利用，自重较大，尺寸也较大。

（2）吊钩的安全检查。

① 安装使用前检查。吊钩应有制造厂的检验合格证明，否则应该对吊钩进行材料化学成分检验和必要的力学性能试验（如拉力试验、冲击试验）。另外，还应测量吊钩的原始开口度尺寸。

② 表面检查。通过目测、触摸检查吊钩的表面状况。在用吊钩的表面应该光滑无毛刺，无锐角，不得有裂纹、折叠、过烧等缺陷，吊钩缺陷不得补焊。

③ 内部缺陷检查。必要时应进行内部探伤检查，主要通过探伤装置检查吊钩的内部状况。吊钩不得有裂纹、白点和影响使用安全的任何夹杂物等缺陷。有条件的应该安装防止吊物意外脱钩的安全装置。

（3）吊钩的报废。吊钩出现下列情况之一时应予报废：①裂纹；②危险断面磨损达原尺寸的10%；③开口度比原尺寸增加15%；④钩身扭转变形超过10°；⑤吊钩危险断面或吊钩颈部产生塑性变形；⑥吊钩螺纹被腐蚀；⑦片钩衬套磨损达原尺寸的50%时，应更换衬套；⑧片钩心轴磨损达原尺寸的5%时，应更换心轴。

2）抓斗

抓斗是一种由机械或电动控制的自动取物装置，主要用于装卸散装货物，有时还用于抓取长材。

（1）抓斗的种类。抓斗的种类很多，根据抓取的货物不同可分为散粮抓斗、煤炭抓斗、矿石抓斗、木材抓斗等。根据所抓取货物的堆积密度不同，抓斗又可分为五种类型，如表4-2所示。

表4-2　按货物的堆积密度划分抓斗

货物堆积密度/(t/m³)	<0.8	0.8～<1.2	1.2～<2.0	2.0～2.8	>2.8
抓斗类型	特轻型	轻型	中型	重型	特重型
主要货种	散粮	焦炭、煤	磷矿、石灰石	小块铁矿	大块矿石，废钢

根据操纵抓斗的原理不同，抓斗还可分为单绳、双绳和电动三种。其中，双绳抓斗使用广泛。

（2）双绳抓斗的工作原理。双绳抓斗由颚板1、撑杆2、上承梁（抓斗头部）3和下承梁4四个基本部分组成，如图4-29所示。抓斗悬挂在支持绳（起升绳）6和开闭绳5上，两根钢丝绳分别绕入驱动卷筒7和8上。双绳抓斗的动作完全由支持绳和开闭绳的运动速度来操纵，其工作过程可分为以下四步。

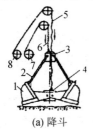　　

(a) 降斗　　(b) 闭斗　　(c) 升斗　　(d) 开斗

图4-29　双绳抓斗

① 降斗。卸载后张开的抓斗依靠自重下降到散货堆上，此时开闭绳和支承绳以相同的速度下降，但开闭绳较松，以利下降过程中抓斗自动张开。

② 闭斗。抓斗插入物料后，支承绳保持不动，而开闭绳开始收紧使颚板闭合，将散料物料抓到斗中。

③ 升斗。抓好散料物料后，开闭绳和支承绳以同样的速度起升，直到所需高度。

④ 开斗。支承绳不动，开闭绳放松，这时颚板在自重和下横梁的共同作用下张开，并卸出抓斗中的物料，然后进入下一个工作循环。

双绳抓斗的两根绳索分别是由两个独立的单联卷筒来驱动的，抓斗的开闭轮组为单联滑轮组。双绳抓斗的结构简单，工作可靠，并能在任意高度卸货，生产效率较高，因而应用广泛。如果采用双联卷筒，则支持绳与开闭绳各为两根，称之为四绳抓斗，抓斗的开闭滑轮组为双联滑轮组。

四绳抓斗由于支持绳和开闭绳成双布置，使抓斗工作时更稳定，不易扭转，同时钢丝绳直径较细，可使卷筒滑轮直径减小。四绳抓斗的工作原理与双绳抓斗相同，在港口装卸工作中同样获得广泛应用。

3）C 形卷钢吊具

配有平衡器的 C 形卷钢吊具，是一种吊运卧放钢卷的专用工具，如图 4-30 所示。使用时只要将 C 形卷钢吊具的承载插入卷钢即可，当达到指定货位后，松下吊钩，承载梁与卷钢脱离，随着吊车钩头的平移，吊具自行退出卷钢。

4）电磁吸盘

电磁吸盘是靠电磁力自行吸取导磁物品的取物装置，通常靠线圈通电激磁吸料，断电去磁卸料，如图 4-31 所示。

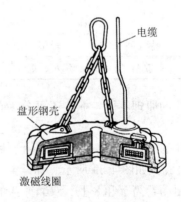

图 4-30　C 形卷钢吊具　　　　　图 4-31　电磁吸盘

电磁吸盘由铸钢外壳和装在其内的线圈组成。电流通过挠性电缆输入线圈通电后线圈即产生磁场，磁场磁力线在外壳与磁性物料间形成闭合回路，于是物料即被电磁吸盘吸住。线圈断电后，物料自行脱落。电磁吸盘用直流电为宜，因为直流电工作可靠，磁力损失及旋涡损失小，电感影响也较小。

利用电磁吸盘来装卸钢锭、生铁、废钢等铁磁性货物，可减轻繁重的体力劳动，达到很高的生产效率。影响电磁吸盘起重量的主要因素有磁场强度和钢铁件的外形、重量、纯度、温度等。钢铁件碎小、外表不平、含杂质、高温等，都会引起导磁不良而降低起重量。

5）起重无泵真空吸盘

起重无泵真空吸盘借助吸盘内外大气压力差，把光滑表面的货物吸住，随起重机构升降，如图4-32所示。无泵真空吸盘可以单个使用，也可将多个吸盘置于吊架上使用，增大吸附力，增加载重能力。

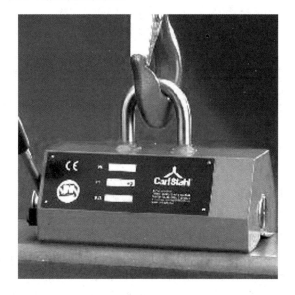
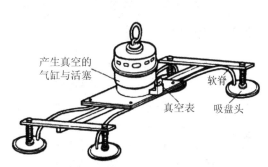

图 4-32　起重无泵真空吸盘

4.4　输送设备

输送设备主要有各种类型的输送机。输送机属于连续作业类装卸搬运机械。它在一个区间内能连续搬运大量货物，使得搬运成本非常低廉、搬运周期比较准确、货流稳定，因此，被广泛用于现代物流系统中。

4.4.1　输送机概述

1. 输送机的概念

按国家标准《物流术语》（GB/T 18354—2021）的定义，输送机是指按照规定路线连续地或间歇地运送散状物品或成件物品的搬运机械。观察国内外大量自动化立体仓库、物流配送中心、大型货场，其装卸搬运设备除起重机械以外，大部分都是由连续输送机组成的搬运系统。整个搬运系统均由中央计算机控制，通过它完成货物或物料的进出库、装卸、分类、分拣、识别、计量等工作。在现代货物搬运系统中，输送机发挥着重要作用。在仓库（物流中心）中使用最普遍的输送机就是单元负载式输送机。这类输送机主要用来做固定路径的输送。输送的单元负载包括托盘、纸箱或其他固定尺寸的物品。输送机型式的选择主要根据物品的特性及系统的需求而定。

2. 输送机的特点

与其他装卸搬运机械设备相比，输送机具有以下特点。

(1) 输送机的装料和卸料是在输送过程不停顿的情况下进行的，输送机一经启动，就以稳定的输送速度沿着一定路线输送物料，可以采取很高的输送速度，连续而高速的物料流可以获得很高的生产率。

(2) 沿固定的路线输送货物，动作单一，故结构简单，便于实现自动控制。在相同生产率条件下，载荷均匀、速度稳定、功率较小。

(3) 重量较轻，结构紧凑，造价较低，输送距离长。但当输送路线复杂时，会造成结构复杂；当输送路线变化时，需要重新布置输送机。

(4) 通用性较差，每种机型只适用一定类型的物料，一般不适于运输重量很大的单件物品或集装容器。

(5) 大多数连续输送机不能自行取货，因而需采用一定的供料设备。

4.4.2 输送机的分类

输送机的型式、构造和工作原理多种多样。为适应生产发展的需求，新的机型还在不断增加。按照不同的分类方式，输送机可以分为以下几种。

(1) 按所运货物的种类不同，可分为输送件货和输送散货两种输送机。

(2) 按安装方式的不同，输送机可分为固定式输送机和移动式输送机两大类。

固定式输送机主要用于固定输送场合，如专用码头、仓库中货物移动，工厂里生产工序之间的输送、原料的接收和成品的发放等。它具有输送量大、单位电耗低、效率高等特点。移动式输送机具有机动性强、利用率高、能及时布置输送作业达到装卸要求的特点，这类设备输送量不太高，输送距离不长，适用于中小型仓库。

(3) 按传动特点的不同，输送机可分为挠性构件牵引的和无挠性构件牵引的两类。

有挠性牵引的输送机是利用挠性构件传递力和运动，并且依靠挠性牵引构件把物料运到各工序的部位上。牵引构件是往复循环的一个封闭系统，通常是一部分输送货物，另一部分牵引构件返回，常见的有带式输送机、链式输送机、斗式提升机、悬挂输送机等。无挠性构件的输送机的工作特点是利用工作构件的旋转运动或振动，使货物向一定方向运送，它的输送构件不具有往复循环形式，常见的有气力输送机、螺旋输送机、振动输送机等。

(4) 按输送货物的作用力的形式不同，输送机可分为机械式、惯性式、气力式、液力式等几大类。

(5) 按照货物性质的不同，输送机可分为连续性输送机和间歇性输送机。

连续性输送机主要用于散装货物的输送装卸。间歇性输送机主要用于集装单元货物（即成件包装货物）的输送，所以又称单元负载式输送机。

4.4.3 几种典型的输送机

1. 辊子输送机

辊子输送机是利用辊子输送成件物品或托盘货物的输送机，如图4-33所示，中国机械行业标准《辊子输送机》(JB/T 7012—2020)规定了它的型式、基本参数及技术要求等相关规范。输送机由一系列以一定间距排列的辊子组成，用于输送成件货物。它可沿水平或曲线路径进行输送，其结构简单，安装、使用、维护方便，不规则的物品可放在托盘或者托板上进行输送。货物和托盘的底部必须有沿输送方向的连续支承面。为保证货物在辊子上移动时的稳定性，该支承面至少应该接触4个轮子，即辊子的间距应小于货物支承面长度约1/4。

图 4-33 辊子输送机

辊子输送机按驱动方式分为无动力辊子输送机和动力辊子输送机(链传动、摩擦传动)。

1) 无动力辊子输送机

无动力辊子输送机,货物由人力推动;辊子也可以布置一定的斜度,使货物能靠自身的重力从高处自然移动到低处。这种无动力辊子的优点是结构简单,缺点是输送机的起点和终点间有高度差。如果输送距离较长,必须分成几段,在每段的终点设一个升降台,把货物提升至一定的高度,使物料再次沿辊子移动。

无动力辊子输送机重量较重,不适用于需经常移动或拆装的场合。选择组合方式时,需考虑输送物品的特性、安装的环境及设备的成本等条件。

2) 动力辊子输送机

动力辊子输送机的应用范围较广,可应用于储积、分支、合流较重的负载,广泛应用于油污、潮湿及高、低温的环境。

按驱动方式的不同,动力辊子输送机可分为:皮带、V形皮带、连续式链条、圆皮带、转弯模块以万向接头衔接驱动等多种辊子输送机。

2. 斗式提升机

斗式提升机是一种在垂直方向或大于70°倾角方向上输送粉粒状货物的输送设备。

斗式提升机通常由牵引机构、料斗、机头、机座、机筒、驱动装置等组成,如图4-34所示,

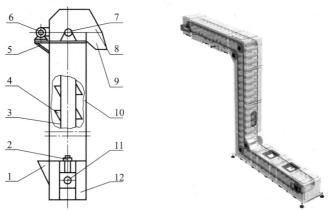

1—进料口;2—拉紧装置;3—牵引机构;4—料斗;5—驱动平台;6—驱动装置;7—传动轮;8—头部罩壳;9—卸料口;10—中间罩壳;11—拉紧轮;12—底座

图 4-34 斗式提升机示意图

牵引机构环绕并张紧于传动轮与拉紧轮之间。在牵引机构上每隔一定的间距固定着承载物料的料斗。全部构件都密封在密闭的外壳中，防止灰尘的飞扬和物料的洒漏。外壳上端称为机头，下端称为机座，中间称为机筒。机筒的长短可根据提升高度由若干节组成。

根据牵引构件的不同，斗式提升机可分为带斗式提升机和链斗式提升机。带斗式提升机适用于输送粉末或块状磨损性较小的物料，可以有很高的工作速度，但其强度较低，不能用于承载力很大、工作繁忙的场合。

链斗式提升机工作速度较低，但其有很高的强度，可用于提升中等或大块度的物料，大型货场的卸煤机、卸矿石机等都采用链斗式提升机。

斗式提升机的工作过程分为三个阶段：装料、提升、卸料，其中装料与卸料尤为重要，对提升机的生产率起决定性的作用。提升较为简单，只要胶带或链条强度有保证，输送过程无打滑或抖动现象，基本上就可保证提升平衡，不撒料。斗式提升机的装料方式有注入式和挖取式两种。注入式装料是由前方的加料料斗加料，物料迎着向上运动的料斗注入，主要适用于输送较重、大块货物，如砾石、矿石等；挖取式装料是从料堆中取料。根据物料受力情况的不同物料从料斗中卸出方式，可分为离心式、重力式和混合式三种。

斗式提升机在港口、仓库、粮食加工厂、油厂、食品厂等得到广泛应用。它的优点是结构简单、外形尺寸小，占地面积小、提升高度和输送能力强，在全封闭的机身内工作、对环境的污染小，耗用的动力小等。其缺点是过载时容易堵塞、需要均匀供料、料斗容易磨损等。

3. 链式输送机

链式输送机可用于输送单元负载货物，如托盘、塑料箱，也可利用承载托板来输送其他形状货物，如图 4-35 所示。链式输送机用环绕着若干链轮的无端链条作牵引件，由驱动链轮通过轮齿和链节的啮合将圆周牵引力传递给链条，在链条上固定着一定的工作物件以输送货物。货物放在运动着的链条上移动是最简单的链式输送机。

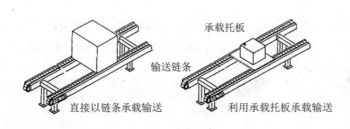

图 4-35 链式输送机

链式输送机具有以下特点。

（1）链条连续式运转，必须要有轨道支撑。

（2）除输送方形规则物外，其他货品必须利用承载托板输送。

（3）用承载托板输送时，必须加装承载托板的回收装置。

（4）输送速度慢。

（5）构造简单，容易维护。

（6）可应用于自动仓库前段及装配、包装等区域。

4.5 其他装卸搬运设备

随着信息技术的快速发展，装卸搬运设备也朝着智能化、信息化的方向发展，极大地节省了劳动力，提升了生产效率。同时更能在一些特殊的环节，如有毒、低温等条件下作业，扩展了装卸搬运的应用场合，并在一定程度上实现了无人化作业。下面再介绍另外三种装卸搬运设备，自动导引车、穿梭车和机器人。

4.5.1 自动导引车

1. 自动导引车概况

自动导引车（automatic guided vehicle，AGV）也称无人搬运车或自动搬运车，是一种先进物料搬运设备，如图 4-36 所示。

图 4-36 自动导引车示意图

中华人民共和国国家标准《物流术语（GB/T 18354—2021）》中定义自动导引车（AGV）为在车体上装备有电磁学或光学等导引装置、计算机装置、安全保护装置，能够沿设定的路径自动行驶，具有物品移载功能的搬运车辆。AGV 能够自动地从某一地点将物料移送到另一个指定地点，它的动力驱动常采用蓄电池供电，能够自动充电。AGV 采用先进的自动控制系统或计算机控制系统，与现场相关设备连成一个完整的功能网络，实现自动运行、自动作业、智能检测等功能，具有良好的柔性。

世界上第一台 AGV 是由美国 Barrett 电子公司于 20 世纪 50 年代初开发成功的，它是一种埋线电磁感应牵引式小车系统，可十分方便地与其他物流系统自动连接，显著地提高劳动生产率，极大地改善了装卸搬运的自动化程度。1960 年，欧洲就安装了各种型式、不同水平的自动导引车系统（AGVS）220 套，使用 1 300 多台 AGV。20 世纪 60 年代，随着计算机技术应用到 AGVS 的管理和控制上，AGVS 进入到柔性制造系统（FMS），成为生产工艺的有机组成部分，从而使 AGVS 得到了迅猛发展。AGV 在我国的研究及应用较晚。20 世纪 70 年代后期由北京起重机研究所研制出我国第一台滚珠加工用 AGV，随后又研制出单向运行载重 500 kg、双向运行载重 500 kg、1 000 kg 和 2 000 kg 的 AGV。此后，随着工业现代化发展及计算机集成制造系统（CMIS）的发展，AGVS 在我国的应用得到推广。

2. 自动导引车分类

自动导引车有多种类型，可以按照以下不同分类方式进行分类。

1）按导引方式分类

自动导引车的导引方式有固定路径导引和自由路径导引两种。固定路径导引是指在固定的路线上设置导引用的信息媒介物，搬运车通过检测出它的路线信息而得到导引，有电磁导引、光学导引、磁带导引等。自由路径导引是指自动导引车能根据要求随意改变行驶路线。这种导引方式的原理是先在自动导引车上储存好作业环境的信息，自动导引车通过识别车体当前的方位，与环境信息相对照，自主地决定路径的导引方式，导引方式通常有：电磁导引、光学导引、磁带导引、超声导引、激光导引、视觉导引等。常见的各种导引方式的比较见表4-3。

表4-3 AGV导引方式比较

技术名称	成熟度	技术难度	成 本	应 用	先进性	前 景
电磁导引	成熟	中	低	广	般	较好
光学导引	成熟	中低	低	较广	一般	较好
磁带导引	成熟	低	低	较广	般	好
超声导引	较成熟	高	中	少	一般	一般
激光导引	较成熟	高	高	广	较先进	好
视觉导引	不成熟	高	高	少	很先进	很好

2）按控制方式分类

自动导引车的控制方式有智能型和普通型两种。智能型自动导引车配有车载计算机，存储有全部运行路线和相应的控制信息。只要事先设定起始点和要完成的任务，自动导引车就可以自动选择最佳路线完成指定的任务。普通型自动导引车的所有功能、路线和控制方式均由主控计算机进行控制。

自动导引车还可按移载方式不同，分为侧叉式移载、前叉式移载、辊筒输送式移载、链条输送式移载、升降台式移载等自动导引车；按转向方式不同分为前轮转向、差速转向、独立多轮转向等自动导引车；按充电方式不同分为交换电池式和自动充电式，自动导引车大多采用自动充电式充电；按用途和结构形式不同分为牵引型拖车、托盘载运车、承载车、自动叉车、装配小车、自动堆垛机等。

3. 自动导引车的构成

自动导引车由机械系统、动力系统和控制系统三大部分组成。其中机械系统主要包括车体、车轮、移载装置、安全装置、驱动控制装置、转向装置等；动力系统包括运行电动机、转向电动机、移载电动机、蓄电池及充电装置等；控制系统包括信息传输及控制装置、驱动控制装置、转向控制装置、移载控制装置、安全控制装置等。其主要构成部件如图4-37所示。

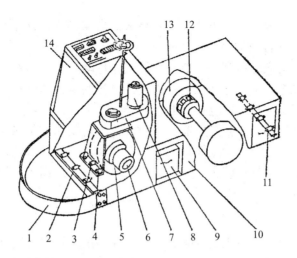

1—安全挡圈；2—认址线圈；3—失灵控制线圈；4—导向探测线圈；5—驱动轴；6—驱动电机；7—转向机构；8—导向伺服电机；9—蓄电池箱；10—车架；12—制动用电磁离合器；13—车轮

图 4-37 AGV 的构成

（1）车体。车体是自动导引车的主体，要求有足够的刚度和强度，以满足自动导引车运行和加速的需要。车体通常采用焊接钢结构，上面由 1～3 mm 厚的钢板或硬铝板覆盖，以安装移载装置、液压装置、电控系统、按键和显示屏驱动装置、转向装置和蓄电池。安装在灯板下空间，以降低车体的重心。

（2）车轮。按照自动导引车结构的不同，车轮可分为卧式结构的驱动轮和立式结构的驱动轮。

（3）移载装置。移载装置是与所搬运货物接触的装置。搬运货物的不同，所采用的移载装置也不同，有侧叉式移载、前叉式移载、推挽式移载、辊道输送式移载、链式输送式移载、升降台移载、机械手移载等。车体上的移载装置要和地面上的承载装置相匹配，如果车体上采用升降台、升降货叉、机械手等作为移载装置，则地面可用无动力的固定承载台，车体上用移载装置来完成卸货和装货作业。如果车体上采用辊道输送式移载、链式输送式移载，则地面上要配合输送式承载台，这时主要用车体上的输送式移载装置将车上的货物卸到承载台上。如果地面承载台采用有动力辊道，则能对车辆进行卸货作业。

（4）安全装置。安全装置的主要作用是为自动导引车在运行或故障急停时提供一定的安全保证。自动导引车有接触缓冲器、接近探知器、导向传感器、警示灯、报警音响等多种安全保障装置。

（5）驱动控制装置。驱动控制装置的功能是驱动自动导引车运行并对其进行速度控制和制动控制，它由车轮、减速器、制动器、电机和速度控制器所组成。驱动装置及制动装置的控制命令由计算机或人工控制器发出。

（6）转向控制装置。自动导引车的方向控制是通过转向装置接收导引系统的方向信息来实现的。一般情况下，自动导引车被设计成向前单向、前后双向、全方位运动等三种运动方式。

（7）蓄电池和充电装置。自动导引车由电机驱动，采用直流工业蓄电池作为动力。蓄电池在额定电流下，一般要满足 8 h 以上的工作需要，对于二班制工作环境，要求蓄电池有

17 h 以上的工作能力。自动导引车根据电池容量表的数据判断电池是否需要充电,在需要充电时报告给控制台,控制台根据自动导引车运行情况,及时调度自动导引车执行充电任务。蓄电池充电一般采用自动充电和交换电池两种形式。自动充电是指在自动导引车的各个停泊站无时间限制地随时充电;交换电池充电是指当蓄电池的电荷降到指定范围后,要求自动导引车退出服务,进入指定的充电区进行充电。

(8) 信息传输及控制装置。信息传输及控制装置的主要功能是对自动导引车各部件状况进行监控,包括自动导引车所处的地面状况和手动控制、安全装置启动、蓄电池状态、转向和驱动电机的控制情况等,然后将车上控制器的监控信息与地面控制器所发出的信息进行传递、计算,以达到控制自动导引车运行的目的。

4. 自动导引车的工作原理

控制台通过计算机网络接收下达的搬运任务,并通过无线局域网通信系统实时采集各自动导引车的状态信息。然后根据当前各自动导引车运行情况,将调度命令传递给选定的自动导引车,实现对自动导引车的避碰调度、工作状态检测、任务调度,使其完成货物的搬运。配合地面移载设备它可实现自动导引车的自动移载、加载和交换空托盘。

如前所述,自动导引车有多种导引方式,可采用一种或多种方式进行导引。电磁导引是应用较广、性能稳定的一种导引方式,而激光导引是一种精度较高、柔性程度高的导引方式。

(1) 电磁导引。如图4-38所示在AGV的运行路线下面埋设导向电线1,其中通以3~10 kHz的低压、低频电流,该交流电沿电线周围产生磁场,AGV上装设的信号检测器3可以检测到磁场并通过检测回路以电压的形式将其强弱表示出来。当导向轮2偏离导向电线后,则信号检测器测出电压差信号,此信号通过放大器4放大后控制导向电机5工作,导向电机通过减速器控制导向轮回位。这样就使得AGV的导向轮始终沿着预定的导引路径运动。

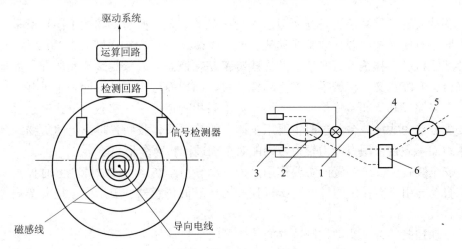

图4-38 电磁导引的基本原理

(2) 激光导引。激光导引的精度较高,比较常见的方式为光扫描导引方式,如图4-39所示。在导引车顶部装置有一个可360°方向发射一定频率激光的装置,同时在AGV四周的一些固定位置上放置反射镜片。AGV运行时,不断接收到从三个已知位置反射来的激光束,经过简单的几何运算,就可以确定自身的准确位置。控制系统根据AGV的准确位置对其进行导向控制。这种导引方式路径变换容易,柔性度高。

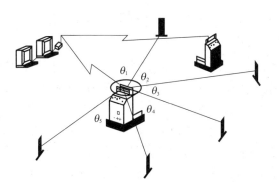

图 4-39　激光导航导引原理图

在自动导引车系统中,设置若干个位置作为自动导引车将寻找的地址,用于其寻找任务地址并精确定位。运行时,自动导引车在系统程序的导引下,沿确定的路线向目的地址行进,当接近目的地址时,自动导引车自动减速停靠。在车辆停靠地址设置传感标志,如磁铁、色标等,自动导引车以相对认址或绝对认址的方式来接受标志信号,从而使其完成认址操作。自动导引车在目的地址处的定位分一次定位和二次定位两个阶段。自动导引车接近目的地址时,进行减速,然后在目的地址附近制动驻车,完成一次定位;接着,自动导引车以更高的精度和机械方式进行二次定位,最高定位精度可达±1 mm。

4.5.2　穿梭车

一般来说,沿固定轨道行走的输送设备称为穿梭车(rail guide vehicle,RGV),无轨的称为自动导引车(AGV),在空中输送的称为悬挂小车(electronic modulated suspension,EMS)。

穿梭车通过导轨或地链来约束和引导小车运行。它有两套传动机构,即输送机构和运动机构如图 4-40 所示。穿梭车的约束导轨有双轨和单轨两种。

图 4-40　穿梭车示意图

穿梭车按行走路线不同分为直行穿梭车和环形穿梭车;按载荷的容器的不同分为托盘穿梭车和箱包穿梭车;按移载设备不同分为辊式移载穿梭车、链式移载穿梭车、皮带移载穿梭车等;一般速度在 120~200 m/min,载荷重量在 0~1 500 kg,有轨移动,以直流减速电机或简易伺服电机为动力源,以拖链或滑触线供电。

4.5.3　机器人

机器人(robot)是一种典型的机电一体化产品,在物流领域主要用于自动化仓库各输送装置之间的物料搬运及自动化生产线各工序之间的物料搬运。

1. 机器人的用途和作业特点

机器人是人类20世纪的重大发明之一。20世纪中叶,美国制造出世界上第一台真正意义上的工业机器人,根据生产过程的要求和不同的工作需要编制不同的程序,让其按照程序自动进行工作。机器人的出现和应用,是20世纪自动控制理论和实践的重大成就。机器人技术综合了许多学科的发展成果,代表着高技术的发展前沿。机器人技术正在以超乎一般人所预料的速度向前发展,对机器人这一概念的理解及定义也随之发生变化。1984年著名科学家钱学森指出:"所谓机器人,就是指那些有特定功能的自动机,它是机电一体化的、具有人工智能因素的20世纪80年代高技术,是新技术革命的重要内容之一。"

目前,世界上工业发达国家都广泛应用工业机器人全球有超过80万台机器人在服役。据统计,50年来,机器人产品以每年超过10%的发展速度增长,广泛应用于汽车工业、电子工业等行业,主要用于焊接、装配、搬运、加工、喷涂、码垛等复杂作业。

1) 机器人的用途

机器人的分类很多。物流机器人是指应用于物流过程的各类机器人,它们属于工业机器人的范畴。常见的物流机器人有搬运机器人、码垛机器人、拣货机器人等。机器人在物流活动中主要完成以下作业。

(1) 搬运。被运送到仓库中的货物通过人工或机械化手段首先放到载货平台上,具有智能系统的机器人则将放在载货平台上的货物进行识别并分类,然后将货物搬运到指定的输送系统上。

(2) 码垛和拣选。仓库中作业的机器人与典型加工制造工厂用的机器人有很大的不同。在加工制造工厂,机器人的动作是固定的,而仓库中的机器人的作业会因客户的要求不同而不同。因而仓库的机器人必须能够根据计算机控制系统发出的指令完成码垛或拆垛作业,同理,机器人还可以根据入出库信息完成拣选作业。

2) 机器人作业的特点

机器人是一种具有高度灵活性的自动化机器,它具有一些与人类或生物相似的智能能力,如感知能力、规划能力、动作能力和协同能力。同时,机器人还具有许多人所不能达到的能力,如动作高度的重复性和在复杂危险环境工作的能力,机器人作业时具有以下特点。

(1) 通用性。机器人的用途非常广泛,既可以进行搬运,也可以进行焊接、装配、探测等作业。

(2) 自动性。机器人完全依照预先编制的程序工作,通常不需要人的参与,节约了大量的劳动力。

(3) 准确性。机器人的各个零部件制作和安装都非常精确,机器人严格按照程序操作,因此机器人的动作具有很高的精确度,一般可以达到0.1 mm的精度。

(4) 灵活性。机器人的机械臂具有3~6个自由度,因此机器人的动作具有很高的灵活性。

(5) 柔性适应性。当产品的品种和规格发生变化时,只要对程序进行相应的修改,机器人就可以进行新的操作,而不需要对机器人进行改动。

2. 物流机器人的应用

1) 搬运机器人

传统的人工搬运方式早已被机械搬运方式所取代。在一些自动化程度较高的自动化仓库中,或在一些特殊的场合,如有放射性辐射的场合中,使用搬运机器人非常必要。搬运机器人能够根据任务要求,自动按照预先设定的程序,将货物从一个地方移送到另一个地方。常见的搬运机器人有以下几种形式。

(1) 带有自动机械手的 AGV。自动导引车上加装机械手,配合车载装卸机构就能自动装载货物。AGV 行驶到指定的位置后,机械手自动卸货到指定货位。机械手臂为 6 个自由度的垂直多肘节,可以适应复杂搬运货物的动作。搬运不同的货物,需要更换不同的抓持机构。如果在抓持机构前方安装摄像机,在提取货物时可自动确认位置,能够实现地址码摄像自动存库、自动纠偏和自动定位。这种搬运机器人的特点是能够实现较远距离的自动搬运,常应用于自动化仓库。

(2) 直角坐标机器人。直角坐标机器人也叫多维机器人,主要用于货物或工件的短距离搬运,其搬运距离在数米以内。这种机器人有二维的、三维的或多维的,如图 4-41 所示。多维机器人每一方向均有线性导轨,线性导轨由精制铝型材、齿型带、直线滑动导轨、伺服电机等组成。滑块上安装抓持机构,用于抓取货物。机器人由微型计算机控制。在自动化立体仓库中,常用多维机器人进行拣货和搬运。

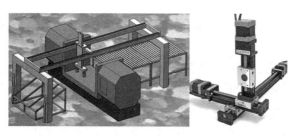

图 4-41 直角坐标机器人示意图

2) 码垛机器人

码垛机器人是能自动识别物品,并将其整齐地、自动地码(或拆)在托盘上的机电一体化装置,如图 4-43 所示。

图 4-43 码垛机器人示意图

当货物进入工作区后,码垛机器人能够自动识别货物的大小和方位,并根据预先设定的动作程序，将货物抓起移送到托盘上。货物的堆放顺序和形式也是程序预先设定的。当货物码垛完成，能自动捆扎然后通过传送带送走。根据操纵机构不同，可分为直角坐标型和多关节型码垛机器人；根据抓持机构的不同，可分为侧夹型、底托型和真空吸盘型码垛机器人。

现代码垛机器人的特点主要有三点：①工作精度高、运动轨迹十分精确、重复定位精度可达 0.35 mm；②速度快，如 EC-141 型高速码垛机器人的工作速度可以达到 1 400 次/h；③柔性程度高，只要更换抓持机构和工作程序就能完成不同的码垛任务。

3. 机器人的基本组成

1) 执行机构

执行机构的功能是可以抓取工件，并按照规定的运动速度、运动轨迹将工件送到指定的位置，然后放下工件。它由以下几部分组成。

（1）手部。手部是机器人用来抓取工件或工具的部位，直接与工件或工具接触。有一些机器人将工具固定在手部，便无须再安装手部了。

（2）腕部。腕部是将手部和臂部连接在一起的部件。它的主要作用是调整手部的位置和姿态，并扩大手部的活动范围。

（3）臂部。臂部支撑着手腕和手部，使手部的活动范围扩大。在多关节机器人中有大臂和小臂，两者由肘关节连接。

（4）机身。机身又称立柱，用于支撑臂部、安装驱动装置和其他装置的部件。

（5）行走机构。行走机构是扩大机器人活动范围的机构，被安装于机器人的机身下部，有多种结构形式，可以是轨道和车轮式，也可以模仿人的双腿。

（6）头部。有一些机器人具有头部，用于安装视觉装置和天线。

2) 驱动系统

驱动系统是为机器人提供动力的装置。一般情况下，机器人的每一个关节设置一个驱动系统，它接收动作指令，准确控制关节的运动位置。

3) 控制系统

控制系统控制机器人按照规定的程序运动，它可以记忆各种指令信息，同时按照指令信息向各个驱动系统发出指令。必要时，控制系统还可以对机器人进行监控，当动作有误或者发生故障时发出报警信号，同时还对机器人完成作业所需的外部设备进行控制和管理。

4) 检测系统

检测系统主要是检测机器人执行系统的运动状态和位置，并随时将执行系统的执行情况反馈给控制系统，并与设定的位置进行比较，然后通过控制系统进行调整，使执行系统以一定的精度达到设定的位置。

5) 人工智能系统

人工智能系统使机器人具有思维判断能力，具有学习、记忆、逻辑判断能力。

 思考与案例分析

1. 思考题

（1）试比较几种不同的输送机，简述至少四种以上输送机的应用领域和使用要求。

(2) 阐述不同装卸搬运设备的使用环境。
(3) 自动化立体仓库的构成有哪些？
(4) 自动导引车导引方式有哪些？和穿梭车有什么不同？
(5) 阐述叉车的基本结构，以及负载重心和额定起重量的关系。
(6) 阐述起重机的基本参数有哪些。比较几种不同属具的应用场合。

2. 案例分析

智能 AGV 系统在现代报业印刷的应用

中国加入 WTO 后，报纸出版行业得到蓬勃发展，综合实力日益增强。但近年来，随着广播电视和有线网络的蓬勃发展，信息受众呈现多元化趋势，再加上人们的知识水平和审美观念不断提高，报纸印刷的竞争越来越大，危机感越来越强，促使报纸这种印刷品除了传播信息之外，还应具有更高的艺术水准，增强时效性和权威性。目前，国内外报纸印刷技术（包括印前准备、报纸印刷、印后发行等）发展突飞猛进，数字技术、网络技术、自动化技术、数字化工作流程等已成为报纸印刷技术发展的主要方向，并迅速实现产业化和推广应用。例如，智能 AGV 系统在报业印刷的推广应用，就大幅度地降低了生产成本，节省人力消耗，提高生产效率，增强印刷企业的竞争力。

各大报业集团纷纷建立了现代化的印务中心，新纸捆入出库大多采用智能 AGV 系统，实现纸卷入库、出库、输纸、装纸等自动化操作，节省了人力、物力，提高了生产效率。

1. AGV 系统在实际生产中的运行过程

当印刷机供纸部 PLC 提出新纸捆供应时，会向 AGV 系统操作室 PLC（即 AGV 系统的上位系统）发出需求信号，并将供纸部位置编号、新纸捆类型（全幅或者半幅）等信息同时反映出来。AGV 系统操作室 PLC 发出相关指令给纸卷存储单元，调出指定纸卷通过轨道车存放到相应的纸卷上纸位，通过无线电通信联系空载的 AGV 车指定相应路径到上纸位装载、输送、安装新纸卷等。在整个过程中，AGV 系统操作室 PLC、印刷机供纸部 PLC、AGV 小车等之间的所有信号是否及时传送和接受、各个部位的感应器能否准确工作等，对整个 AGV 系统顺利运行至关重要。

2. 新纸捆的入出库

现代报纸印刷企业一般采用平面或立体纸库存储新闻纸，具体采用何种方式，主要由新闻纸供应商供货周期、厂房空间大小、建设成本等因素决定。无论采用何种存储方式，大体运行作业过程如下。

1) 新纸捆入库

在完成纸捆外包装检验后，利用叉车将纸捆从新闻纸运输车上卸载下来，堆放在链条导轨装载位上，等待 AGV 系统操作室 PLC 发出的操作指令，通过前后机械手的作用，将纸捆平稳放置在导轨车上。导轨车上安装有条码识读器，将纸捆的生产厂家、型号、编号、克重、重量、长度等信息记录下来传输到 AGV 系统操作室 PLC 上，形成报表上报给 ERP 系统。当纸捆被准确地运输到指定卸载位置时，通过前后机械手或纸捆起重机将纸捆平稳放置下来，完成新纸捆入库操作。

2) 新纸捆出库

在接到纸捆使用需求时，AGV 系统操作室 PLC 发出指令，同样通过相应的前后机械手或纸捆起重机,将纸捆放置到链条导轨车上,运输到纸皮剥离机旁边,在前后机械手的配合下自动完成纸皮的剥离、折叠、打包、回收等工作(纸捆两边的圆形纸皮需要人工剥离或要求供应厂商提供的纸捆不带两边纸皮),然后继续运输至纸捆卸载位,在前后机械手的配合下,将纸捆平稳地放置到等待装载新纸捆的AGV小车上,完成新纸捆出库操作。

3. 新纸捆的自动输送

AGV系统按照日常生产需要,通过纸卷管理系统软件,控制AGV智能车装载纸卷,在指定地点依次完成纸卷处理、纸卷称重、自动上纸、残芯回收、AGV自动充电等一系列工作,其工作流程如下。

(1)当印刷机供纸部PLC发出需要新纸捆的信号后,AGV系统操作室PLC会发出指令给相应空载的AGV小车,到指定位置装载需求型号的新纸捆,按照设定好的指令顺序,在磁条轨道的相应位置依次完成各项制定任务。

(2)装载着新纸捆的AGV小车运行到单臂自动做纸机旁,在各种位置感应器的控制下,精确调整前后左右位置,将纸捆自动装载到单臂自动做纸机上,在毛刷或张力皮带的作用下,将纸捆自动收紧,并自动将印刷机供纸部高速同步自动接纸需要的双面胶、挡贴、排纸感应信号条等准确张贴完毕,重新将纸捆放置到AGV小车上,等待继续运行。

(3)AGV小车运行到重量测量位时,自动完成纸捆重量测量,将数据传输回AGV系统操作室PLC。

(4)AGV小车运行到印刷机供纸部时,自动降低运行速度后停止运行,等供纸部完成高速同步自动接纸动作。在各种位置感应器的控制下,完成上纸位置的精确定位,机械手自动升起,将残芯取下后下降到设定的高度位置,装载着新纸捆的船车缓慢前行到指定位置,通过相关位置感应器的检测控制,准确调整船车与供纸部的纸臂前后距离、上下高度后自动完成新纸捆装载。

(5)纸臂夹纸气缸锁定动作完成后,船车下降至原来高度,退到两个供纸部中间的指定位置,夹载着残芯的机械手将残芯放置到卸完新纸捆后空载的AGV小车上,AGV小车沿着轨道回到指定空位。

(6)空载的AGV小车运行回到指定位置后,系统会自动完成对AGV小车的电量检测,根据测量值与设定值的对比数据,决定是否对其进行充电。电量充足的AGV小车自动运行到工作等待地点,循环工作结束,等待下一个运行指令。

分析讨论题:

(1)在报纸印刷企业生产运作中,涉及哪些作业环节?

(2)在该报纸印刷企业生产运作中,涉及哪些装卸搬运设备?这些设备在应用上有哪些特点,请进行比较分析。

(3)AGV系统的应用需要具备哪些条件?

第 5 章

仓储系统规划

 引导案例

某保税物流中心仓库建设

为了达到空间效率最优化，建立一个合适的设施及对该设施的地上与内部进行合理布局非常重要。合适的仓库设备能够涵盖业务需求，保证效率和缩减成本。所以对于正在建设中的保税物流中心来说，合理的仓库布局规划就显得十分必要且迫在眉睫了。

预计该待建仓库的月吞吐量为 20 万 TEU（50 万个托盘）的货物，每个托盘需要 1.2 m×1.2 m×1.2 m 的存储空间，堆码高度为 2 个托盘空间的高度，托盘背对背码放，宽度为 2.4 m，巷道宽 3 m，平均入出库物料搬运成本为 0.15 元/（件·m），年仓库空间费用为 1.5 元/m^2，外墙的年周长维护费用为 80 元/m，仓库周转率为 10 次/年，巷道宽 3 m，总库容需达到 4 万个货位，拣货时每件货物均需以出库站台往返，拟建仓库的面积粗略定为 120× 83 m^2；据估计造价为 740 元/m^2，预计该仓库的使用年限为 20 年，装卸台位于待建仓库的一侧附近，另外，根据客观条件限制只可以建造矩形仓库，并且要求货架与库房的长平行。则我们需求出该仓库的各项最优尺度、其总相关成本及最优的内部布局规划。

基于客观条件的限制条件，以及给出的数据，通过公式计算得出应建立一个长为 197.62 m、宽为 50.4 m 的仓库，内部货架布局与该仓库的长平行且有 33 个货架，仓库每一侧的双层货架数为 300 个。结合实际案例，运用优化公式计算最后得出结论，以达到最优化的目的。但该方法需要大量数据支持，且对于仓库空间安排过于单调，只可放置一种或几种能共存的货物，不满足现阶段多元化的思想，在实用方面还有待于进一步完善。

5.1 仓储系统规划概述

仓储规划的对象是仓储系统，良好的仓储活动在合理的仓储系统规划基础上才能完成。仓储系统规划的第一步，也是重要的前提条件，对仓储系统活动状况要有详细了解。工作中，人们却经常不经过认真审查和检验就建立了所谓的仓储系统，并匆忙开始仓储活动，或者对存在问题的仓库轻率地进行所谓的"优化""合理化改造"。很多时候由于缺乏必要的知识、分析工具及时间，没有完全理解问题的根本原因和尚未发现改进措施的现实可能性时，关于仓储系统的规划或者改造等方案就开始制订并执行了。显然，这是非常不科学的，必然会造成今后仓储管理工作过程不顺畅、绩效不高，使得企业处在不断解决新问题的过程中。

仓储系统是物流系统中一个很重要的子系统，它是供应和消费之间的中间环节，起着缓冲和平衡的作用。我们对仓储系统的基本要求是多、快、好、省和安全，即储存多，进出快，保管好（保证质量、减少损耗），费用省，商品、人身、建筑设备安全。其中最主要的是最大限度地满足吞吐要求，便于拣选，方便进出。

5.1.1 仓储系统的功能

仓储系统一般包括收货、存货、取货、发货等环节。

收货时，需要站台或场地供铁路车厢或运货汽车停靠，需要升降平台作为站台和载货车辆之间的过桥，需要托盘托运车或叉车等设备完成卸车作业。卸车时，需要核对货物的品名和数量，检查货物是否完好无损。一般还需要把货物整齐地码放在仓库内部专用的托盘上或货箱内。在现代化仓库的收货处一般都有计算机终端，用来输入收货信息。有时需要计算机打印标签或条码贴在货物或托盘上，以便随后在储运过程中识别和跟踪。

存货是仓库的主要功能。存货之前首先要确定存货的位置。在人工管理库存的情况下，为了便于查找和避免差错，通常都采取分区存放或固定货位存放的原则，即每一种货品都有固定不变的一个存放位置。这种存放原则的优点是简单，存取方便。缺点是即使位置空着，别的货物也不能占用，从而使库位的利用率降低。在计算机管理库存的情况下，可以采取随意存放的原则而不会出错。有时为了加快入库作业，如大批量的集中入库，然后零星出库的场合，可以把货物存放到离入库口最近的库位。有时为了加快出库作业，如零星入库，然后集中出库的场合，则可以在入库时把货物存放到离出库口最近的库位。存货作业通常由叉车或巷道堆垛机来完成。对所有的货品，仓库应保持所规定的保管环境，如温度、湿度等。有时还需对库存货品进行清洗、涂油、重新包装等维护保养及截料（分割）、配货等加工处理，为此还需配备相应的设备。

取货是仓库的另一个主要作业环节。根据不同的情况可以有不同的取货原则，通常采用先进先出原则。如果同一种货物曾多次存入仓库，则取货时要把最早存入的货物先取出来。对于货架仓库，这个原则比较容易实现。对于无货架密集堆放的仓库，由于先入的货物存放在货堆的深处，或被压在后入库的货物下面，所以只能实行后进先出的原则。在仓库的保管环境下，有些货物不会因为存放期长而变质。为了加快出库作业，也可以采取就近出库的原则，即离出库口最近的货物先出库。取货的方法，大体上可分为整托盘取货和零星拣取两种。

发货是仓库的最后一项任务。有些仓库只向单一的用户发货，有些则向多个用户发货。

一般来说，用户需要的是多种货品，因此，在发货前需要配货和包装。向多个用户发货时，一般需要多个站台。在自动化程度较高的仓库内，拣出的货品通过运输机运到发货区。货品上或装着货品的容器上贴着计算机打印出来的条码和装箱单。自动识别装置在货品运动过程中阅读条码，识别该货品属于哪一个用户。信息输入计算机中，计算机随即控制分选运输机上的分岔机构把货品拨到相应的包装线上，包装人员按照箱单核查货品的品种和数量是否正确无误，确认无误后装入纸箱并封口，然后，通过码盘机码放成托盘单元由叉车完成装车作业。

仓储系统功能好坏的评价指标有很多，其中，库容量是其主要参数之一，也是规划设计仓库时首先要确定的问题。仓库既然是供应和消费之间的缓冲环节，库容量的大小首先取决于缓冲平衡的需要。同时库容量又直接关系着仓库的建设投资和建成后的经济效益，因此，在满足缓冲平衡的前提下，其应该是越小越经济。入出库频率是仓库的另一个主要参数。它决定仓库托运设备的规格和数量。入出库频率又与库容量有着密切的关系。从理论上说，如果管理得当，使供应和消费的节奏一致，即入库和出库的频率和数量一致，库容量可为极小值。但是频繁入库和出库需要增加托运设备的能力，这也是需要投资的。因此，在规划设计一个仓库时，应在两者之间作恰当的选择，以求得最经济合理的方案。

衡量仓库经营效率的最主要的指标是库容量利用系数和库存周转次数。库容量利用系数等于实际库存量与库容量之比。由于这是一个随机变动的量，一般取它的年平均值作为评价指标。库存周转次数越大说明资金周转越快，经济效益越高。有些经营好的企业可达到每年24次以上，即十天半个月就可周转一次。对于储备性的仓库，库存周转次数不是一个重要指标，因库存货物只供紧急状态下使用。周转次数少，因而出库速度可能成为重要指标。还有以下的衡量指标。

（1）单位面积的库容量。这是总库容量与仓库占地面积之比。在土地紧缺、土地征用费高的场合，这是一个很重要的经济指标。

（2）全员平均劳动生产率。这是仓库全年入出库总量与仓库总人数之比，通常它取决于仓库作业的机械化程度。

（3）机构设备的利用系数。首先根据全年入出库总量算出机械设备的全年平均小时托运量，它与机械设备的额定小时托运量之比即为机械设备的利用系数。这个系数可用来评估机械设备配置的合理性。

5.1.2 仓储系统的构成

一个完整的仓储系统是由硬件系统和软件系统组成的，如图5-1所示。

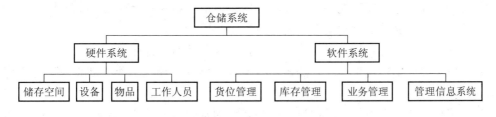

图 5-1 仓储系统的构成

1. 硬件系统

硬件系统包括储存空间（包括仓储设施和场地）、工作人员、设备、物品。

1) 储存空间

储存空间即仓储设施内的保管空间，主要是指各种仓库、料棚、堆场等。在进行储存空间规划时，必须考虑到空间大小、柱子排列、梁下高度、走道、设备回转半径等设施基本因素，再配合其他相关因素的分析，方可做出完善的设计。

2) 工作人员

仓储系统的工作人员包括仓储管理人员、搬运人员、拣货和补货人员等。主要负责管理及盘点作业、拣货作业、补货作业、入出库作业、翻垛作业（为了商品先进先出、通风、气味避免混合等）、养护作业等。不同组织的人员职责也有差别。工作人员在作业中，讲求的是省时、有效率，而在照顾员工的条件下，讲求的是省力。因此要达成存取效率高、省时、省力的目的，作业流程就要合理，精简易懂；货位分配及标示要清晰、明了，且要好放、好拿、好找，表单要简单、统一且标准化，并且需要管理信息系统的辅助。

3) 设备

设备包括储存、搬运、输送设备和计算机等辅助设备。当物品储存不是直接堆码在地板上时，则必须考虑相关的托盘、货架等储存设备。机械化作业必须配备输送机、笼车、叉车等输送与搬运设备。现代化程度高的仓库还需要计算机、自动化设备等。

4) 物品

物品是仓储系统重要的组成要素。物品的特征、物品在储存空间的摆放方法及物品的管理和控制是仓储系统要解决的关键问题。物品的特征包括以下几个方面。

（1）供应商。即商品是某处供应而来，还是自己生产而来；有无其行业特性及影响。

（2）物品特性。指物品的体积大小、重量、单位、包装、周转率快慢、季节性的分布，及物料特性（腐蚀或溶化等）、温湿度的需求、气味的影响等。

（3）数量。如生产量、进货量、库存决策、安全库存量等。

（4）进货时效。采购前置时间，采购作业特殊需求等。

（5）品项。指种类类别、规格大小等。

2. 软件系统

软件系统即针对仓储管理工作的系统，除了一般性的财务、人力资源等管理系统外，主要还包括货位管理系统、库存管理系统、业务管理系统、管理信息系统等。

1) 货位管理系统

货位管理主要是进行储存规划，在物品入库之前即规划好其储存的具体地点。考虑成本、效益等方面因素，物品在储存空间存放的考虑的主要因素如下。

（1）储存单位。储存单位是单品、箱，还是托盘？其商品特性如何？

（2）货位策略。即指定位储存、随机储存、分类储存，还是分类随机储存，或其他方法的分级、分区储存。

（3）货位指派原则。例如靠近出口，以周转率为基础等。

（4）物品的需求相关性。在安排货位时，还要考虑物品的需求相关性。

（5）物品特性。主要是指物品的理化性质。

(6) 补货的方便性。补货方式影响到仓库空间利用率和拣选效率等，因此也需进行考虑。

(7) 平均在库时间。物品在库时间的长短，直接影响货位安排、储存策略的确定。物品摆放好后，就要做好有效的在库管理，随时掌握库存情况，了解货物品项、数量、位置、入出库状况等所有资料。

2) 库存管理系统

库存管理是指对物品数量的管理，对于非物流企业而言具有关键作用。因为库存首先是指原材料、在制品、产成品等，这是保证企业顺利运转必不可少的要素。另外，库存很显然还包括金钱、资产。其占压流动资金，企业一般都会想要保持尽可能低的库存量。为了达到控制库存量的目的，可以控制订货进货过程，也可控制销售出库过程。但控制销售出库过程，就意味着限制了用户的需求，影响了社会需求。所以一般采用控制订货过程的办法来控制库存量。库存管理系统基本上就是通过控制订货策略来控制在库库存量，即对订货点、订货量、订货方法进行管理和控制。

3) 业务管理系统

在对仓储业务流程进行前期规划的基础上，对采购进货、订单拣货、配送出货作业、物品在库养护作业、安全等进行管理。这其实是仓储管理最基础的工作，其完成好坏将直接影响仓储管理系统的效率。

4) 管理信息系统

管理信息系统对于管理工作具有重要意义。针对仓储管理工作而专门开发的信息系统在这些年得到了广泛应用。仓储管理系统（warehousing management system，WMS）作为一套应用型的操作软件，其所包含的方法和技术为仓储管理的高效运行提供了强大的支持和保证。这套系统主要针对入库、出库业务和库存管理、仓储数据的管理等。

5.1.3 仓储系统规划的内容

仓储系统规划是为仓储管理活动服务的，其目标对应于仓储管理的目的、功能，包括生产支持、效率提升、物品跟踪、成本降低等。仓储系统规划就是要运用专业技术能力，统计分析仓储活动状况，以此为依据进行整体、全方位的规划。无论是新系统规划，还是对于既有系统的优化、改造，基本内容都是相似的，仓储系统规划主要涉及以下几个方面的内容。

1. 仓储系统分析

仓储系统分析是进行仓储系统规划的第一步。想要了解详细的仓储活动状况，就必须进行供需分析、物品特性分析；如果是在现有的仓储系统基础上进行改造和再规划，那么还要对现有的仓储管理绩效进行清晰的了解。其主要的分析对象是库储物品。

2. 储存空间规划

储存是仓储的核心功能和重要的作业环节。储存空间规划的合理与否直接影响仓储工作的效率，进而影响储存能力和效益。因此，在进行仓储活动之前，首先需要对储存空间进行合理规划。

在规划储存空间时，需要进行仓储设施选址、建设、内部布局等工作。在选址确定之后，根据实际需求计算仓储设施规模，然后进行总体布局，继而再对设施内部进行细致规划。这里需要考虑储存物品的多少及其储存形态，以便能够提供适当的储存空间来满足需求，因为在储存物品时，必须规划大小不同的区域，以适应不同尺寸数量物品的存放要求。

3. 设备与人员规划

为了使仓储作业有效率，除了规划好储存空间外，还需要配置适当的设备，这样储存场所布置才能完成。随着科学技术的进步，储存设备、装卸搬运设备等性能也日益增强，需要从成本投入和工作效率两个方面来考虑设备的合理选择问题。另外，还要考虑人员配置问题。

4. 货位规划

物品入库储存之前，要先制定好储存规则，以便快速而有效地确定其储存位置，既方便"存"，也方便"取"。良好的货位规划和管理，可以帮助其他仓储作业顺畅进行，有效掌控物品的去向和数量，并且可以使装卸搬运系统获得成本优化，使入出库作业更快、更准确，获得效率和效益的双赢。

5. 管理信息系统规划

管理信息系统是指挥工作的"中枢神经"，其建设得成功与否、能否与仓储管理工作密切配合并适应工作需要、提供工作所需的功能，对工作效率的影响巨大。

除了以上主要规划内容外，对于管理业务流程、库存管理方法等也需要事先做规划。

5.2　仓储系统的总体规划

仓储系统的总体规划是为仓储管理活动服务的，目的是满足仓储活动，提高仓储效率，降低成本。因此其总体规划需要运用专业技术能力，统计分析仓储活动情况，以此为依据进行整体的、全方位的规划。总体规划的影响时间长，规划一旦完成就难以改变，产生的费用也很高。因此需要对仓储系统服务对象的前期、未来数据进行详细分析。

5.2.1　仓储系统总体规划概述

仓储系统作为产品分拣或储存接收中使用的设备和运作策略的组合，其总体规划就是从空间和时间上对仓库的新建、改建和扩建进行全面系统的规划。仓储系统总体规划的合理性将对仓库的设计、施工和运用、仓库作业的质量和安全，以及所处地区或企业的物流合理化产生直接和深远的影响。仓储系统总体规划的内容包括确定仓库网点的数量、规模及服务范围，确定备选库址，仓库库区平面规划设计，仓库建筑类型及规模的确定，仓库设备类型及数量的确定，仓库技术作业流程的确定，仓库建设投资及运行费用的预测。

1. 仓储系统总体规划的特征

1）严肃性和预见性

仓储系统总体规划是对仓库建设方面的重大问题进行决策，一旦付诸实施，则很难加以改变。由于规划不合理带来的后遗症将对仓库所在地区的物流合理化产生长期影响，所以，规划时绝不能草率行事，既要满足当前的需要，又要考虑到整个企业、地区今后的发展需要。

2）适用性和经济性

仓库建设需要投入大量资金，所以规划必须从实际出发，满足实际需要，适合中转供应和仓储作业的要求，节省投资和运行费用。

3）科学性和可行性

仓储总体规划必须符合科学原理，必须通过分析、计算、比较，提出最优方案，同时还要考虑资金、人员、技术、管理等各方面的可行性。

2. 仓库库区总体布局要素和原则

1）影响仓库库区总体布局的主要因素

影响仓库库区总体布局的主要因素有以下几个方面。

（1）周围环境。仓库周围的环境包括四邻及附近有害气体、固体微粒、震动等情况，以及交通运输条件、协作方的分布等情况。

（2）存货特点。存货特点指仓库建成后存放的物品的性质、数量及所要求的保管条件。

（3）仓库类型。仓库类型指仓库本身的性质特点，例如综合仓库与专业仓库就会有明显的不同。

（4）作业流程。作业流程指仓库作业的构成及相互关系。

（5）作业手段。自动化、机械化和人工作业在布局方面会有质的差别。

2）仓库总体布局的基本原则

在进行仓库总体布局时应遵循以下基本原则。

（1）便于储存保管。仓库的基本功能是对物品进行储存保管，仓库总体布局要为物品保管创造良好的环境，提供适宜的条件。

（2）利于作业优化。仓库作业优化指提高作业的连续性，实现一次性作业，减少装卸次数，缩短搬运距离，使仓库完成一定的任务所发生的装卸搬运量最少，同时还要注意各作业场所和科室之间的业务联系和信息传递。

（3）保证仓库安全。仓库安全是一个重要的问题，其中包括防火、防洪、防盗、防爆等，仓库总体布局必须符合安全部门规定的要求。

（4）节省建设投资。仓库中的延伸性设施，如供电、供水、排水、供暖、通信等设施对基建投资和运行费用的影响都很大，所以应该尽可能集中布置。

3. 仓储系统定位

1）仓储系统定位影响因素

这里所讲的仓储系统定位指的是仓库应该选择在什么位置。成本最低是仓库选址最重要的依据，不同的学者对成本最小化方案从不同角度进行了诠释。

德国农学家杜能提出了一种基于成本最小化的选址方法，特别是在涉及农产品仓库的选址时，他认为应该使农民支付最小的运输成本，从而使他们的利润最大化。杜能模型假设市场价格和生产成本在任意产量上都是不变的（或接近的）。由于农民的利润等于市场价格减去生产成本和运输成本，因此最优仓库地址就是使运输成本最小化的地点。

德国经济学家阿尔弗雷德·韦伯也提出了一种基于成本最小化的选址模型：仓库最优位置是使"总运输成本"，即运送原材料到工厂和运送产品到市场的总成本最优化的地点。韦伯认为，如果原材料加工后重量减少，则仓库应该选择建在接近原材料供给的地方；反之，则应该选择建在接近最终用户的地方。如果加工后重量没有变化，则仓库接近原材料供应地还是接近产品市场的结果都是一样的。

胡佛模型考虑了成本和需求因素，强调在选址时使成本最小。胡佛还指出运费和距离存在非线性关系,即运费随距离增加而上升,但增速是递减的。

除了成本因素之外,仓储系统的选址还要考虑其进出库效率。一个城市的东西南北均存在各个方面的差异,在选择建库地址时要注意的因素还有以下几方面。

(1) 场所的大小和成本。该地址是否具有可扩展性。仓储系统地址一旦确定很难改变,且投入很大,如果周边空地很大,具有可扩展空间,会有利于仓储系统的发展。仓储系统在该地的建设成本和运营成本的高低是选址的重要影响因素。

(2) 公路、铁路、水路和空运系统。交通的便利性是仓储系统日常运营效率的重要保证,一般要求把仓库选择在交通便利的地方。

(3) 与外部协作方的距离。与外部协作方的距离会影响日常运营过程的运输成本和库存水平,外部协作方主要包括供应商、客户等。

(4) 环境影响因素,包括地形、地质、气象、污染源及污染程度等。该因素对仓储保管对象库存物资的质量有重要的影响,不同物资的保管要求是不同的,如温度、湿度等方面有很大差异。

(5) 劳动力的态度。

2) 仓储系统定位策略

美国选址理论家梅尔文·格林哈特扩展了前辈的工作,在选址中考虑了盈利性和环境、安全等特有因素,最优仓库位置应该是使利润最大化的地点。在仓储系统设计中,适当的仓库数目和地理位置是由客户、供应商与库存品所决定的。因而首先要进行需求识别。在进行需求识别时,可以运用美国区位理论家胡佛提出的市场定位、生产定位、中间定位三种定位策略。

(1) 市场定位策略。市场定位策略是指将仓库选在离最终用户最近的地方。仓库的地理定位接近主要的客户,会增长供应商的供货距离,但缩短了向客户进行第二程运输的距离,这样可以提高客户服务水平。

市场定位策略最常用于食品分销仓库的建设。这些仓库通常接近所要服务的各超级市场的中心,使多品种、小批量库存补充的经济性得以实现。制造业的生产物流系统中把零部件或常用工具存放在生产线旁也是"市场定位策略"的应用,它可以保证"适时供应"。影响这种仓库位置的因素主要包括运输成本、订货周期、产品敏感性、订货规模、当地运输的可获得性和要达到的客户服务水平。

(2) 制造定位策略。制造定位策略是指将仓库选在接近产地的地方,通常用来集运制造商的产成品。产成品从工厂被移送到这样的仓库,再从仓库将全部种类的物品运往客户。这些仓库的基本功能是支持制造商采用集运费率运输产成品。对于产品种类多的企业,产成品运输的经济性来源于大规模整车和集装箱运输;同时,如果一个制造商能够利用这种仓库以单一订货单的运输费率为客户提供服务,还能产生竞争差别优势。

影响这种仓库位置的因素主要包括原材料的保存时间、产成品组合中的品种数、客户订购的产品种类和运输合并率。

(3) 中间定位策略。中间定位策略是指把仓库选在最终用户和制造商之间的中点位置。中间定位仓库的客户服务水平通常高于制造定位的仓库,但低于市场定位的仓库。企业如果必须提供较高的服务水平和提供由几个供应商制造的产品,就需要采用这种策略,为客户提供库存补充和集运服务。

仓库选址所要考虑的因素在某些情况下是非常简单的,而在某些情况下却异常复杂,尤其是关系国计民生的战略储备仓库的在选址时,这种复杂性就更加突出。

3) 仓储系统定位方法

(1) 确定单一仓库地址。如果要建一个仓库,有两种形式。一种形式是在现有用户中确立一个仓库,用总距离最短、总运输周转量最小、总运输费用最小来计算比较简单。另一种形式是完全新建一个仓库,可用因素比重法、重心法、盈亏平衡分析法、微分法和运输模型法来进行评估选址。

(2) 确立多个仓库地址。对于大多数企业而言,在仓库网点规划时要决定两个或多个仓库的选址问题。这个问题虽然很复杂,而且解决方法都并非完善,但精确法、多重心法、混合—整数线性规划法、模拟法、启发法还是具有参考价值的。

5.2.2 仓库规模设计

仓库规模与仓库面积紧密相关。仓库的种类和规模不同,其面积的构成也不尽相同。因此必须首先明确仓库常用建筑结构、了解仓库面积的有关概念,然后再确定仓库的相关面积,从而确定仓库规模。

1. 仓库常用建筑结构

1) 单层仓库

单层仓库中有的需要配置起重设备,有的则不需要,所以这两种仓库在建筑结构等方面会有一些不同(如表5-1所示)。

表5-1 单层仓库特点

仓库类型	建筑结构	优点	缺点	适用范围
无起重机	1. 砖木结构 2. 钢筋混凝土结构 3. 钢木混合结构	1. 结构简单 2. 建造容易 3. 造价低 4. 使用方便	1. 占地多 2. 空间利用困难	适用于存放一般中小件物品和单元化货物
有起重机	1. 钢筋混凝土结构 2. 钢结构	1. 结构简单 2. 装卸作业机械化,效率较高 3. 使用方便	1. 占地多 2. 空间利用率低	适用于存放长大型货物和托盘集装货物

2) 多层仓库

多层仓库在城市中被大量采用。由于其中设施设备配置的不同,也有多种形式,如表5-2所示。

表5-2 多层仓库特点

仓库类型	建筑结构	优点	缺点	适用范围
有站台	钢筋混凝土	1. 节约用地 2. 库容量大 3. 库房干燥	1. 作业环节增多 2. 需要增加升降设备 3. 结构复杂,投资较大	底层和上层可以根据需要分别存放轻、重型货物,以及保管条件、进出库特征不同的物品

续表

仓库类型	建筑结构	优点	缺点	适用范围
有起重机	钢筋混凝土	1. 节约用地 2. 库容量大 3. 库房干燥 4. 大件货物作业方便	1. 作业环节增多 2. 需要增加升降设备 3. 结构复杂，投资较大 4. 跨距增大	库存物中有较大型货物时需要考虑这种形式
有地下室	钢筋混凝土	1. 节约用地 2. 库容量大 3. 地上库房干燥 4. 地下库房阴凉	1. 作业环节增多 2. 需要增加升降设备 3. 结构复杂，地下需要通风设备，投资较大	库存类型复杂、场地使用又受限制时可以考虑

3）其他形式仓库

仓库从建筑形式上来看，还有露天货场、货棚、筒仓、高架仓库、地下油库等，分别适用于不同的场合，如表5-3所示。

表5-3 其他形式仓库特点

仓库类型	建筑结构	优点	缺点	适用范围
露天货场（堆场）	钢筋混凝土地面	1. 结构简单 2. 进出作业方便	保管条件较差	适用于大型货物和集装箱货物
货棚	钢筋混凝土地面，轻钢棚顶，四周不完整墙体，可使用砖木或钢砖结构	1. 结构简单 2. 造价低 3. 通风条件好	保管条件较差	适用于较大型、包装严密、储存时间较短的货物
筒仓	1. 钢筋混凝土 2. 钢板结构	1. 容量大，占地少 2. 机械化程度高 3. 密闭性好 4. 防火性好	只能用于一种特种货物的存放	适用于单一品种的大宗粉状、粒状物品和液态物品存放
高架仓库	1. 钢结构 2. 钢筋混凝土	1. 空间利用率高 2. 机械化、自动化程度高	1. 建造复杂 2. 投资大 3. 协作条件要求高	适用于高价值、多品种、小批量物品的存放，以及对库存控制水平、配送能力要求高的仓库
地下油库	罐基为矿垫层或混凝土	1. 经济安全可靠 2. 便于防火灭火 3. 减少油料挥发 4. 卸油可自流	维修不便	用于存放各类易燃液体

2. 仓库面积的有关概念

1) 仓库总面积

仓库总面积是指从仓库外墙线算起，整个围墙内所占的面积。若在墙外还有仓库的生活区、行政区或库外专用线，则应包括在总面积之内。

2) 仓库建筑面积

仓库建筑面积是指仓库内所有建筑物所占平面面积之和。若有多层建筑，则还应加上各层面积的累计数。仓库建筑面积包括：生产性建筑面积（包括库房、货场、货棚所占建筑面积），辅助生产性建筑面积（包括机修车间、车库、变电所等所占的面积）和行政生活建筑面积（包括办公室、食堂、宿舍等所占面积）。

3) 仓库使用面积

仓库使用面积是指仓库内可以用来存放商品的面积之和，即库房、货棚和货场的使用面积之和。其中库房的使用面积为库房建筑面积减去外墙、内柱、间隔墙及固定设施等所占的面积。

4) 仓库有效面积

仓库有效面积是指在库房、货棚、货场内计划用来存放商品的面积之和。

5) 仓库实用面积

仓库实用面积是指在仓库使用面积中，实际用来堆放商品所占的面积，即库房使用面积减去必需的通道、垛距、墙距及进行收发、验收、备料等作业区后所剩余的面积。

3. 仓库平面面积的计算

仓库平面面积主要由储存货物数量确定，但还受到其他因素制约。例如，地面结构承重能力的大小影响单位面积堆存量，货物的包装强度影响着堆存高度等。库房内装卸搬运货物的机械化程度对库房面积的确定也产生一定影响。

1) 实用面积

实用面积是指仓库中货垛或货架占用的面积。实用面积的计算主要有以下三种方法。

(1) 计重物品就地堆码，实用面积按仓容定额计算，公式为：

$$S_{实}=\frac{Q}{N_{定}}$$

式中：$S_{实}$——实用面积（m²）；

Q——该种物品的最高储备量（t）；

$N_{定}$——该种物品的仓容定额（t/m²）。

仓容定额是某仓库中某种物品在单位面积上的最高储存量，单位是 t/m²。不同物品的仓容定额是不同的；同种物品在不同的储存条件下其仓容定额也不相同。仓容定额的大小受物品本身的外形、包装状态、仓库地坪的承载能力、装卸作业手段等因素的影响。

(2) 计件物品就地堆码，实用面积按可堆层数计算，公式为：

$$S_{实}=单件底面积\times\frac{总件数}{可堆层数}$$

(3) 上架存放物品要计算货架占用面积，其公式为

$$S_{实} = \frac{Q}{(l \times b \times h) \times k \times r} \times (l \times b) = \frac{Q}{h \times k \times r}$$

式中：$S_{实}$——货架占用面积（m²）；

Q——上架存放物品的最高储备量（t）；

l, b, h——货架的长、宽、高（m）；

k——货架的容积充满系数；

r——上架存放物品的容重（t/m³）。

【例 5-1】某仓库拟储存某类物资 500 t，全部就地堆垛。垛长 6 m，宽 2 m，高 1.5 m，容积充满系数为 0.7，物资的容重为 7.8 t/m³，求料垛占用的总面积。

利用上架存放物品计算公式计算得料垛占用的总面积为 $S_d = \frac{500}{1.5 \times 0.7 \times 7.8} \approx 61$（m²）。

2) 有效面积

有效面积是指仓储作业占用面积，包括实用面积和通道、检验作业场地面积之和。计算方法主要有以下几种。

（1）比较类推法。比较类推法以现已建成的同级、同类、同种仓库面积为基准，根据储量增减比例关系，加以适当调整来推算新建库的有效面积。公式为

$$S = S_0 \times \frac{Q}{Q_0} \times k$$

式中：S——拟新建仓库的有效面积（m²）；

S_0——参照仓库的有效面积（m²）；

Q——拟新建仓库的最高储备量（t）；

Q_0——参照仓库的最高储备量（t）；

k——调整系数（当参照仓库的有效面积不足时，$k>1$；当参照仓库的有效面积有余时，$k<1$）。

【例 5-2】某公司拟新建一栋内燃机配件库，预计最高储存量约 200 t。现已知另一公司的同类内燃机配件库面积为 500 m²，最高储备量为 150 t，从运用情况看还有较大的潜力，储存能力未得到充分发挥（$k=0.9$）。据此推算新建内燃机配件库的面积。

解：利用比较类推法：

$$S = 500 \times \frac{200}{150} \times 0.9 \approx 600 \text{（m²）}$$

新建内燃机配件库的面积需要 600 m²。

（2）系数法。系数法是根据实用面积及仓库有效面积，利用系数计算拟新建仓库的有效面积。公式为

$$S = \frac{S_{实}}{\alpha}$$

式中：S——拟新建仓库的有效面积（m²）；

$S_{实}$——实用面积（m²）；

α——仓库有效面积利用系数，即仓库实用面积占有效面积的比重。

$$S = S_1 + S_2 + S_3 + \cdots + S_m = \sum_{i=1}^{m} S_i$$

（3）直接计算法。先计算出货垛、货架、通道、收发作业区、垛距、墙距所占用的面积，然后将它们相加求出总面积。

3）建筑面积

仓库的建筑面积与采用的建筑形式密切相关。单间无大型设备的仓库建筑面积一般为 500～700 m²，机械化程度高的大型仓库建筑面积一般为 1 000～2 000 m²。库房的宽度可取长度的 1/8～1/3，小型仓库长度一般取 10～13 m，中型仓库长度为 20～25 m。库房的高度单层仓库一般为 5 m，多层仓库的底层为 4～5 m，上层为 3.5～4 m。一些采用起重机的库房，高度可达 8 m 以上。

4. 仓库站台的主要参数

仓库站台的设计与仓库收发货密接相关。仓库站台的不同设计影响仓库的规模大小。站台的相关参数主要取决于货运车辆与仓库的装卸作业方式。各种车辆适应的站台高度如表 5-4 所示，仓库站台主要参数如表 5-5 所示。

表 5-4 各种车辆适应的站台高度

车 型	站台高度/m	车 型	站台高度/m
集装箱卡车	1.40	载重车	1.17
冷藏车	1.32	长途挂车	1.22
作业拖车	0.91	普通卡车	1.17

表 5-5 仓库站台主要参数

项目	汽车站台/m	铁路站台/m
一般站台宽度	2.0～2.5	3.5
小型叉车作业站台宽度	3.4～4.0	≥4.0
站台高度	高于地面 0.9～1.2	高于轨顶 1.1
站台上雨棚高度	高于地面 4.5	高于轨顶 5.0
站台边距铁路中心		1.75
站台端头斜坡道坡度	≤10%	≤10%

5.2.3 仓库总平面区域规划

在仓库的总体设计中，需要科学、合理地对两区（库区、生活区）、四场（业务场所、辅助业务场所、办公场所及生活场所）和其他设施进行具体布置，以充分发挥仓库各部分的功能、满足仓库安全管理和业务发展的客观要求。仓库平面布置应按照"布局整齐、紧凑适用、节省用地、方便生产、便于管理"的原则进行。

仓库总平面区域规划，就是根据现代仓库总体设计要求，科学地解决生产和生活两大区域的布局问题，如主要业务场所、辅助业务场所、办公场所、生活场所等。在规定的范围内进行统筹规划、合理安排，最大限度地提高仓库的储存和作业能力，并降低各项仓储作业费用。对于规模较大的仓库,尤其需要这种规划。

仓库总平面规划一般可以划分为生产作业区、辅助作业区和行政生活区三大部分。为适应商品快速周转的需要,现代仓库在总体规划布置时应注意适当增大生产作业区中收发货作业区面积和检验区面积。

1. 生产作业区

生产作业区是现代仓库的主体部分,是商品仓储的主要活动场所,主要包括储货区、道路、铁路专用线、码头、装卸平台等。

储货区是储存保管、收发整理商品的场所,是生产作业区的主体区域。储货区主要由保管区和非保管区两部分组成。保管区主要用于储存商品,非保管区包括各种装卸设备通道、待检区、收发作业区、集结区等。现代仓库已由传统的储备型仓库转变为以收发作业为主的流通型仓库。其各组成部分的合理构成比例通常为:合格品储存区面积占总面积的40%~50%,通道占总面积的8%~12%,待检区及入出库收发作业区占总面积的20%~30%,集结区占总面积的10%~15%,待处理区和不合格品隔离区占总面积的5%~10%。

库区铁路专用线应与国家铁路、码头、原料基地相连接,以便机车能直接进入库区内进行货运。库区内的铁路线最好是贯通式,一般应顺着库长方向铺设,并应使岔线的直线长度达到最大限度,其股数应根据货场和库房宽度及货运量来决定。

仓库道路的布局是根据商品流向的要求,综合考虑地形、面积、各个库房建筑物、货场的位置等因素后,再决定道路的走向和形式。汽车道主要用于起重搬运机械调动及防火安全,同时也要保证仓库和行政区、生活区之间的畅通。仓库道路分为主干道、次干道、人行道、消防道等。

在河网地区建仓库,应尽量利用水路运输的有利条件。首先,应对河道的水文资料进行调查,以便确定码头的位置、建筑式样,以及吊装设备。其次,码头位置应选在河床平稳、水流平直、水域堤岸较宽、水足够深的地方,以便于船舶安全靠离码头,进行装卸作业。

2. 辅助作业区

辅助作业区是为仓储业务提供各项服务的设备维修车间、车库、工具设备库、油库、变电室等。油库的设置应远离维修车间、宿舍等易出现明火的场所,周围须设置相应的消防设施。

3. 行政生活区

行政生活区是行政管理机构办公和职工生活的区域,具体包括办公楼、警卫室、化验室、宿舍和食堂等。为便于业务接洽和管理,行政管理机构一般布置在仓库的主要出入口,并与生产作业区用隔墙分开。这样既方便工作人员与作业区的联系,又避免非作业人员对仓库生产作业的影响和干扰。此外,仓库的消防水道应以环行系统布置于仓库全部区域,在消防系统管道上需装有室内外消火栓。消火栓应沿道路设置,并靠近十字路口,一般其间隔不超过100 m,距离墙壁不少于5 m。根据当地气候,消火栓可建成地下式或地上式。

4. 库房内部规划

按照仓储作业的功能特点及ISO 9000国际质量体系认证的要求,库房储存区域可划分为:待检区、待处理区、不合格品隔离区、合格品储存区等。

(1)待检区。用于暂存处于检验过程中的商品,这些商品一般采用黄色标识以区别于其他状态的商品。

(2) 待处理区。用于暂存不具备验收条件或质量暂时不能确认的商品，这些商品一般采用白色标识以区别于其他状态的商品。

(3) 不合格品隔离区。用于暂存质量不合格的商品，处于不合格隔离状态的商品一般采用红色标识以区别于其他状态的商品。

(4) 合格品储存区。用于储存合格的商品，处于合格状态的商品一般采用绿色标识以区别于其他状态的商品。

为方便业务处理和库内货物的安全，待检区、待处理区和不合格品隔离区应设在仓库的入口处。仓库内除设置上述基本区域外，还应根据仓储业务的需要，设置卸货作业区、流通加工区、出库备货区等。

5.2.4 仓储系统外围空间规划布置

1. 库区设计

库区包含整个仓库建筑物及停车场，其设计考虑应着重于空间效益及车辆进出安全问题，从以下三方面考虑。

1) 库区空间

库区须有足够的回旋空间使得大型车辆能进出。现今使用集装箱运送的仓库、物流中心仍不少。尤其随着共同配送机会的增加，今后货运使用集装箱载运的次数有可能更多，因而大型车辆的进出效率也是仓库、物流中心在创建时须注意的问题。从图 5-2 所示来看，拖载 12 m 长货柜（即 40 ft 长的 A 型集装箱）的拖车总长约 17 m，若车辆与停车台垂直并列停放，所需的回旋纵深即 36.5 m。

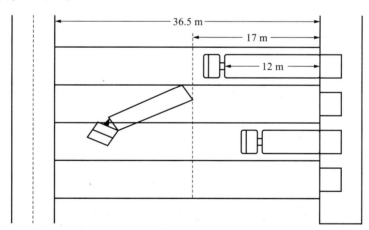

图 5-2 车辆的回旋空间

2) 库房相对库区位置

选择适当的库房建筑物位置，可使车辆与车辆，或车辆进出厂区与公路间的行进都能够安全顺畅，而且停车的空间效益也能充分发挥。

3) 库区出入口安全

库区出入口是最容易发生事故的地方。尤其是现在业者一般又喜欢将仓库、物流中心设在交通最方便的地方，如高速公路附近、省道旁等，因而对车辆进出厂区的安全更要小心。最好的方式是在厂区与公路间（厂区出入口）设计 Y 形的辅助道路，如图 5-3 所示，不但可保证车辆的安全,而且更方便车辆由公路进出厂区。

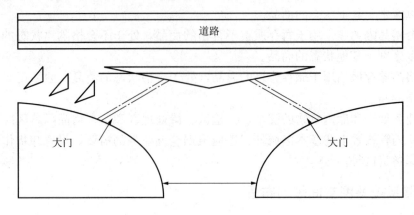

图 5-3　库区出入口

2. 装卸货空间设计

物品在进货时可能要拆装、理货、检验或暂存以待入库储放;同样,货品在出货前也需包装、检查或暂存以待卡车装载配送。因此在进出货平台上须留空间作为缓冲区。

另外,进出货平台常需衔接设备,以便平台与车台的高度不同时能顺利地装卸货,因而在做进出货规划时也要考虑到这些衔接设备的要求空间。通常若使用可拆装式的衔接设备,则只需保留 1～2.5 m 的空间;但若使用固定式衔接设备,则须保留 1.5～3.5 m 的空间,当然实际的尺寸仍要视衔接设备的大小而定。为了搬运车辆及人员能顺畅进出,在暂存区与衔接设备之间也要规划出入通道,以避免动线受到货品暂存或衔接设备的阻碍,如由人力搬运时的通道宽度为 2.5～4 m。对于暂存区、衔接设备及出入通道的布置形式可参照图 5-4 所示。

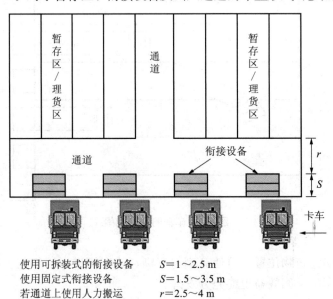

图 5-4　三区布置形式

3. 码头设计

有关出入口码头的设计可依公司的作业性质及库房类型做如下的考虑。

1) 进出货码头的安排方式

为使物料能顺畅地进出仓库，进货码头与出货码头的相对位置安排非常重要，极大地影响进出货的效率及品质。一般来说，两者间的安排方式有以下四种。

（1）进货及出货共享码头，如图 5-5 所示。这种设计可提高空间及设备使用率，但有时较难管理，尤其在进出货高峰时刻，容易造成进出货相互牵绊。所以此安排较适合进出货时间得以规划错开的仓库。

图 5-5　进货口及出货口混合

（2）进货及出货分别使用码头，但两者相邻以便管理，如图 5-6 所示。这种安排方式，进出货设备仍可共享，但进货及出货作业空间分隔，可解决第一种方式进出货可能互相牵绊的困扰；但进出货空间不能弹性互用的情形必将使空间效益变低。此方式的安排较适合库房空间适中，且进出货常易互相干扰的仓库。

图 5-6　进货口及出货口独立、相邻

（3）进货及出货分别使用码头，但两者不相邻，如图 5-7 所示。这种安排方式，进出货作业完全独立，不仅空间分开，设备的使用亦有划分，因而可使进货与出货更为迅速顺畅，但空间及设备的使用率势必降低。此安排不适用于库房空间不大且进出货时段冲突频率不高的公司。

图 5-7　进货口及出货口独立、不相邻

（4）数个进货、出货口并存码头，如图 5-8 所示。不论码头是采用以上哪种方式安排，若库房空间足够且货品进出纷繁复杂，则可规划多个码头并存以应对及时存货需求。

要做到任何时刻都能让进出货车辆通行无阻、不需要等待即可装卸货的程度，需要足够数量的站台来运作停泊。受限于空间因素，要准确估计站台数量，最好能确实掌握相关资料，如有关进出货的历史资料、高峰时段的车数、每辆车装卸货所需时间等。还须考虑未来库房扩大或变更的可能性，在规划时即构建可弹性变动的布置。

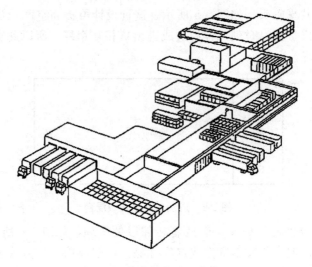

图 5-8　数个进货口、出货口

2）码头设计类型

（1）码头本身的设计类型。码头设计一般分为两大类型：锯齿型和直线型。锯齿型（见图 5-9）的优点是车辆回旋纵深较浅，缺点是占用仓库内部空间较大。直线型（见图 5-10）的优点是占用仓库内部空间较小，缺点是车辆回旋纵深较深，外部空间需求较大。

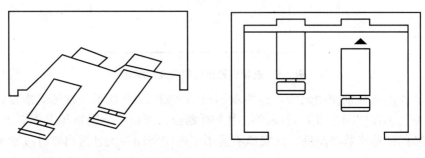

图 5-9　锯齿型　　　　　　　　图 5-10　直线型

由两种设计类型的特点可知此两种类型的停车台空间是互补关系，内部空间所需小（大），外部空间所需就大（小），因而业者在做决策时可从土地及建筑的价格方面来考虑，如果土地价格与仓库的造价差距不大，以直线型为佳。

（2）码头的周边设计类型。进出货空间的设计除要考虑效率及空间因素外，安全因素也是必要的决定因素，尤其是车辆与码头之间的连接设计。为了防止大风吹入仓库内部、雨水进入货柜或仓库，以及避免库内空调冷暖气外泄等灾害损失及能源浪费，往往需要合理设计停车站台。停车站台类型有内围型、平型和开放型三种选择。

① 内围型，如图 5-11 所示，是将码头围在仓库内，进出货车辆可直接开进仓库装卸货。此类型的设计针对上述因素最为安全，不怕风吹雨打，也不用担心冷暖气外泄。

② 平型，如图 5-12 所示，设计的停车站台与仓库外缘刚好平行。此法虽没有上一种方法

安全，但至少整个站台仍在仓库内，能避免能源浪费的情况，且造价较低，是目前最广为采用的类型。

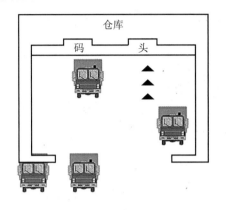

图 5-11　内围型

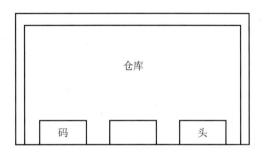

图 5-12　平型

③ 开放型，如图 5-13 所示，是指停车站台全部突出于仓库的类型。此类型在站台上的货品完全不受遮掩保护，且仓库内冷暖气容易外泄。

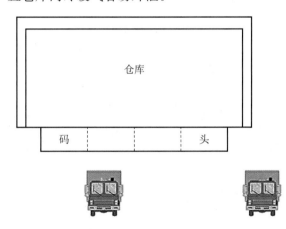

图 5-13　开放型

为了让必要的设备可在码头与车辆之间进出，仓库、物流中心的门高普遍为 2.44 m，未来将以 2.75 m 为主流，门宽以 2.75 m 宽为宜。门面尺寸对一个有站台且车辆集装箱尾端可开入站台的仓库、物流中心尤为重要。

一般集装箱车车台的高度为 1.27～1.32 m，小货车为 0.90～1.00 m，因而停车站台高度可视选用配送车的类型来设计。若大车则高度较高，小车则高度较低；大小车都有的仓库、物流中心，停车站台高度可采用逐渐倾斜降低的设计，以方便大小车都能作业。

5.2.5　仓库系统储存货物空间规划布置

储存货物空间又称保管空间，是指在物流空间中以保管为机能的空间。该空间表面上为储物之用，实际上是货物采购运销配送的中继站，因此保管空间已成为货物储运的中心枢纽。目前保管空间的有效利用已成为仓储管理者努力改善的重要课题。在规划保管空间时，首先考虑的便是储存货物的大小及其储存形态，以便提供适当的空间来满足需求。保管空间必须规划有大小不同的位置来对应不同尺寸数量货物的存放。空间规划时首先进行分类，了解各空间的使用方向。接着评估其在各方面的权重，有了权重的比较后再进行设计布置。倘若保管空间已受限制而无法变更规划设计，则要寻求替代方法来提升现成的保管空间的利用率。

1. 保管空间的组成

保管空间包括物理空间、潜在可利用空间、作业空间和无用空间。物理空间是指货物实际占用的空间。潜在可利用空间是指保管空间中可以争取利用的空间。作业空间又分为保障正式作业进行而不发生阻碍所必需的正式作业空间和为了让作业活动顺利进行所留出的作业剩余空间。无用空间也称为死空间，是指完全不能加以利用的死角等。

2. 影响保管空间的主要因素

影响保管空间使用的因素有八项，其中人为因素包括作业方法及作业环境，货物因素包括货物特性、货物存量、入出库量，设备因素包括保管设备及入出库设备的种类和作业方式。各项因素的影响程度如表 5-6 所示。

表 5-6 保管空间的影响因素

构成要素		人		货物			设备	
影响因素		作业方法	作业环境	货物特性	货物存量	入出库量	保管设备	入出库设备
物理空间		无	无	非常大	非常大	无	非常大	无
潜在可利用空间		无	无	非常大	非常大	无	非常大	无
作业空间	正式作业空间	非常大	非常大	有	无	非常大	无	非常大
	作业剩余空间	非常大	非常大	无	无	有	无	有

3. 保管空间利用程度评估

保管空间利用程度可以从空间效率、作业时间、货物流量、作业人员感受、保管成本等方面进行评估。

1) 空间效率

空间效率主要考察储存和盘点方便性、储存货物数量大小、入出库设备所占面积比率、梁柱面积、走道的安排布置等方面。相关的评估指标为空间效率指标。空间效率的评估可由实际的保管容积率来判别。

$$空间效率 = (实际保管容积 / 保管空间容积) \times 100\%$$

2) 作业时间

作业时间主要考察入出库时间和拣选补货时间。作业时间以时间指标来考察，是以拣选时间加上保管时因储位空间的调整而移动货物的时间。

$$时间指标 = 拣选时间 + 移动时间$$

3) 货物流量

货物流量主要考察进货量、保管量、拣选量、补货量和出货量。通常可用流量指标表示。流量的评估基准以月为单位，即以每月的入库货量、出库货量、库存量三项因子来运算。其值在 0~1 之间，越接近 1 者其流通性越高。

$$流量指标＝(入库货量＋出库货量)/(入库货量＋出库货量＋库存量)$$

4）作业人员感受

作业人员感受主要考察作业人员的作业方法及作业人员对作业环境、作业方便性的评价。一般自行定义考察层级数，例如，宽的、窄的、大的、小的、舒服的、不舒服的、整齐的、杂乱的、明亮的、暗的等，再采用问卷方式调查作业人员对作业空间的感觉，然后将感觉数据化得到指标。

5）保管成本

保管成本主要考察固定保管费用、保管设备费用和其他搬运设备费用。一般用成本指标来考察，通常用每立方米的保管费来估算。该保管费用包含固定保管费用及设备费用。

$$成本指标＝保管金额÷保管货物量$$

4. 保管空间的规划设计

当物流空间确定后，货物所占的物理空间就可由货物保管目标总量体积来决定。货物保管总量受一些因素限制。简单地说，柱子间隔会影响货架的摆放、搬运车辆的移动、输送分类设备的安设；梁下高度限制货架装设高度，会影响货物堆叠高度；通道的布置设计会影响保管使用面积及搬移的方便性。此三者均能影响空间使用率，因此保管空间的规划重点要考虑柱子间隔、梁下高度及通道布置三方面。

1）柱子间隔

柱子间隔的设计一般要考虑建筑物的楼层数、楼层高度、地板载重、地震的抵抗等条件。保管空间规划除考虑上述基本建筑设计条件外，还需考虑一般建筑物内的保管效率及作业效率。仓储中心保管空间的柱子间隔设计要考虑三个影响因素。

(1) 进入仓库停靠的卡车台数及种类。不同型式重量的载货卡车会有不同的长度和体积，对停靠所需求的空间及柱距均有不同的需求。

(2) 保管区存放设备的种类及尺寸。保管空间的设计应优先考虑选用保管设备的布置效率，其空间设计要尽可能大而完整，以便安置储放设备。

(3) 保管空间与出入口的关系。当对保管区域进行划分时，必须考虑货位前方是否有柱子，因为柱子会影响叉车与堆垛机的出入、输送机的安装、吊车的移动等。这时，柱子的间隔设计是根据走道宽度及设备尺寸来进行的。

2）梁下高度

理论上，在保管空间中，梁下的高度是越高越好，但实际上其受所能堆积货物的高度、堆高机的扬程、货架高度等因素所限，太高反而会增加成本及降低建筑物单位高度的楼层数。影响梁下高度的因素有如下四个方面。

(1) 保管物品的形态、保管设备的型式和货物堆积高度。所保管物品的形态及所采用的货架型式均与高度有关，采用托盘地面堆积或高架式货架所需的堆积高度是不同的，两者差距非常大。耐叠压的坚硬货物和不耐叠压的货物若都采用地面堆积方式，则对梁下高度的需求两者也有很大差异。所以，必须以所采用的保管设备与堆积方式来决定梁下高度。

(2) 所使用堆高搬运机器的种类。各类堆高机、吊车、卡车等堆高搬运设备均有其特定的运作规格设计，这些规格所产生的限制会影响梁下高度的设计，例如堆高机扬程便直接影响堆货的高度，故其梁下高度可以此估算。

（3）所采用的储存保管设备高度要求。由于各种货架都有其基本架设高度，装设货架时必须达到此高度才有经济效益，因此梁下高度的设计必须能符合所采用保管储存设备的基本高度要求，此外还要考虑梁下余度尺寸。

（4）梁下余度尺寸。考虑到消防、空调、采光等因素，梁下必须放置配线、风管、消防、照明等设施设备，因此设计时必须预留这些管线灯具装设尺寸。在梁下高度的计算中必须把梁下余度考虑进去，即梁下有效高度＝最大举升的货高＋梁下余度尺寸（余度）。

3）通道布置

通道的正确安排和尺寸是影响保管效率的关键因素。通道的设计应能方便货物存取、装卸设备进出及提供必需的服务区间。影响通道位置及宽度的因素包括通道型式、搬运设备型式、尺寸、产能、回转半径，储存货物的尺寸，与进出口及装卸区的距离，储存的批量尺寸，防火墙的位置，行列空间及柱子间隔，服务区及设备的位置，地板负载能力，电梯及斜道位置，出入方便等。

仓库中通道的种类如下。

（1）工作通道。货物放入或移出储存货物空间的通道。其可分为：①主要通道，即沿着库房的长度，允许双向交通；②交叉通道，即横跨库房的廊道，通常可达仓库的对门。

（2）人行通道。指用于员工进出特殊区域的场合，应维持最小数目。

（3）服务通道。为存货或检验提供大量物品进出的通道，应尽可能地限制。

（4）储藏室通道。为库存的选择、补充而准备的通路。

（5）电梯通道。提供出入电梯的通道，不应受任何通道阻碍。通常，此通道宽度至少与电梯宽度一样，距离主要或交叉通道3～4.5 m。

（6）其他各种性质的通道。为公共设施、防火设备等设置的进出通道。

良好的通道设计需注意以下几点。

（1）流量经济。让所有库房通道的人、物移动都形成路径。

（2）空间经济。通道通常需占不少空间，因此其设计能直接影响利益。

（3）设计顺序。首先设计主要通道，如出入部门及库房间的通道，而后设计服务设施的通道，最后设计次要通道。

（4）大规模仓库的空间经济。一个6 m宽的仓库可能有一个宽1.5～2 m的通道，占有效地板空间的25%～30%；而一个180 m宽的库房可能有3个宽3.6 m的通道，只占所有空间的6%，即使再加上次要通道，也只占10%～12%。因此，大规模仓库在通道设计上可达到大规模空间经济性。

（5）危险条件。必须随时保证通道足够空旷，保证出现危险时人能尽快逃生。

（6）通道宽度。在大库房中，主要通道宽为3.6～6 m。一般来说，3 m能容纳叉车通过。人行通道及内部通道宽为0.75～1 m，但移动较受限制。

（7）楼层间的交通。电梯是通道的特例，其目的在于将主要通道的货物运至其他楼层，但要避免阻碍到主要通道的交通。

综上所述，最好的通道形式是中枢通道，如图5-14所示。中枢通道指主要通道经过库房中央，且尽可能直穿，起点和终点都在出入口，并连接主要交叉通道。不同储存货物空间布置形式有不同的通道空间比例，规划时需要进行考虑。

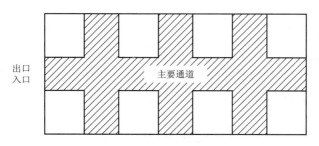

图 5-14　中枢通道

4) 保管、动管空间合理规划

目前以进货、取货为主要功能的仓储中心，仅有一般保管空间是无法应付其作业所需的。为了实现快速存取货的功能，其还必须加设动管空间，即方便快速拣选而重点规划的区域。只有对库存物品种类和数量进行定量分析之后，才能对这两个保管空间进行规划分配。一般需要先对库存物品进行 ABC 分析，才能确定应将多少商品置于动管空间内，再根据动管空间要储存的物品数量与一般保管空间要储存的物品数量之间的比例关系，确定两者所需空间的比例关系，即：

$$\frac{动管空间}{保管空间} = \frac{动管空间保管量}{库存总保管量 - 动管空间保管量}$$

5. 保管空间的有效利用

不管货物是直接堆积地面或以货架储放，都得占用保管空间，若能有效利用保管空间，仓储成本自然会减少。如何有效地利用保管空间呢？除了要合理地设置柱、梁、廊道以增加空间利用率外，更要充分利用保管空间。对保管空间的利用有如下三方面。

1) 向上发展

当合理设置好梁柱后，保管空间的面积就固定了，要增加保管空间利用率就得向上发展。但随着科技发展，堆高技术日新月异，堆高设备更是不断出新，且广泛使用，因此向上发展的困难已不大。堆高的方法大多利用货架和架上平台。例如，驶出/驶入式货架可叠高 10 m 以上，而窄道式货架更可叠高 15 m 上下，利用这些可叠很高的货架，就能把较轻的货物储放于上层，把较笨重的货物储放于下层，或借助托盘多层堆放以提高储物量，增加保管空间利用率。

2) 平面空间的有效利用

在保管空间的利用上，如果能争取到二维平面区域的利用，相应地就能争取到三维空间的利用。提升二维平面经济效用的要点包括以下四方面。

(1) 非保管空间设置在角落。所谓非保管空间设置在角落，即将厕所、楼梯、办公室、清扫工具室等设施尽量设置在保管空间的角落或边缘，以免影响保管空间的整体性，以增加储存货物的保管空间。

(2) 减少通道面积。减少通道面积相对就增加了保管面积，但也可能会因通道变窄变少而影响作业车辆的通行及回转，因此要从两者的需求权重来寻找平衡点，不要一味地扩展保管空间而影响了整个作业的方便性。一般的做法是把通道宽度设定成保管区中行驶的搬运车辆所需的最小宽度，再在适当处另设较宽通道区域供搬运车辆回转。

(3) 货架的安装设置应尽量采取方型配置，以减少因货架安置而出现无法使用的空间。

(4) 保管空间顶上的通风管路及配电线槽，应安装于最不影响存取作业的角落上方，以减少对货架的安置干涉。减少安置干涉，相对地就可增加货架架设数量，提高保管使用空间。

3) 采用自动仓库

自动仓库在空间的利用率上是最高的，但并不表示其就是最适合的。对于自动仓库的选用必须先经过评估，了解所需仓储系统的货物特性、量的大小、频率的高低及单位化的程度等，再行决定是否使用自动仓库。

5.3 仓储系统平面布局设计

仓储系统平面布局是否合理会影响仓储系统效率。仓储系统的平面布局设计必须考虑仓储作业的要求，以及商品的储存环境、相应储存设备的布置方式、装卸搬运设备的作业要求等。

5.3.1 仓储系统平面布局概述

仓储系统平面布局的目的是在库存物的处置成本和仓库空间之间寻找最优平衡，是指在规定范围内对仓库内的存货区、入库检验区、理货区、配送备货区、通道及辅助作业区进行全面合理的安排。布局是否合理，将对仓库作业的效率、储运质量、储运成本和仓库的盈利目标的实现产生很大的影响。

1. 影响仓储系统平面布局的因素

1) 仓库的专业化程度

仓库的专业化程度主要与库存物品的种类有关。库存物品种类越多，仓库的专业化程度越低，仓储系统平面布局的难度就越大；库存物品种类越少，仓库的专业化程度越高，仓储系统平面布局的难度越小。各种物品的理化性质不同，所要求的储存、保管、保养方法及装卸搬运方法也将有所不同，储存物品的种类越多，考虑不同的作业要求，这使得仓储系统平面布局的难度增大。

2) 仓库的规模和功能

仓库的规模越大、功能越多，则需要的设施设备通常就越多。因此设施设备之间的配套衔接问题成了仓储系统平面布局中的重要问题，增加了仓储系统平面布局的难度。如果仓库规模小、功能少，那么仓储系统平面布局也就简单许多。

2. 仓储系统平面布局的要求

1) 应满足仓储作业过程的要求，有利于仓储业务的顺利进行

仓储作业过程是指仓库从接收物品开始直到把这些物品完好地发放出去这期间的全部活动，由入库、储存、出库三个阶段构成，包括实物流和信息流两个方面。

实物流是指储存物品在仓库内外的流动，按作业流程的先后顺序，主要包括接运、验收、保管、保养、加工、分拣备货、包装、集货、发运、配送等环节。

信息流是指与实物流有关的各种单据、凭证、报表、文件、资料、库存物品档案等的填制、核对、传递、保存等。

因此，仓储系统平面布局应该以单一的物流流向、最短的搬运距离、最少的装卸环节和最大限度地利用空间为目标。

2) 有利于节省投资

充分利用现有的资源和外部协作条件，并根据设计规划任务和储存物品的性质选择配置

设施设备,最大限度地发挥其效能。

3)有利于保证安全和职工的健康

仓库建筑必须严格按照《建筑设计防火规范》的规定建设,并且作业环境的安全、卫生标准也要符合国家的有关规定。

3. 仓储系统平面布局形式

仓储系统平面布局的目的,一方面是提高仓库平面和空间利用率,另一方面是提高物品保管质量,方便进出库作业,从而降低物品的仓储处置成本。

1)仓储系统平面布局的基本思路

(1)根据物品特性分区分类储存,将特性相近的物品集中存放。

(2)将单位体积大、单位质量大的物品存放在货架底层,并且靠近出库区和通道。

(3)将周转率高的物品存放在进出库装卸搬运最便捷的位置。

(4)将同一供应商或者同一客户的物品集中存放,以便于进行分拣配货作业。

当仓库作业过程中出现某种物品物流量大、搬运距离远的情况时,则说明仓库的货位布局不合理。

2)仓储系统平面布局的具体形式

仓储系统平面布局分为平面布局形式和空间布局形式两种。

(1)平面布局。平面布局是指对货区内的货垛、通道、垛间(架间)距、收发货区等进行合理的规划,并正确处理它们的相对位置。平面布局主要依据各类物品在仓库中的作业成本,按高低分为 A、B、C 三类。A 类物品作业应占据作业最有利的货位,B 类次之,C 类再次之。平面布局形式可以概括为垂直式和倾斜式。

① 垂直式布局。垂直式布局是指货垛或货架的排列与仓库的侧墙互相垂直或平行,具体包括横列式布局、纵列式布局和纵横式布局。

横列式布局,如图 5-15 所示,是指货垛或货架的长度方向与仓库的侧墙互相垂直。这种布局的主要优点是主通道长且宽,副通道短,整齐美观,便于存取查点。如果用于库房布局,还有利于通风和采光。

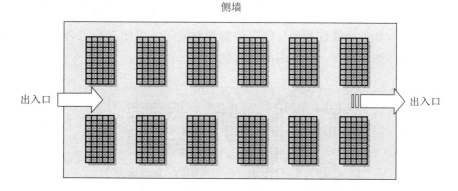

图 5-15 横列式布局

纵列式布局如图 5-16 所示,是指货垛或货架的长度方向与仓库侧墙平行。这种布局的优点是可以根据库存物品在库时间的不同和进出频繁程度安排货位,在库时间短、进出频繁的物品放置在主通道两侧;在库时间长、进出不频繁的物品放置在主通道里侧。

纵横式布局如图 5-17 所示,是指在同一保管空间内,横列式布局和纵列式布局兼而有之，可以综合利用两种布局的优点。

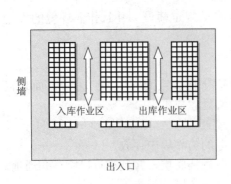

图 5-16　纵列式布局

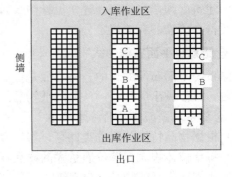

图 5-17　纵横式布局

② 倾斜式布局。倾斜式布局是指货垛或货架与仓库侧墙或主通道成 60°、45°或 30°夹角。具体包括货垛（架）倾斜式布局和通道倾斜式布局。

• 货垛倾斜式布局如图 5-18 所示，是横列式布局的变形，它是为了便于叉车作业、缩小叉车的回转角度、提高作业效率而采用的布局方式。

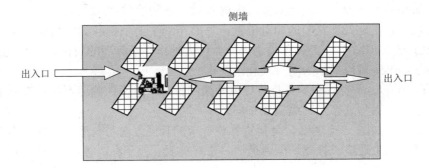

图 5-18　货垛倾斜式布局

• 通道倾斜式布局如图 5-19 所示，是指仓库的通道斜穿保管空间，把仓库划分为具有不同作业特点的区块，如大量储存和少量储存的保管空间等，以便进行综合利用。这种布局形式下，货位和进出库路径较多，仓库内形式复杂。

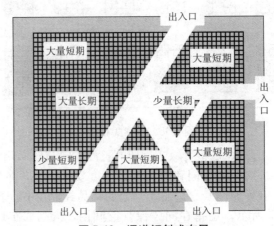

图 5-19　通道倾斜式布局

(2)空间布局。空间布局也称为仓库内部竖向布局,是指库存物品在仓库立体空间的布局,其目的在于充分有效地利用仓库空间。空间布局的形式主要有就地堆码、上货架存放、架上平台空中悬挂等。其中使用货架存放物品有很多优点,概括起来有以下几个方面。

① 便于充分利用仓库空间,提高库容利用率,扩大储存能力。

② 物品在货架里互不挤压,有利于保证物品本身和其包装完整无损。

③ 货架各层中的物品,可随时自由存取,便于做到先进先出。

④ 物品存入货架,可防潮、防尘,某些专用货架还能起到防损伤、防盗、防破坏的作用。

3)库内非保管空间的布局

仓库内墙线所包围的面积(若有立柱应减去立柱所占的面积)称为可使用面积或有效面积。库内货架和货垛所占的面积为保管面积或实用面积,其他则为非保管面积,应尽量扩大保管面积,缩小非保管面积。非保管面积包括通道、墙间距、收发货区、仓库人员办公地点等。

(1)通道。库房内的通道,分为运输通道(主通道)、作业通道(副通道)和检查通道。

① 运输通道供装卸搬运设备在库内行走,其宽度主要取决于装卸搬运设备的外形尺寸和单元装载的大小。运输通道的宽度一般为 1.5~3 m。如果库内安装有桥式起重机,运输通道的宽度可为 1.5 m,甚至更窄些。如果使用叉车作业,其通道宽度可通过计算求得。当单元装载的宽度不太大时,可利用下式计算:

$$A=P+D+L+C$$

式中:A——通道宽度;

P——叉车外侧转向半径;

D——货物至叉车驱动轴中心线的间距;

L——货物长度;

C——转向轮滑行的操作余量。

② 作业通道是供作业人员存取搬运物品的行走通道,其宽度取决于作业方式和货物的大小。当通道内只有一人作业时,其宽度可按下式计算:

$$a=b+l+2c$$

式中:a——作业通道的宽度;

b——作业人员身体的厚度;

l——货物的最大长度;

c——作业人员活动余量。

如果使用手动叉车进入作业通道作业,则通道宽度应视手动叉车的宽度和作业特点而定。一般情况下,作业通道的宽度为 1 m 左右。

③ 检查通道是供仓库管理人员检查库存物品的数量和质量的通道,其宽度只要能使检查人员自由通过即可,一般为 0.5 m 左右。

(2)墙间距。为了减少库存物品受到库外温湿度的影响,货垛、货架都应与墙体保持一定的距离,不允许货垛、货架直接靠墙堆码和摆放。

墙间距的作用一方面是使货垛和货架与库墙保持一定的距离,避免物品受潮,另一方面也可作为检查通道或作业通道。墙间距一般宽度为 0.5 m 左右,当兼做作业通道时,其宽度需增加一倍。墙间距兼做作业通道是比较有利的,它可以使库内通道形成网络,方便作业。

(3) 收发货区。收发货区是供收货、发货时临时存放物品的作业场地，可划分为收货区和发货区，也可以划定一个货区供收货发货共用。

收发货区的位置应靠近库门和运输通道，可设在库房的两端或适当的位置，并要考虑到收货发货互不干扰。对靠近专用线的仓库，收货区应设在专用线的一侧，发货区设在靠近公路的一侧。如果专用线进入库房，收货区应设在专用线的两侧，收发货区面积的大小应根据下列情况来定。

① 一次收发批量的大小。收发货区应能够容纳一个最大批量的订单。如有专用线进入库内的仓库，其收货区应能存放1~2个车皮的物品。

② 物品规格品种的多少。为了避免收发货时发生混淆，不同规格品种的物品应分开摆放，所以规格品种越多，占用面积越大。

③ 供货方和用户的数量。对于供货商的进货和不同用户的发货，都应单独存放，避免收发错误。因此，供货方和用户的数量越多，所占用的收发面积越大。

④ 收发作业效率的高低。收发作业效率高能加速货位周转，也可节省收发货区的面积。

⑤ 仓库的设备，包括装卸、验收等设备的情况。库内如有桥式起重机可节省装卸机械作业所占的面积；若采用自动计量或采用自动识别与分拣系统，则可以边卸车边码垛或边下垛边装车，能大大节省收发货区的面积。

⑥ 收发货的均衡性。当收发货在时间上比较均衡时，收发货区的面积能得到充分的利用，从而相对节省收发货区的占地面积。

⑦ 发货方式。当采取送货制时，送货前需要根据各个用户的订单进行备货、包装等活动，通常需要有足够的备货场地；而采取提货制时，发货区面积可大大减少。

(4) 仓库内办公空间。仓库管理人员的办公空间，可设在仓库内也可设在仓库外。总的来看，管理人员的办公室设在仓库内特别是单独隔成房间是不合理的，既不经济又不安全，所以办公空间最好设在库外，使仓库能存放更多的物品。

5.3.2 储存设备的选择

1. 储存设备选择要素

选择储存设备时要综合考虑各种因素，包括物品特性、入出库频率、存取性、搬运设备、库房结构等，如图5-20所示，也就是要根据各仓储区的功能和特征选择储存设备。例如，仓储区的主要功能是供应补货，可选用一些高容量的货架；而分拣区的主要功能是拣货，故可选用方便拣货的流动架等，以方便拣货作业。

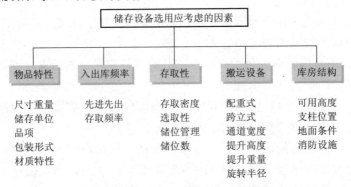

图 5-20 储存设备选用应考虑的因素

1) 物品特性

物品的尺寸大小、外形包装等都会影响储存设备的选用,由于储存单元的不同,使用的储存设备就不同。例如,托盘货架适用于托盘,箱货架则适用于箱品。具备一些材料特性,如易腐性或易燃性等的货品,在储存设备上就必须做防护考虑。

2) 入出库频率

入出库频率高低是选择储存设备的重要因素。有关储存设备入出库频率的比较见表 5-7。

表 5-7 储存设备入出库频率的比较

储存单元	高频率	中频率	低频率
托盘	重力式货架(20~30 托盘/h) 自动化立体仓库(约 30 托盘/h) 水平旋转自动仓储(10~60 s/次)	托盘式货架(10~15 托盘/h)	驶入式货架(约 10 托盘/h) 驶出式货架(约 10 托盘/h) 后推式货架(约 10 托盘/h) 移动式货架(约 10 托盘/h)
容器	容器重力式货架 轻负载自动仓储(30~50 箱/h) 水平旋转自动仓储(20~40 s/次) 垂直旋转自动仓储(20~30 s/次)	中型货架	移动式货架
单品	单品自动拣取系统(6 000 件/h)	轻型货架	抽屉式橱柜

3) 存取性

一般存取性与储存密度是相对的。也就是说,为了得到较高的储存密度,则必须相对牺牲物品的可存取性。有些货架虽具有较好的储存密度,但其储存货位的管理工作较为复杂,可存取性较差。唯有自动仓库可往上发展,存取性与储存密度俱佳,但相对投资成本较为昂贵。

4) 搬运设备

存取作业通过搬运设备来完成,因此选用储存设备应同时考虑搬运设备。货架通道宽度直接影响到叉车的型式选择是平衡重式还是窄道式。另外还需考虑提升高度及提升能力。

5) 库房结构

库房结构也是影响储存设备选择的重要因素。库房的净空高度、梁柱的位置等都会影响货架的配置,地板的承载能力、平整度等也与货架的设计、安装等有密切关系。另外还需考虑防火设施和照明设施的要求。

2. 储存设备的选用原则

储存物品的出库频率、品项及数量都会影响储存设备的选用,不同的储存设备,其性能不同见表 5-8,在选用储存设备时应结合储存物品的特征和储存设备的性能进行综合考虑见表 5-9。

表 5-8 不同储存设备性能的比较

性能	储存设备								
	常规托盘货架	倍深式货架	窄巷道货架	驶入式货架	驶出式货架	重力式货架	后推式货架	旋转式货架	移动式货架
面积利用率	普通	良	良	高	高	高	中良	高	高
空间利用率	普通	中	良	高	高	高	高	中	高
存储密度	低	中	中	高	高	高	中	高	高
存取性	好	普通	好	差	差	普通	普通	好	良
单件拣取作业	好	普通	好	差	差	好	差	好	好
先进先出	可	否	可	否	可	可	否	可	可
通道数量	多	中	多	少	少	少	少	少	多
单位纵深储位数/个	1	2	1	15	10	15	5	1	1
储存高度/m	6	10	15	10	10	10	10	10	14
叉车类型	平衡重式前移式	倍深式	窄巷道	平衡重式前移式	平衡重式前移式	平衡重式前移式	平衡重式前移式	平衡重式前移式	平衡重式前移式
入出库能力	中	中小	中	小	小	小	小	大	小
货物管理难度	普通	普通	普通	差	差	良	良	良	普通
是否要专业人员	否	否	否	是	是	否	否	否	否

表 5-9 储存设备的选用原则

装载形态	频率	品项	数量	保管系统的使用
托盘	高	多	多	较大规模的自动化立体仓库
			中	中型自动化立体仓库
		少	多	托盘重力式货架
			中	小型自动化立体仓库
			少	输送带等暂放保管系统
	中	中	中	中型自动化立体仓库
	低	多	多	托盘货架
			中	托盘货架
	低	少	少	地面堆积
箱	高	多	少	箱货架
		少	多	箱重力式货架
			少	输送带等暂放保管系统
	中	中	中	箱货架
	低	多	多	箱货架
			少	箱货架
	低	少	多	箱重力式货架
			少	箱货架

续表

装载形态	频率	品项	数量	保管系统的使用
单品	高	多	少	轻型货架
		少	少	储物柜
	低	多	少	轻型货架

3. 货架的选用

货架是用来放置成件物品的储存设备，能使仓库的存储面积得到扩大和延伸。与将货物直接放置地面相比，货架可以成倍或几十倍地扩大实际的储存面积，成为提高仓库储存能力的非常重要的手段，因此，货架选用是否得当将直接影响仓储效果和经济效益。

通常根据物品的外形及重量，并结合仓库实际情况、作业要求来选择货架。

1) 轻、小型物品的储存

对于用人工进行存货、取货作业的物品，因为要求物品的外形尺寸和重量同人工搬运能力相适应，所以一般首选高度 2.4 m 以下、深度 0.5 m 以下的组合式轻型货架。

轻型货架又称层架，其结构简单、省料，层与层之间用隔板分隔，适用性强，便于收发作业，但存放物品数量有限，多用于小批量、零星收发的小件物品的储存。

一般来说，轻型货架，原则上每格放一种类型物品，物品不易混淆。其缺点是层间光线暗，存放数量少。如果存放品种多，货架占地面积就比较大，查找就比较费时。为了实现快捷查询，可以采用电子标签，虽然成本有所增加，但是作业效率将大大提高。

如果要存放比较贵重的小件物品或怕尘土怕湿等精密物品，可采用垂直旋转式货架（又称柜库）或水平旋转式货架，也可采用小型带抽屉的移动式货架。如果存放的小型物品品种较多，而仓库场地较小、空间较高（有效高度在 4.5 m 以上），可以采用搁板式轻型货架，每层高度控制在 2.2 m 以内。

如果小件物品数量品种多，入出库也较频繁，可采取人工拣选式堆垛机与单元拣选型货架相配合，工作人员乘坐有轨或无轨堆垛机进入货架。此种堆垛机一般不带货叉，由工作人员直接从货架里存取货物。因为用人的手臂工作，所以这种货架的深度也较浅，一般不超过 0.6 m。

如果存放外形规则、尺寸一致的轻型物品，可以选择以下几种方法。

(1) 重力式货架。从正面看重力式货架同一般层架，基本相似，但深度比一般层架深得多。每一层隔成前端（出货）低，后端（入货）高，货架层有一定坡度，可制成滑道形式，也可制成滑轨、辊子或滚轮，与一般货架相比大大缩小了作业面，也有利于进行拣选作业。因此其普遍应用于配送中心、转运中心仓库拣选配货操作中。

(2) 抽屉式货架。抽屉式货架适用于存放小件物品和齿轮、标准件、刀具等，每个抽屉重量在 30～100 kg 范围内。一般在货架前端布置拣选台，货架配用抽拉式堆垛机将抽屉取出送到前端进行拣选。拣选完成后，抽屉重新入库。这套系统一般采用全自动操作，效率相当高。

(3) 轻型自动化立体仓库系统。近年来，推行轻型自动化立体仓库系统。货架上的每个货格存放在塑料周转箱或纸箱中。堆垛机上带有特殊的存取货装置，作业速度相当快，运行速度最高可达 320 m/min。

2）中型单元物品的储存

单元货格式立体仓库是一种标准格式的通用性较强的立体仓库。其每层货架都由同一尺寸的货格组成，货格开口面向货架之间的通道，存取货机械在通道中行驶，并能对左右两边货架进行存取作业，每个货格存放一个货物单元或组合货物单元。

立体仓库中所用的叉车有三种：高货位三向叉车（又称无轨巷道堆垛机）、前移式叉车及侧面式叉车。高货位三向叉车所占的巷道宽度较小，货架高度一般可达 12 m；后两者所占的巷道相对较宽，且最大起升高度一般不超过 6 m。中低层立体仓库可采用叉车进行作业。为减少叉车转弯所需通道宽度，可采用侧面式叉车作业。当货物品种比较少时，为了提高叉车作业单元货物储存量，可采用贯通式货架。这种货架立柱一定位置处有向外水平伸出的突出物件，当托盘送入时，突出物件将托盘底部两条边搁住，起横梁作用。货架没有放托盘货物时，货架正面便成无横梁状态，形成若干通道可方便叉车出入作业。还可以采用叉车配移动货架来提高储存容量，此时只需留出一个叉车作业通道，宽 3~4 m；也可以采用叉车配合重力式货架的方法来提高仓库储存能力。

有轨巷道堆垛机配合立体仓库是最常用的自动化立体仓库，也是货架最主要的形式。常用的货架高度在 7~50 m，主要采用横梁式、牛腿式等类型。

3）长大物品的储存

长大物品的尺寸和形状特殊，其储存往往用到特殊的货架设备。如存放量大的管料、型材、棒材等大型长尺寸金属材料或建材，可采用 U 形架。其结构是 U 形，组合叠放后呈 H 形，在架子两边上端有吊钩形角顶，便于重叠码放和吊装作业。U 形架结构简单，强度高，价格低，码放时可叠高，因而常用起重机进行作业。

存放长形物品还常用悬臂架。悬臂架由 3~4 个塔形悬臂和纵梁相连而成，分为单面和双面两种。悬臂架用金属材料制造，为防止碰伤或产生刻痕，在金属臂上垫以木质或橡胶衬垫。存放轻质的长条形物品可用人工存取，对于重型的物料可用吊车存取。

对于外形规整、尺寸一致的长大物料，其储存可以采用长大物料货架。堆垛设备可采用桥式堆垛机、长大物料堆垛机或侧叉式无轨巷道堆垛机。

对于特种物品的存放，如果存放量少，最简单的方法是在仓库里设立少量专用钢架，用起重机将物品吊到钢架上。

对于数量较大的特种物品，可用有轨巷道堆垛机将物品存放在特殊的单元货架中。

5.3.3 装卸搬运设备的选型

不同类型的物品，不同的装卸搬运场所，所需要的装卸搬运设备不尽相同。合理选择装卸搬运设备，无论是对降低装卸搬运费用，还是对提高装卸搬运效率，都有着重要的意义。

1. 选型的基本原则及影响作业量因素

1）选型原则

装卸搬运设备的选择应本着经济合理、提高效率、降低费用的总原则。具体来说，应把握以下几条原则。

（1）根据不同类物品的装卸搬运特征和要求，合理选择具有相应技术特性的装卸搬运设备。各种物品的单件规格、物理化学性能、包装情况、装卸搬运的难易程度等，都是影响装卸搬运设备选择的因素。因此，应从作业安全和效率出发，选择适合的装卸搬运设备。

（2）应根据物流过程输送和储存作业的特点，合理选择装卸搬运设备。货物输送过程中，不同的运输方式具有不同的作业特点。因此，在选择装卸搬运设备时，应根据不同运输方式的作业特点选择与之相适应的装卸搬运设备。同样，物品在储存中也有其相应的作业特点，诸如储存物品规格不同、作业类别较多、进出数量难以控制、装卸搬运次数较多、方向多变等。因此，为适应储存作业的特点，在选用机械作业时尽可能选择活动范围大、通用性强、机动灵活的装卸搬运设备。

（3）根据运输和储存的具体条件和作业的需要，在正确估计和评价装卸搬运的使用效益的基础上，合理选择装卸搬运设备。即在选择机械设备时一定要坚持进行技术经济的可行性分析，使设备的选择建立在科学的基础上，以充分利用机械设备和提高作业效率。

2）选择依据

（1）装卸搬运设备的选择应以满足现场作业为前提。根据物流作业现场的具体情况，选择合适的装卸搬运设备类型。例如，在有铁路专用线的车站、仓库等，可选择门式起重机；在库房内可选择桥式起重机；在使用托盘和集装箱作业的生产条件下，尽量选择叉车以及跨载起重机。

（2）装卸搬运设备的选择，应以现场作业量、物品特性为依据。一般来说，吞吐量较大的车站、码头、货场，应选择较大吨位的装卸搬运设备，这样可在作业次数相对较少的情况下完成较大的作业量。对于长大、笨重的物品，应选择较大吨位的起重设备；对于单位重量较轻的物品，可选择相应较小吨位的装卸搬运。对现场要求进行周密的计划、分析之后，再确定装卸机械的具体吨位。

（3）在能实现同样作业效能的前提下，应选择性能好、能源节省、维修方便、成本较低，且有利于环境保护、配套的装卸搬运设备。

3）影响作业量因素

当设备作业能力达不到现场作业要求时，会导致物流受阻；超过现场作业要求时，会导致生产能力过剩，设备能力得不到充分发挥。超过得越多，经济损失也就越大。在选择装卸搬运设备时，还要考虑影响物流现场装卸作业量的因素，力求做到设备的作业能力与现场作业量之间形成最佳的配合状态。影响物流现场装卸搬运作业量的因素很多，通常有以下几个方面。

① 吞吐量。无论是在车站、码头，还是在仓库等各种物流作业现场，吞吐量都是装卸作业核定的最基本的因素。

② 堆码、搬倒作业量。在装卸作业现场中，物品并非是经过一次装卸作业就能完成入港、离港、入库、出库、入站、出站的。由于货场的调整、保管的需要，发运的变化等因素，往往要对物资进行必要的搬倒、堆码作业。搬倒、堆码的次数越多，装卸作业量也就越大。当然这部分装卸作业量越少，效益越好。

③ 装卸作业的高峰期。由于物品流动不均衡的影响，装卸作业设备工作状态可能出现不同程度的忙闲。为了适应现场可能出现的装卸搬运作业高峰期，设备作业能力应对此有必要的、充分的准备。

2. 搬运形式

搬运形式直接影响仓库、物流中心的作业效率。是否重复行走，货物是否应合并运送，这些都是管理者做决策时必要考虑因素。货物究竟要采用何种搬运形式要配合设备的使用及动线的规划来决定。搬运形式从搬运移动方式和搬运单元两个方面来决定。

1) 搬运移动方式——移动系统

根据货物搬运的移动形态,移动系统划分成两种不同运行体系:①不同货物各自由起点直接向终点移动,称为直流体系;②不同区域的各类货物共同搬运,使这些货物运用相同的设备依照相同的路线移动,称为间接移动体系。间接移动体系由其移动特性又可分为通路体系和中间点转运体系,如图5-21所示。

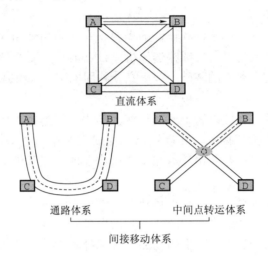

图 5-21　货物移动系统

由于所有搬运都不提高货物的附加值,因而每个体系的移动系统依经济效率原则各有其适用情况。三种移动系统的适用情况如图5-22所示。

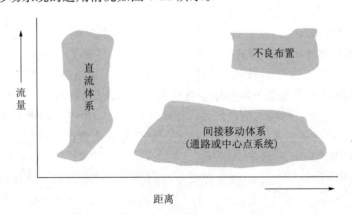

图 5-22　距离、流量与体系的时象关系图

对直流体系的移动方式而言,货物由起点到终点以最短的距离移动,当货物流量密度较高,且移动距离短或适中时,应用此法较为经济,尤其在处理紧急订单时最为有效。

对通路体系移动方式而言,货物经事先制定的路线到达目的地,实现不同货物共同使用同条路线。因此当搬运密度不高,距离较长,且库房布置不规则或扩散时,此移动方式是最经济的搬运方法。

在中间点转运体系的移动方式中,货物由起点通过中间转运站加以分类或指派,而后送达目的地,即由原点移到中心点再移往终点。当流量不高,距离很长,库房区域是方形或者控制功能特别重要时,此移动系统是较经济的搬运方法。

此外,若考虑距离、流量成本来选择设备,其选择依据如表 5-10 所示,在上述三体系中,有时需考虑各工作场所及各机器间的位置,因此在其任两点之间一般又有以下几种流程形式,各项流程形式以配合实际需要,可单独或合并运用。

表 5-10　流量、距离不同时搬运设备选择

项目	高密度流量	低密度流量
短距离	复杂搬运设备,如叉车、机器人	简便搬运设备,如手推车
长距离	复杂运输设备,如无人搬运车、输送机等不需人操控的设备	简便运输设备,如动力叉车

(1) 直线式流程形式。适用于操作区域广大,生产程序较短且相当简单的场所,在此流程中,每人只做一种工作,或兼做数种工作。如图 5-23 所示。

图 5-23　直线式流程形式

(2) 双线式流程形式。适用于大量生产,一线不能容纳的作业场所。如图 5-24 所示。

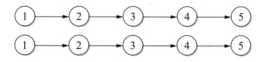

图 5-24　双线式流程形式

(3) Z 形或锯齿形流程形式。又称缩短路线法。适用于长度有限时,或受到库房空间的限制的情况。此法可节省库房的面积,有效地利用空间。如图 5-25 所示。

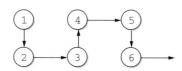

图 5-25　锯齿形流程形式

(4) U 形流程形式。此法适用于多数操作必须集中于一处,且场地又受到限制,或生产线的起点与终点必须在同一通道的旁边,其成品接近运输设备的场所。此种排列可节省库房的面积,且监督较容易,中间区域又可用作暂存区域及检验区。如图 5-26 所示。

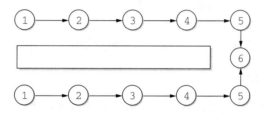

图 5-26　U 形流程形式

(5) 圆形流程形式。此种排列起终点相接，成为无终止的线形运动。其最大的优点是工作物可回到起点。如工作物的钳具或容器必须送回起点时，可用此种排列。其每一单元联结若干工作站及同系列的作业，同一台设备可重复使用。如图 5-27 所示。

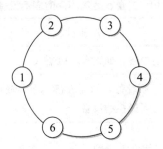

图 5-27　圆形流程形式

(6) 犄角形排列法。此法适用于短距离的输送或平稳输送，或空间受限制的场合。特别在制造小零件时，可用此不规则式布置。如图 5-28 所示。

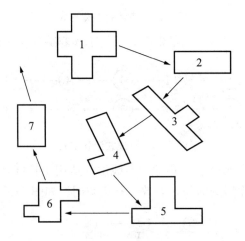

图 5-28　犄角形排列法

2) 搬运单元

货物移动的基本单元有散装、个装或单元包装三种形式。

(1) 散装。散装是针对每次的运送量较大的货物，是最简单且最廉价的货物搬运方法，缺点是较容易破坏货物或造成货物包装边缘的损坏。

(2) 个装。个装针对体积很大的货物，大部分需要大型搬运机或补助设施来移运。

(3) 单元包装。单元包装是标准化的形式，其大小、形态与设计都要一致，才能节省成本。个装货物也可累积到单元数量后再运，托盘、笼车、盒子、篮子等都是单元包装。单元包装可以保护货物，并降低每单位的移动成本及装卸成本，使搬运作业运行更加完善。

5.3.4　仓储系统平面布局示例

存放 2 000 个托盘的仓储系统，货架设计方案基本条件如下：

(1) 托盘：1 100 mm×1 100 mm 托盘，货高（连同托盘高）1 800 mm；

(2) 支柱、横梁截面积：100 mm×100 mm，牛脚高度 100 mm；

(3) 托盘存放时背对背间距：100 mm；

(4) 货架底部高度：200 mm；

(5) 架前后各留出 5 m 的空间。

计算该方案所需地板面积、货架高度、货架占地板面积比例，画出基本布置图。

解：该仓储系统可选用不同的货架形式，如托盘式货架、倍深式货架、重力式货架等，不同的货架可以选用多种叉车形式，不同的叉车要求的通道宽度不同。如果本仓储系统采用普通托盘货架，使用配重叉车，通道宽度为 3 600 mm，高度方向可存放 3 个托盘，则具体计算过程如下。

1) 确定货架行列数

行（排）列数之积＝（2 000/2）/3＝334，若排数为 16，则列数为 21。

2) 确定单元货格尺寸

宽度＝2 个托盘宽度＋3 个间隙＝2×1 100＋100＋100＋100＝2 500（mm）

深度＝1 100＋100＝1 200（mm）

高度＝1 800＋100＝1 900（mm）

3) 确定系统总尺寸

货架长＝单元货格宽度×列数＋立柱宽度×立柱数＝2 500×21＋22×100＝54 700（mm）

总长＝货架长＋预留空间＝54 700＋10 000＝64 700（mm）

总宽＝单位作业宽度×作业区数量＝6 000×8＝48 000（mm）

总高＝单元货格高度×层数＋横梁高度×横梁数＋货架底部高度

＝1 900×3＋100×2＋200＝6 100（mm）

4) 计算面积

货架占地面积＝2.4×54.7×8＝1 050.24（m²）

总面积＝48×64.7＝3 105.6（m²）

货架占地面积与总面积之比＝1 050.24/3 105.6＝33.81%

5) 计算平均使用储位（%）

设计储存托盘数＝21×16×3×2＝2 016（个）

平均使用储位＝要求储存托盘数/设计储存托盘数＝$\dfrac{2\ 000}{2\ 016}$＝99.2%

6) 计算存取性（%）

立即可存取的储位数＝21×16×3 ＝1 008

设计总储位数＝21×16×3 ＝1 008

存取性＝立即可存取的储位数/设计总储位数＝100%

7) 布局图

布局图如图 5-29 所示。

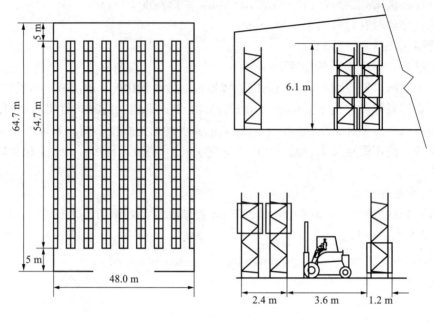

图 5-29 布局图

5.4 自动化立体仓库系统规划

自动化立体仓库系统是一种先进的仓储系统,其仓储密度高,入出库效率高,且节省人力,但投资大,需要对仓库的数量、规模、地理位置、仓库设施、道路等各要素进行科学规划和总体设计。

5.4.1 自动化立体仓库系统规划概述

1. 规划准备阶段

建设自动化立体仓库是一项系统工程,需要大量投入,因此在建设前企业必须论证建设自动化仓库的必要性和可能性,并对建库的背景条件进行详细的分析,通常需要做以下几个方面进行论证。

(1) 确立建设自动化立体仓库的必要性。根据企业的生产经营方针、企业物流系统的总体布置和流程,明确自动化立体仓库与上游、下游衔接的工艺过程,分析研究自动化立体仓库在企业物流系统中的地位、功能和作用。

(2) 根据企业的生产规模和水平及自动化立体仓库在整个物流系统中的地位,分析企业物流和生产系统对自动化立体仓库的要求,如上游进入仓库的最大入库量、向下游转运的最大出库量及所要求的库容量等,同时结合考虑企业的经营状况和经济实力,确定自动化立体仓库的基本规模和自动化水平。

(3) 调查拟存货物的品名、特征(如易碎、怕光、怕潮等)、包装、外形及尺寸、单件重量、平均库存量、最大库容量、每日入出库数量、入库和出库频率等,以便确定仓库的类型、库容量和入出库频率等。

(4) 了解建库现场条件，包括气象、地形、地质条件、地面承载能力、风及雪载荷、地震情况及其他环境影响等。

(5) 调查了解与自动化立体仓库系统有关的其他方面条件及企业的某些特殊要求，如入库货物的来源及入库作业方式、入出库的数目、包装形式和搬运方法、出库货物的去向和运输工具等。

这是项目的详细论证阶段。如果论证通过，本阶段的分析结果即为自动化立体仓库的总体设计奠定一个可靠的基础。

2. 规划设计阶段

(1) 确定自动化立体仓库系统的结构类型和作业方式。确定自动化立体仓库系统的结构类型就是确定自动化立体仓库由哪些部分组成。自动化立体仓库一般由建筑物、货架、理货区（整理和倒货区域）、管理区、堆垛机械等几部分组成。须明确建筑物的特征，是利用原有建筑物还是新建、是高层建筑还是低层建筑；货架的结构和特征，库架合一或库架分离式，横梁式或牛腿式，焊接式或组合式；理货区的面积和功能、其与高架区的位置关系，所需进行的作业、配备的设施等；堆垛机械的类型，如有轨巷道式堆垛机、无轨堆垛机、桥式堆垛机和普通叉车等；配套设备的类型，主要指完成货架外入出库搬运作业、理货作业及卡车的装卸作业等的机械和设备，包括叉车、托盘搬运车、辊子输送机、链条输送机、升降台、有轨小车、无轨小车、转轨车称重和检测识别装置等。对于一些分拣仓库，还配备有自动分拣和配货的装置，应该根据自动化仓库的规模和工艺流程的要求确定配套设备的类型。

最后，根据工艺要求决定是否采用的作业方式。如果以整单元出库为主，则采用单元出库作业方式；如果以零星货物出库为主，则采用拣选作业方式，并根据具体情况确定采用"人到货前"还是"货到人处"拣选。

(2) 确定货物单元的型式、尺寸和重量。货物单元是指入出库作业和储存的集装单元，由集装单元化器具和货物两部分组成。单元式自动化立体仓库系统以单元化搬运为前提，需要确定集装单元化器具的型式和货物单元的外形尺寸及重量两个方面的内容。

自动化立体仓库系统常用的集装单元化器具有托盘和周转箱，并且以托盘最为常见。托盘又分为平托盘、箱式托盘、柱式托盘和轮式托盘等，一般要根据所储存货物的特征来选择。当采用堆垛机作业时，不同结构的货架对托盘的支腿有不同的要求，在设计时尤其要注意。

货物单元不仅影响仓库的投资，而且对于整个物流和仓储系统的配备、设施及有关因素都有重要的影响。因此，为了合理确定货物单元的形式、尺寸和重量，需要对所有入库的货物进行 ABC 分析，以流量大而种类较少的 A 类货物为主要矛盾，选择合适的货物单元的外形尺寸和重量。对于少数形状和尺寸比较特殊且很重的货物，可以单独进行储存。例如，汽车的前桥、后桥、车身等大件，形状不规则，尺寸又大，难以形成单元，就不一定非要与其他零件同入一个自动化立体仓库。它们的储存可以用推式悬挂输送机或其他方式单独处理。

(3) 确定堆垛机械和配套设备的主要参数。自动化立体仓库常用的堆垛机械为有轨巷道堆垛机、无轨堆垛机（高架叉车）、桥式堆垛机、普通叉车等。在总体设计时，要根据仓库的高度、自动化程度、货物的特征等合理选择堆垛机械的规格结构，并确定其主要性能参数（包括外形尺寸、工作速度、起重量、工作级别等）。

自动化立体仓库系统配套设备的配备应根据系统的流程和工艺统筹考虑，并根据自动化立体仓库的入出库频率、货物单元的尺寸和重量等确定各配套设备的性能参数。根据入出库频率确定各个机构的工作速度；根据货物单元的重量选定起重、装卸和堆垛设备的起重量；根据货物单元尺寸确定输送机的宽度，并确定使整个系统协调工作的输送机速度。

（4）确定自动化立体仓库系统总体尺寸。确定自动化立体仓库系统总体尺寸的关键是确定货架的长宽高总体尺寸。自动化立体仓库的设计规模主要取决于其库容量，即同一时间储存在仓库内的货物单元数。如果已经给出库容量，就可以直接应用这个参数；如果没有具体的库容量数据，就要根据所采用的作业设备的性能参数及其他空间限制条件来确定仓库的总体尺寸。

（5）确定自动化立体仓库系统的总体布置。确定了自动化立体仓库系统的总体尺寸之后，便可以进一步根据仓储作业的要求进行总体布置，主要包括自动化立体仓库系统的物流模式、高架区的布局方式和入出库输送系统方式。

（6）选定自动化立体仓库的控制方式。自动化立体仓库系统的控制一般可分为手动控制和自动控制两种方式。手动控制设备简单，投资小，对土建和货架的要求也较低，适用于规模较小、入出库频率较低的自动化立体仓库系统，尤其是拣选式仓库。

自动控制是自动化立体仓库的主要控制方式。自动化立体仓库的自动控制系统根据其控制层次和结构的不同，可分为三级控制系统和二级控制系统。三级控制系统由管理级、监控级和直接控制级组成；二级控制系统由管理级和控制级组成。自动控制系统可以完成自动认址和自动程序作业，适用于入出库频率较高、规模较大的自动化立体仓库，特别是一些暗库、冷库或生产线中的自动化立体仓库，可以减轻工人的劳动强度，提高生产率。

（7）选择管理方式。自动化立体仓库系统的管理方式一般可分为人工台账管理和计算机管理两种方式。台账管理方式仅仅适用于库存量较小、品种不多、入出库频率不高的仓库。在自动化立体仓库中一般都采用计算机管理，与自动控制系统结合，实现对仓库的自动化管理和控制。

（8）提出土建、公用设施的要求。在总体设计时，还要对仓库的土建和其他公用设施提出要求。如根据货架的工艺载荷，提出货架的精度要求；提出地面需要承受的载荷及对基础均匀沉降的要求；确定采暖、采光、通风、给排水、电力、照明、防火、防污染等方面的要求等。

（9）投资概算。分别计算自动化立体仓库各组成部分的设备费用、制造费用、设计及软件费用、运输费用、安装及调试费用等，综合得到自动化立体仓库系统的总投资费用。

（10）进度计划。在总体设计的最后阶段，要制定自动化立体仓库系统设计、制造、安装、调试、试运营的进度计划以及监督和检验措施。

5.4.2 自动化立体仓库系统的具体设计

对自动化立体仓库系统进行具体设计时，首先要确定货物的物流模式即流动方式，不同的物流模式布置难度不同，适用情况也不同。其次是对储存设备和装卸搬运系统的设计。与其他仓储系统相比，自动化立体仓库系统对精度要求更高。下面阐述不同型式的具体设计。

1. 物流模式

货物在自动化立体仓库中的流动方式有三种，即同端出入式、贯通式和旁流式，如图 5-30 所示。同端出入式是货物的入库和出库在巷道同一端的布置方式，包括同层同端出入式和多层同端出入式两种。这种布置的最大优点是能缩短入出库周期，特别在仓库存货不满，而且采用自由货位储存时，优点更为明显。此时，可以挑选距离入出库口较近的货位存放货物，缩短搬运路程，提高入出库效率。此外，入库作业区和出库作业区还可以合在一起，便于集中管理。

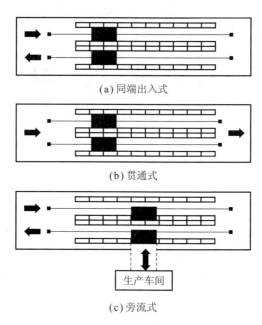

图 5-30 自动化立体仓库系统的物流形式

贯通式即货物从巷道的一端入库，从另一端出库。这种方式总体布置比较简单，便于管理操作和维护保养。然而对于每一个货物单元来说，要完成其入库和出库全过程，堆垛机需要穿过整个巷道。

旁流式是货物从仓库的一端（或侧面）入库，从侧面（或一端）出库。这种方式将货架中间分开，设立通道，同侧门相通，这样虽然减少了货格即减少了库存量，但是，由于可组织两条路线进行搬运，提高了搬运效率，方便了不同方向的入出库。

在自动化立体仓库系统设计中，究竟采用哪种布置方式，应该视仓库在整个企业物流中的地位和作用而定。

2. 高架区堆垛机的布局

一般的自动化立体仓库为单元货格式，其主要作业设备是有轨巷道式堆垛机（以下简称堆垛机）。堆垛机的布置有直线轨道式、U 形轨道式和转轨车式三种方式，如图 5-31 所示。直线轨道每条巷道配备一台堆垛机；U 形轨道式的每台堆垛机可服务于多条巷道，通过 U 形轨道实现堆垛机的换巷道作业；转轨车式的堆垛机通过转轨车服务于多条巷道。通常以每条巷道配备一台堆垛机最为常见。当库容量很大、巷道数多而入出库频率要求较低时，可以采用 U 形轨或转轨车方式以减少堆垛机的数量。

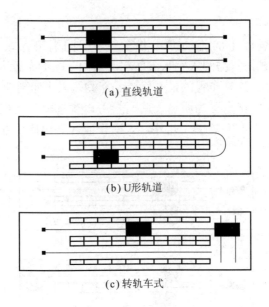

图 5-31 堆垛区的布局形式

3. 入出库输送系统

对于采用巷道式堆垛机的自动化立体仓库，巷道式堆垛机只能在高架区的巷道内运行，故还需要各种搬运设备与之配套衔接，使入库作业区、出库作业区（包括检验、理货、包装、发运等作业）与高层货架区联结起来，构成一个完整的物流系统。究竟采用什么搬运设备与之配套，是总体设计中要解决的问题。一般来说，高层货架区与作业区之间常用的衔接方式有以下四种。

1) 叉车、入出库台方式

叉车、入出库台方式是最简单的一种配置方式，如图 5-32 所示，在货架的端部设立入库台和出库台。入库时，用搬运车辆（叉车、有轨小车、AGV 等）将托盘从入库作业区运到入库台，由高架区内的堆垛机将其取走送入货格。出库时，由堆垛机从货格内取出货物单元，放到出库台上，由搬运车辆取走，送到出库作业区。

2) 连续输送机方式

连续输送机方式是一些大型自动化立体仓库系统和流水线最常用的方式，如图 5-33 所示。整个入出库系统可根据需要设计成各种形式。其入出库运输系统可以分开设置（如设在仓库的两端或同端不同的平面内），也可以合为一体，既可出库又可入库。通常还可配置一些升降台、称重、检测和分拣装置，以满足系统的需求。

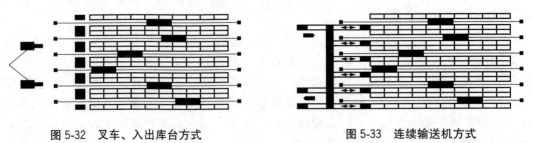

图 5-32 叉车、入出库台方式　　　　图 5-33 连续输送机方式

3）AGV方式

AGV方式（见图5-34）是由AGV和巷道内输送机组成的入出库系统，一些和自动化生产线相连接的自动化立体仓库（如卷烟厂的原材料库等）经常采用这种方式。这种入出库系统的最大优点是系统柔性好，可根据需要增加AGV的数量，这也是一种全自动的输送系统。

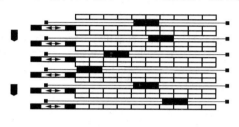

图5-34　AGV方式

4）穿梭车方式（RGV）

穿梭车方式（见图5-35）是由巷道内输送机、穿梭车和入出库输送机构成的入出库系统，由于穿梭车具有动作敏捷、容易更换的特点，因此也被广泛地应用在自动化立体仓库系统中。其柔性介于输送机和AGV之间，是一种经济高效的入出库输送系统。

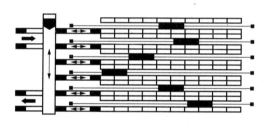

图5-35　穿梭车方式

 思考与案例分析

1. 思考题

（1）影响仓储系统保管空间的主要因素有哪些？
（2）请比较自动化立体仓库的几种物流模式。
（3）请论述自动化立体仓库的入出库输送系统。
（4）请分析不同货区布置的特点。
（5）规划一个完整的仓储系统需要考虑哪些因素，如何对设施设备进行布置？

2. 案例分析

某家电企业的仓储系统规划

1）简介

因业务的迅速扩张以及企业发展战略的调整，某家电销售集团拟在某地建立一个物流中心为自己的连锁门店提供仓储服务，同时给同类家电企业提供第三方仓储物流服务。该物流中心占地面积46 000平方米，主要功能是中转换装、仓储、运输代理、信息配载、搬运装卸、生活服务等。

2) 规划基本信息

该仓储区内主要计划用来储存家用电器，使用货架仓库，储存托盘规格为重 1 t，800 mm×1 200 mm 的金属托盘。根据往年历史数据（见表 5-11），请以此基础数据对仓储系统合理规划。

表 5-11 产品订货量和订单次数统计表

序号	产品名称	订货量/（托盘/月）	订单次数/（次/月）
1	某品牌水管	11	3
2	某热水器	4 120	501
3	某味精	1 428	12
4	某水龙头	61	71
5	某空调 A	3 325	337
6	某 DVD	5 237	285
7	某电视	1 473	353
8	某厨具	6 781	2 178
9	某家用小电器	3 282	247
10	某真空管	2 447	1 031
11	某饮料	944	44

分析讨论题：

(1) 根据以上信息，该仓储系统至少需要哪些储存设施设备？数量各是多少？

(2) 根据案例信息，该仓储系统的各功能区的面积应如何划分？请进行说明。

(3) 请根据以上信息，设计该仓储系统布局平面设计图。

第 6 章

仓储业务管理

 引导案例

美的电子仓储管理系统案例

创建于1968年的美的集团,是一家以家电业为主,涉足房产、物流等领域的大型综合性现代化企业集团,是中国最具规模的家电生产基地和出口基地之一。1980年,美的正式进入家电领域。目前,美的集团员工13万人,旗下拥有美的、小天鹅、威灵、华凌等十余个品牌。除顺德总部外,美的集团还在国内的广州、中山、重庆、安徽合肥及芜湖、湖北武汉及荆州、江苏无锡、淮安及苏州、山西临汾、河北邯郸等地建有生产基地;并在越南、白俄罗斯建有生产基地。

美的集团的主要产品有家用空调、商用空调、大型中央空调、风扇、电饭煲、冰箱、微波炉、饮水机、洗衣机、电暖器、洗碗机、电磁炉、热水器、灶具、消毒柜、电火锅、电烤箱、吸尘器、小型日用电器等大小家电和压缩机、电机、磁控管、变压器、漆包线等家电配套产品,拥有中国最大最完整的空调产业链和微波炉产业链,拥有中国最大最完整的小家电产品和厨房用具产业集群。

在 2005 年 8 月国家商务部公布的"2004 年中国出口额最大的 200 家企业"名单中,美的位列第 57 位。2010 年 10 月,美的全年销售突破 1 000 亿元人民币,实现十年增长十倍的奇迹。

展望未来,美的将持续稳定发展,形成产业多元化、发展规模化、经营专业化、业务区域化、管理差异化的产业格局,拥有健康的财务结构和明显的企业核心竞争优势,并初步具备全球范围内资源调配使用的能力。

在美的集团快速发展过程中,美的在仓储方面曾遇到的如下问题。

(1) 现场货物管理混乱、旺季收发货效率低,没法提高仓储管理质量和效率。

（2）无法满足新的精确化货位管理要求，即产品放在哪个货位上，以及这个货位上的收发货顺序问题。

（3）无法保证库存的准确性及发货的准时性，客户抱怨较大。

（4）不能准确知道货物的库龄情况，有货物积压很久的情况。

（5）无法从整体上提高仓库的运作水平，不能很好地满足生产和销售的需求。

为了解决以上问题，美的电子股份有限公司确定其存储系统的建设目标，即建立一套高度自动化、集成化的企业网络型仓储管理系统，实现对公司仓储网络资源的合理控制和有机管理，有效提高仓储工作效率和效益；与现有的销售系统进行无缝集成，使整体运作效率得到有效提高；实现对仓库的货位管理，有效提高库存管理的准确性和发货及时性；为仓库的收、发货作业提供快速、准确的指导；保证仓库的整体运作水平，有效地满足生产和销售的需求。

6.1　仓储业务管理的内容

仓储业务管理是仓储管理中"储"的重要组成部分，做好这项工作，可以准确、及时地为生产和销售提供供给，确保生产和销售的正常进行，并且有利于保证商品质量，减少损耗，降低产品成本。此外，良好的仓储业务管理不仅可以加速资金周转，提高企业经济效益，还能确保商品储存安全，保护企业生产经营成果。

储运业务管理是指对物资的入库、保管和出库等业务活动所进行的计划、组织、指挥、监督和调节。业务管理使仓库各项活动按照一定的程序在空间和时间上进行安排和组织，使整个储运过程有条不紊连续进行。仓储活动管理对象主要是仓储业务，包括货品的入库、出库、在库盘点，以及装卸搬运、包装、流通加工等辅助性工作。其要求达到在仓库经营方面能保管好、周转快、消耗低、费用省的目标；在储运工作方面能达到快进、快出、多储存、保管好的目标。

6.1.1　货物入库验收概述

由于入库货物的来源复杂、运输条件上存在差异，包装质量不等，致使货物在物流过程中产生复杂变化并对其数量和质量产生一定的影响。为确保货物在数量上的准确与质量上的完好，必须对入库物资进行认真、细致的验收工作。

货物验收是核对验收凭证、对货物实体进行数量和质量检验的技术活动的总称，是确保入库货物数量准确、质量完好的一个重要环节。

1. 验收的意义

1) 为货物的保管和出库投入使用打下基础

只有在入库验收时将货物的实际状况彻底检验清楚，才能剔除其中的残次不合格品，才能为制定保管保养措施提供依据，才能在最终出库时为用户提供数量准、质量好的货物。因此，任何粗枝大叶、麻痹疏忽、不负责任的验收态度，都会给以后的工作造成混乱和损失。

2) 对货物的生产起监督和促进作用

验收工作实际是对货物产品质量、包装、运输等情况的一次全面考核。验收中发现并反映的产品质量等问题，都会对有关部门的质量管理工作起一定的推动作用。

3）验收记录是仓库拒收、退货、索赔的依据

如果货物入库时未进行严格的验收，或没有做出正确的验收记录，而在保管中或发货时才发现问题，定会造成工作上极大的被动，甚至带来不必要的损失。

2. 货物验收的基本要求

1）严肃

验收人员必须具有高度的责任心，严格按制度、规定、标准和手续进行检验，并对验收工作负全部责任。

2）准确

对入库货物的品种、规格、数量、质量的验收，必须做到准确无误，不得掺入自己的主观偏见和臆断。要如实反映货物当时的实际情况并真实、准确地加以记录。

3）及时

要按照有关规定及时完成验收工作，提交验收结果，以保证货物尽快入库、及时供应，并在规定期限内处理有关纠纷。

3. 验收工作要点

验收工作的要点可以概括为"三抓"和"五清"。"三抓"即指验收时抓数量、抓重量、抓质量；"五清"即指验收要数量清、重量清、质量清、规格清、批次清。

6.1.2 货物保管概述

货物处于保管阶段，围绕保护其使用价值和质量而进行的养护、管理等一系列技术活动，称为货物（仓库）保管业务。货物完成验收入库程序到出库作业为止的这段时间，称为货物保管阶段。

1. 在库保管的意义和目的

在库保管决定仓库的业务信誉，制约货物在库的费用水平与保管成本，从而为提高仓库的社会效益和经济效益提供保证。

保管业务水平决定了库存货物的使用价值（表现为质量）与价值（表现为数量）的保护水平，决定了仓容实际利用的程度，从而左右了仓库的储存量及人、财、物的合理使用程度。

货物保管保养的目的是保证货物流通的顺利进行，实现"四保"。

1）保质

库存货物无论储存时间长短，通过保养活动都应使其保持原来的质量标准。

2）保量

货物库存期间，其实物动态与账务动态一定要相符，做到件数不短缺，重量不亏损，账、卡、物相符。

3）保安全

通过一系列保管活动，做到防火、防盗、防变质，确保库存货物安全无事故。

4）保急需

仓库应在最短时间内，按用户需求，将调拨单所列货物按质、按量、及时、准确地发出库。

2. 在库保管的基本要求

货物保管要求达到库区规划化、存放系列化和保养经常化。

1) 库区规划化

库区规划化是指按照仓库的储存任务及货物的性能和要求,对库区进行分类分区合理布局,做到统一规划、堆码有序、标记鲜明、库容整齐。

2) 存放系列化

存放系列化是指按照货物的不同质量、规格、定位存放,做到规格不混,材质不混,数量准确,账实相符。

3) 保养经常化

保养经常化是指按照货物性能特点采取相应的保管方法,经常检查,做到"五防"(防火、防盗、防潮、防锈、防霉变)"三无"(无损坏、无变质、无隐患)。

3. 库存货物保管要点

库存货物保管的要点可概括为"三清""两齐""三相符"。"三清"即要求保管过程中一要数量清,二要材质清,三要标志清;"两齐"指的是库容整齐和堆码整齐;"三相符"即要求保管过程中尽量达到账实相符、账卡相符、卡物相符。

6.1.3 库存检查概述

库存检查是保证库存账实一致的一个重要手段。通过库存检查来确定实际库存是否与账目一致,以便及时进行调整,并找到出现不符的原因,进行更有效的管理。

1. 库存检查的内容

对库存货物进行经常的检查是为了摸清货物在储存期间的变化情况、掌握库存动态、及时发现和解决保管中存在的问题等,其主要内容如下。

(1) 查质量。检查并解决在库货物霉变、渗漏、虫蛀、鼠咬、二次污染等问题。

(2) 查数量。核对账、卡、物是否一致,数量是否准确。

(3) 查保管条件。看货垛是否牢固,苫盖是否妥善,库房有无积水、杂物等。

(4) 查安全。检查各种安全措施和设备是否齐备、有效,是否符合要求。

(5) 货物的盘点。与检查同时进行的盘点,是保证库存货物质量、数量的重要措施,其方式如下。

① 定期盘点。每月末或季度末、年终所进行的例检是对库存货物进行的全面性盘点,应带账到现场逐垛、逐架、逐笔进行清点、核查。

② 动碰盘核。又称"日点对",是日常盘点的一种方法,即对每天动过、碰过或发出后的货垛随即轧查点结。其特点是花费时间少、发现差错快,能及时解决问题、挽回损失。

③ 巡回核对。即保管员在日常工作中对所管货区进行巡回观察、核对以及时发现并解决问题。

④ 临时盘点。根据需要进行的临时突击盘点,可以是全面的,也可以是局部重点的。

(6) 盘点结果处理。即对检查盘点中发现的问题进行处理,分为以下几种情况。

① 规定标准内的盈亏。又称"合理盈亏",是指盈亏数量不超过规定标准的,处理办法是经部门主管领导批准后核销。

② 超过标准的盈亏。应查明原因，作出分析，写出报告，按审批程序报上级备案后，按公司有关规定处理。

③ 此多彼少、总数相符。属于同一品种、不同规格的货物可经部门主管和财务主管同意后进行规格间的数量调整；不是同类货物的，按超标准盈亏处理。

④ 质量变化。要查明原因，做好记录，在采取挽救措施的同时，通知销售部尽快调拨。对完全变质、失效的，除按有关规定提出报废外，更应查明是保管不善造成的，还是货物超过规定的保管期限所致，以便分清责任、总结经验。

⑤ 积压货物。盘点中如发现长期无动态的积压货物或超过保管期限的货物，应立即向上级领导发出书面通知，催促处理。

2. 维护保养措施

维护保养措施是指为杜绝或减少库存货物发生质量变化而采取的措施。在保养过程中，根据货物性能、特点要求，尽可能地安排适合的保管场所，改善保管条件；妥善做好码垛及苫垫；保持库区卫生经常化；对库存货物进行经常检查，发现问题及时解决；做好季节性预防工作，如防汛、降温、防冻等工作；对有要求的库房严格进行温湿度控制；对发生变质迹象的货物，及时采取措施，进行清理换箱等，防止变质扩大发展，以减少损失。

3. 库存检查要点

库存检查要点可概括为"五查"和"三无"。"五查"即查库存、查货垛、查动态、查异状、查安全；"三无"即在库存检查时要求货物无霉烂、无变质、无超耗。

6.1.4 货物出库概述

货物出库也称发货，是物资储存阶段的结束。它是凭据财务部开列的产品出库凭证，通过审单、查账、发货、交接、复核、记账等一系列作业，把储存货物点交给用户或代运部门的业务过程。

1. 货物出库的基本要求

货物出库时应根据正式的凭证和手续，准确、及时、安全地组织好出库工作。

（1）货物出库必须准确。准确是工作质量的一个重要标志，没有准确就没有质量，出库工作就会变得毫无意义。所谓准确就是按照出库凭证所列的物资编号、品名、规格、质量、等级、单位数量等，准确无误地进行点交，做到单货相符，避免差错。

（2）货物出库必须及时。在手续健全的前提下，发货力求简便，要加快速度及时组织好货物出库作业。

（3）货物出库必须安全。所谓出库安全，就是在出库时要安全操作，防止物资震坏、摔伤、破损、变形，以保证货物出库时质量完好。

2. 货物出库的原则

（1）先进先出。为避免货物长期在库存放而超过其储存期限或增加自然损耗，通常坚持"先进先出、后进后出"的原则。

（2）凭证发货。"收有据、出有凭"是收发货物的重要原则。所谓凭证发货就是指出库必须凭正式单据和手续，持非正式凭证或白条一律不予发放。

3. 货物出库要点

货物出库要点可概括为"三不""三核""五检查"。"三不"指货物出库时未接凭证不翻账、不经审单不备货、未经复核不放行;"三核"指发货时核对凭证、核对账卡、核对实物;"五检查"指对单据和实物进行品名检查、规格检查、包装检查、件数检查、重量检查。

6.2 仓储入库管理

仓储入库管理是根据货物入库凭证,在接受入库货物时所进行的卸货、查点、验收、办理入库手续等各项业务活动的计划和组织。其基本要求是保证入库货物数量准确、质量符合要求、包装完整无损、手续完备清楚、入库迅速。

6.2.1 影响入库作业的因素

入库作业是其他库存作业环节的开始,主要包括核验单据,装卸,搬运,分类,验收和确认货物后,将货物按预定的货位储存入库的整个过程。因此进行入库作业时需要了解影响入库作业的因素,并制定一定的作业原则,使入库作业能更高效地进行。

1. 影响入库作业的具体因素

影响入库作业的因素主要来自供应商及其送货方式,货物种类与特性,数量、入库作业与其他作业的相互配合等方面。

1) 供应商及其送货方式

每天送货的供应商的数量及供应商所采用的送货方式、送货工具、送货时间等因素都会直接影响进货作业的组织和计划。

在具体分析时,要注意以下几个方面的数据:每天前来送货的供应商的平均数和最大数、送货的车型及车辆数目、每辆车平均所需的卸货时间、货车到达的高峰时间、中转运输的高峰时间、货物装载形式、货物到达时间等。

2) 货物种类与特性

不同货物具有不同的特性,也就需要采用不同的作业方式,因此每种货物的包装形态、规格、质量特性及每天运到的批量大小,都会影响物流中心的进货作业方式。

在具体操作时,应掌握以下数据:每天入库货物的平均及最多数量、货物的单元尺寸及重量、包装、保存期限、装卸搬运方式等。

3) 入库作业人员

在安排入库作业时,要考虑现有的工作人员及运力的合理利用,尽可能缩短入库作业时间,避免车辆等待时间过长。

2. 入库作业的组织原则

(1) 尽量将卸货、分类、加注标志、验货等理货作业集中在同一个工作场所进行。

(2) 依据各作业环节的相关性安排活动。避免倒装、倒流。

(3) 将作业人员集中安排在入库高峰期。

(4) 合理使用可流通的容器,尽量避免更换。

(5) 详细认真地处理入库资料和信息,便于后续作业及信息的查询与管理。

6.2.2 货物入库准备

仓库应根据仓储合同或入库单、入库计划及时地进行库场准备，以便货物能按时入库，并保证入库顺利进行。仓库的入库准备需由仓库的业务部门、管理部门、设备作业部门分工合作，做好以下几项工作。

1) 熟悉入库货物

仓库业务、管理人员应认真查阅入库货物资料，必要时向存货人询问，掌握入库货物的品种、规格、数量、包装状态、单件体积、到库确切时间、货物存期、货物的物理化学特性、保管的要求等，据以精确和妥善地进行库场安排、准备。

2) 掌握仓库的库场情况

了解货物入库和保管期间仓库的库容、设备、人员的变动情况，以便安排工作。必要时要对仓库进行清查、清理归位，以便腾出仓容。对于必须使用重型设备操作的货物，一定要确保可使用设备的货位。

3) 制订仓储计划

仓库业务部门根据货物、仓库和设备情况，制订仓储计划，并将任务下达到各相应的作业单位和管理部门。

4) 妥善安排货位

仓库部门根据入库货物的性能、数据、类别，结合仓库分区分类保管的要求，核算货位大小，并根据货位使用原则，妥善安排货位、验收场地，确定垛放方法、苫垫方案等准备工作。

5) 做好货位准备

仓库人员要及时进行货位准备，彻底清洁货位，清除残留物，清理排水管道（沟），必要时安排消毒除虫、铺地，详细检查照明、通风等设备，发现损坏及时通知修理。

6) 准备苫垫材料、作业用具

在货物入库前，根据所确定的苫垫方案，准备相应的材料，并组织衬垫铺设作业。对作业所需的用具，准备妥当，以便能及时使用。

7) 验收准备

仓库理货人员根据货物情况和仓库管理制度，确定验收方法。准备验收所需的点数、称量、测试、开箱装箱、丈量、移动、照明等工具、用具。

8) 装卸搬运工艺设定

根据货物、货位、设备条件、人员等情况，合理科学地制定卸车搬运工艺，保证作业效率。

9) 文件单证准备

仓库人员对货物入库所需的各种报表、单证、记录簿等，如入库记录、理货检验单、物料卡、残损单等预填妥善，以备使用。

6.2.3 货物入库检验

入库货物的质量检验包括外观质量查验和内在质量检验，也可分为数量检验和质量检验。货物数量检验包括毛重、净重确定，件数理算、体积丈量等。质量检验是对货物外表、内容的质量进行判定。

在一般情况或者合同没有约定检验事项时，仓库仅对无须开箱、拆捆而直观可见可辨的质量情况，如货物的品种、规格、数量、外包状况进行检验。对于内容的检验则根据合同约定、作业特性确定。如果需要进行配装作业的仓储，就需要检验所有货物的品质和状态。

1. 检验方法与标准

货物质量检验的方法一般根据仓储合同约定；没有约定的，按照货物的特性和仓库的习惯确定。新产品的不断出现，要求仓库人员认真研究各种检验方法，提高检验的有效性。货物检验的常用方法如下。

（1）视觉检验。在充足的光线下，利用视力观察货物的状态、颜色、结构等表面状况，检查有无变形、破损、脱落、变色、结块等损害情况，以判定质量。

（2）听觉检验。通过摇动、搬运操作、轻度敲击，听取声音，以判定质量。

（3）触觉检验。利用手感鉴定货物的细度、光滑度、黏度、柔软度等，判定质量。

（4）嗅觉、味觉检验。通过货物所特有的气味、滋味等判定质量，或者感觉到串味损害。

（5）测试仪器检验。利用各种专用测试仪器进行货物性质测定。如含水量、密度、黏度、成分光谱等测试。

（6）运行检验。对货物进行运行操作，如电器、车辆等，检查操作功能是否正常。

2. 外观质量检验

1）包装检验

检验包装有无被撬开、开缝、挖洞、污染、破损、水渍和粘湿等不良情况。其中撬开、开缝、挖洞可能是被盗的迹象；污染为配装、堆存不当所造成；破损有可能因装卸、搬运作业不当造成；水渍和黏湿有可能是雨淋、渗透、落水或内容渗漏、潮解造成的。

2）货物外观检验

对无包装的货物直接查看货物的表面，检查是否有生锈、破裂、脱落、撞击、刮痕等损害。

3）重量、尺度检验

对入库货物的单件重量、尺度进行衡量测定。

4）标签、标志检验

即检查货物标签、标志是否具备、完整、清晰，与货物的内容是否一致等。

5）气味、颜色、手感检验检查

判定货物是否新鲜，有无变质，有无结块、干涸、融化，含水量多少等。

6）打开外包装检验

开包检验必须保证至少有两人在现场，检验后在箱件上印贴已验收的标志。

3. 内在质量检验

内在质量检验是指对货物的内容进行检验，包括对其物理结构、化学成分、使用功能等的鉴定，由专业技术检验单位进行，检验后出具检验报告说明货物质量。

4. 入库货物检验的程度

入库货物检验的程度是指对入库货物数量和质量实施检验的数字指标值，分为全查和抽查，原则上应采用全查的方法。对于大批量、同包装、同规格、较难损坏、质量较高、可信赖的货物，可以采用抽查的方式进行。

5. 入库检验时间

对货物的数量、外表状况应在入库时进行检查；对货物内容的检查，在合同的约定时间之内进行，或者按惯例在入库后 10 天以内进行，国外到货须在 30 天内进行内容质量检验。

6.2.4 入库手续交接和登记

入库货物点数、查验之后，可以安排卸货、搬运、入库堆码表示仓库接收货物。在卸货、搬运、入库堆垛作业完毕后，与送货人交接手续，并建立仓库台账。

1. 交接手续

交接手续是指仓库对收到的货物向送货人进行的确认，表示已接受货物。办理完交接手续就意味着划清运输、送货部门和仓库的责任。完整的交接手续包括接受货物、接受文件和签署单证三个内容。

（1）接受货物是指仓库通过理货、查验货物，将不良货物剔出、退回，或编制残损单证等以明确责任，并确认收到货物的确切数量、货物表面状态。

（2）接受文件是指接受送货人送交的货物资料、运输的货运记录、普通记录等，以及随货附带、在运输单证上注明相应文件，如图纸、准运证等。

（3）签署单证是指仓库与送货人或承运人共同在送货人交来的送货单、交接清单上签字，并留存相应单证。提供相应的入库、查验、理货、残损单证、事故报告，由送货人或承运人签字。

2. 登账

货物入库后，仓库应建立详细反映物质仓储的明细账，登记货物进库、结存的详细情况，用以记录库存货物动态和入出库程序。登账的主要内容有物质名称、规格、数量、件数、累计数或结存数、存货人或提货人、批次、金额，注明货位号或运输工具、接（发）货经办人。

3. 立卡

货物入库或上架后，将货物名称、规格、数量或出入状态等内容填在物料卡上，称为立卡，又称为货卡、货牌，如表 6-1 所示，货卡插放在货架上货物下方的货架支架上或摆放在货垛正面明显位置。

表 6-1 物料卡

主货位	库	架		层		位	
副货位	库	区		排		位	
物资名称							
规格型号							
物资型号							
库存数量			万	千	百	十	个
计量单位				计划单价			
质量				备注			

4. 建档

仓库应对所接受仓储的货物或者委托人建立存货档案或者客户档案，以便货物管理和保持客户联系，也为将来可能发生的争议保留凭据，同时有助于总结和积累仓库保管经验，研究仓储管理规律。

存货档案应设置一货一档，将该货物入库、保管、交付的相应单证、报表、记录、作业安排、资料等的原件或者附件，复制存档。存货档案应统一编号，妥善保管，长期保存。

6.3 仓储在库管理

仓储在库管理是研究货物性质及货物在储存期间的质量变化规律，以便采取各种有效的科学措施和保管方法，创造适宜于货物储存的条件，维护货物在储存期间的安全、保护货物的质量和使用价值、最大限度地降低损耗的一系列活动，是对仓储活动的现场管理。对盘点技术和养护技术的掌握是搞好仓储在库管理的重点。"5S"现场管理在仓储企业里应用日益普及。

6.3.1 "5S"现场管理

企业员工工作的场所就是现场，对企业员工现场工作行为的管理就是现场管理。每个企业都要实施现场管理。日本企业的现场管理主要内容包括整理、整顿、清扫、清洁、素养五个项目（日语的拼音为 SEIRI、SEITON、SEISO、SEIKETSU、SHITSUKE，简称"5S"）。5S现场管理对企业的作用可以从对外、对内两方面来分析。对外主要是对企业投资者的作用；对内主要是对企业员工的影响。

以5S为基础的现场管理就是5S现场管理。制造产品时的现场管理的理想状态是机器、设备、人、资金、产品、形象、效率、工场、流程、成本等完全没有浪费，与这种理想状态的接近程度标志着管理水平的高低。5S现场管理在国内仓储企业中逐渐得到普及。

1. 现场管理存在的浪费

要提高管理水平，就要从消除浪费上入手。企业一般会存在以下浪费现象，大部分与仓储管理或物流管理有关。

1）*生产浪费*

生产浪费包括在下道工序不需要的情况下生产了过多的半成品、在没有订单的时候生产了过多的成品、由于没有可操作的标准性文件造成品质不统一等。

2）*库存浪费*

库存浪费包括提前购买了生产上暂时不用的原材料、由于管理不到位造成的原材料过期失效、没有及时地处理掉不可能再用的物品等。

3）*时间浪费*

时间浪费包括寻找物品时造成的时间浪费、过多无效的会议造成的时间浪费、多余的传呼和废话造成的时间浪费、时间安排不合理造成的时间浪费等。

4）*空间浪费*

空间浪费包括仓库里放置用过的包装物没有及时地清理；工作台的非工作用品占据了大

量空间；车间里成品、半成品没有分类分区标识；办公区的过期文件资料等。

5) 等待浪费

等待浪费包括去仓库领料不及时而造成的等待浪费、配件不能及时供应而造成的生产等待、不能及时找到工具而造成的工作等待、生产不均衡而造成的下道工序等待等。

6) 士气浪费

士气浪费包括工作环境影响员工的工作品质、脏乱差的环境不利于提高员工的士气、混乱的工场会破坏员工的情绪、没有秩序的工场不利于员工人际关系等。

7) 流程浪费

流程浪费包括不必要的工作环节会产生工作的浪费、不必要的走动距离会增加搬运的浪费、流程设计不合理会产生重复劳动、采取了落后的传递方式（包括未充分利用网络的优势）等。

8) 停机浪费

停机浪费包括设备突发性停用而导致的机器维修浪费、停机造成的生产停顿的损失、停机员工不能工作造成没有经济收入、停机会延迟交货造成企业信誉浪费等。

以上种种浪费消耗了企业巨大的利润。这些浪费都是员工做出来的。5S现场管理就是通过让员工参与管理，改变员工的行为来开发员工的智慧，最终杜绝浪费，提高企业的管理水平。

2. "5S"现场管理的内涵

5个"S"不是各自独立、互不相关的，它们之间是相辅相成、缺一不可的关系。整理是整顿的基础，整顿是整理的巩固，清扫显现整理、整顿的效果，而通过清洁和素养，则在企业形成整体的改善氛围。5个"S"之间的关系如图6-1所示。

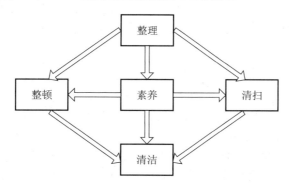

图6-1 5个"S"之间的关系

1) 整理

整理是将有用的东西和无用的东西分开，在岗位上只放置必需物品，将无用的东西清理掉，只留下需要的物品和需要的数量。其目的是腾出空间来活用，防止误用。通过整理，可以使现场无杂物，通道畅通，增大作业空间，提高工作效率；减少碰撞，保障生产安全，提高产品质量；消除混料差错；有利于减少库存，节约资金；使员工心情舒畅，工作热情高涨。

整理时，按第一审查和第二审查两个步骤进行。第一审查时，在作业现场只要判断是无用的内容，就可以将其扔掉；第二审查则是考虑到其他部门可能要用，让上司或其他部门领导管理者来看一下，是否能用，然后扔掉第二审查也判断无用的物品。

具体整理时,需要对所有的工作场所(范围)全面检查,包括看得到的和看不到的。

(1) 整体区域。无用物品是否散乱、是否放置着未明确标明有用还是无用的物品、是否明确标明无用物品的处理方法等。

(2) 角落里或地面。有没有放没用的东西,有无不用的台车、大型工装、工具,产品或工具是否直接放在地面上等。

(3) 工作场地、操作台、机器上、工具柜中。有没有无用的东西、有没有无用的半成品等。

(4) 办公区域。抽屉和柜子里有没有无用的东西或私人物品、桌子上是否有多余的办公用品或无用物品、计算机里有没有过期不用的文件等。

(5) 材料架。有没有不用的材料、有没有报废的材料、有没有其他非材料性物品等。

(6) 墙上。有没有过期的标语、指示牌,有没有多余的配线、配管,有没有蜘蛛网等。

(7) 室外。有没有废弃的工装夹具、生锈的材料、杂草等。

这个过程中,区分"需要"和"不需要"是关键。

每个企业都会制定具体的标准来进行区分"需要"与"不需要"。不需要的物品留着就是浪费,有一些是不可避免的,而有一些是可以避免的,要分析那些不需要物品的来源,不断改善工作,尽量避免不需要物品的产生。

2) 整顿

每一个必要的物品都有一个放置的地方,且都应放在它应该放置的地方。应将有用的必要品放置的地方做好标识,以便于任何人取放。整顿的目的就是使工作场所一目了然,减少找寻物品的时间,维持井井有条的工作秩序。

整顿应坚持四个原则:一是"三易",即易取、易放、易管理,整顿的结果要使任何人都能立即取出所需要东西;二是"三定",即定位、定数量、定容器,定位是指所有物品都有自己的位置,任何人都能找到,定容器是指同一类物品选择同一种最适合的容器;三是"目视化",即物品是什么、在哪里、有多少,一看便知;四是动作经济,即依据人机工程学原理来进行动作,例如,应减少不必要动作产生的浪费,保持舒适的姿势、舒适的动作,双手同时开始和结束动作,运用自然重力而非肌肉,移动的节奏应该平稳等。

通过整顿,可以提高工作效率,消除寻找时间,即刻发现异常的发生(例如丢失、损坏等),并能获得操作结果的标准化。

整顿时,需要彻底地进行整理,确定放置场所,注意不要妨碍其他物品,并且规定放置顺序以便容易拿出来,规定放置方法并进行标识,整理工作如果不到位,整顿就可能浪费空间,而且零件或产品会因不能用而造成浪费,连管理不要的东西也会造成浪费(如库存管理和盘点都会比较麻烦)。

3) 清扫

清扫的目的是清除脏污,保持工作场所干干净净、明明亮亮,让员工感受清新的工作氛围,并且使得缺陷表面化,稳定品质,让设备保证完好可用。清扫中,最高领导必须以身作则,并保证人人参与、责任到人,并与点检、保养工作充分结合;还要杜绝污染源,建立清扫基准。

清扫一般要"三扫":一是扫黑,即扫除垃圾、灰尘、粉尘、纸屑、蜘蛛网等。二是扫漏,即扫除漏水、漏油、漏气、漏处理等。三是扫怪,即扫除异常的声音、温度、振动等。

清扫的检查要点包括是否有水、油流淌、堆积,是否被纸屑、油或灰尘污染,各部位是否被铁屑或油污染,上面、下面、里面脏不脏,标签脏不脏,通过清扫是否会发现设备管理的微小缺陷,架子或工作台上是否积存垃圾,照明器具上是否积存灰尘,机器设备是否运转正常、有无异常的噪声或振动,工作服脏不脏、工人的头发长不长,作业台或抽屉中有没有食物或食物渣等。清扫需配合严格的检查,才能真正坚持。

4) 清洁

清洁是将前"3S"实施的做法制度化,规范化,并贯彻执行及维持成果。"5S"一旦开始,不可在中途变得含混不清,如果没能贯彻到底,会形成另外一个污点,这个污点也会造成公司内固定而僵化的气氛。员工会有"公司做任何事都会半途而废""反正不会成功""应付应付算了"的思想。要打破这种僵化,唯有贯彻到底。长时间的烙印需要花一定时间来改正。通过清洁,可以将整理、整顿、清扫取得的效果维持下去,并将其效果持续改善,达到更高的境界。

清洁应遵循"三不"原则:不恢复脏乱、不制造脏乱、不扩散脏乱。想要持续坚持的话,需要严格的制度,包括确定"3S"责任人,将"3S"融入每日工作中,检查维护成效,制定"5S"评分标准等。

5) 素养

素养要求人人依规定行事,养成好习惯,即使在无意识下也能遵守。其目的是提高人的素质,养成认真工作的习惯。从日语的字面上看,素养是把身体变得美丽的意思,就是把身边收拾得整整齐齐,不给对方留下不良感觉,这正是素养的基点。社会上,素养指是否遵守礼节和社会公德;企业里,就是指遵守企业纪律。如果不确立纪律,企业工作就很难执行下去。在5S活动中不厌其烦地指导员工做整理、整顿、清扫、清洁,其目的不仅是让员工将东西摆好、擦干净,更主要的在于通过细琐简单的动作,潜移默化,改变气质,养成良好的习惯。推进素养的有效工具包括宣传报刊、口号、摄影摄像、发布5S手册、开展"5S"月活动等。图6-2显示了推行5S的目的与可能达到的成果。

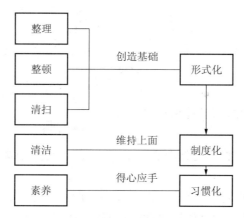

图6-2 推行5S的目的

总之,在仓储系统中推行5S管理,可以使得仓储工作更有效率、更完美。因此,在企业内部推行ISO等的基础上,应当积极引入5S管理方式,以期达到更好的成果。

6.3.2 仓储货物盘点技术

为了有效地控制货物数量而对各库存场所的货物进行数量清点的作业,称为盘点作业。

盘点作业是一项极繁重、最花时间的作业。盘点作业不仅仅是对现有的商品库存状况的清点,而且可以针对过去货物管理的状态做分析,为将来进一步改进货物管理提供依据。因此,盘点作业是衡量配送中心经营管理状况好坏的标准尺度。盘点的结果可以说是一份经营绩效的成绩单。通过盘点作业可以计算出真实的存货、费用率、毛利率、货损率等经营指标。

货物不断地进出库,长期累积下,库存资料容易与实际数量产生不符的现象;或者有些货物因存放过久、不恰当,致使品质机能受影响,难以满足客户的需求。盘点结果的盈亏往往差异很大,若公司未能多加注意且适时、确实施行,对公司的损益将有重大影响。

1. 盘点作业目的及原则

1) 盘点作业目的

盘点作业目的主要有两个:一是控制存货,以指导日常经营业务;二是掌握损益,以便真实地把握经营绩效,并尽早采取防漏措施。具体来说盘点主要包括以下几项内容。

(1) 确定现存量,并修正料账不符产生的误差。物料在一段时间内不断被接收与被发放后,容易产生误差,这些误差的形成原因可能是库存资料记录不确实,如多记、误记、漏记等;库存数量有误,如损坏、遗失、验收与出货清点有误;盘点方法选择不恰当,如误盘、重盘、漏盘等。这些差异必须在盘点后找出错误的起因,并予以更正。

(2) 计算企业的损益。企业的损益与总库存金额有着相当密切的关系,而库存金额又与库存量及其单价成正比。因此为了能准确地计算出企业实际的损益,就必须针对现有数量加以盘点。一旦发现库存太多,即表示企业的经营受到压迫。

(3) 稽核货物管理的绩效,使入出库的管理方法和保管状态变得清晰。如呆废品的处理状况、存货周转率、物料的保养维修,都可以通过盘点发现问题,从而提出改善的方法。

2) 盘点原则

盘点原则因企业的性质不同而不同。生产企业的盘点一般来说比较简单。以连锁销售企业为例,一般每月对货物进行一次盘点,并由总部所设的盘点小组负责各商场的盘点工作。为了确保商品盘点的效率,应坚持以下三个原则。

(1) 售价盘点原则。即以商品的零售价作为盘点的基础,库存商品以零售价金额控制,通过盘点确定一定时期内的商品损益和零售差错。

(2) 即时盘点原则。即在营业中随时进行盘点,"停止营业"和"月末盘点"并不一定才是"正确"的盘点,超市(尤其是便利商店)可以在"营业中盘点",且任何时候都可以进行。

(3) 自动盘点原则。即利用现代化技术手段来辅助盘点作业,如利用掌上型终端机可一次完成订货与盘点作业,也可利用收银机和扫描器来完成盘点作业。

2. 盘点方法

盘点方式有多种,而且不同的盘点方式可以组合运用,企业可以根据自身的情况加以选择。盘点有账面盘点和现货盘点,常见的现货盘点方式有定期盘点和不定期盘点、动态盘点和静态盘点、全面盘点和抽样盘点,还有一种方式称为循环盘点。不管用哪种盘点方式,终极目标是用最少的盘点次数,达到最高水平的仓库管理水平。在进行盘点前要进行盘点准备,并决定盘点时间。

1) 盘点准备

失败的盘点既不能摸清家底、提升管理,又浪费了大量的人力和物力,所以盘点前的充分准备、合理筹划是非常必要的。盘点作业的事前准备工作是否充分,决定了盘点作业的顺利程度。盘点准备工作内容如下。

(1) 明确建立盘点的程序方法;
(2) 配合会计进行盘点准备;
(3) 盘点、复盘、监盘人员必须经过培训;
(4) 经过培训的人员必须熟悉盘点用的表单;
(5) 盘点用的表格必须事先印制完成;
(6) 库存资料必须确实结清。

2) 盘点时间确定

一般来说为保证账物相符,货物盘点次数越多越好,但盘点需投入人力、物力、财力,有时大型全面盘点还可能引起生产的暂时停顿,所以,合理地确定盘点时间是非常必要的。引起盘点结果盈亏的关键原因在于入出库过程中发生的错误,入出库越频繁,引起的误差也会随之增加。

决定盘点时间时,既要防止过久盘点对公司造成的损失,又要考虑配送中心资源有限、商品流动速度较快的特点,在尽可能投入较少资源的同时,又要加强库存控制。可以根据商品的不同特性、价值大小、流动速度、重要程度分别确定不同的盘点时间。盘点时间间隔可以每天、每周、每月、每年盘点一次不等。如 A 类主要货品每天或每周盘点一次,B 类货品每两三周盘点一次,C 类不重要的货品每月盘点一次即可。另外必须注意的问题是,每次盘点持续的时间应尽可能短,全面盘点以 2~6 天内完工为佳。盘点的时间一般选择如下。

(1) 财务结算前夕。通过盘点计算损益,以查清财务状况。
(2) 淡季进行。因淡季储货较少,业务不太繁忙,盘点较为容易,投入资源较少,且人力调动也较为方便。

3) 盘点方法确定

因盘点场合、要求不同,盘点的方法也不同。为满足不同情况的需要,尽可能快速准确地完成盘点作业,所采取的盘点方法要最有利,且不至于使盘点混乱。

(1) 账面盘点,又称为"永续盘存制",指企业设置各种有数量有金额的存货明细账,根据有关入出库凭证,逐日逐笔登记材料、产品、商品等的收发领退数量和金额,随时得出账面结存数量和金额。采用永续盘存制,可以随时掌握各种存货的收发、结存情况,有利于存货的各项管理。

(2) 现货盘点(实地盘点)。"现货盘点"又称"实盘",是指实地清点调查仓库内货品的库存数,再依货品单价计算出实际库存金额的方法。

要得到最正确的库存情况并确保盘点无误,最直接的方法是确定账面盘点与现货盘点的结果要完全一致。如果存在差异,即出现"账货不符"的现象,就需要查明原因。

现货盘点依其盘点时间频率的不同又可分成"期末盘点"和"循环盘点"。期末盘点指在期末清点所有货品数量的方法;而循环盘点则是在每天、每周进行少品种、少量的盘点,并确保到了月末或期末每种货品至少完成一次盘点的方法。

期末盘点法要将所有品项货品一次盘完，因而必须全体员工一齐出动，采取分组的方式进行盘点。一般来说，每组盘点人员至少三人，以便能互相核对，减少错误，同时也能彼此牵制，期末盘点法的步骤如表 6-2 所示。

循环盘点法是将每天或每周当作一个周期来盘点，其目的除了减少过多的损失外，主要是对不同货品加以不同管理，就如商品的 ABC 分析一样，价格越高或越重要的货品，盘点次数越多；价格越低越不重要的货品，盘点次数越少。循环盘点法一次只进行少量盘点，因而只需专门人员负责即可，不需动用全体人员。循环盘点法的步骤如表 6-3 所示。期末盘点法与循环盘点法的比较如表 6-4 所示。

表 6-2　期末盘点法的步骤

盘点步骤	工作内容
第一步	将全体员工进行分组
第二步	由一人先清点所负责区域的货品，将清点结果填入各货品的盘点清单的上半部
第三步	由第二人复点，填入盘点清单的下半部
第四步	由第三人核对，检查前两人的记录是否相同且正确
第五步	将盘点清单交给会计部门，合计货品库存总量
第六步	等所有盘点结束后，再与计算机或账册资料进行对照

表 6-3　循环盘点法的步骤

盘点步骤	工作内容
第一步	确定当天预盘点的货品
第二步	由专门人员负责，利用空挡到现场清点这些货品的实际库存数
第三步	核对盘点货品的计算机库存数
第四步	对照结果，如果发现有差异，马上调查原因，并马上修正

表 6-4　期末盘点法与循环盘点法的比较

项目	期末盘点法	循环盘点法
次数	期末、每年仅数次	平日（每天或每周）
所需时间	长	短
盘点人员	全体人员	专门人员
对运营的影响	大且发现晚	小且发现早
对品项的管理	须停止作业突击进行	无
对不同类货品的管理	平等	A 类重要货品：仔细管理 C 类不重要货品：一般管理
盘差原因查找	不易	容易

6.3.3 仓储货物养护技术

仓储货物养护技术是一项非常重要的工作，也是仓库业务工作的重要内容。货物从生产出来到用户使用要经过运输、装卸、搬运等许多环节，在整个物流活动中货物会受到各种因素的影响，只有对仓储货物进行养护才能保持其使用价值。

1. 货物养护概述

1）货物养护的定义

货物养护是指产品从生产部门进入流通领域后，对不同性质的货物在不同储存条件下采取不同的技术措施，以防止其质量劣化的活动。

货物养护技术是研究货物在库存期间的质量变化并采用科学的方法进行防治的技术。货物养护技术综合物理学、化学、生物学等许多学科。货物养护技术主要是针对货物的特性，在各门学科的总结下逐步发展的。

2）货物养护的意义

货物储存需要货物养护，储存是养护的物质前提，养护是储存的必然产物。货物养护是仓库不可缺少的日常工作，能最大限度地保护货物的质量、减少货物的损失。

任何货物只能在一定的时间内、一定的条件下保持其质量的稳定性，即基本保持其使用价值和价值。货物的种类不同，其质量变化的方式、速度、程度也不同。货物本身的因素和货物储存环境条件决定了货物质量变化的程度。货物越容易发生质变，对储存条件的要求也就越严格，因此，对于易发生质量变化的货物，进行适当的货物养护就更为重要。

货物从工厂生产出来到用户使用，中间要经过运输、装卸、搬运、仓储、分发、使用等许多环节，会受到各种环境因素、人为因素、时间因素的影响。而且仓库里的货物种类繁多、性能各异，在这些外界环境因素的影响下，货物在储存期间会发生物理、化学和生物学的变化，只有对其进行养护，才能保持其使用价值。因此，货物养护对于货物质量起着至关重要的作用。

3）货物养护的任务

货物养护的任务就是最大限度地利用仓库的各种设备和条件，根据货物的种类与特性、危害程度、发生质量变化的速度的不同，按轻重缓急分别研究并且制定相应的技术措施，保证货物质量，以求最大限度地降低货物损耗，避免或减少货物损失。做好货物的养护工作，必须做到以下六个方面。

（1）从仓库实际出发，研究解决仓库中货物发生的质变问题，探讨在储藏过程中货物质量的变化规律。

（2）加强在库货物的质量管理并提出合理养护措施，以降低仓储费用、减少货物损耗。

（3）制定仓储货物损耗的上下限及在库货物的安全储存期，主要是研究货物使用价值的有效期，以防止商品霉坏。

（4）应用货物养护的理论，减少货物污染与环境污染。

（5）探讨仓储货物的分类体系，促使仓储工作向机械化、信息化发展。

（6）普及与提高货物养护理论和实践知识，培养专业货物养护人才。

4）货物养护的基本原则

货物养护工作的基本原则是"以防为主，防治结合"，"防和治"是货物养护不可缺少的两个方面。

"防"是为了避免或减少货物在储存过程中的质量劣化和数量损耗所采取的积极预防措施。预防的具体措施包括对货物储存过程的温度和湿度进行控制、通风、密封、采用新的包装材料及技术等。"防"是主动的，能最大限度地保护货物质量、减少货物损失，有效地控制货物质量和数量的变化，把质量事故消灭在萌芽状态，减少被动因素，防患于未然，可以收到事半功倍的效果。因此必须做到防得早、防得好，工作细致周密。特别要注重预防燃烧、爆炸、火灾、污染等恶性事故和大规模损害事故的发生，及时发现和消除事故隐患。发现损害现象时，要及时采取有效措施。

"治"是指货物出现轻微质量问题后及时救治，是货物面临更大损失时所采取的挽救措施，具体措施如轻微霉变后的晾晒、金属锈蚀后的除锈等。"治"是被动的，是迫不得已的。做好"防"可以减少"治"甚至避免"治"。因此"防"是货物养护的前提和基础，必须千方百计做好"防"。但一旦发生了质量问题，就必须进行及时、有的放矢的"治"。如果"治"得及时，"治"的方法恰当，可以避免货物的使用价值和价值受到更大的影响。

2. 库存货物的变化及其影响因素

1）库存货物的各种变化

（1）库存货物的物理变化。物理变化是指没有新物质生成，不改变物质的本质，只改变物质外在形态或状态，并且可以反复进行变化的现象。机械变化是指货物在外力的作用下，发生形态上的变化。货物仓储过程中常见的物理机械变化有以下七种。

① 溶化。溶化是指固体货物在保管过程中，吸收空气和环境中的水分，当吸收数量达到一定程度时，就会溶化成液体。

对于易溶化的货物应按货物性能分区分类存放在干燥阴冷的库房内，在堆码时要注意底层货物的防潮和隔潮，垛底要垫得高一些，避免与含水量较大的货物共同储存。

② 熔化。熔化是指低熔点的货物受热后发生软化液化的现象。货物的熔化与气温高低、货物本身的熔点、货物中杂质种类和含量有关。熔点越低，越容易熔化；杂质含量越高，越容易熔化。

对于易熔化的货物应根据货物的熔点高低选择阴冷通风的库房储存，在保管过程中可采用密封和隔热的措施，防止日光照射。

③ 挥发。挥发是指低沸点的液体货物，经气化而散发到空气中的现象。货物挥发的速度与空气流动速度的快慢、气温的高低、液体表面接触空气面积密切相关。

对于易挥发的货物应加强包装的密封性，控制仓库温度。高温季节要采取降温措施，保持物品在较低温度条件下储存。

④ 渗漏。渗漏是指易挥发的液体商品，由于包装容器不严密、包装质量不符合货物性能的要求及在搬运装卸时碰撞震动破坏了包装，而使货物发生跑、滴、冒、渗的现象。因此，对于液体货物应加强入库验收和在库货物检查。

⑤ 串味。串味是指吸附性较强的货物吸附其他气体、异味，从而改变其本来气味的现象。对于易串味的货物应尽量采取密封包装，在储存中不得与有强烈气味的货物同库储存，同时还要注意仓储环境的清洁卫生。

⑥ 破碎与变形。破碎与变形是指货物在外力的作用下所发生的形态上的改变。对于容易破碎和变形的商品要注意妥善包装，轻拿轻放。在对货物堆垛时，还要注意货物或货物外包

装的压力极限。

⑦ 玷污。玷污是指货物外表沾有其他较脏的物质，或含有其他污秽的现象。对于有些外观质量要求比较高的货物，比如仪器要特别注意生产、运输储存中的卫生条件及包装。

（2）库存货物的化学变化。化学变化不仅改变物质的外表形态，同时也改变物质的本质，并生成新物质，且不能恢复原状。货物发生化学变化是货物质变的过程，严重时会使货物完全丧失其使用价值。货物仓储过程中常见的化学变化有以下七种。

① 氧化。氧化是指货物与空气中的氧及其他物质放出的氧接触所发生的与氧结合的变化现象。货物发生氧化会降低货物的质量，有的还会在氧化过程中产生热量，发生自燃，甚至还会发生爆炸事故。易氧化货物一定要存储在干燥、通风、散热条件好及温度比较低的仓库内。

② 分解。分解是指有些性质不稳定的货物，在光、热、电、酸及潮湿空气的作用下，由一种物质生成两种或两种以上物质的变化现象。货物发生分解反应后数量减少、质量降低，有的还会在反应过程中，产生一定的热量和可燃气体，具有一定的危险性。

③ 水解。水解是指某些货物遇水发生分解的溶化现象。如肥皂和硅酸盐水解的产物是碱和酸，就同原来的货物具有不同的性质。

④ 化合。化合是指货物在储存期间，在外界条件的影响下，两种及以上的物质相互作用，生成一种新物质的变化现象。

⑤ 聚合。聚合是指有些货物，在外界条件影响下，能使同种分子互相加成后，结合成一种更大分子的现象。一旦发生聚合反应，会造成货物质量降低。储存货物要特别注意日光和储存温度的影响。

⑥ 风化。风化是指含结晶水的货物，在一定温度和干燥空气中，物质丢失结晶水而使晶体崩解，变成非结晶状态的无水物质的现象。

⑦ 锈蚀。锈蚀是指金属或金属合金，同周围的介质相互接触时，相互间发生了某种反应，而逐渐遭到破坏的过程。金属货物会发生锈蚀是由于受到水分和有害的气体影响造成的，金属本身化学性质不稳定也是造成锈蚀的原因。

（3）库存货物的生化变化。生化变化是指有生命活动的有机体货物，在生长发育过程中，为了维持它们的生命，本身所进行的生理变化。货物仓储过程中常见的生化变化有以下六种。

① 呼吸。呼吸是分解货物体内有机物质，消耗营养物质，降低货物的质量。但是保持正常的呼吸作用，是有机体的基本生理活动，货物本身也会因此而具有一定的抗病性和耐储存性。因此，一些鲜活货物的储存应保证它们正常而最低的呼吸，以减少货物损耗，延长其储存时间。

② 发芽。有机货物在适宜的条件下，会从休眠状态发生发芽、萌发。发芽会使有机货物的营养物质转化为可溶性物质，供给有机体本身的需要，从而降低有机货物的质量。因此对于能够萌发、发芽的货物必须控制它们的水分，并加强温湿度管理。

③ 胚胎发育。胚胎发育主要指动物的卵从受精到孵出或产出的发育过程。经胚胎发育的禽蛋新鲜度和食用价值会大大降低。为抑制禽蛋的胚胎发育，仓库应加强温度和湿度管理，减少供氧，低温储藏，也可采用表面涂层、石灰水浸泡等方法。

④ 霉腐。霉腐指非金属货物在微生物作用下所发生的霉变、腐败、性能降低甚至完全损坏的现象。霉腐微生物的破坏性较大，在气温高、湿度大的时节，如果仓库温度和湿度控制

不好，多数霉腐微生物就会大量生长，使货物受到不同程度的损失。

⑤ 虫蛀。货物在储存期间，经常会遭受仓库害虫的蛀蚀，这些害虫不仅破坏货物的组织结构，使货物产生破碎和孔洞现象，而且影响货物质量和外观，降低货物价值。

⑥ 后熟。后熟是指瓜果、蔬菜等食品在脱离母株后继续其成熟过程的现象。瓜果、蔬菜的后熟，能改进色、香、味及适口的硬脆度等食用性。但后熟作用完成后，则货物容易发生腐烂变质，难以继续储藏甚至失去食用价值。因此，应在其成熟之前采收并采取控制储存条件的办法，来调节其后熟时间，以延长其储藏时间。

2）影响库存货物的因素

通常引起库存货物变化的因素分为内因和外因两种，内因决定了货物变化的可能性和程度，外因是促成这些变化的条件。

（1）影响库存货物变化的内因。货物本身的组成成分、分子结构及其货物的物理性质、化学性质和机械性质，决定了其在储存期发生损耗的可能程度。

① 货物的化学成分。

• 无机成分的货物。无机成分货物包括构成成分中不含碳的化肥、五金、玻璃、搪瓷及部分农药和化工商品等含碳的氧化物、碳酸及碳酸盐。按其元素的种类及其结合形式，可分为单质货物、化合物、混合物三大类。

• 有机成分的货物。有机成分货物指以含碳的有机化合物为其主要成分的货物，但不包括碳的氧化物、碳酸与碳酸盐。属于这类成分的货物种类繁多，如棉、毛、丝、麻及其制品，化纤、塑料、皮革、木制品、纸张、橡胶制品、石油产品、有机农药、有机化肥及其制品，蔬菜、水果等。

② 货物的结构。不同种类的货物有各种不同形态的结构，要求用不同的包装。如气态货物、液态货物多用钢瓶盛装，其形态随盛器而变；固态货物有一定外形。货物形态包括外观形态和内部结构两大类。

• 货物的外观形态。货物的外观形态多种多样，在保管时应根据其外形结构合理安排仓容，科学地进行堆码，以保证货物质量的完好。

• 货物的内部结构。货物的内部结构即构成货物原材料的成分结构，必须借助于各种仪器来进行分析观察，有些货物分子的组成和分子量虽然完全相同，但结构不同，因此性质有很大差别。

③ 货物的物理性质。商品的物理性质主要包括吸湿性、透气性、导热性、耐热性等。

• 吸湿性。货物的吸湿性是货物在储存期间发生质量变化的重要原因之一，吸湿性是指货物吸收和放出水分的特性。货物的很多质量变化都与其含水的多少及吸水性的大小有直接关系。货物吸湿性的大小、吸湿速度的快慢，直接影响该货物含水量的增减，对货物质量的影响极大。

• 透气性。货物能被水蒸气透过的性质称为透气性，货物能被水透过的性质称为透水性。前者指气体水分子的透过，后者是指液体水的透过，但在本质上都是指水的透过性能。货物透气性、透水性的大小，主要取决货物的组织结构和化学成分。结构松弛、化学成分含亲水基团的货物透气性、透水性都大。

• 导热性。货物的导热性与其成分和组织结构有密切关系。货物结构不同其导热性也不一样。同时货物表面的色泽与导热性也有一定的关系。

• 耐热性。耐热性是指货物耐温度变化而不致被破坏或显著降低强度的性质。货物的耐热性不仅与其成分、结构和不均匀性有关,还与其导热性、膨胀系数有密切关系。

④ 货物的化学性质。货物的化学性质是指货物的形态、结构及货物在光、热、氧、酸、碱、温度、湿度等作用下,货物本质发生改变的性质。货物的化学性质主要包括化学稳定性、燃烧性、腐蚀性、爆炸性、毒性等。

• 化学稳定性。化学稳定性是指货物受外界因素影响,在一定范围内,不易发生分解、氧化或其他变化的性质。货物的稳定性是相对的,稳定性的大小与其成分、结构及外界条件有关。

• 燃烧性。燃烧性是指有些货物性质活泼,发生剧烈化学反应时常伴有热、光发生的性质。易燃的货物在储存中应特别注意防火。

• 腐蚀性。腐蚀性是指某些货物能对其他货物产生破坏作用的化学性质。具有腐蚀性的货物,本身具有氧化性和吸水性。因此,不能把这类商品与棉、麻、丝、毛织品及纸张、皮革制品等同仓储存,也不能与金属制品同仓储存。因此在保管时要根据货物的不同性能,选择对应的储存场所。

• 爆炸性。爆炸是物质由一种状态迅速变化为另一种状态,并在瞬息间以机械功的形式放出大量能量的现象。易发生爆炸的货物要专库储存,并制定严格的管理制度和办法。

• 毒性。毒性是指某些货物能破坏有机体生理功能的性质。具有毒性的货物主要用作医药、农药、化工商品等。

⑤ 货物的机械性质。货物的机械性质是指货物的形态、结构在外力作用下的反应,主要包括货物的弹性、可塑性、强力、韧性、脆性等,这些对货物的外形及结构变化影响很大。

(2) 影响库存货物变化的外因。货物储存期间的变化虽然是货物物质内部活动的结果,但与储存的外界因素有密切关系。这些外界因素主要包括以下四种。

① 自然因素。

• 温度。仓库的温度直接受天气温度的影响(冷库除外),库存货物的温度也随天气温度的变化而变化。

普通仓库的温度控制措施主要是避免阳光直接照射货物。怕热货物要存放在仓库内阳光不能直接照射的货位。仓库遮阳采用仓库建筑遮阳和苫盖遮阳。不同建筑材料的遮阳效果不同,混凝土结构遮阳效果最佳。

对温度较敏感的货物,在气温高时可以采用洒水降温,对怕水的货物,可以对苫盖、仓库屋顶进行洒水降温。对容易自燃的货物,应经常检查货物的温度,发现升温时,可以采取加大通风、洒水等方式降温,必要时可以采取在货垛内存放冰块、释放干冰等措施降温。

此外,仓库里的热源也会造成温度升高,应避开热源或者在高温季节避免使用仓库内的热源。

• 湿度。不同货物对环境湿度要求有很大差别,霉菌、微生物和蛀虫在适宜的温度和相对湿度高于60%时繁殖迅速,可在短时期内使棉毛丝制品、木材、皮革、食品等霉变、腐朽。

具有吸湿性的货物,在湿度较大的环境中会结块。绝大多数金属制品、电线、仪表等在相对湿度达到或超过80%时锈蚀速度加快。纯净的潮湿空气对货物的影响不大,尤其是对金属材料及制品影响不大,但如果空气中含有有害气体,即使相对湿度刚达到60%,金属材料及制品也会迅速锈蚀。

某些货物的储存环境却要求保持一定的潮湿度，如木器、竹器、藤制品等，在相对湿度低于50%的环境中这类货物会因失水而变形开裂，当相对湿度大于80%时又容易霉变。因此，这类商品在储存的时候要注意湿度的控制。

- 大气中的有害气体。对空气的污染主要包括二氧化碳、二氧化硫、硫化氢、氯化氢、氮等气体，这些气体主要来自燃料，如煤、石油、天然气等放出的烟尘及工业生产过程中产生的粉尘、废气等。

货物储存在有害气体浓度大的空气中，其质量变化明显。如果空气中含有0.01%的二氧化硫，能使金属锈蚀增加几十倍，使皮革、纸张、纤维制品脆化。在金属电化学腐蚀中，二氧化硫也是构成腐蚀电池的重要介质之一。

通过改进和维护货物包装或在货物表面涂油涂蜡等方法，可以减少有害气体对货物质量的影响。

- 日光、尘土、虫鼠等。适当的日光可以去除货物表面或体内多余的水分，也可抑制微生物等的生长。

长时期在日光下曝晒会使货物或包装物出现开裂、变形、变色、褪色、失去弹性等现象。尘土、杂物能加速金属锈蚀、影响精密仪器仪表和机电设备的精密度和灵敏度。虫鼠不仅能毁坏商品和仓库建筑，还会污染商品。

除了以上的自然因素之外，影响因素还有自然灾害，主要有地震、暴雨、洪水、台风、雷击等。

② 人为因素。人为因素是指人们未按货物自身特性的要求或未严格按有关规定和要求作业，甚至违反操作规程而使货物受到损害和损失的情况，主要包括以下五点。

- 保管场所选择不合理。货物自身理化性质决定了不同库存货物在储存期所要求的保管条件不同。因此，对不同货物应根据当地的自然条件选择合理的保管场所。

一般条件下，易燃、易爆、有毒、有腐蚀性危险的货物必须存放在特种仓库中。普通的黑色金属材料、大部分建筑材料可在露天货场储存。对温度和湿度要求高的货物应相应地存放在冷藏、冷冻、恒温、恒湿库房中。

- 包装不合理。某些包装材料或包装形式选择不当，不仅不能起到保护货物的作用，还会加速库存货物受潮变质或受污染霉烂。

为了防止货物在储运过程中受到可能的冲击、压缩等外力而被破坏，应对库存货物进行适当的捆扎和包装。如果捆扎不牢，也会造成倒垛、散包，使货物丢失和损坏。

- 堆码苫垫不合理。垛形选择不当、不同货物混码、堆码超高超重、需苫盖而没有苫盖或苫盖方式不对，都会导致库存货物损坏变质。

- 装卸搬运不合理。各种货物的装卸搬运均有严格规定，如胶合板不可直接用钢丝绳吊装、平板玻璃必须立放挤紧捆绑牵引、大件设备必须在重心点吊装等。装卸搬运不合理，不仅会给储存货物造成不同程度的损害，还会给劳动者的生命安全带来威胁。

- 违章作业。在库内或库区违章明火作业、烧荒、吸烟，会引起库房火灾，造成更大的损失，带来更大的危害。

③ 储存期。货物储存期的长短主要受采购计划、市场供求变动、供应计划、技术更新甚至金融危机等因素的影响。货物在仓库中停留的时间越长，受外界因素影响发生变化的可能

性就越大，而且发生变化的程度也越深。因此仓库应坚持定期盘点和先进先出的发货原则，及时处理接近保存期限的货物，对于落后货物或接近淘汰的货物限制入库。

④ 社会因素。影响库存货物变化的社会因素包括国家宏观经济政策、企业管理水平、仓库设施条件与管理水平、生产力布局、交通运输条件、经济管理体制等。

总之，影响货物发生质量变化的因素很多，这些因素之间是相互联系、相互影响的统一整体，工作中不能孤立对待。

3. 保管保养措施

1）仓库作业过程管理的基本措施

仓库作业过程管理的基本措施包括以下七个方面。

（1）适当安排储存场所。合理安排储存场所是货物养护工作的一个重要环节，产品由生产部门转入流通领域，首先进入储存部门。不同的货物性能不同，对保管条件的要求也不同，为了确保其质量不变，应根据货物的性能，分区分类存放。

（2）严格入库验收。货物在运输、装卸、搬运、堆垛等过程中，可能受到雨淋、水湿、玷污、振动、撞击，或不当操作导致货物或包装受损，因此入库前应对货物进行检验，以分清责任界限。

在入库验收时对吸湿性货物要检测其含水量是否超过安全水平，对其他有异常情况的货物要查清原因，针对具体情况进行处理和采取救治措施，做到防微杜渐。

（3）加强仓库温湿度管理。根据库存货物的保管保养要求，适时采取密封、通风、吸潮和其他控制与调节温、湿度的办法，使库房内的温度和湿度得到控制与调节，创造适宜货物储存的温、湿度条件以保护货物的质量不变。

（4）合理堆垛苫垫。入库货物应根据其性质、安全等要求，采用适当的堆垛方式，以达到安全牢固、便于堆垛且节约仓库的目的。

为了方便检查、通风、防火和库房建筑安全，应适当地留出垛距、墙距、柱距、顶距、灯距（俗称"五距"）。物料堆放距离一般要求：垛与垛的间距不少于 100 cm、垛与墙的间距不少于 50 cm、垛与梁的间距不少于 30 cm、垛与柱的间距不少于 30 cm、照明灯具垂直下方不准堆放物料，其垂直下方与物料垛的水平间距不少于 50 cm。露天货垛必须苫盖严密，达到风吹不开、雨淋不湿的要求。垛底离地面应稍高，货垛四周应无杂草，并有排水沟以防积水。

（5）坚持定期进行货物在库检查。仓库中保管的货物性质各异、品种繁多、规格型号复杂，进出库业务活动每天都在进行，加之货物受周围环境因素的影响，使货物可能发生数量或质量上的损失，如未能及时发现，就可能造成损失，因此应该对库存货物和仓储工作进行定期或不定期的盘点和检查。

（6）做好仓库清洁卫生。储存环境不清洁易引起微生物、虫类寄生繁殖，从而危害货物。因此，对仓库内外环境应经常清扫，彻底铲除仓库周围的杂草、垃圾等物，必要时使用药剂杀灭微生物和潜伏的害虫。对容易遭受虫蛀、鼠咬的货物，要根据货物性能和虫、鼠生活习性及危害途径，采取有效的防治措施。

（7）开展科学实验研究。开展对货物质量变化规律的研究和采取养护措施的科学实验，是养护科研工作的一项工作内容。通过实验的可靠数据，证实养护措施的可靠性以指导实践。再通过保管实践的数据反馈，使养护措施的可靠性得到验证，进一步研究改进不足之处。

2) 温、湿度的基本知识

(1) 空气温度。空气温度是指空气的冷热程度。空气中的热量主要来自太阳的热量。仓库温度的控制既要注意库房内外的温度，也要注意储存货物本身的温度。一般而言，距地面越近气温越高，距地面越高气温越低。

仓库日常温度多用摄氏度（℃）表示，凡零摄氏度以下，在数字前加一个"－"，即表示零下多少摄氏度。其他比较常用的温度单位还有华氏温度（℉）和热力学温度（K），它们之间的换算关系为：

$$摄氏温度 = (华氏温度 - 32) \times \frac{5}{9}$$

$$华氏温度 = 32 + 摄氏温度 \times \frac{9}{5}$$

$$热力学温度 = 273 + 摄氏温度$$

(2) 空气湿度。空气湿度是指空气中所含水汽量的多少或大气干湿的程度。空气中水汽的含量与气温有关，气温越高，空气中所能包含的水汽也就越多；还与地表的水分有关，地表的水分越大，地面越潮湿，空气中的水汽相对也就越多，常用的空气湿度大小的表示方法有以下四种。

① 绝对湿度。绝对湿度是指单位容积的空气里实际所含的水汽量。一般情况下，温度越高，水蒸发得越多，绝对湿度就越大；反之就越小。

② 饱和湿度。饱和湿度是指在一定温度下，单位容积空气中所能容纳的水汽量的最大限度。空气的饱和湿度随着温度的变化而变化，温度越高，单位容积空气中所能容纳的水蒸气就越多，饱和湿度也就越大。

③ 相对湿度。相对湿度是指空气中实际含有的水蒸气量（绝对湿度）距离饱和状态（饱和湿度）程度的百分比。

$$相对湿度 = (绝对湿度/饱和湿度) \times 100\%$$

相对湿度越大，表示空气越潮湿；相对湿度越小，表示空气越干燥。

④ 露点。水蒸气开始液化成水时的温度叫作露点温度，简称露点。

结露是指含有一定量水蒸气（绝对湿度）的空气，当温度下降到一定程度时，空气中所含的水蒸气就会达到饱和状态（饱和湿度）并开始液化成水的现象。

(3) 仓库内外温湿度的变化。

① 仓库外大气温湿度的变化规律。大气的湿度变化与温度变化恰恰相反，日出前相对湿度最高，午后14时相对湿度最小。自然大气温湿度的变化规律是：温度越高，风力大时，空气中的相对湿度就越小；温度越低，风力小时，空气中的相对湿度就越大。

② 仓库内温湿度的变化规律。仓库温湿度变化的一个总的规律是仓库内的湿度受大气湿度影响，基本上库内外的温湿度变化趋势保持一致，外界湿度大时，仓库内的湿度也会随着变大。

3) 仓库温湿度的控制与调节

实践证明，密封、通风和吸潮相结合是控制与调节仓库内温湿度有效的方法。

(1) 密封。仓库密封就是利用防潮、绝热、不透气的材料把货物尽可能严密地封闭起来，以隔绝空气、降低或减小空气温湿度对货物的影响,达到货物安全储存的目的。

密封能保持库内温湿度处于稳定状态,若与通风、吸潮结合,运用得当,可以达到防潮、防霉、防锈蚀、防虫、防热、防溶化、防冻等多方面的效果。

密封保管的形式有整库密封、整垛密封、整件密封、整柜密封等,在仓库保管中主要采用前两种形式。

① 整库密封。仓库地面可采用水泥沥青、油毛毡等制成防潮层隔潮。内涂沥青和油毛毡,库内做吊平顶,门窗边缘使用橡胶条密封,在门口可用气帘隔潮,墙壁外涂防水砂浆。整库密封适用于储存量大、整进整出或进出不频繁的货物。

② 整垛密封。未经干燥处理的新仓库,里面的货物在储存时也必须实行分垛密封保管。在密封过程中,先用塑料薄膜或苫布垫好底,然后再将货垛四周围起,以减少气候变化对货物的影响。整垛密封适用于临时存放的、怕潮易霉或易干裂的货物。

③ 整件密封。整件密封主要是将货物的包装严密地进行封闭,适用于数量少、体积小的易霉、易锈蚀货物。

④ 整柜密封。在储存时可在货柜内放一个容器,内装硅胶或氯化钙等吸湿剂,以保持货柜内干燥;若要防虫,还应在货柜内放入适量的驱虫剂。整柜密封适用于入出库频繁、零星而又怕潮易霉、易干裂、易生虫、易锈蚀的货物。

常用的密封材料有塑料薄膜、防潮纸、芦席、油毡等。密封前要检查货物质量、温度和含水量是否正常,若发现货物含水量超过安全范围、包装材料受潮、生霉、生虫等现象就不能进行密封。还要根据货物的性能和气候情况决定密封的时间。易潮、易溶化、易霉的货物,应选择在相对湿度较低的时节进行密封。

(2) 通风。通风是利用库内外空气温度不同而形成的气压差,使库内外空气形成对流,来达到调节库内温湿度的目的。通风的类别按照目的不同,可分为通风增温(或降温)和通风除湿两种。

通风增温(或降温)主要指对湿度要求不高,而对温度要求比较严格的货物,如玻璃瓶或铁桶装的易挥发的化工原料、化学试剂和医药等液体货物的通风。对于一些怕冻的货物,在冬季,只要库外温度高于库内温度也可以进行通风,以提高库内温度。

通风降湿主要针对易霉腐、溶化、锈蚀等的库存货物。利用通风散潮来降低库内的相对湿度。首先应该对比库内外绝对湿度的高低,然后再考虑气温与相对湿度的高低。在研究库内外温度变化的情况下,再决定是否通风。

通风的方法主要有自然通风和机械通风两种形式。自然通风是在温室顶部或侧墙设置窗户,依靠热压或风压进行通风,并可通过调节开窗的幅度来调节通风量。采取自然通风的方法降低湿度一般要遵循下面四项原则。

① 外部温度和湿度都低于库内时可以通风,反之不能通风。
② 外部温度低于库内温度,库内外相对湿度一样时,可以通风,反之不能。
③ 库外相对湿度低于库内相对湿度而库内外温度一样时,可以通风。
④ 库内外温湿度的情况不与上述三项原则相同又不相反时,需经计算来确定能否通风。

机械通风是在库房上部装设出风扇,在库房下部装设进风扇,利用机械设备进行通风,以加速库房内外的空气流通。机械设备通风的换气量受外界气候影响很小。

(3) 吸湿。空气除湿是指利用物理或化学的方法,将空气中的水分除去,以降低空气湿度。吸湿的方法主要有吸湿剂吸湿和冷却法吸湿两种。

① 吸湿剂吸湿是最常用的方法之一，可分为静态吸湿和动态吸湿。

• 静态吸湿常用的吸湿剂有氧化钙、氯化钙、硅胶、木炭等。静态吸湿是将固体吸湿剂，静止放置在被吸湿的空间内，使其与空气自然接触，吸收空气中的水分，达到降低空气湿度的目的。

• 静态吸湿的优点是简便易行，不需要任何设备，也不消耗能源，一般仓库都可采用，是目前应用最广泛的除湿方法。缺点是吸湿比较缓慢，吸湿效果不够明显。

• 动态吸湿是利用吸湿机械强迫空气通过吸湿剂进行吸湿。通常是将吸湿剂装入特制的箱体内，箱体有进风口和排风口，在排风机械的作用下，将空气吸入箱体内，通过吸湿剂吸收空气中的水分，从排风口排出比较干燥的空气。这样反复循环吸湿可将空气干燥到一定的程度。吸湿剂用量是根据库房空间总含水量和所使用的吸湿剂的单位重量的最大吸水量来确定。

② 冷却法吸湿是指利用制冷的原理，将潮湿空气冷却到露点温度以下，使水汽凝结成水滴分离排出，从而使空气干燥的一种方法，也称为露点法。

4. 金属防锈管理

金属制品锈蚀是指金属表面受到周围介质的化学作用或电化学作用而引起的破坏现象。它不仅破坏金属外形，而且能造成金属内部缺陷，使金属材料的使用价值受到影响。腐蚀还会造成设备维修、零部件更换、停工减产及各种事故等损失。金属生锈是一种不可抗拒的自然现象，人们只能认识并加以控制而不能杜绝它。

1) 金属制品锈蚀的原因

金属制品的锈蚀主要是由于周围介质的化学作用和电化学作用而引起的，有时还包含机械、物理或生物的作用。

(1) 化学腐蚀。化学腐蚀是指金属在干燥的气体或电解质存在的环境中，受到氧化物质的直接作用而引起的破坏现象。化学腐蚀中没有电流产生，腐蚀物直接生长在发生反应的表面区域。如金属在高温下的氧化或在常温环境中受到氧、氢等的作用，以及在非电解质液体中所引起的化学反应。

(2) 电化学腐蚀。电化学腐蚀是指在电流参与下的腐蚀。在金属和外界介质发生电化学反应的过程中，有隔离的阴极区和阳极区，电子通过金属由阳极区向阴极区流动，由电化学作用引起腐蚀。电化学腐蚀包括电解质中腐蚀、大气腐蚀、岩溶腐蚀、海水腐蚀和土壤腐蚀五种类型。

① 电解质腐蚀。电解质腐蚀是较为普遍的腐蚀形式，根据介质的不同，电解质腐蚀可以划分为酸腐蚀、碱腐蚀、盐腐蚀等，如天然水和大多数水溶液作用于金属结构发生的腐蚀。

② 大气腐蚀是指金属在大气中的腐蚀，以及在任何潮湿空气中的腐蚀。大气腐蚀是物资存储过程中最常见的一种腐蚀现象。在干燥的大气中，金属的腐蚀属于化学腐蚀，过程是缓慢的。大气中含有一定量的水蒸气。当水蒸气的含量达到并超过饱和时，水分就会从大气中析出，在周围固体上形成水滴或水膜，而在水膜下发生的腐蚀，则属于电化学腐蚀，腐蚀速度较快。

③ 岩溶腐蚀是指金属同熔融的盐类接触时所发生的腐蚀，如盐炉电极和处理的金属的腐蚀。

④ 海水腐蚀是指船舰和海洋设备与海水接触所发生的腐蚀。

⑤ 土壤腐蚀是指金属与土壤发生接触和作用时所发生的腐蚀，如埋在地下的各种管道的腐蚀。

（3）由于外界环境而产生的腐蚀。外界环境主要指湿度和温度，湿度是指空气的相对湿度。相对湿度大，表明大气中的水汽接近饱和程度，容易在金属材料表面凝结成水膜。水膜的厚度与大气的相对湿度有直接关系，只有相对湿度超过临界湿度时，金属表面所形成的水膜才能满足电化学腐蚀过程的需要。

空气温度对金属腐蚀也有一定的影响。美国腐蚀专家对影响金属腐蚀速度的相对湿度和温度，提出了布鲁克斯（Brooks）公式，即：

$$A = \frac{H-65}{10} \times 1.504^t$$

式中：A——金属腐蚀的劣化度；

H——空气的相对湿度（%）；

t——空气的温度（℃）。

从上式可以看出，当空气的相对湿度小于 65% 时，（$H-65$）为负值，温度 t 对劣化度 A 不产生影响；当空气的相对湿度大于 65% 时，温度升高，则金属劣化度按 1.504^t 的倍数增长；常数 1/10 为 A 值的调整系数，它使 A 值保持在两位数之间，不宜过大，也不宜过小。

此外，温度对金属腐蚀的影响还表现在：当气温骤然降低时，很可能达到露点温度，使金属表面结露形成水淞，从而加速金属腐蚀。例如，在昼夜温差较大的情况下，往往造成库内外的温差比较大，如果在这种情况下打开库门，冷空气进入库内，金属表面就容易出现结露现象。

2）金属制品的防锈

金属制品的防锈关键是防止或控制金属表面水膜的形成，破坏其产生化学或电化学过程的客观条件。

（1）金属制品防锈的要求。

① 创造良好的储存条件，使产生或促进锈蚀的环境条件得到根除或最大限度地被抑制。

一方面要认真选择储存场所，仓库要求通风、干燥、门窗严密，易于控制和调节库内温、湿度；另一方面要认真选择储存条件，金属不得与酸、碱、盐类及气体、粉末等物资混存，做到分类设点，分批存放，间隔明显，防止发生接触腐蚀。保持库内外清洁，清除堆垛周围杂草，不使材料受到玷污和附着尘土。同时也要保持库房和货场干燥，使其相对湿度在临界湿度以下。

② 坚持定期质量检查，做好记录，及时发现和处理问题。

③ 保护好金属制品的防护层或包装不受损坏。

（2）金属制品防锈方式。金属制品的防锈方式，主要有涂油、涂漆、气相和造膜防锈四种。

① 涂油防锈。涂油防锈是指根据不同金属制品的性能要求，把不同的缓蚀剂溶于不同的油脂中，用来热浸或涂刷金属表面，再对其进行包装以防锈。涂油是指用液体石蜡、变压器油、石蜡、凡士林等。但这些油蜡的防锈能力比较差，还应添加如羧基缓蚀剂、天然脂类、黄酸之类的油溶性缓蚀剂，以增加防锈能力。

②涂漆防锈。涂漆防锈是指用脂胶清漆或酚醛清漆添加等量稀释剂，用来浸蘸或涂刷金属表面使其附着薄层漆膜，干燥后即可防锈。常用于瓦木工具、农具、炊具等不便进行涂油防锈的金属。但漆膜较薄，尚可以透过氧及水汽，所以只能在短期内有防锈作用。

③气相防锈。气相防锈是指在密封严格的金属制品包装内，放入一些有挥发性的防锈药剂，利用其在常温下很短时间内所挥发出来的气体起到防锈作用。

使用气相防锈有两种方法。

一种方法是直接把气相缓蚀剂制成粉末或压成片状放入塑料薄膜包装袋内，将袋口热合封闭严密，再放入纸箱或木箱内。这种方法适用于各种精密金属制件、汽车配件、工具、仪器仪表等。

另一种方法是将不同的气相缓蚀剂溶于溶剂或水，涂刷在包装纸上，烘干后制成气相防锈纸。使用气相防锈纸作为金属制品包装，简便易行，防锈效果显著。

④造膜防锈。造膜是指用一定量的溶剂溶解一定量的树脂，并加入填充剂，再喷涂到金属制品表面，形成干固的薄膜，使金属制品与大气隔离，达到防锈的目的。

3) 金属制品的除锈

金属制品的除锈方法应该根据锈蚀程度及锈蚀制品的数量而定，主要有以下三种。

(1) 手工除锈。手工除锈是指依靠人力，使用简单工具对已经生锈的笨重制品或部件，以及较粗的工具、刀具或零件等，通过擦、刷、磨等方法进行除锈。手工除锈主要有以下两种方法。

一种方法是用抹布、擦刷除锈。抹布可用破布、帆布或麻袋片，一般用来除去轻锈；棕刷一般用来擦除中锈。锈擦净后，再用干净的抹布擦拭，将锈末完全擦净。这种方法适用于擦除各类金属材料上的尘土、水渍、污垢和一般的轻、中锈。

另一种方法是木屑除锈。把清洁干燥的木屑撒在板材上，然后用旧布盖住擦拭。锈擦净后一定要将木屑清扫干净，防止引起锈蚀，再用干抹布擦拭即可。这种方法适用于擦除钢板的轻、中锈。

(2) 机械除锈。机械除锈是指利用某种机械设备将锈层从金属表面除掉。常用的除锈机械有板材除锈机、槽钢除锈机、管材内外壁除锈机等。机械除锈分为以下两种方法。

一种方法是抛光防锈，即用软质的棉布、帆布等制成抛光布轮，利用电机带动布轮高速旋转进行除锈。

另一种方法是钢丝轮除锈，即用细金属丝（一般为钢丝）制成抛光轮，在抛光轮高速旋转时即可把锈除掉。除锈时要注意压力不能太大，以免损坏轮刷和擦伤金属材料的表面。要用碳酸钠溶液润滑，以防止油脂污染和降低摩擦面的温度。

(3) 化学药剂除锈。化学药剂除锈是指借助药物将锈层清除掉，这种方法不仅速度快，效果好，且不影响金属的尺寸和精度。但是，有些金属或储存物资由于结构和外部形状等原因，不允许使用化学药剂除锈。

5. 仓库防霉与防虫措施

1) 霉变的防治

货物在储存过程中发生霉变的原因主要是微生物以货物本身所含的某些物质作为其繁殖生长的营养源，同时又有适宜其生长繁殖的环境因素。对易发生霉变的货物进行防护，主要方法就是创造不利于微生物生长的条件或扼制其生长。

(1) 控制自然条件防霉，主要是指对储存环境的氧气含量、温度、湿度和酸碱度进行控制起到防霉作用。

① 氧气。大多数易霉变的货物所生的各种霉菌、细菌都需要呼吸空气中的氧才能生长。因此，对于这些货物的防霉工作可以采取不提供氧气的办法，把整个货垛或包装全部用塑料薄膜密封，再把密封件内空气用真空泵抽去，最后充入氮或二氧化碳，或在包装内放除氧剂，把氧除去。

② 温度。把温度控制在适宜某些微生物生长的最高温度之上或最低温度之下，可以基本抑制其生长。

常用的提高温度的防霉方法是利用日光曝晒。夏季日光直晒温度可达到50℃以上，大多数霉菌均可被杀灭，日光中所含的大量紫外线也能直接杀灭霉菌。此外，还可以使用烘烤的办法杀灭霉菌。

③ 湿度。水是微生物生存的必要条件，空气的干湿程度直接影响微生物体内的水分含量。在干燥的空气环境中，微生物不断失去体内水分从而生长被抑制，而在潮湿的环境中，微生物极易从空气中吸收水分而生长。

④ 酸碱度。酸碱度是指各种溶液中所含氢离子的浓度，化学上称为pH值。各种微生物适宜生长的酸碱度范围各不相同，大多数霉菌和酵母菌适宜生长的酸碱度为4~6，即适宜在酸性环境中生长；而大多数细菌适宜生长的酸碱度为6~8。因此，可以在货物或包装内放置一些对货物质量无影响的酸性或碱性物质可以用来防霉变。

(2) 物理方法适宜于防霉。物理方法防霉主要采用紫外线、辐射和微波的方法进行。

① 紫外线。通过日光曝晒，既可通过紫外线杀灭货物表面的霉菌，又可通过日光辐射热将其所含的过多水分蒸发以抑制霉菌生长。适宜于一些不怕日晒货物，如粮食、农副产品、中药材、棉麻制品等。

② 辐射。利用放射同位素释放的各种放射线来照射易霉腐货物，能直接破坏微生物体内脱氧核糖核酸和其他物质，从而将微生物杀死。适宜于货物生产后即先辐射再储存，或者储存货物在即将发生霉腐之前进行辐射处理。

③ 微波。915~2450 MHz的微波能引起货物分子的震动和旋转，从而使分子间因摩擦而产生热，霉腐微生物体内温度上升即被杀灭，适宜于粮食、食品、皮革制品、竹木制品、棉织品等。

(3) 化学方法防霉。将抑制微生物生长的化学药物放在商品或其包装内来防止霉变，效果好，费用低，进行一次性处理就可在货物生产、储存、运输、经营、消费各个环节中起到防止霉变的作用。常用的抑制微生物生长的化学药物有除氧剂、气调充氮或二氧化碳、水杨酰苯胺、百菌清、托布津、多菌灵六种。

2) 仓库虫害防治

仓库内害虫的防治是货物保管的重要组成部分。仓库内害虫的来源有很多种可能，货物入库前已有害虫潜伏其中；运输工具带来害虫；包装材料内隐藏害虫；仓库内本身隐藏有害虫；邻近仓间或邻近货垛储存的生虫货物，感染了没有生虫的仓间或货物；仓库环境不够清洁，库内杂物、垃圾等未及时清除干净，潜有并滋生害虫；储存地点的环境影响等。

仓库内的害虫大多数来源于农作物，由于其长期生活在仓库中，生活习性逐渐改变，能适应仓库的环境而继续繁殖，并具有以下特性。

① 适应性强。仓库害虫一般能耐热、耐寒、耐干、耐饥，并具有一定的耐药性。大部分仓库害虫能忍耐长时间的饥饿，一旦复食很快就能长大起来。

② 食性广杂。仓库害虫的口器发达，便于咬食质地坚硬的食物。大多数仓库害虫具有多食或杂食性。

③ 繁殖力强。仓库环境气候变化小，食物丰富，活动范围有限，雌雄相通机会多，所以仓库害虫繁殖力很强。

④ 活动隐蔽。大多数仓库害虫体型很小，体色较深，隐藏于阴暗角落或在货物中蛀成隧道而难以被人发现。

因此，仓库虫害的防治一般采取以下三种方法。

（1）杜绝仓库害虫来源。对货物原材料进行杀虫、防虫处理，对入库货物的虫害进行检查和处理，对仓库的环境卫生及备品用具进行消毒。

（2）做好环境卫生。做好库内外环境卫生是一项重要工作。仓库清洁消毒工作要制度化、经常化。

（3）用防虫药剂和熏蒸剂防治害虫。普遍使用的防虫药剂是一些具有特殊气味、能驱避害虫的萘、樟脑、对二氯苯等。将其放在严密的包装内防虫，适用于毛、麻、丝、棉织品、皮毛、皮革制品、竹木制品等，但是不能用在塑料制品和食品中。对于已经生虫的货物可用熏蒸剂熏蒸杀虫。熏蒸剂都是压缩气体或由液体、固体挥发成的剧毒气体。

使用熏蒸剂时，工作人员必须佩戴防毒面具、穿防护服、戴胶手套等，操作完毕必须洗净手脸后才能进食；初次操作应该在熟悉药物性质、操作方法、救护措施的有关人员的指导下进行；施药后熏蒸库或货垛四周应设安全警戒线，以保证人身安全。施药后 2~3 日即可启封放毒。

① 白蚁的防治。白蚁的生长繁殖和群体发展速度很快。白蚁喜欢在温暖潮湿的条件下生活，因此，防治白蚁应根据其生活习性、组织分工的严密性及有固定蚁道、吸水线、透气孔、排泄物堆积处等特点，采取相应的措施。

• 预防方法。对库房的木质梁柱屋架、门窗及库内使用的木质苫垫物料，可涂刷一层灭蚁药剂（灭蚁灵）。库内草坪、墙壁有缝隙处可先灌注灭蚁药剂，再用水泥或沥青封严。在白蚁分群繁殖期要严闭门窗，晚间可用灯光诱集后再喷洒灭蚁药剂杀灭。

• 检查方法。在白蚁活动繁殖期间，要加强对库房木结构及苫垫物料、极易被白蚁危害的储存货物及库外周围环境中树木等检查，看是否有白蚁活动或危害的迹象。

对于木质货物可用小木槌轻轻敲打可疑部位，如果发出空声，可用一字形螺钉旋具挖开木质表层，检查有无白蚁活动现象。找到蚁巢后将蚁巢挖出，再用沸水烫、用火烧等方法杀灭白蚁。

• 杀灭白蚁方法。常用方法为诱杀法。在白蚁活动处附近挖掘直径为 50~100 cm、深度为 30~40 cm 的土坑，坑内放入白蚁喜欢吃的松树枝、松花粉等饵料，然后将坑用石棉或油毡盖好，等引诱来的白蚁较多时，即可喷洒灭蚁药剂，或用沸水、火烧等方法杀灭。

杀灭白蚁也可使用一些胃毒剂，将饵料拌和成毒饵，引诱白蚁取食回到巢内喂食其他白蚁，使其中毒死亡。白蚁有分食死蚁的特性，通过连锁反应以灭杀全部或大部分白蚁。

② 鼠害的防治。防鼠方法最主要的是经常做好库内外环境卫生，断绝食物来源，使鼠类没有栖身和取食之处，拆除库内外一切可为鼠类隐蔽的场所。灭鼠方法大致有以下途径。

- 器械捕鼠。捕鼠器械种类很多,如鼠笼、鼠夹、吊砖等,这些捕鼠器械应根据鼠害情况选用或交替使用。在库内走道边、墙边、垛底等鼠类活动处,放捕鼠器械,先布饵,三五天后再启用器械。发觉已经捕到老鼠时,要及时把捉到的老鼠取走,并将器械彻底清洗,消除气味后再使用。
- 毒饵诱杀。将各种灭鼠药剂和食物配制成毒饵,放一些带香甜味的调料,以提高诱杀效果。各种灭鼠药剂均为毒品,操作时必须按规定程序进行。

6.4 储存规划

储存规划是指根据现有仓储设施和储存任务,对各类、各种储存货物在空间和时间上做出全面安排,如对保管场所进行分配和布置、建立良好的保管秩序规划货位、达到空间的最大化利用、劳力和设备的高效使用、所有品种货物都能随时准备存取、能够实现有效率的移动、良好的保护和管理等。

6.4.1 储存规划概述

为了更好地提高仓库利用率、入出库效率,储存规划是一个必不可少的考虑环节。根据货物进行不同的保管要求和不同的入出库频率,对保管场所进行合理的分配、对货位进行编码、对货物进行编号、对货位进行指派是储存规划的基本内容。

1. 储存保管场所的分配

所谓储存保管场所的分配,是指为每一种库存货物分配适当的储存保管地点,一般应包括保管区的划分,库房、料棚、料场的分配,确定存入同一库房的货物品种等。合理分配保管场所的目的在于做到物得其所,库尽其用,地尽其力。

1)货物保管区的划分

在仓库规模比较大或者仓库数量较多,储存货物品种多、数量大时,为了便于管理,可按照仓库建筑物的布局和储存货物的类别,划定若干储存保管区。划分储存保管区的方法有下述几种。

(1)按货物的理化性质分区。它是将库存货物按其理化性质分成若干大类,对每一类货物划定一个储存保管区,如金属材料区、非金属材料区、机电产品区等。这种划分储存保管区的方法,是针对某类货物的特性采取相应的保管措施,便于对此类货物进行集中统一管理。

(2)按货物的使用方向分区。它是按照货物的使用方向和用途,将货物分成若干大类,然后根据每大类划定储存保管区,如铁路材料厂可划定修车用料区、建筑工程用料区、通信信号用料区等。这种分区方法,便于对基层用料单位进行配送,用料单位来材料厂领料时也比较方便。其缺点是用于同一方向的货物品种繁多,性质各异,要求不同的保管条件,给保管带来一定的困难。

(3)按不同货主分区。当仓库为几个大货主服务时,为便于与货主工作的衔接,防止货物混淆,便于货物存取,往往采用这种方式。

(4)混合分区。将上述几种方法结合起来,有的按货物的性质、有的按货物的使用方向、有的按货主分别进行分区。

通常情况下,多采用混合分区法。通用货物按理化性质分类划区(如金属材料、非金属材料），专用货物按使用方向分类划区（如机车车辆配件、通信信号器材等）。为了业务管理上的方便，对货物的分类划区应与货物目录的分类相一致。

2）库房、料棚、料场的分配

在拥有数个保管场所的企业，划定保管区之后，就要对各保管区的仓储设施进行统一的规划和使用，对各保管区的库房、料棚、料场安排各自的用场，即把各类货物合理地分配到库房、料棚或料场。分配是否合理，对提高保管质量、便利仓库作业、降低保管费用具有直接影响，可以说是搞好货物保管的基础。

具体到某种货物储存在什么地方，应综合考虑各方面的因素，如货物的理化性质、加工程度、本身的价值、用途和作用、批量大小、单位重量和体积等。其中货物的理化性质是划分保管场所的主要依据。此外，货物在库保管时间的长短、仓库所在地的地理气候条件、储存货物的季节等，也是必须考虑的因素，对于保管的货物大体上可做如下安排。

（1）凡因风吹日晒雨淋和温湿度变化，对其无显著影响者，均可存放在露天料场。如生铁锭块、毛坯、钢轨、大型钢材、铸铁管、中厚钢板、原木、大型粗制配件等。

（2）凡因日晒雨淋易变质损坏，而温湿度的变化对其影响不大者，可存入料棚保管。如中型钢材、钢轨配件、优质木材、耐火砖、电缆等。

（3）凡因雨雪侵袭、风吹日晒及湿度的影响，易造成损害的商品，应存入普通库房。如小型钢材、优质钢材、金属制品、有色金属材料、车辆配件、水泥、化工原料、机械设备等。

（4）凡因风吹日晒雨淋和温湿度变化容易损坏的货物，特别是对温度变化比较敏感的货物，应存入保温库房。如精密仪器仪表、电子器件、高精度量具、轴承、锡及锡制品等。

（5）凡需特殊保管条件的货物，如易燃、易爆或具有毒害性、放射性的货物，应存入专用库房。这主要是指各种危险品，如汽油、炸药、压缩气体、毒性货物、腐蚀性货物、放射性货物等。

3）对楼库各层的使用分配

一般楼库多为3～5层，各层的保管条件和作业条件不同，应合理分配各层用途。楼库的最底层地坪承载能力强，净空比较高，两侧和两端均可设库门和站台，收发作业方便；但地坪易返潮，易受库边道路灰尘的影响，因此应存放大批量、单位重量大、体积大、收发作业频繁、要求一般保管条件的商品，如金属材料、金属制品等。

楼库的中间层楼板承载能力比较差，净空比较低，增加了垂直方向的搬运，只能借助升降机或电梯收发货物，作业不方便。但楼板比较干燥，采光通风良好，受外界温湿度的影响小，保管条件比较好。所以适合存放体积较小、重量较轻、保管条件要求比较高的货物，如电工器材、仪器仪表等。

楼库的最顶层除具有与中间层相同的条件外，还有对保管和作业不利的方面。屋面直接受日光照射，受温度的影响比较大，而且收发作业更加不方便，因此适合存放收发不太频繁、保管条件要求一般的轻型货物，如纤维货物、塑料货物等。

4）确定存入同一库房的货物品种

对存入同一库房的货物，应考虑彼此间的互容性。凡两种货物相互之间不发生或很少发生不良影响的，称两者之间具有互容性。如金属材料、金属制品、金属零配件、机械设备等，彼此之间不发生影响，允许存入同一库房，但也有些货物因某种原因不宜混存。

（1）相互之间发生影响的货物不宜混存。如粉尘材料同精密仪器仪表、腐蚀性货物同各种易被腐蚀的货物、大部分化工危险品之间（如炸药与起爆器材、易燃品与自燃物、易燃气体与助燃气体等）。

（2）保管条件要求不同的货物不宜混存。如怕潮湿与怕干燥的货物、怕高温（或低温）与一般货物，在同一库房不可能同时满足不同的保管条件，所以这些货物不宜存入同一库房。

（3）作业手段要求不同的商品不宜混存。如体积大小相差悬殊、单位重量相差很大的货物，要求不同的装卸搬运手段，如果存入同一库房会给收发作业带来困难，影响仓库的有效利用。对大型笨重货物最好存放在有起重设备的大型库房。

2. 货位存储方式

货位规划是建立良好保管秩序的核心内容，必须在货物入库储存前确定完善。货位规划内容主要包括货位存储方式和货位分配原则的确定。

货位存储方式有两种基本形式，一是固定货位存储，二是自由货位存储。在此基础上，又衍生出多种其他形式，如分类存储、分类随机存储、共同存储等。

1）固定货位存储

固定货位存储，是指规定好每一个货位存放货物的规格品种，即每一种货物都有自己固定的货位，即使货位空着也不能存放其他货物，常称"对号入座"。

固定货位存储的主要优点是各种货物存放的位置固定不变，管库人员容易熟悉货位，并记住货位，收发料时很容易查找。如果绘制成货位分布图，非本库人员也能按图容易地找到货位。其缺点是不能充分利用每个货位，因为各种货物的最高储备量不是同时达到的，时多时少，甚至出现无料的现象，货位固定货物，相互之间不能调整，更不能互相占用，这样一部分货位就会空闲，而需要入库的货物又不能入库，这显然是不合理的。在库房存储空间比较紧张的情况下，出现这种情况更是不允许的。

一般情况下，选用固定货位的原因包括：储存区安排需要考虑货物尺寸及重量（不适合随机储放）；储存条件对货物储存非常重要，例如，有些货物必须控制温度；易燃物必须限制储放于一定高度以满足保险标准及防火法规；由管理或相容性规则要求某些货物必须分开储放，例如饼干和肥皂、化学品和药品等。

这种形式一般适用于存储空间大的仓库；种多量少货物的储放；进出库频率稳定的货物。

2）自由货位存储

自由货位存储又称随机货位存储。它与固定货位存储相反，每个货位可以存放任何一种货物，只要货位空闲，入库的各种货物都可存入，叫作"见缝插针"。

自由货位的主要优点是能充分利用每一个货位，提高仓库的储存能力。其缺点是每个货位的存料经常变动，每种货物没有固定的位置，收发查点时寻找存料比较困难，影响工作效率。

在一个良好的货位系统中，采用随机储存能使货架空间得到最有效的利用，因此货位数目得以减少。模拟研究显示自由货位存储与固定货位存储比较，可节省35%的移动储存时间，增加30%的储存空间，但较不利于货物的拣取作业。因此随机储放较适用于下列几种情况：存储空间有限；种类少或体积较大的货物；入出库频率有很大差异的货物。

固定货位存储和自由货位存储都有一定的局限性，都存在一些难以解决的问题，在实际运用中，一般是将两种方式结合起来运用。

3) 分类存储

分类存储是指将所有的储存货物按照一定特性加以分类,每一类货物都有固定存放的位置,而同属一类的不同货物又按一定的原则来指派货位。分类存储通常按货物的相关性、流动性;尺寸、重量;特性来分类。

分类存储便于畅销货物的存取,具有固定货位存储的各项优点,而且各分类货物的储存区域可根据货物特性再作设计,有助于货物的储存管理。其缺点在于,货位必须按各项货物最大在库量设计,因此储区空间的平均使用效率低。

分类存储较固定货位存储具有弹性,但也有固定货位存储同样的缺点,因而较适用于相关性大、经常被同时订购;周转率差别大、尺寸相差大的货物。

4) 分类随机存储

分类随机存储是指每一类货物有固定存放的储区,但在各类储区内,每个货位的指派是随机的。分类随机存储具备分类存储的部分优点,又可节省货位数量,提高储区利用率。但是其货物入出库管理及盘点工作难度较高。分类随机存储兼具分类存储及随机存储的特点,需要的储存货位量介于两者之间。

5) 共同存储

共同存储是指进出仓库时间确定且不同的货物可共享相同货位的存储方式。共同存储在管理上虽然较复杂,但所需的储存空间及搬运时间却更经济。

3. 货位分配原则

货物货位存储方式是比较笼统的,还必须配合货位分配原则才能确定储存作业实际运作的模式。配合货位存储方式的货位分配原则有多种,可归纳出如下几项。

1) 自由货位存储、共同存储相配合

主要应用的是靠近出口原则,就是将刚到达的货品指派到离出口最近的空货位上。

2) 固定货位存储、分类(随机)存储相配合

(1) 以周转率为基础的原则。按照货物在仓库的周转率(销售量除以存货量)来排定货位。首先依周转率由大到小排成序列,再将此序列分为若干段,通常分为3~5段。同属一段中的货物列为同一级,依照定位或分类储存的原则,指定储存区域给每一类。周转率越大应离进出口越近,如图6-3所示。

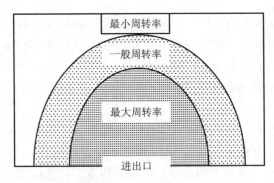

图6-3 根据周转率划分库区示意图

当进货口与出货口不相邻时,可依进出仓次数来调整存货空间。例如,表6-5显示了A,B,…,H等8种货物进出仓库的详细数据,当进出口分别在仓库的两端时,可依货物进仓

及出仓的次数比率，来指定其储存位置。比率越大的，越靠近进货口摆放。图 6-4 为此 8 种货物的分配示意图。

表 6-5 8 种货物进出仓库的详细数据

产品	进货量	入库次数	出货批量	出库次数	入库/出库
A	80 托盘	60	1.0 托盘	80	0.75
B	400 箱	134	6.0 箱	134	1.0
C	1 500 箱	500	4.0 箱	375	1.3
D	60 托盘	60	0.7 托盘	86	0.7
E	10 托盘	10	0.2 托盘	50	0.2
F	100 托盘	100	0.4 托盘	250	0.4
G	600 箱	150	2.0 箱	300	0.5
H	2 000 箱	500	16.0 箱	250	2.0

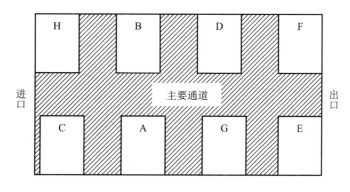

图 6-4 进出口分离的货物分配示意图

（2）相关性原则。订购时相关性大的货物经常被同时订购，所以应尽可能存放在相邻位置。考虑货物相关性进行储存，可以缩短提取路程，减少工作量，并简化清点工作。产品相关性大小可以利用历史订单数据做分析。

（3）同一性原则。同一性原则，是指把同一类货物存储于同一保管位置的原则。这种将同一货物存储于同一场所的管理方式，管理效果是可预期的。这显然是配合固定货位存储的。

（4）类似性原则。类似性原则，是指将类似货物比邻保管的原则。此原则根据同一性原则同样的观点而来。

（5）互补性原则。互补性原则是指将互补性高的货物存放于邻近位置，以便缺料时可迅速以另一品种货物替代。

（6）先入先出原则。先入先出是指先入库储存的货物先出库。这一原则一般适用于生命周期短的货物，如感光纸、食品等。作为库存管理的手段，先入先出是必须的，但是若产品形式变更少、产品生命周期长、保管时的减耗、破损等不易产生，则需要考虑先入先出的管理费用及所得的利益，比较两者之间的优劣点后，再来决定是否要采用先进先出的原则。

（7）面对通道原则。面对通道原则是指将货物面对通道来保管。使货物的存取容易且有效率。

（8）产品尺寸原则。在仓库布置时，要同时考虑货物单位大小和同一批货物的整批形状，以便能供应适当的储存空间。因此在储存货物时，必须要有不同大小位置的变化，用以容纳不同大小的货物。如果未考虑储存货物单位大小，将可能造成储存空间太大而浪费空间或储存空间太小而无法存放；未考虑储存货物整批形状也可能造成整批形状太大无法存放（数量太多）在同一处或浪费储存空间（数量太少）。一般将体积大的货物存放于进出较方便的位置。

（9）重量特性原则。指按照货物重量的不同来决定储放货物的位置高低。一般而言，重物应保管于地面或货架的下层位置，而轻物则应保管于货架的上层位置。在以人手进行搬运作业时，人腰部以下高度的货位用于保管重物或大型物品，腰部以上的货位则用于保管轻型货物或小型货物。此原则对于货架的安全性及人工搬运作业的方便性有很大的意义。

（10）货物特性原则。货物特性不仅涉及货物本身的危险及易腐性质，同时也可能影响其他货物的质量安全等，因此在仓库布置设计时必须加以考虑。例如，易燃物的储存，须在具有高度防护功能的建筑物内安装有适当防火设备；易窃货物必须装在有加锁的笼、箱、柜或房间内；易腐货物要储存在冷冻、冷藏或其他特殊的设备内；易污损货物的储存，可使用帆布套等覆盖；一般货物要储存在干燥及管理良好的库房，以应客户需要随时提取。

按货物特性存储的优点在于不仅能随货物特性适当配备保护设备，而且容易管理与维护。

（11）位置明示原则，即对储存货物的位置给予明确标示。这个原则的主要目的在于将存取单纯化，减少差错。尤其是对于临时人员、年纪较大的库管人员等，这项原则非常必要。

（12）叠高原则，是指像垒积木一样将货品叠高。从仓库整体有效保管而言，叠高能提高保管效率是必然的。利用托盘等工具将货物堆高的容积效率要比平放还高。但是必须注意，如果先进先出原则等限制条件很严格，一味叠高是不妥的，应考虑使用合适的货架等保管设备，以便不影响出货效率。

良好的货位存储方式与分配原则相配合，可以大大减少拣取货物所需移动的距离，从而降低成本、提高作业效率。

6.4.2　货位编码与货物编号

当规划好各储区货位后，为了方便记忆与记录，对货位编号、品名、序号、标签记号等，用可识别的记录代码加以编码就非常重要，如果没有这些可识别、区分的符号代码，记忆系统便无法运作。实际上，货位的编码就如同货物的住址，而货物编号就如同姓名。一封信（记忆系统）在住址、姓名都写清楚的条件下，才能迅速正确地送到收信人手中。也就是说每一品类都要有一个地址及姓名，以便在需要时能马上找到它。

1. 货位编码

1）货位编码功能

货位编码在管理上具有一系列的功能，如容易确定货位资料的正确性；提供进出货、拣选、补货等人员存取货物的位置依据，方便货物进出上架及查询，节省重复找寻货物的时间；提高调仓、移仓的工作效率；可以利用计算机进行分析处理；可一目了然，依序储存或拣选；方便盘点；方便仓储及采购管理人员了解掌握储存空间，控制货物存量；可避免货物因乱放堆置而导致过期报废，并可有效掌握存货，降低库存量。

2）货位编码的方法

考虑到保管区域和货物特征差异，货位编码的方法一般有下述四种。

(1) 区段方式。区段方式是把保管区域分割成几个区段，再对每个区段进行编码。此种编码方式是以区段为单位，每个号码所代表的货位区域将会很大，因此适用于容易单位化的货物，以及大量或保管周期短的货物。ABC 分类中的 A、B 类货物也适用这种编码方式。货物以物流量大小来决定其所占的区段大小、以进出货频率次数来决定其配置顺序。

(2) 品类群类别方式。品类群类别方式是把一些相关性强的货物集合后，分为几个品类群，再对每个品类群进行编码。这种编码方式适用于保管比较容易的货物群类别及品牌差距大的货物，例如服饰、五金方面的货物。

(3) 地址式。地址式是利用保管区域中现成的参考单位，例如库场的第几栋、第几保管区（排、行、层、格）等，依照其相关顺序来进行编码。这种编码所标注的区域通常以一个货位为限，且有相对顺序可依循，使用起来明了又方便，是目前仓储中心使用最多的编码方式。由于货位体积所限，适合一些量少或单价高的货物储存使用。

我国仓库原来常用的四号定位法、六号定位法，就是地址式编码的体现。例如，四号定位法是用库房号、料架（垛）号、料架（垛）层号和料位顺序号等四个数来表示一个货位，"13—15—2—26" 指的是 13 号库 15 号货架第 2 层第 26 号货位。只要知道了某个编号，就知道对应货物存放在几号库房多少号料架料架的第几层及该层的哪一个货位，查寻货位非常方便。

(4) 坐标式。坐标式是利用空间概念来编排货位的方式。这种编排方式对每个货位定位切割细小，管理比较复杂。对于流通率很小、需要长时间存放的货物即一些生命周期较长的货物比较适用。

一般而言，由于储存货物特性不同，所采用的货位编码方式也不同。如何选择编码方式要综合考虑保管货物的储存量、流动率，保管空间布置及所使用的保管设备等再作选择。采用计算机系统管理货位的编号相对简单些。

2. 货物编号

所谓货物编号，也称为物料编码，是将货物按其分类加以有次序的编排，用简明的文字、符号或数字，代替货物的"名称""类别"以及其他有关资料的一种方式。仓库在进货后，货物本身大都有货物号码及条码，但有时为了物流管理及存货管理方便，仓库会配合自己的物流作业信息系统，为货物编写货物代号及物流条码。

货物编号大致有两种形式：一种是对货物编号的级数不加限制，视实际需要任意延长，显然这种编号排列不整齐；另一种是对货物编号级数及所用数字均有一定的限制，不能任意伸展，这虽能维持整齐划一的形式，但缺乏弹性，难以适应货物实际增减需要。

货物编号标识可置于容器、产品或货位上，且用明显的颜色、字体和大小，让作业员很容易地获得信息。

1) 货物编号的功能

货物编号，增加货物资料的正确性，使管理更容易；提高货物活动的工作效率；方便利用计算机进行整理分析；节省人力、减少开支、降低成本；便于拣选及送货；可提供储存或拣取货物的查对；削减存货，因为有了统一编号，可以防止重复拣选相同的货物；可考虑作业的优先性，并达到货物先进先出的目的。

2) 货物编号的原则

对货物进行合理编号，必须坚持几项基本原则：

(1) 简单性，即将货物编号化繁为简，便于货物流动的处理；完整性，使每一种货物的编号能清楚完整地代表货物内容。

(2) 单一性，使每一个编号代表一种货物。

(3) 一贯性，号码位数要始终保持统一。

(4) 伸缩性，为未来货物的扩展及产品规格的增加预留号码编列。

(5) 组织性，应有组织，以便存档或使用账上资料。

(6) 充足性，所采用的文字、记号或数字，必须有足够的数量及栏位。

(7) 易记性，应选择易于记忆的文字、符号或数字，或富于暗示及联想性。

(8) 分类展开性，货物复杂，其物类编号大，分类后还要再加以细分。

(9) 适应机械性，能适应事务性机器或计算机处理。

3) 货物编号的方法

货物编号满足所有原则存在一定难度，货物的属性不同对编号的要求也有不同。对货物编号有下列七种方法。

(1) 按数字顺序编号。按数字顺序编号法是从 1 开始顺序编号，常用于账号或发票编号，属于延展式的方法。须提供编号索引，否则无法直接了解编号意义。

(2) 数字分段。数字分段法是数字顺序编号方法的变形，即把数字分段，每一段代表一类共同特性的货物。此方法须提供交叉索引，比数字顺序编号法易查询。

(3) 按实际意义编号。用部分或全部编号代表货物的重量、尺寸、距离、产能或其他特性。该方法根据编号就能了解货物的内容，如表 6-6 所示。

表 6-6 按实际意义编号

编号	TT	54 012	G	3
含义	货物名称	规格大小	颜色	制造单位
说明	表示管状（Tube Type）	540 mm×12 mm	表示产品颜色是灰色（Grey）	表示第三生产线

(4) 暗示编号。暗示编号法是用数字与文字的组合来编号，编号本身暗示货物的内容，这种方法的优点是便于记忆。例如，编号 BY018 YB06，含义如表 6-7 所示。

表 6-7 暗示编号法示例

编号	BY	018	YB	06
含义	货物名称	规格大小	颜色与型式	制造商
说明	表示脚踏车（Bicycle）	18″	Y 表示黄色 B 表示男孩型	06 表示制造商名称

(5) 分组编号。分组编号法通常把货物的特性分成四个数字组，格式如表 6-8 所示。

表 6-8 分组编号法

	类型	形状	材质/成分	大小
编号	××	××	××/××	××

每一组数字的位数多少视实际需要而定,如表 6-9 所示。

表 6-9 分组编号法示例

	类型	形状	材质/成分	大小
编号	01	3	04/32	002
编号意义	饮料	软包装	矿泉水	500 ml

(6) 后位数编号。后位数编号法是用编号最后的数字,对同类货物做进一步的细分,且可采用杜威式十进位编号法,如表 6-10 所示。

表 6-10 后位数编号法示例

编号	520	530	531	531.1	531.11	531.12
意义	饮料	食品	休闲食品	箱装休闲食品	薯片	棉花糖

(7) 混合编号。混合编号法是联合使用英文字母与阿拉伯数字对货物进行编号,多以英文字母代表货物的类别和名称,其后再用十进位或其他方式编写阿拉伯数字号码。

3. 货位编码的标识

在货物储存作业中,必须经由标识的指引才能把货物迅速放入正确的货位。

1) 一般标识

一般情况下,必须配合整理整顿来完成货位分类标识。在每个货位(货架)上明确地写上品名、货号、货位、条码等,以便知道货物放在哪里。同时,保管空间的灯光要求明亮。若是货位编号或品名货号写得太小,或所写的品名、货号只是个别位稍有不同的话,就容易看错,影响货物上架及拣(补)货、下架的准确率。

对于这种品名货号非常接近的情形,可在每个货位(货架)的上方或下方横板上用大号字写满编号、品名、货号;对品名货号类似的在其不同处以红色进行标注,达到醒目的目的。以加重区分的方式来强调差异点,不仅可避免在货物指派时放错位置,同时也能提高取货效率并防止错误的发生。若是货位(货架)上下方没有横杆可标注这些品名货号,也可以采用 10 cm×10 cm 的纸板用大号字把品名、货号、储码等写于纸板上方再将其贴于货位(货架)的角落,但该标注不得妨碍货物的存取。

2) 暂存区标识

在储存货物时,应尽量避免在相同的货位编码中放置不同货物。如果由于空间限制不得不混用货位,那么在相同编码的货位,应放置同类货物,同时需要清楚地加以标识。一种特殊的情况是在进出货暂存区,由于储存时间较短,为了更好地利用空间,其货位编码可以采用区段式先依照历史资料,分析每批进出货的量(取一个估计量),再按照这个量,把暂存区分隔成数个区段,每个区段以不同颜色的线标识区分,并在每个区段前方标上储区编号。由于货物在暂存区均属于短时间存放,因此这个储区无法做标识。除了在每托盘货物上方贴上注明这些货物的品名、货号、数量等的标识外,还应在暂存区前方最醒目处准备一块足够大的看板,看板上依照暂存区的储区分隔布置方式,划分成相等比例区域,并标上相应的储区编号。一旦有货物放入暂存区,便在看板货位对应位置写上品名、货号、数量,待货物取出后便擦除。这样从看板上便可看出目前暂存区的存放情况,以此作为相关作业的参考依据。

3）动管区标识

为拣选方便，仓库内有时设置动管区，普遍采用流动货架。货物的供给方式是在货架前面取货，在货架后面补货。虽然在流动货架前面都会贴上明确的货位、品名、货号等标识，但补给货物的流动货架上却未贴有标识，即使有时有一些简单标识，但对补货指派帮助有限。因此动管区的编码及品名、货号的标识，必须考虑补货方便，应在流动货架后方粘贴标识，甚至附上条码，方便用条码读取机扫描确认。

6.4.3 货位指派优化

货位指派方式由于仓库的现代化水平差异而各有不同，有的通过人工进行货位指派，有的由计算机进行。货位指派可方便找到出库货物，提高作业效率。为了缩短入出库的路径，减少不必要的作业，需要进行货位优化，尽量少走弯路。

1. 货位指派模式

当储存空间、设备、货位编码等一切前置工作就绪后，接下来便要考虑用何种方法把预备保管的货物指派到最适宜的货位上，是采用人工指派管理，还是采用计算机辅助指派管理，抑或是全由计算机指派管理等。至于用哪种方式好，并不是绝对的，也并非全由计算机来指派货位就是最好的货位指派方式，必须因地制宜，配合货物的货位储存单元来互相评量。

1）货位指派单元

由于进货量不同或储存设备的使用种类不同，使得货物上架时会有大小数量不同的货位指派单元，通常可分为三种。

（1）个别货位单元。每一货位的储存状况均列入管理状态。

（2）纵深货位单元。以每道纵深的货位为一个管理单元，每单元放置一种货物，其储存状况均列入管理状态，涉及的主要储存设备为后推式货架、驶入式货架、流动式托盘货架等。

（3）区域货位单元。以客户单一货物的"最常进货批量""最适宜进货批量""最小进货批量"为公倍数，设置一个储区作为管理单元，每个管理单元货位放置一种货物，其储存状况均列入管理状态。

2）货位指派方式

货位指派方式依信息化使用程度可分为三种。

（1）人工指派方式。人工指派货位受管理者主观驱使，管理者本身对货位管理的相关经验与应用的认知不同，会使指派受到影响，效率会大打折扣。另外，人工指派虽可依据报表行事，但报表仍由人来登录或读取，因笔误或看错而搅乱货位秩序的事就难免。人工指派方式的优点是计算机及相关设备投入少，调配弹性大。但是这种指派效果过分依赖管理者的经验，易受作业人员情绪影响，执行效率差，且出错率高，信息化程度差，需要大量人力投入，人工成本高。

人工指派若想成功，首先，指派决策人员必须熟记货位指派原则并灵活运用。其次，仓管人员必须严格遵守指派决策者的指示（最好能以书面方式指示，避免口头交代），将货物存放于指定的货位上，并且一定要把指派上架的结果记录在货位表单上。最后，仓管人员每完成一个货位指派任务后，必须如实记录这个货位内容，货物因补货或拣选从货位移出后也必须登录消除。为了简化登录工作，可利用计算机及一些自动读取登录设备，如条码扫描读取机等。

(2) 计算机辅助指派方式。计算机辅助指派方式是利用一些计算机图形监控软件，经收集在库货位信息后，及时显示在库各货位的使用情况，以供货位指派决策者查询，为货位指派提供参考。这种指派方式由人工下达货位指派指示，故仍需调仓作业。

(3) 计算机全自动指派方式。计算机全自动指派方式是利用一些计算机图形监控及货位管理软件，收集在库货位信息和其他入库指示后，经计算机运算后下达货位指派指示。这种指派方式由计算机自动下达货位指派指示，任何时段都可保持货位的理想使用，不需调仓作业。

在货位管理中，以计算机来指派货位所凭借的就是控管技术。利用自动读取或识别设备读取资料，通过无线或有线网络，再配合货位监控或货位管理软件来控制货位的指派，这种方式由于资料输入/输出均以条码读取机扫入，故错误率低，且均为即时控制。资料扫读后，通过网络即刻传回，而其中货位的搬移布置通过软件明确设立，无人为的主观影响，因此执行效率远胜人工指派方式，但是设备费用高，维护困难。

3) 货位指派管理方式

不同的货位指派方式适用性不同，表 6-11 列出了货位指派方式对不同货位单元的适用性。

表 6-11 货位指派管理方式及其适用性

货位储存单元信息化程度	个别货位单元	纵深货位单元	区域货位单元（储区）
人工管理指派方式	不适合	不适合	适合
用计算机建立货物货位管理文档，以人工管理指派货位	不适合	勉强可用	适合
计算机辅助人工管理指派货位	勉强可用	适合	适合
计算机全自动管理指派货位	适合	适合	适合

2. 货位优化

货位优化是指对在当前位置上的货物，基于 SKU（stock keeping unit，最小存货单元）和预想不到的变化因素，对其货位进行重新配置，以保证货位分布总是处在较为合理的状态，达到提高拣选效率和降低仓库操作成本的目的。

货位优化的内因是 SKU 变动因素，即根据货架和货物本身特性的需要进行货位调整。例如，由于频繁地对某些货物进行存取，这些货箱的重量可能发生较大变化。如果货架出现诸如"上重下轻"等严重的不均衡现象，则可能导致货架变形甚至倾覆，因此应遵循"重物在下"的原则进行重新配置，以保证货架的稳定性。

货位优化的外因是各种预想不到的变化因素，即根据货物的流动性进行货位调整。在不同时期，货物的需求品种、需求数量和需求频率可能会有较大变化，而存取不同货位上的货物所走路径和花费时间是不同的，因而所花代价也不同。应根据外界条件的变化，定期对若干货位进行交换。

1) 货位优化的意义

货物在仓库中的初始位置是由前面所述的货位储存策略配合货位分配原则来确定的，重新进行优化的意义主要在于提高仓储工作效率，降低成本。

（1）在区域配置上，尽量将黄金区域配置给拣取频率高的货物，实现最大化拣选效率和最小化拣选成本。所谓黄金区域，就是指那些容易进行搬运、拣选工作的区域。仓库黄金区域的位置取决于很多因素，比如出货月台位置、订单剖析、拣选路经设计。对于自动化的托盘存取系统，仓库黄金区域通常由靠近地面的20%的区域和靠近出货月台的20%的区域组成；而对于以人力为主的拣选系统，从工效学的角度考虑，黄金区域由操作人员腰部附近20%的区域组成，在这个区域内操作人员无须弯腰或踮脚、登高。所谓拣取频率高的货物，就是指流动性高的货物。一般而言，拣选频率最高的货物应该放置于最便于拣选的区域，这样能缩短拣选作业中的移动时间，加快拣选作业速度，提高订单的处理效率。

（2）总是遵循货位分配和指派原则工作，可以明显提高效率。基于货物的尺寸和货箱、托盘的标准尺寸来确定存取位置，可以明显减少补货过程所需的劳动量。将拣选量大的货物平均分配在不同拣选区域，避免某区域内的拣选作业拥挤，改善工作流程，缩短对订单的总反应时间。为了将货物的损害减到最少，在拣选路径上，重的货物在前面，容易被磕碰的货物在后面。另外，可以遵循一些基本法则，例如将相似的货物分开，以减少拣取错误的概率；将相关性大者存放在相邻位置，以提高拣选效率等。

2）货位优化的基本步骤

货位优化往往需要应用一定的分析工具和数学方法、信息手段通常按照以下步骤进行。

（1）收集所需的基础信息，用以分析货物的历史数据、需求、前置时间、周转率和特别的操作特性等，为确定合理货位提供参考。

收集仓库内货位特性资料、货物需求资料、产品文件等资料。如果信息化管理程度较高，相关数据就可以从WMS或ERP中获得。根据这些数据，分析货物需求的季节性变化规律、SKU长期增长/淘汰变化等物流特性资料。货物的流动性可以根据每个品类销售的次数、销售量、销售预测、库存量等数据来考评。如果品类时常改变而且没有任何历史数据，可以用销售预测来代替历史数据。

（2）确定货位优化的目标和约束。货位优化的最终目标是降低成本、提高效率，这可以通过提高生产率和将无用的运动减到最少来实现。货位优化的目标可以是多个，例如平衡操作者的工作量、提高拣选效率、减少补货工作量、缩短拣选距离等。货位优化是一个多目标决策问题，需要注意各目标利益的平衡。货位优化的约束是指货位优化中必须考虑的客观限制条件，如货物重量、货位大小、拣选准确率要求等。在进行货位优化的过程中，必须兼顾提高作业效率和满足限制条件这两个方面。

（3）确定算法。多目标优化的方法有很多，如何选择合适的算法来保证货位分布处在较为合理的状态，是货位优化系统设计中最关键的环节。

（4）软件实现。运用适当的计算机语言将算法表达出来，调试并测试，使系统为仓库提供有效的货位优化结果。

6.5 仓储出库管理

货物出库业务是货物储存业务的最后一个环节，是仓库根据使用单位或业务部门开出的货物出库凭证（提货单、领料单、调拨单），按其所列的货物名称、规格、数量和时间、地点等项目，组织货物出库、登账、配货、复核、点交清理、送货等一系列工作的总称。

6.5.1 货物出库方式

根据仓库性质的不同、货主要求不同，货物出库方式主要有客户自提、送货上门、代办托运、过户、转仓、取样等。

1）客户自提

客户自提是指客户自派车辆和人员，持提货单（领料单）到仓库直接提货的一种出库方式。这种方式是仓库通常所称的提货制，具有"提单到库，随到随发，自提自运"的特点。为划清交接责任，仓库发货人与提货人在仓库现场对出库货物当面交接清楚并办理接收手续。这种方式适用于运输距离近、提货数量少的客户。

2）送货上门

送货上门是指仓储单位派自己的车辆和人员，根据用户的要求，把出库凭证所开列的货物直接运送到客户指定地点的一种出库方式。这种发货形式就是通常所称的送货制。

仓库送货要划清交接责任。仓储部门与运输部门的交接手续是在仓库现场办理完毕的，而运输部门与收货单位的交接手续是根据货主单位与收货单位签订的协议，一般在收货单位指定的到货目的地办理的。

送货具有"预先付货、按车排货、发货等车"的特点。仓库送货具有多方面的好处，仓库可预先安排作业，缩短发货时间；收货单位可避免因人力、车辆等不便而造成取货困难；可合理使用运输工具，减少运费。

3）代办托运

代办托运是指仓库接受客户的委托，依据货主开具的出库凭证上所列货物的品种、规格、质量、数量、价格等，为客户办理出库手续，通过公路、铁路、水路、航空等运输方式，把货物发运到用户指定地点的一种出库方式。这种方式较为常见，也是仓库推行优质服务的措施之一，适用于大宗、长距离的货物运输。

4）过户

过户是一种就地划拨的形式。货物虽未出库，但是所有权已从原有的货主转移到新的货主。仓库必须根据原有货主开出的正式过户凭证，才予办理过户手续。

5）转仓

货主单位为了业务方便或改变货物储存条件，需要将某批库存货物从甲库转移到乙库，这种出库方式称为转仓。仓库必须根据货主单位开出的正式转仓票，才予办理转仓手续。

6）取样

取样是货主基于货物质量检验、样品陈列等需要，到仓库取货样。仓库必须根据正式取样凭证发出样品，并做好财务记录。

6.5.2 出库作业流程

在出库作业流程中，收到出货单时会发生两种不同的处理方式，即照单拣货，准备出货验收；视情况拣货，准备改变包装或简易加工，如图 6-5 所示。

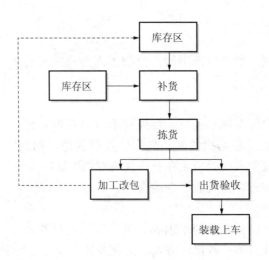

图 6-5　出库流程

在图 6-5 中，虚线代表加工作业的尾料可以重新入库或留滞于加工区内的暂存区，其他改包或加工后的产品回复到正常的出货流程。

1. 补货

补货可以分成仓储系统补货和分拣补货，仓储系统补货是对仓储系统的现有库存量进行计算后采购订货的过程；分拣补货是出库时保证拣货区有货可拣，将货物从仓库保管区域搬运到拣货区的工作。

补货员的工作主要是将准备要出货的品类自货架上取下，置于拣货区或是货架的底层（这种备补方式主要用于仓库面积有限时），以便于拣货员拣货（拣货位置在该品类储存货架的底层或是拣货区）。

补货的单据主要由客户订单汇总。仓库管理人员必须注意到补货单所涵盖的订单明细范围，尤其在物流中心面对几个不同客户群，或各客户群订单截止时间有别或重叠的状况下，要注意不要出错。

在进出货频繁的情况下，无论是摘果式或播种式拣货，补货员的工作都是不可或缺的事前准备工作，但补货的细节和拣货的方式有关，有的拣货区空间有限，出货量大时补货员要视现场状况机动补货，以免拣货中断。

1) 补货方式

（1）整箱补货。整箱补货由作业员到货架保管区取货箱，用手推车载箱补货至拣货区，较适合于体积小且少量多样出货的货物。这种补货方式的保管区为货架储放区，拣货动管区为两面开放式的流动货架拣货区。拣货员拣货之后把货物放入输送机并运到发货区，当动管区的存货低于设定标准时，则进行补货作业。

（2）托盘补货。托盘补货是以托盘为单位进行补货。托盘由地板堆放保管区运到地板堆放动管区，拣货时把托盘上的货箱置于中央输送机送到发货区。当存货量低于设定标准时，立即使用堆垛机把托盘由保管区运到拣货动管区，也可把托盘运到货架动管区进行补货。这种补货方式适合于体积大或出货量多的货物。

（3）货架上层、货架下层的补货方式。保管区与动管区属于同一货架，也就是将同一货架上的中下层作为动管区，上层作为保管区，而进货时则将动管区放不下的多余货箱放到上层保管区。当动管区的存货低于设定标准时，利用堆垛机将上层保管区的货物搬至下层动管区。这种补货方式适合于体积不大、存货量不高，且多为中小量出货的货物。

2）补货时机

补货作业的发生与否主要看拣货区的货物存量是否符合需求。通常，可采用批次补货、定时补货和随机补货三种方式。

（1）批次补货。在每天或每一批次拣取之前，经计算机计算所需货物的总拣取量和拣货区的货物量，计算出差额并在拣货作业开始前补足货物。这种补货方式比较适合于一天内作业量变化不大、紧急追加订货不多，或是每一批次拣取量需事先掌握的情况。

（2）定时补货。将每天划分为若干个时段，补货人员在时段内检查拣货区货架上的货物存量，如果发现不足，马上予以补足。这种"定时补足"的补货方式，较适合分批拣货时间固定且处理紧急追加订货的时间也固定的情况。

（3）随机补货。随机补货是一种指定专人从事补货作业的方式。这些人员随时巡视拣货区的分批存量，发现不足随时补货。此种"不定时补足"的补货方式，较适合于每批次拣取量不大、紧急追加订货较多，以至于一天内作业量不易事前掌握的场合。

2. 拣货

分拣（拣货）作业就是将用户所订的货物从储存保管处取出，按客户分类、集中、处理和放置。分拣作业的目的在于正确而且迅速地集合客户所订购的货物。要达到这一目的，必须根据订单，选择适当的分拣设备，按一定的策略组合，采取切实可行且高效的分拣方式，将各项作业时间缩短，提升作业速度与能力，提高分拣效率。同时，必须在分拣时防止错误，避免送错货，尽量减少内部库存的账实不符现象，避免作业成本增加。

在降低分拣错误率的情况下，将正确的货物、正确的数量，在正确的时间内及时配送给顾客，是分拣作业的最终目的及功能。

1）分拣作业的分类

随着科学技术的发展分拣作业的方法在不断地演变，分拣作业的种类也越来越多。分拣方式可以从以下不同的角度进行分类。

（1）按订单的组合分为按单分拣和批量分拣。按单分拣即按订单进行分拣，分拣完一个订单后，再分拣下一个订单；批量分拣是将数张订单加以合并，一次性进行分拣，最后根据各个订单的要求再进行分货。

（2）按人员组合分为单独分拣方式（一人一件式）和接力分拣方式（分区按单分拣）。单独分拣方式即一人持一张取货单进入分拣区分拣货物，直至将取货单中内容完成为止；分区按单分拣方式是将分拣区分为若干个区，由若干名作业者分别操作，携带一张订单的分拣小车依次在各区巡回，每个作业者只负责本区货物的分拣，按订单的要求分拣本区段存放的货物，一个区域分拣完移至下一区段，直至将订单中所列货物全部分拣完。

（3）按运动方式分为人至货前分拣和货至人前分拣。人至货前分拣即人（或人乘分拣车）到储存区寻找并取出所需要的货物；货至人前分拣是将货物移动到人或分拣机旁，由人或分拣机分拣出所需的货物。

另外，还按分拣的手段不同分为人工分拣、机械分拣和自动分拣；按分拣信息分为分拣单分拣、标签分拣、电子标签分拣、RF分拣等。

2）分拣作业的方法

（1）按单分拣。分拣人员或分拣工具巡回于各个储存点，按订单所要求的货物，完成货物的配货，如图6-6所示。这种方式类似于人们进入果园，在一棵树上摘下已成熟的果子后，再转到另一棵树上去摘果子，所以又形象地称为摘果式分拣。按单分拣作业方法的特点如下。

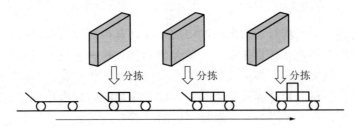

图6-6　按单分拣示意图

① 易于实施，而且配货的准确度较高，不易出错。

② 对各客户的分拣相互没有约束，可以根据客户需求的紧急程度，调整配货先后次序。

③ 分拣完一个货单，货物便配齐。因此，货物可不再落地暂存，而直接装上配送车辆，有利于简化工序，提高作业效率。

④ 客户数量不受限制，可在很大范围内波动。分拣作业人员的数量也可以随时调节，在作业高峰时，可以临时增加作业人员，有利于开展即时配送，提高服务水平。

⑤ 对机械化、自动化没有严格要求，不受设备水平限制。

（2）批量分拣。批量分拣作业是由分货人员或分货工具从储存点集中取出各个客户共同需要的某种货物，然后巡回于各客户的货位之间，按每个客户的需要量分放后，再集中取出共同需要的第二种货物。如此反复，直至客户需要的所有货物都分放完毕，即完成各个客户的配货工作，如图6-7所示。这种作业方式，类似于农民在土地上播种，一次取出几亩地所需的种子，在地上巡回播撒，所以又形象地称其为播种式分拣。批量分拣作业方式的特点如下。

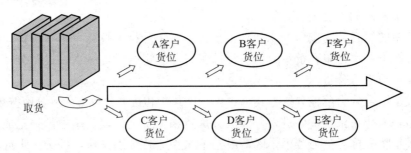

图6-7　批量分拣示意图

① 计划性强。由于是集中取出共同需要的货物，再按货物货位分放，这就需要在收到一定数量的订单后进行统计分析，安排好各客户的分货货位之后才能反复进行分货作业。因此，这种工艺难度较高，计划性较强，与按单分拣相比错误率较高。

② 规模效益明显。由于各客户的配送请求同时完成，可以同时开始对各客户所需货物进行配送，因此有利于合理调配车辆，规划配送路线。与按单分拣相比，可以更好地体现规模效益。

③ 容易出现等待时间。对订单无法作出及时反应，必须等订单达到一定数量时才作一次处理，因此会有停滞时间。只有根据订单到达的状况作等候分析，决定适当的批量大小，才能将停滞时间减至最低。

（3）其他分拣作业方法。除了以上两种常用的分拣方法外，还可以采用整合按单分拣和复合分拣两种分拣方式。

① 整合按单分拣。这种分拣方式主要应用于一天中每一订单只有一种品项的场合。为了提高送货效率，将某一地区的订单整合成一张分拣单，一次分拣后，集中捆包出库。它属于按单分拣的一种变形。

② 复合分拣。复合分拣是按单分拣与批量分拣的组合应用。按订单品项、数量和出库频率决定哪些订单适合按单分拣，哪些适合批量分拣。

3）分拣设备

（1）按单分拣的设备配置。根据装备不同水平、用户要求，以及业务量的大小，按单分拣工艺可有以下几种形式。

① 人力分拣＋手推作业车分拣。人力分拣可与普通货架配合，也可与重力式货架配合，按单拣货，直到配齐。

人力分拣主要适用于拣选量较少、拣选物的个体重量轻、拣选物体积不大、拣选路线不太长的情况，如对化妆品、文具、礼品、衣物、小工具、小量需求的五金、日用百货、染料、试剂、书籍等的拣选。

② 机动作业车拣选。拣选员操作拣选车，为一个或几个用户分拣；车辆上安装分拣容器，分拣的货物直接装入容器；在分拣过程中进行了货物装箱或装托盘的处理。由于利用了机动车，分拣路线长。

③ 传送带拣选。拣选员固定在各货位面前，不巡回分拣，只在附近的几个货位进行分拣操作。在传送带运动过程中，拣选员按指令将货物取出放在传送带上，或置于传送带上的容器中，传送带运动到端点时配货完毕。

④ 旋转式货架分拣。拣货员于固定的拣货位置上按用户的配送单操纵旋转货架，待需要的货位回转至拣货员面前时，将所需的货物拣出。这种方式介于按单分拣方式和批量分拣方式之间，但主要是按订单分拣。这种分拣方式适用领域较窄，只适用于旋转货架货格中能放入的货物。由于旋转货架动力消耗大，一般只适合对仪表零件、电子零件、药材、化妆品等小件货物的分拣。

（2）批量分拣的设备配置。批量分拣工艺有以下几种配置方式。

① 人力＋手推车作业。配货员将手推车推至一个存货点，将各用户共同需要的某种货物集中取出；利用手推车的机动性可在较大范围巡回分放。这种方式结合了人工取放与半机械化搬运，存货一般采用普通货架、重力式货架、回转货架或其他人工拣选式货架，所分货物一般是小包装或拆零货物。适合药品、钟表、仪表零部件、化妆品、小百货等货物的分拣。

② 机动作业车分货。用台车、平板作业车、堆高机、巷道起重机以单元装载方式一次取出数量较多、体积和重量较大的货物，然后由配货人员驾驶车辆巡回分放。

③ 传送带＋人力分货。传送带一端和货物存储点相接，另一端分别与各用户的集货点相接。传送带运行过程中，在存储点一端集中取出各用户共同需要的货物置于传送带上，各配货员从传送带上取下该位置用户所需的货物，反复进行直到配货完毕。这种方式的取货端往

往选择重力流动式货架,以减少传送带的安装长度。

④ 分拣机自动分货。目前高水平的仓储系统一般都有自动分拣机。分拣机在一端集中取出共同需要的货物,随着传送带的运行,按计算机预先设定的指令,通过自动装置将传送带上的货物送入用户终点集货位。

(3) 全自动分拣设备。作业自动化仓储系统建立在信息化的基础上,其核心是机电一体化。自动化仓储系统能够扩大作业能力,提高劳动生产率,减少作业差错。在发达国家,自动化仓储系统较为普遍。全自动分拣设备形成了自动分拣系统。

① 自动分拣系统的构成。自动分拣系统一般通过计算机网络将控制装置、分类装置、输送装置及分拣道口四部分装置联结在一起,配合人工控制及相应的人工处理环节构成。

控制装置的作用是识别、接收和处理分拣信号,根据分拣信号的要求指示分类装置、输送装置进行相应的作业。一般情况下是通过条码扫描的方式将货物的种类、送达地点、货物的类别等需求输入到分拣控制系统中,根据这些分拣信息决定某种货物进入哪一个分拣道口。

分类装置的作用是根据控制装置发出的分拣指示,改变具有同类分拣信号货物的运行方向,使其进入其他输送机或分拣道口。分类装置对分拣货物的包装材料、包装形状、包装重量、包装物底面的平滑程度都有不同的要求。

分类装置是自动分拣系统的主体,其主要组成部分是输送机,主要作用是使待分拣的货物通过控制装置、分类装置设计好的路线输送到分拣口。分拣道口设在输送装置两侧,一般由钢带、皮带和滚筒等组成滑道,货物脱离主输送机滑向集货区域的通道,最后入库或组配装车进行配送。

② 自动分拣系统的主要特点。

• 分拣作业无人操作。在仓储系统的经营管理中,人工劳务费是主要成本之一,特别是作业环境差、劳动强度大的工作,劳力成本更大。仓储系统的自动分拣系统能最大限度地减少劳动力,整个仓储系统仅有少数管理人员及自动控制室内的操作人员,大部分作业无须人工操作。

• 误差较小。自动分拣系统即便采用人工键盘或语言识别方式输入,误差仅有3%左右;如果采用条码扫描输入,更不会出差错,除非条码自身错误。

• 连续作业。自动分拣系统不受气候、时间、体力等因素的影响,能够连续运行,而且单位时间内分拣的件数多。一般可以连续运行100 h以上,每小时分拣7 000多件包装货物,是人工作业的40多倍。

③ 自动分拣系统需具备的条件。目前,许多仓储系统仍然采用人工分拣,即使在经济发达国家也并不是所有仓储系统都设有自动分拣系统。自动分拣系统必须具备以下条件。

• 巨大投资。自动分拣系统需要长40～200 m的机械输送机,并要配备自动控制装置、计算机网络及通信系统,而且配套建造自动化立体仓库。面积一般需要2万m^2以上,加之配置的自动化搬运设施与设备,一次性投资巨大,需要10～20年才能收回成本,若效益不好,投资回收期更长,一般小型企业无力投资。

• 严格的外包装要求。自动分拣机只适用于底部平坦且具有刚性的包装货物,不能用于超长、超薄、超重、超高、袋装、底部柔软且不平、易变形、易破损、不能倾覆的货物。另外货物包装及分拣设备一定要符合标准化要求。

• 作业量大。自动分拣系统运行成本较高,如果没有足够的业务量来支撑,整个系统就不能满负荷运行，单位成本就高。必须有较大的业务量使整个系统连续满负荷运行，以保证系统的作业效率。

自动分拣系统除了应用于邮局的邮包信件和车站的货物分拣外，已发展应用到食品工业、纤维造纸、化学工业、机械制造、商店市场和发行出版等行业，分拣从小到大各式各样的货物。

有物流专家认为，在多品种小批量时代，物流技术的三大措施是自动分拣机、自动化立体仓库和自动导引车。自动化立体仓库是比较成熟的产品，自动导引车是发展时期的产品，自动分拣机是接近成熟的产品。这是对自动分拣系统在物流技术中的地位和现状的一个较好的概括。

3. 库内加工

库内加工又叫库内改包或简易加工，也是一种常见的仓储业务。加工的内容一般包括袋装、定量化小包装、配货、分类、混装、拴牌子、贴标签、刷标记等，另外还包括剪断、打孔、折弯、拉拔、挑扣、组装、改装、配套、混凝土搅拌等外延加工。

4. 出库

出库主要有先进先出与即进即出两种。

1）先进先出

先进先出是一种有效的出库方式，成为储存管理的准则之一，它能保证每个被储物的储存期不至于太长。先进先出方式对保管设备提出了要求，通常有以下几种方式。

（1）采用贯通式货架系统。利用货架的每层形成贯通的通道，一端存入货物，另一端取出货物。货物在通道中自行按先后顺序排队，不会出现越位等现象。贯通式货架系统能非常有效地保证先进的货物先出。

（2）采用"双仓法"储存。双仓法储存给每种被储物都准备两个仓位或货位，轮换进行存取，再配以"一个货位取光后才可补充"的规定，以此保证实现先进先出。

（3）使用计算机存取系统。采用计算机管理，存货时间按输入计算机的时间记录，编写一个按时间顺序输出的程序，取货时间由计算机发出指示，以保证先进先出。这种计算机存取系统还能将先进先出（保证不做超长时间的储存）和快进快出结合起来，即在保证先进先出的前提下，将周转快的货物随机存放在便于存取之处，以加快周转，减少劳动消耗。

在食品与部分消费品的仓储作业里，必须采用先进先出法，尽量保证货物是最新鲜的。

先进先出只是一个大原则，在实际执行中，往往因为种种原因不能完全做到。

首先，货物生产日期与进仓日期顺序不一致是先进先出的第一个障碍，如表6-12所示。

表6-12 某企业进仓货物顺序表

进仓顺序	进仓日期	数量	生产日期
1	3月1日	140箱/700罐	2019年1月15日
2	3月5日	200箱/1 000罐	2018年10月1日

第2批进仓货物的保存期限比第1批少了3个半月，如果严格地按照进仓日期先后来执行先进先出，第2批货物很有可能会有部分货物过期滞销。这种现象在进口货物中经常会碰到，尤其是奶粉、罐头。所以，在信息管理方面必须要按照保存期限、生产日期与进仓日期

的优先级来排定，以免发生销售过期导致退货的现象。

其次，批号管制是先进先出的第二个障碍，如表6-13所示。

表6-13　某企业进仓货物顺序表

进仓顺序	进仓日期	数量	批号	生产日期
15	2月10日	50 000	A21	2019年2月4日
16	2月14日	25 000	B36	2019年2月10日
17	3月1日	38 000	A21	2019年2月21日

批号管制的理由是不同批次货物的原料或生产流程变动使其品质与同类货物有细微差异。有的则是要防患未然，万一有不良情况发生时，如药品、食物等发生不良反应，可立即、全面回收而不损及其他不同批次的货物。以上例来说，15批和17批是同一批号，16批是另一工厂的同类货物。在批号管制的情况下，必须把A21批号的货物先配送出去后才轮到B36批号的货物配送。

2）即进即出

即进即出的仓库作业适用于高新产业（尤其是电子类的高价位货物），也适用于生鲜乳品、蔬果等保存条件较差的货物。它与正常仓储作业最大的区别有两点，一是即进即出作业没有"上架""储存"的运作；二是即进即出作业在"进、出"货物质量有差距时，有一方必须要修改单据数量使进出数量平衡，并且需将可能的耗损事前考虑进去。另外，在对蔬果、肉类、海产、乳品等进行处理时，绝对要考虑耗损的问题并将耗损成本分摊。

5. 出库检验

出库检验是指为保证出库货物满足客户品质要求，对货物在出货之前所进行的检验。经检验合格的货物才予以放行出货。出货检验一般实行抽检，出库检验结果记录有时根据客户要求提供给客户。出库检验的方法和拣货的方式有关。播种式拣货时，出库检验的工作就显得十分轻松。在"播种"完毕时，只要货物的数量与品类无误，检验的工作就可认为结束了。但采用摘果式拣货的订单验放时，要仔细检查货物数量与品类，而且，必须设置专人负责。

在出库检验时，通常以订单为准。此时应留一份有出验员签章的订单，放置在货物上易于看到的位置，以利装车人员将送货单和此订单留底一并交给司机随货送给客户。

6. 装车/配送

经出货检验后，货物就可以搬运装车或配送了。配送点所在地与仓库的距离、路线是配送成本计算最重要的两个因素，其次是配送的时间。配送应先考虑客户（每一个配送点）对于送达时间的要求，然后根据时间要求安排路线，再考虑车辆及货量，最后才考虑订单装车顺序。

6.5.3　出库时问题的处理

在实际出库作业过程中，会碰到各种各样的问题，有出库凭证、出库数量、出库作业等方面的问题。下面列出一些问题的处理方法。

1. 出库凭证（提货单）上的问题

（1）用户前来提货，凡出库凭证超过提货期限的，必须先办理手续，按规定缴足逾期仓储保管费，方可发货。

（2）凡发现出库凭证有疑点，如有假冒、复制、涂改等情况的，应及时与仓库保卫部门及出具出库单的单位或部门联系，妥善处理。

（3）货物进库未验收，或者使用期货未进库的出库凭证，一般暂缓发货，并通知货主，待货到并验收后再发货，提货期顺延。

（4）客户因各种原因将出库凭证遗失时，客户应及时与仓库发货员和账务人员联系挂失；如果挂失时货已被提走，保管人员不承担责任，但要协助货主单位找回商品；如果货还没有提走，经保管人员和账务人员查实后，做好挂失登记，将原凭证作废，缓期发货。

2. 提货数与实存数不符

提货数量与货物实存数量不符的情况，一般是实存数量小于提货数量。造成这种问题的原因主要有以下几种情况。

（1）货物入库验收时，增大了实收货物的签收数量，从而造成账面数量大于实存数量。

（2）仓库保管人员或发货人员在以前的发货过程中因错发、串发等造成实际货物实存数量小于账面数量。

（3）货主单位没有及时核减之前已开出的提货数量造成账面数量大于实存数量，从而开出的提货单提货数量过大。

（4）仓储过程中造成了货物的毁损。

当遇到提货数量大于实存数量时，不管是何种原因造成的，都需要和仓库主管部门及货主单位及时取得联系，然后作处理。

3. 串发货和错发货

所谓串发货和错发货，是指发货人员由于对货物种类规格不熟悉，或者工作疏漏把错误规格、数量的货物发出库的情况。

如果货物尚未离库，应立即组织人力重新发货；如果货物已经离开仓库，保管人员应及时向主管部门和货主通报串发货和错发货的品名、规格、数量、提货单位等情况，并会同货主单位和运输单位共同协商解决。在无直接经济损失的情况下一般由货主单位重新按实际发货数冲单（票）解决；如果形成直接经济损失，应按赔偿损失单据调整保管账。

4. 包装破漏

包装破漏是指在发货过程中，因货物外包装破损引起的渗漏等问题。这类问题主要是在储存过程中因堆垛挤压、发货装卸操作不慎等情况引起的。此时应经过整理或更换包装方可出库发货，否则造成的损失应由仓储部门承担。

5. 漏记账和错记账

漏记账是指在货物出库作业中，由于没有及时核销明细账而造成账面数量大于或少于实存数量的现象。错记账是指在货物出库后核销明细账时没有按实际发货出库的货物名称、数量等登记，从而造成账实不相符的情况。

无论是漏记账还是错记账，一经发现，除及时向有关领导如实汇报情况外，还应根据原出库凭证查明原因并调整保管账,使之与实际库存数量保持一致。如果由于漏记和错记账给货主单位、运输单位和仓储部门造成损失,应予赔偿,同时应追究相关人员的责任。

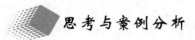

1. 思考题

(1) 货物在仓储过程中主要会发生哪些变化?

(2) 如何有效控制外界因素对库存货物的影响?

(3) 请比较说明几种不同的货位储存方式,各自适用哪些环境。

(4) 货位编码方式有哪些?各有哪些优劣?

(5) 5S现场管理的内容是什么?

2. 案例分析

某企业仓库货位管理

1. 企业概述

F企业集团是中国台湾某公司在大陆投资兴办的专业生产精密电气连接器、精密线缆及组配、计算机机壳及准系统、计算机系统组装、无线通信关键零组件及组装、光通信组件、消费性电子3C产品的高新科技企业。

自1988年在深圳建厂以来,集团规模迅速壮大,在中国、日本、东南亚、美洲、欧洲等地拥有数十家子公司,产品从单一的电气连接器发展到广泛涉足计算机、通信、消费性电子等3C产品的多个领域。F企业在仓储管理中采取了看板管理、先进先出、每日盘点、适时适量供料备料、定位储放五大措施。考虑到成本,不可能做到每日盘点,仓库库管人员实际上是每周对货物进行两次盘点。但每两周会有事业部的负责人对仓库进行检查。

2. 企业仓库概况

F企业仓库既有一般的原始仓库(也就是直接将货物码放在地面上的仓库,一般用于放置质量较高、体积较大的货物),也有带货架的立体仓库。

以F企业中的立体仓库华雅A仓库为例,该仓库位于深圳宝安区梅开高速东侧华雅工业园A栋1楼。华雅A仓库主要存放生产电脑主板用的原材料,如芯片组、声卡芯片、显卡芯片、网卡芯片、PBC板材、CPU插槽、内存插槽等。

1) 华雅A仓库平面图

华雅A仓库平面图如图6-8所示,仓长65 m,宽60 m,高4.5 m,平面面积近4 000 m²。仓库共有3个门,货物的入出库必须经过大门,在大门两侧分别还有两个小门,两个侧门主要是方便工作人员出入和在应急状态下使用。库内两侧货架各有13排,分别用A,B,C等26个字母表示。大门左侧是入出库检验台,入出库货物在此核对;检验台左侧的空旷地为临时存放区,大门右侧为办公室,库管人员在此领取入出库单;办公室右侧空旷地存放库内设施设备,如托盘、叉车、搬运车等工具。

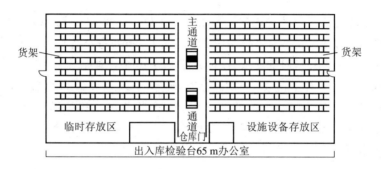

图 6-8　华雅 A 仓库平面示意图

依据货物的种类不同以及入出库频率不同,将仓库分成不同的区域。库内不同类型货物储存情况是:A—B 排存放芯片组,C—E 排存放电容,F—K 排存放各种芯片,L—M 排存放插槽,N—U 排存放 PCB 板,V—Z 排存放电阻。接近入出库检验台的区域为黄金区域,库管人员将其留给入出库频率较大的货物——PCB 板材和芯片组。

2) 华雅 A 仓库内设施设备

华雅 A 仓库内设施设备主要有低层货架、叉车、搬运车和托盘四种。

依据货物的体积、规格,设计了 6 种不同规格、高 4 m 的低层货架,叉车 5 辆、搬运车 6 台、木制托盘 2 000 余个、铁质托盘 1 200 个。

3) 当前货位管理模式

华雅 A 仓库货位是按层编号的如图 6-9 所示,每种货物有自己的编号,货物只能存放在自己的位置上,简单地对号入座。库管人员依据生产一个主板需要原材料的数量以及入出库频率,为主板原材料设置相应的固定货格,每种原材料分配的货格数量是依据生产需要量设计的。

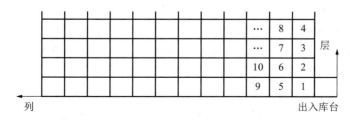

图 6-9　货位号排列图

华雅 A 仓库内共有生产电脑主板的原材料六大种类。在这六大种类的货物中,每种货物都有不同型号。就芯片组来说,在华雅 A 仓库中芯片组的型号就有 8 种。

为有利于快速响应需求,仓库管理人员依据生产主板所需原材料使用频率的不同给货物划定了一定的存放区域。细化后的原材料的货位,只是简单地按货位号排序进行分配,这就可能造成入出库频率高、质量大的货物存放在离入出库检验台较远的位置,加大了能量消耗,不利于节约仓库成本。

另外,该仓库实施定位储存管理,为了提高空间利用率,根据原材料的不同体积,为六大种类原材料设计了 6 种规格的货位。在不改变库内设施设备的情况下,对六大种类原材料中的每种型号的原材料进行货位优化,使原材料能分配在合理位置,最终使入出库消耗的能量最小。

因为不同种类货物所分配的货架是不同的,所以只需要对一种类型的货物进行分析,就可以以此类推对其他类型的货物进行优化。为了研究方便，这里选取存放芯片组的前四排货架进行研究。存放芯片组的货架规格为：每层高 1 m，宽 1.4 m，每个货格长 2 m（一个货格放置两箱货物，同一货格不能存放不同货物）。每排共有货格 48 个，每个货架共可存放 4 层货物。

前四排货架存放了 8 种不同类型的芯片组，如表 6-14 所示。由于芯片组属于脆弱产品，所以每个芯片组都有外包装，一个纸箱仅能装 100 个芯片组。在这里，质量按照叉车一次所能取出的最大量计算，也就是以一箱的质量计算，货物的入出库频率值取自仓库管理系统中提供的企业历史数据，以统计一周的次数为单位。

表 6-14　货物在库数据

序号	货物名称	在库量/（箱/货格）	质量/（kg/箱）	入出库频率/（次/周）
1	Intel 945G	70/35	24	110
2	AMD 780G	60/30	28.3	90
3	AMD 770+	54/27	31	77
4	AMD 690V	46/23	30.4	61
5	AMD 770	50/25	25.4	55
6	Intel 975X	40/20	29	42
7	Intel 945GC	34/17	24.5	30
8	AMD780G	30/15	21.3	20

3. 货位管理中存在的问题分析

F 企业仓库目前没有具体的货位优化模型，货物按照简单的顺序对号入库。这种传统的按照层或列对货位进行编号的方法，对于仓库管理人员来说操作比较简单、直观，而且货位易于查找，但是这样的入库方式缺点明显，主要表现在仓库运行费用高、入出库速度慢和存取货物巷道易堵塞三个方面。

在调查中发现，货物入库在货位选择上只是依据原来规定的存放位置进行存放，没有经过具体模型的优化计算，这就造成叉车来回运送货物的频率很高，并且单程的距离也很大。此时，可能造成较大质量的货物存放在较高位置，或者将入出库频率较高的货物存放在距入出库口较远的位置，这都直接增加了仓库管理费用。

同时，大件货物放在离入出库检验平台比较远的位置或者比较高的地方，造成搬运设备运送速度和频率降低，因此运送时间就相对较长，降低了出库速度。从目前的货位管理上看，货物存放在同一巷道内，当多台叉车对同一种货物进行存取作业的时候，容易发生堵塞，从而降低入出库速度。

分析讨论题：

（1）该仓库货位管理存在哪些问题？产生问题的原因是什么？

（2）该仓库储位方式是什么？具有什么特点？

（3）根据以上资料，对该仓库货位管理进行优化设计。

第 7 章

库存控制管理

某药店的库存控制

J女士是某药店的主管,在接到总公司要求消减库存的通知后,她开始着手这方面的工作。面对店里销售的几百种药品,J女士非常了解,盲目的动作会对销售产生不良的影响,所以她打算从店里销售比较好的乐敦眼药水着手进行试验,并把取得的经验加以总结推广。根据2020年的情况,该眼药水的年销售量约为2 400盒,扣除节假日等,日均销售量为8盒左右,每盒的进价为5元。每次订货的完成周期平均为10 d左右,而从配送中心发1辆车送货的费用为300元。在与其他员工的协商中,大家提出了3种不同的方案,订货量分别为80盒、40盒、480盒,订货间隔为10 d、5 d、60 d,这3种方案看上去又各有利弊。J女士感到很困惑,于是便找到你来咨询哪个方案好,到底如何来策划并实施这项工作。

7.1 库存及库存管理的相关概念

库存作为企业正常生产经营的重要保障,要占用大量的资金。库存管理的好坏会对企业的经营效益和正常运转产生重大影响。所谓库存管理,又称为库存控制,是指对制造业或者服务业企业生产经营全过程所需要的各种物料、产成品以及其他资源进行管理和控制,使其储备保持在经济合理的水平。

7.1.1 库存的重要性

现今越来越多的企业经营者,特别是物流经营者和管理者非常重视库存的作用,有的学者甚至把物流管理定义为静止的或运动的库存管理。库存是一项巨大、昂贵的投资,需要支付巨额的成本，努力减少库存并降低库存成本，甚至追求零库存是库存管理乃至物流管理的中心目标与终极目标。

库存是指处于储存状态的货物。库存和保管的差别在于前者是从物流管理的角度出发来强调合理化和经济性，后者是从物流作业的角度出发来强调效率化。

库存具有整合需求和供给、维持各项物流活动顺畅运行的功能。顾客订货后要求收到货物的时间（交货周期）比企业从采购材料、生产加工到运送货物至顾客手中的时间（供应链周期）要短。为了弥补两者时间差，就必须预先储存一定数量的货物。

例如，某零售商直接向生产厂家订购了一定数量的产品并要求第二天运送到货，而生产厂家生产该产品需要 5 d 的时间，运送需要 1 d 的时间。如果生产厂家预先生产一定数量的这种产品并储存在物流仓库的话，则可立即满足客户的要求，避免发生缺货或延期交货的现象。

一般来说，为了能及时满足顾客的要求，避免发生缺货或延期交货现象，企业在销售阶段需要有一定的成品库存。在采购和生产阶段，为了保证生产过程的连续性，需要有一定的原材料、零部件的库存。

但是，库存货物要占用资金，发生库存维持费用，并因存在库存积压而产生损失的可能。因此，企业既要防止缺货，避免库存不足，又要防止库存过量，避免发生大量不必要的库存费用。在二者之间寻求最佳的平衡是非常重要的，合理库存对企业的重要性主要体现在以下五个方面。

（1）合理库存可以实现企业生产经营成本的极大降低，如 JIT 生产方式下的零库存大大地降低了浪费，消除了多余库存。

（2）在现代信息技术支持下，缩短库存周期，提高库存快速反应能力，可以有效地组织供应链贴近用户，使消费者的满意度得到很大的提高。

（3）通过即时供应系统、零库存系统、POS 系统，企业可获得更加长远的战略发展能力。

（4）面对经济全球化的趋势，通过库存的全球配置对企业市场的占领和扩张更具有非常重要的作用。

（5）通过库存的合理化，可提高装备和运输系统的利用效能，降低污染，改善环境，降低企业和政府的社会成本。

企业通过其高效、合理的库存，物流活动和物流管理行为，不仅能够降低经营成本，而且会为客户提供优质的服务。

7.1.2 库存管理的内容

不同类型的企业库存管理的标准是不同的，所以在确定库存管理方法前要确定库存管理的目的，了解库存所属的类型，弄清影响库存管理的因素，再确定相应的库存管理内容。

1. 库存的分类

按照不同的方法和标准，库存有不同的分类。

1）按照经济用途分类

（1）商业库存。指企业购进或生产供转售的货物。其特点是在转售之前，保持其原有的实物形态。

(2) 制造业库存。指购进直接用于生产制造的货物。其特点是其在销售前需要经过生产加工过程，原有的实物形态或使用功能发生了改变。制造业库存具体可分为以下几种。

① 材料。指企业通过采购或其他方式取得的用于制造并构成产品实体的产品，以及取得的供生产耗用但不构成产品实体的辅助性材料等。外购半成品一般也归于此类。

② 在制品。指企业正处于加工过程中的、有待进一步加工制造的产品。

③ 半成品。指企业部分完成的产品，它在销售以前还需要进一步加工，但也可作为商品对外销售。

④ 制成品。指企业已经全部生产完工，可供销售的产品。

(3) 其他库存。指除了以上库存外，供企业一般消耗的货物及为生产经营服务的辅助性货物。这些货物的特点是满足企业的各种消耗性需要，而不是为了直接转售或加工成制成品后再出售。

2）按照库存货物所处的状态分类

(1) 静态库存。指长期或暂时处于储存状态的库存，这是人们一般认识上的库存。

(2) 动态库存。指广义的库存，不仅指长期或暂时处于储存状态的库存，而且还包括处于制造加工状态或运输状态的库存。

3）按照生产过程的角度分类

从生产过程的角度可以把库存分为原材料库存、零部件及半成品库存和成品库存。

4）按照库存的作用分类

(1) 经常库存。指企业在正常的经营环境下为满足日常需要而建立的库存。这种库存随着每月的需求量不断减少，当库存量降低到某一水平（如再订货点）时，就要通过订货来补充库存。

经常库存的前提是需求和前置期预测是稳定的。如果某产品每天销售 20 个单位，前置期是 10 d，则在经常库存之外不再需要额外库存（安全储存）。稳定的需求和前置期预测会减少库存管理的复杂性。

(2) 在途库存。指从一个点到另一个点的路上的货物。虽然它们在到达目的地之前不能销售或使用，但它们仍是库存的一部分。

(3) 安全或缓冲库存。指为了防止不确定因素（需求和前置期不确定时，如大量突发性订货、交货期突然延期等）而准备的库存。

(4) 投机库存。指为满足正常需求之外而准备的库存。例如，由于预期价格会上涨或材料匮乏、可能出现的罢工或为了获得批量折扣而购买的多于需求的物质资料。

(5) 季节性库存。这是投机库存的一种形式，是指某季节开始前建立的库存。这种情况经常发生在农产品和季节性产品中，如夏天对空调机的需要。

(6) 促销库存。指为了使企业的促销活动产生预期的销售收益而建立的库存。

(7) 呆滞库存。指那些已储存一段时间且没有需求的库存，包括因货物的品质损坏不再有效用的库存或者因没有市场销路而卖不出去的库存。

2. 库存管理的目的

库存对企业来说是一项巨大的投资，但作为一切社会再生产中必然的经济现象和物流业务的主要活动，它对于促进国民经济发展和物流的顺利进行具有重要的作用。库存在企业的生产和营销中的目的主要表现为以下几个方面。

1）使企业达到规模经济

库存是企业达到规模经济的保证。企业应意识到采购、运输或制造中的规模经济问题。例如，企业要进行一些大型的建设项目，某些物资需集中消耗，如果靠临时生产显然是不行的，只有靠一定量的物资储存才能满足大规模建设的需要。

2）平衡市场需求和供给的关系，保持物料价格稳定

季节性的供应或需求使企业必须持有库存。例如，巧克力的销量在圣诞节、情人节、母亲节均会增加，对生产巧克力的企业来说，为应对这些销售高峰而临时扩建生产能力所花的成本将会非常大，因此季节性库存必不可少。另外，有些产品的需求可能在一年之中较为稳定，但原材料只能在一年的某段特定时间获取（如各种水果罐头和时令蔬菜），这就要求企业在能够获得原材料的时候多生产产品并将其保存。

3）调节生产与消费之间的时空差异

库存的实质是由生产与消费之间的时空距离而引起的一种经济行为，库存的首要作用就在于消除这种距离。动态的库存用于弥补空间的距离，静态的库存用于弥补时间的距离。静态、动态的库存用于弥补产品品种、规格、数量之间差异的功能，是任何一种经济活动都不能取代的。

4）有效防止企业由于需求和订货周期不确定性所造成的影响

企业持有库存可防止不确定性因素的影响，也就是说，在需求变动或订货周期变动的情况下可防止缺货。例如，延迟送货和意料之外的需求增长都将增加缺货风险，发生延迟可能是由于气候条件变化、供应商缺货、质量问题等。

5）具有调节运输的功能

物流过程中的中转储存可以解决由于运输方式的改变、运输能力与需求之间的矛盾而引起的待运物资的保管问题。

6）在企业分配渠道中起缓冲的作用

库存存在于企业经营过程的各个环节中，即处在采购、生产、销售的不断循环过程中。因此，它可以调节各环节之间由于供求品种及质量的不一致而发生的变化，起到润滑剂的作用。

库存是物资的一种停滞状态，从某种意义上来说还是价值的一种"损失"，但其确定了企业进行存货投资的必要性。库存管理的基本目标就是要帮助企业维持合理的库存数，防止库存积压或者库存不足，保证稳定的物流以支持正常的生产和经营，但又要最低限度地占用资本，提高物流系统的效率，以强化企业的竞争力。

3. 影响库存管理的因素

库存管理作为物流管理的一个重要组成部分，其控制系统贯穿于产品的选择、采购、入库、保管直到出库、配送等一系列工作之中。库存管理的难易程度与物流的其他环节有着紧密的联系。其影响因素主要有以下方面。

1）仓储系统地址与服务内容

仓库数目的集约化发展降低了库存总量，大大降低了库存成本，但是这种情况下仓储系统的选址离客户距离远，对单个仓库的库存管理要求高。服务对象、出库频率、仓储成本等仓储服务的内容影响着仓储系统的库存水平。

2）订货

仓储系统的库存量的多少与订货方式有很大关系。订货包含订货数量和订货次数两个重要因素。调整订货次数和订货数量可以直接影响库存管理水平。订货次数增多导致库存数量变少，管理内容也少，因而客户服务水平得以提高。

3）运输

订货工作完成之后，收交货物均由运输工作来完成。运输能保证订货计划的实施，也便于仓储系统更精确地控制库存水平。运输路线、运输车辆的安排、运输频率的规划、运输成本的控制及运输服务水平的确定是整个库存控制系统的核心问题。

4）信息

信息的准确性、传递速度影响库存水平的高低。从某种意义上说，信息可以取代库存，信息畅通才能使库存管理更迅速、更准确。

4. 库存管理的内容

1）库区管理

库区管理是比较细致的工作，简单而枯燥，但是管理的好坏对其他环节有着重要的影响。当产品到达仓储系统之后，通常面临入库管理、在库管理和出库管理三个环节。在这三个环节中，库区管理的主要内容通常包括存放策略的确定、存放设备的选择、盘点管理方法的确定、拣货策略的确定。

2）库存控制

库存控制是一项非常重要的决策工作，其决策结果的好坏不仅影响库存成本的高低，还会影响物流其他环节要求的高低，也会影响客户满意度。库存控制的主要内容包括与上下游企业的关系确定、企业不同库存的管理决策、订货点的确定及订货量的确定。

7.2 面向单品种的库存控制方法

库存品种数量、入出库频率、库存品种之间的关系都会影响库存控制方法。不同企业的库存特征不同，库存控制方法就有很大差别。库存控制方法通常要考虑订货时间、订货批量和订货方式。对单个库存品种而言，企业的不同库存扮演的角色不同，库存控制方式有很大差别，有的对订货时间间隔进行把握，有的对订货批量进行控制，以保证库存费用较低同时又满足企业需求。由于库存需求有一定波动性，越来越多的企业开始重视安全库存量的确定。

7.2.1 EOQ 库存控制方法

对单个产品品种而言，其库存控制管理的重点是确定订货时间和订货量，即何时发出采购订单和采购批量是多少。经济订货批量是确定采购批量的一个最基本的订货模型，它按照库存总费用最小的原则来决定订货批量。经济订货批量模型（economic ordering quantity，EOQ），也称为 Harris 模型，或 Harris-Wilson 模型。该模型属单级静态确定型多周期存储模型，适用于整批间隔进货的存储问题。由于此存储策略是通过使存储总费用最小的经济原则来确定订货批量，故称为经济订货批量模型。

1. 经典 EOQ 模型

1）假设条件

设库存控制参数如下。

t：存储周期或订货周期（年或月或日）。

D：单位时间需求量（件/年或件/月或件/日），通常设为年需求量。

P：每件产品的进货价格。

Q：每次订货批量（件或个）。

C_1：存储单位货物单位时间的库存保管费［元/（件·年）或元/（件·月）或元/（件·日）］。

C_2：每次订货的订货费（元）。

T：订货提前期。

模型建立在如下假设之上。

① 货物需求是连续、均匀的，单位时间的需求量为 D。

② 不允许缺货。

③ 瞬间全部到货，即货物存储量减少到零时，可以立即到货。

④ 订货时，存在与订货数量无关的固定订货费 C_2。

⑤ 库存保管费用与库存量成正比，单位库存保管费 C_1 不变。

在上述假设条件下，寻求最佳的订货策略，其 EOQ 模型如图 7-1 所示。

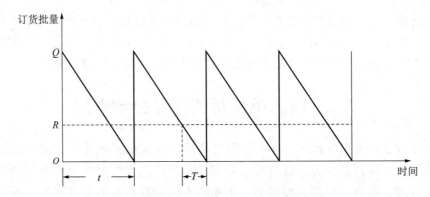

图 7-1　经济订货批量模型示意图

由以上假设可知，经典 EOQ 模型研究的是这样一种存储模式，即某种货物单位时间的需求量为常数 D，存储量以单位时间消耗数量 D 的速度逐渐下降，经过时间 t 后，存储量下降到 0，此时能瞬时到货，库存量由零上升为最高库存量 Q，然后开始下一个存储周期，依此形成多周期存储模型。

由于需求量和提前订货时间是确定已知的，因此，只要确定每次订货的数量或进货间隔期，就可以制定存储策略。

2）建立模型

该模型建立的条件是使库存总费用最少，而库存总费用通常由 3 部分组成，即库存总费用＝进货费用＋订货费用＋存储费用，它们的关系如图 7-2 所示。

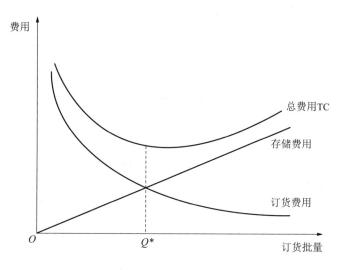

图 7-2　库存费用曲线示意图

用公式表示为

$$TC = D \times P + \frac{D}{Q} \times C_2 + \frac{Q}{2} \times C_1$$

用微分法求 TC 最小时的 Q 的最优解（即经济批量 Q^*）为：

$$Q^* = \sqrt{\frac{2DC_2}{C_1}}$$

2. 有数量折扣的 EOQ 模型

供应商为了吸引用户一次购买更多的产品，规定了对于购买数量达到或超过某一数量标准时给予用户价格上的优惠，即数量折扣。这个事先规定的数量标准称为折扣点。

设产品单价 P 与订货量 Q 之间有如下关系：

$$P = \begin{cases} P_0 & 0 \leqslant Q < K_1 \\ P_1 & K_1 \leqslant Q < K_2 \\ \vdots & \\ P_n & K_n \leqslant Q \end{cases}$$

式中：K_i——价格折扣点分解点，且满足 $P_0 > P_1 > \cdots > P_n$。

产品的价值越高对保管的要求也越高，单位产品的保管费用也越高。单位产品的保管费用通常有两种表达形式：一种是按固定数值表示，与产品价格无关；另一种是按产品价值的百分数来表示。下面分别讨论两种形式下的经济订货批量计算方法。

（1）产品保管费用与价格无关时，经济批量的计算分两步确定。

① 不考虑折扣计算经济批量 Q^*，判断 Q^* 的折扣区间，假定为 $[K_i, K_{i+1})$，并计算此批量下的总费用。

② 分别取 Q 等于 $K_{i+1}, K_{i+2}, \cdots, K_n$，并分别计算其总费用，与 Q^* 下的总费用相比较，其中最低总费用对应的数量便是最优经济订货批量。

(2) 存储费用以价格百分比形式表示时,经济批量的计算分两步循环确定。

① $t=n$,计算最后折扣的经济批量 Q_n^*,并与第 n 个折扣点 K_n 比较:如果 $Q_n^* \geqslant K_n$,则令 $Q^* = Q_n^*$,否则 $t=t-1$,继续。

② 计算第 t 个折扣区间的经济批量。

如果 $K_t \leqslant Q_t^* < K_{t+1}$,则计算经济批量 Q_t^* 和折扣点 K_{t+1} 对应的总费用 TC_t^* 和 TC_{t+1},比较大小,如果 $TC_t^* \geqslant TC_{t+1}$,令 $Q^* = K_{t+1}$,否则 $Q^* = Q_t^*$;如果 $Q_t^* < K_t$,令 $t=t-1$,重复②直到 $t=0$,其中 $K_0 = 0$。

(3) 示例。

某公司每年采购某零件 1 万个单位,单价为每单位 16 元,每次订货费用为 100 元,假设单位零件的保管成本是单位价格的一半,求此公司的最佳经济订货批量。如果订货存在批量折扣,一次购买 500 个以上打 9 折,购买 800 个以上打 8 折,其最佳经济订货批量又是多少?

解:

(1) 无折扣情况下。

由计算可得,无折扣情况下最佳经济订货批量为

$$Q^* = \sqrt{\frac{2DC_2}{C_1}} = \sqrt{\frac{2 \times 10\,000 \times 100}{8}} = 500 \text{(件)}$$

(2) 存在折扣时。

① 计算第 2 折扣点区间的经济批量。

$$Q_2^* = \sqrt{\frac{2DC_2}{C_1}} = \sqrt{\frac{2 \times 10\,000 \times 100}{12.8 \times 0.5}} = 559 < K_2$$

② 计算第 1 折扣点区间的经济批量。

$$Q_1^* = \sqrt{\frac{2DC_2}{C_1}} = \sqrt{\frac{2 \times 10\,000 \times 100}{14.4 \times 0.5}} = 527 > K_1$$

K_1(500)$< Q_1^*$(527)$< K_2$(800)

$$TC_1^* = D \times P_1 + \frac{D}{Q_1^*} \times C_2 + \frac{Q_1^*}{2} \times C_1 = 147\,794.7 \text{(元)}$$

同理:$TC_2 = D \times P_2 + \frac{D}{K_2} \times C_2 + \frac{K_2}{2} \times C_1 = 131\,810 \text{(元)}$

$TC_2 < TC_1^*$

所以:$Q^* = K_2 = 800$(个)

所以,当无折扣时,最佳经济订货批量为 500 个;当存在折扣时,最佳经济订货批量为 800 个。

7.2.2 再订货点库存控制方法

库存量随着每日的出库不断降低,当库存量下降到某个库存水平时,就需要启动订货程序来进行库存补充。达到这一临界点的库存数量就是再订货点,又称为"额定库存量"。再订货点作为存货资源计划的一个重要的决策变量,即何时订货的问题,是控制库存水平的关键因素。

为了避免企业因库存不足而造成缺货损失,在平均订货完成周期内就需要有一定的存货

输出量以满足周期内的存货需求。所以,订货完成周期和每日存货需求速度就成为决定再订货点的关键因素。

1. 再订货点法的原理

再订货点法又称再订购点法,是预先确定一个再订货点和订货批量,随时监控货物库存,当库存下降到再订货点时,就发出订货单进行订货的一种控制方法。再订货点法在操作中有可能随时发生,主要取决于生产企业或市场对该产品的需求情况。再订货点法的基本公式如下:

$$R = D \times T$$

式中:R——用单位数表示的再订货点;

D——销售速度;

T——平均完成周期(发出订货到所订货物运回入库所需时间,即备货周期或订货提前期)。

一般而言,影响再订货点的因素主要有以下两个。

(1)销售速度(用 D 表示,对供应商来说是供应速度)。销售速度用单位时间内的平均销售量或供应量来描述。销售速度(或供应速度)越高,则再订货点就越高。

(2)平均完成周期(用 T 表示,即订货提前期)。平均完成周期越长,则再订货点就越高,而 T 取决于路途的远近和运输工具的快慢。

如果企业的需求或订货提前期存在不确定性,为避免缺货发生,计算再订货点时需要引入安全库存量(用 S_S 表示),即

$$R = D \times T + S_S$$

2. 再订货点法的特点

(1)优点。

① 控制参数一经确定,则实际操作就不困难了。实际操作经常采用"双堆"法来处理:将某产品库存分为两堆,一堆为经常库存,另一堆为再订货点库存。当经常库存被用完了就开始订货,并使用再订货点库存,如此不断重复操作。这样可以使经常盘点库存的次数得到减少,方便可靠。

② 当订货量确定之后,产品的验收、入库、保管和出库作业可以利用现有方式进行计算,搬运、包装等方面的作业量可以节约。

③ 经济批量的作用被充分发挥,可降低库存成本,节约费用,提高经济效益。

(2)缺点。

① 要随时掌握库存动态,对安全库存和订货点库存进行严格控制占用了一定的人力和物力。

② 订货模式过于机械,缺乏灵活性。

③ 订货时间不能预先确定,对于人员、资金、工作业务的计划安排具有消极影响。

④ 受单一订货的限制,采用此方法时使用多品种联合订货还需灵活进行处理。

3. 考虑订货时机的库存管理策略

再订货点法库存管理的策略很多,最基本的策略有以下 4 种。

(1)连续性检查的固定订货量、固定订货点策略,即 (Q, R) 策略。(Q, R) 策略的基本思想是对库存进行连续性检查,当库存降到订货点水平 R 时,即发出一个订货。每次的订

货量保持不变,都为固定值 Q。该策略适用于需求量大、缺货费用较高、需求波动性很大的情形。此策略只需应对订货提前期的不确定性。

(2) 连续性检查的固定订货点、最大库存策略,即 (R, S) 策略。(R, S) 策略和 (Q, R) 策略一样,都是连续性检查类型的策略,也就是要随时检查库存状态。当发现库存降到订货点水平 R 时,开始订货,订货后使最大库存保持不变,即为常量 S,若发出订单时库存量为 I,则其订货量为 (S−I)。该策略和 (Q, R) 策略的不同之处在于其订货量是按实际库存而定,因而订货量是可变的。

(3) 周期性检查策略,即 (t, S) 策略。(t, S) 策略是每隔一定时期检查一次库存,并发出一次订货,把现有库存补充到最大库存水平 S。经过固定的检查期 t 发出订货,这时,库存量为 I,订货量为 (S−I)。周期性地检查库存,不断补给。该策略不设订货点,只设固定检查周期和最大库存量。该策略适用于一些不很重要的或使用量不大的货物。此策略不需跟踪检查,容易实施,但需要应对订货提前期和检查间隔期的不确定性。

(4) 综合库存策略,即 (t, R, S) 策略。(t, R, S) 策略是 (t, S) 策略和 (R, S) 策略的综合,有一个固定的检查周期 t、最大库存量 S、固定订货点水平 R。当经过一定的检查周期 t 后,若库存量低于固定订货点水平 R,则发出订货,否则不订货。订货量的大小等于最大库存量减去检查时的库存量,按周期性进行下去,实现周期性库存补给。

4. 再订货点法的应用

(1) 单价比较便宜,而且不便于少量订货的货物,如螺栓、螺母等。

(2) 需求预测比较困难的货物(着眼于过去的需求统计数据)。

(3) 品种数量多,库存管理事务量大的货物。

(4) 消费量计算复杂的货物以及通用性强、需求总量比较稳定的货物等。

7.2.3 安全库存的确定方法

仓库管理经常需要处理各种突发情况,如需求发生变化、货订不到、运输中断等。安全库存是指为了防止临时用量增加或交货误期等特殊原因而预计的保险储备量,简单地说就是为了防止需求量的不确定性和供应间隔不确定性而持有的库存量。

安全库存是库存的一部分,它的存在减少了缺货的可能性,在一定程度上降低了库存缺货费用。安全库存的加大会造成库存持有费用的增加,所以应综合考虑缺货成本和库存成本来选择最适合的安全库存量。安全库存量的大小,主要由顾客服务水平来决定。安全库存量计算如下:

安全库存量=(预计每天或每周的最大耗用量−平均每天或每周的耗用量)×订货提前期

或

安全库存量=平均每天或每周的耗用量×(预计最长订货提前期−平均订货提前期)

如果想完全不缺货是不可能的,即预防所有的不确定性是不现实的,因此企业通常根据经验来设定安全系数,兼顾缺货费用和库存持有费用之间的平衡。下面介绍两种安全库存量的设置方法。

1. 边际成本分析法确定安全库存

企业经营追求利润最大化,所以在设置安全库存量时希望持有每单位的安全库存所花的保管费用应该不高于能避免的缺货费用。一般来说，常用边际成本分析法来确定安全库存水平。

以某企业为例，假设该企业向批发商按 10 的倍数订购货物，当增加 10 件额外的安全库存时，就增加边际存储费用 1 200 元（假设商品年存储费用率为该商品价值的 25%）。由于全年保持了这额外的 10 件安全库存，可防止全年发生缺货 20 次。已知平均一次缺货费用为 324.05 元，则防止 20 次缺货可节约缺货费用 6 481.00 元。节省的缺货费用远远超过增加的边际存储费用 1 200 元。如果企业保持 20 件安全库存，使存储费用增加 1 200 元，可以防止全年缺货 16 次，节省的缺货费用为 5 184.80 元，如表 7-1 所示。

表 7-1　确定安全库存水平的边际分析法实例

安全库存/件	总值/元①	年储存费用/25%	边际存储费用/元	边际库存能防止年缺货发生次数	边际库存能减少的缺货费用/元②
10	4 800	1 200	1 200	20	6 481.00
20	9 600	2 400	1 200	16	5 184.80
30	14 400	3 600	1 200	12	3 888.60
40	19 200	4 800	1 200	8	2 592.40
50	24 000	6 000	1 200	6	1 944.30
60	28 800	7 200	1 200	4	1 296.20
70	33 600	8 400	1 200	3	972.15

注：① 每件 480 元；
② 一次缺货费用为 324.05 元。

从表 7-1 中可看出，最优的安全库存量为 60 件，此时，增加 10 件安全库存的存储费用为 1 200 元，可以防止全年缺货发生 4 次，节省缺货费用 1 296.20 元。如果安全库存量从 60 件增加到 70 件，增加的 10 件的储存费用仍为 1 200 元，而能减少的缺货费用仅为 972.15 元。因此，企业愿意每年多 4 次或 3 次缺货，增加的边际存储费用与减少的缺货费用相比，得大于失或得失相当。

2. 安全系数统计分析法确定安全库存

由于统计分析方法以及企业的客户服务水平的差异，不同企业的安全库存量设置有所不同。安全库存量的设置通常与安全系数、需求量、订货提前期及后两个参数的变化有关。

1）需求有变化而订货提前期为固定常数的安全库存量的确定

在这种情况下，安全库存量 S_S 的计算公式为：

$$S_S = Z\sigma_D \sqrt{T}$$

式中：S_S——安全库存量；

Z——一定顾客服务水平下需求变化的安全系数；

σ_D——订货提前期内需求的标准差；

T——订货提前期的长短（平均完成周期）。

其中，Z 可以查正态分布表得出。表 7-2 列出了常用的顾客服务水平所对应的需求变化安全系数。

表 7-2 常用的顾客服务水平所对应的需求变化安全系数

顾客服务水平/%	安全系数	顾客服务水平/%	安全系数
100	3.9	92	1.41
99.90	3.1	91	1.34
99.80	2.88	90	1.28
99	2.33	85	1.03
98	2.05	80	0.84
97	1.88	75	0.67
96	1.75	70	0.52
95	1.645	60	0.25
94	1.545	≤50	0
93	1.48		

2) 订货提前期有变化而需求为固定常数的安全库存量的确定

在这种情况下,安全库存量 S_S 的计算公式为:

$$S_S = ZD\sigma_T$$

式中:Z——一定顾客服务水平下订货提前期变化的安全系数;

σ_T——订货提前期的标准差;

D——订货提前期内的单位需求量。

3) 需求和订货提前期都随机变化的安全库存量的确定

如果假设顾客的需求和订货提前期是相互独立的,则需求和订货提前期都是随机变化的。在这种情况下,安全库存量 S_S 的计算公式为:

$$S_S = Z\sqrt{\sigma_D^2 \overline{T} + \overline{D}^2 \sigma_T^2}$$

式中:Z——一定顾客服务水平下需求与订货提前期变化的安全系数;

σ_D——订货提前期内需求的标准差;

σ_T——订货提前期的标准差;

$\overline{D}$——订货提前期内的平均单位需求量;

$\overline{T}$——平均订货提前期水平。

为了说明安全系数统计分析法确定安全库存量,用两个例子加以说明。

【例 7-1】假设某公司销售的某积木平均每周的市场需求量呈正态分布,均值为 2 500,标准差为 500,订货提前期为 2 周,公司经理当前的订货批量为 10 000 盒,在采用连续性检查的补给策略情况下,要使订货货物周期供给水平达到 90%,公司应该持有的安全库存是多少?其订货点呢?

解:供给水平达到 90% 时对应的安全系数为 1.28,则:

$S_S = Z\sigma_D \times \sqrt{T}$　　$R = D \times T + S_S$

　　$= 1.28 \times 500 \times \sqrt{2}$　　$= 2\,500 \times 2 + 905$

　　$= 905$　　$= 5\,905$

因此,公司应该持有的安全库存为 905 盒,订货点水平为 5 905 盒。

【例 7-2】 戴尔公司的个人电脑日需求量呈正态分布,其均值为 2 500,标准差为 500,在个人电脑装配过程中使用的主要零部件是硬盘驱动器。硬盘驱动器供应商均花费 7 d 时间来补充戴尔公司的库存。戴尔公司将硬盘驱动器库存的补货周期供给水平确定为 95%。在上述条件下,假设订货提前期的标准差为 5,则公司应该持有的安全库存是多少? 其订货点呢?

解: 供给水平达到 95% 时对应的安全系数为 1.645,则:

$$S_S = Z\sqrt{\sigma_D^2 \overline{T} + \overline{D}^2 \sigma_T^2}$$
$$= 1.645 \times \sqrt{500^2 \times 7 + 2\ 500^2 \times 5^2}$$
$$= 20\ 677$$

$$R = \overline{D} \times \overline{T} + S_S$$
$$= 2\ 500 \times 2 + 20\ 677$$
$$= 38\ 177$$

因此,公司应该持有的安全库存为 20 677 台,订货点水平为 38 177 台。

7.3 面向多品种的库存控制方法

企业的库存货物品种通常有很多种,有的库存货物品种对企业的生产经营影响重大,有的却不然。如何进行库存定位,并实施不同的库存控制方法,对流通性的企业如日用百货、超市经营有着重要意义。对制造业企业而言,库存种类更复杂,且相互之间存在依存关系,所以用有限的资源对多品种货物的库存进行合理化控制显得尤为重要。

7.3.1 ABC 库存控制方法

1879 年意大利经济学家帕累托在研究人口与收入的分配问题时,发现占人口百分比不大的少数人(20%)的收入却占总收入的大部分(80%);而大多数人(80%)的收入却只占总收入的很少的一部分(20%),即所谓的"关键的少数和次要的多数"的关系,这就是 80/20 法则,也称为 Pareto 原则。美国通用电气公司董事长迪基通过对公司所属某厂的库存货物进行调查后发现,上述原理也适用于存储管理。

库存货物按所占资金的多少可分成三类,分别采取不同的管理办法和采购、存储策略,下面介绍 ABC 分类法。

1. ABC 分类法概述

ABC 分类法是指运用数理统计的方法对事物、问题分类排队,以抓住事物的主要矛盾的一种定量的科学管理技术。ABC 分类法运用"关键的少数和次要的多数"的原理,将研究对象的构成要素,按一定的标准区分为 A、B、C 三部分,然后根据事物的特点,分别对 A、B、C 给予不同的管理,如重点管理和一般管理等。

如表 7-3 所示,将资金占用量多的几种库存货物列为 A 类货物,实行重点控制管理;对资金占用量比较次要的大多数库存货物列为 C 类货物,采用较为简便的方法加以控制管理;将处于中间状态的库存货物 B 类货物进行一般控制管理。

表 7-3 ABC 分类法

类别	A	B	C
品种种类所占比例/%	5~15	20~30	60~80
资金所占比例/%	60~80	20~30	5~15

有许多指标都可以作为分类的标准,最常见的是所占资金、销售额、利润贡献率、库存价值、使用率和分类对象本身的性质。最典型的做法就是先根据某种指标将货物按顺序排列,然后把特征相似的归在一个组。在某些特殊情况下,可以根据多个指标进行分类。例如,可以将货物的毛利和对客户的重要程度组成一个复合的指标,而不是单纯地根据销售额这一个指标。

当然,将货物分为三类只是理论上的一般做法;实际应用中,有些企业将库存货物分为四类、五类甚至进一步做更精细的划分。

2. ABC 分类法实施步骤

1)按分类标准计算出计算周期中各种货物的资金占用额

在确定分类标准(如按库存占用资金、货物的销售额)之后,需要统计所有的货物品种总数和每种货物的量(如库存量、销售量),各品种货物的量可以根据往年的进出货或销售情况预测;再调查每种货物的单价(售价),求得每种商品的资金占用额。

2)按资金占用额依次从大到小进行排序

此过程可以利用计算机快速完成,每种货物的资金占用额为该货物数量与货物单价的乘积,如表 7-4 所示的第 5 列。

表 7-4　ABC 分析表

序号	商品编号	数量	单价/元	金额/元	金额累计/元	金额累计百分比/%	品种累计百分比/%
1	198 458	3 820	480	1 833 600	1 833 600	40.48	2
2	114 150	1 680	470	789 600	2 623 200	57.92	4
3	132 105	1 060	200	212 000	2 835 200	62.60	6
4	137 511	23 750	8	190 000	3 025 200	66.79	8
5	173 260	6 000	29	174000	3 199 200	70.63	10
6	139 797	3 820	45	171900	3 371 100	74.43	12
⋮	⋮	⋮	⋮	⋮	⋮	⋮	⋮
13	169 341	4 000	15	60 000	4 012 365	88.59	26
14	109 347	4 880	10.2	49 776	4 062 141	89.69	28
15	154 064	3 721	11.2	41 675	4 103 816	90.61	30
⋮	⋮	⋮	⋮	⋮	⋮	⋮	⋮
49	105 852	1 838	1.2	2 206	4 527 607	99.96	98
50	195 902	1 606	1.0	1 606	4 529 213	100	100

3)计算货物的资金占用金额累计及占全体总资金的百分比

此过程也可以利用计算机快速完成,按照上一步骤的排序来计算累计百分比。如果企业的核心产品明显,那么前面几项金额累计百分比的增加速度应该非常快。表 7-4 中的第 6 列和第 7 列分别为金额累计和金额累计百分比,前两类货物占了资金的一半以上。

4)按上面的排列顺序计算货物的品种累计百分比和金额累计百分比并制成曲线图

计算品种累计百分比也可以利用计算机快速完成,如表 7-4 所示的第 8 列,所有数据出来之后,要制成横轴(X)为品种累计百分比、纵轴(Y)为金额累计百分比的曲线图,如图 7-3 所示,金额累计百分比为 66.79%,品种累计百分比为 8%。

5) 按累计栏把货物分为 A、B、C 类

从表 7-4 可知品种累计为 10% 的货物,其金额累计为 70% 左右,此可定为 A 类货物;金额累计在 90%～100% 的货物,其品种累计在 30%～100%,也就是说金额累计为 10% 左右的货物,其品种数达到了 70% 左右,此类商品可定为 C 类商品;中间的为 B 类。

注意到表 7-3 所示的 ABC 分类表中各类的划分界限不是固定值,而是一个范围,这个范围是根据企业具体经营情况来确定的。同样一类货物,企业经营情况不同,其划分的类别可以有微小的变动。

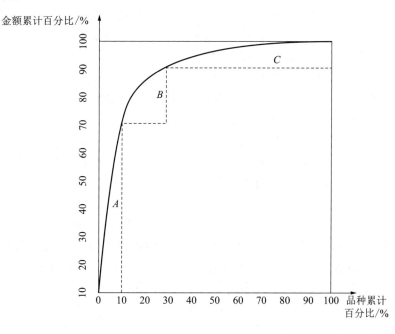

图 7-3 ABC 分析图

3. ABC 分类法的应用

按照相同方法对一个企业的所有货物进行管理是不可能的事情,ABC 分类法就是针对货物的重要性程度而采取不同的管理方法,如表 7-5 所示。

表 7-5 ABC 分类管理控制表

项目	A	B	C
控制程度	严格	一般	简单
库存量计算	按模型计算	一般计算	简单计算或不计算
进出记录	详细	一般	简单
检查次数	多	一般	少
安全库存量	低	较大	大
订货方法	定期订货法	定期或定量订货法	定量订货法

1) A 类库存货物

尽管 A 类库存货物在品种数量上占 15% 左右,但管好它们就等于管好 70% 左右消耗金

额的库存货物，这是十分有意义的。对整个企业来说，应该千方百计地降低A类库存的消耗量（对销售人员来说，则是增加它们的销售额）。而对于库存物流管理人员来说，除了应该协助企业降低它们的消耗量（或增加其销售额），还要在保证供给的条件下尽量降低它们的库存数量，减少占用资金，提高资金周转率。为此，应从以下几个方面加强对A类库存货物的管理。

(1) 每种货物都要编号。
(2) 尽可能准确地预测其需求量。
(3) 勤进货而少量采购，在不影响需求的情况下尽可能减少其库存量，提高其周转速度。
(4) 请客户配合，力求出货量平稳，以减少需求变动，降低安全库存量。
(5) 与供应商协调，尽可能缩短订货的前置时间。
(6) 采用定期订货方式，对存货作定期检查。
(7) 严格执行盘点制度，每天或每周盘点一次，提高库存精确度。
(8) 对交货期限必须加强控制，采购需要高层主管的审核。
(9) 货物应放在容易出库的位置。
(10) 恰当选择安全存货量。相对需求量而言，安全库存量应尽可能减少；设立恰当的缺货报警点，当库存量降低到报警点时要立即行动。

2) C类库存货物

C类库存货物与A类库存货物相反，品种众多，而所占用的消耗金额却很少。因此，C类库存货物管理的原则恰好和A类相反，不应投入过多的管理力量，宁肯多储备一些，少报警，以便集中力量管理A类库存货物。由于C类库存货物所占金额非常少，相对需求而言，多储备并不会增加其占用金额。C类库存货物的管理细则体现为以下方面。

(1) 采用非强制性补充供货方式或定量订货方式，以求节省费用。
(2) 大量采购，便于在价格上获得优惠。
(3) 简化库存管理手段，采购仅需基层主管核准。
(4) 安全库存量可以保持较高水平，以免发生缺货现象。
(5) 每月盘点一次。

3) B类库存货物

B类库存货物的状况处于A、C类之间，因此其管理方法也介于A、C类库存货物的管理方法。常采用常规方法管理B类库存货物，具体主要包括以下几点。

(1) 采用定量订货方法，但对前置时间较长，或需求量出现季节性变动趋势的货物要采用定期订货方式。
(2) 每两三周进行一次盘点。
(3) 中量采购。
(4) 采购须经中级主管核准。

7.3.2　MRP库存控制方法

物料需求计划（materials requirements planning，MRP）是由美国著名的IBM公司的生产管理和计算机应用专家欧·尉特和乔·伯劳士在20世纪60年代对20多家企业进行研究后提出来的管理技术和方法。MRP主要对制造环节的物流进行管理，使企业达到既要保证生产又要控制库存的目的。MRP 是利用一系列产品的物料清单数据、库存数据和主生产计划计算物料需求的一套技术方法。

统计表明,通过采用 MRP,材料费用可降低 5%,生产人员的直接劳动生产率可提高 5%~6%,生产人员的间接劳动生产率可提高 20%~25%,原材料和在制品占用资产可减少 20%~30%。

1. MRP 的基本原理

MRP 围绕物料转化组织制造资源,实现按需要准时生产。MRP 的基本任务如下。

(1) 从最终产品的生产计划(独立需求)导出相关物料(原材料、零部件等)的需求量和需求时间(相关需求)。

(2) 根据物料的需求时间和生产(订货)周期确定其开始生产(订货)的时间。MRP 的基本内容是编制零件的生产计划和采购计划。然而,要正确地编制零件计划,首先要有生产进度计划,即主生产计划(master production schedule,MPS),这是 MRP 运行的依据。其次,MRP 还需要知道产品的零件结构,即物料清单(bill of material,BOM),才能把主生产计划展开成零件计划;同时,还必须知道库存数量才能准确计算出零件的采购数量。因此,运作 MRP 的基本依据是:①主生产计划(MPS);②物料清单(BOM);③库存信息,MRP 的基本原理如图 7-4 所示。

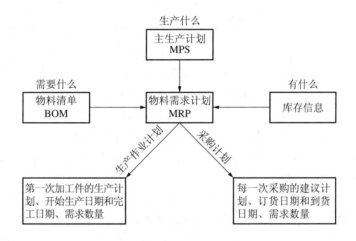

图 7-4 MRP 的基本原理图

2. MRP 的基本构成

1) 主生产计划

主生产计划是确定每一具体的最终产品在每一具体时间段内生产数量的计划。这里的最终产品是指企业最终完成且要出厂的产成品,计划要具体到产品的品种、型号。这里的具体时间段,通常是以周为单位,在有些情况下,也可以日、旬、月为单位。主生产计划根据客户合同和市场预测,把经营计划或生产大纲中的产品系列具体化,使之成为制定物料需求计划的主要依据,起到从综合计划向具体计划过渡的承上启下的作用。

2) 产品结构与物料清单

MRP 系统要正确地计算出物料需求的数量和时间,特别是相关需求物料的数量和时间,要使系统能够知道企业所制造的产品结构和所有要用到的物料,产品结构应列出构成成品或装配件的所有部件、元件、零件、装配关系和数量要求。该要求是 MRP 产品拆零的基础。

当然,这并不是最终所要的物料清单。为了便于计算机识别,必须把产品结构图转换为规范的资料格式,这种用规范的资料格式来描述产品结构的文件就是物料清单。它必须说明各种元件(部件)中数量和相互之间的组成结构关系。表 7-6 是一张简单的与自行车产品结构相对应的物料清单。

表 7-6 自行车产品的物料清单

层次	物料号	物料名称	单位	数量	类型	成品车	ABC 码	生效日期	失效日期
0	GB150	自行车	辆	1	M	1.0	A	981101	990101
1	GB150	车架	件	1	M	1.0	A	981101	990101
1	CL120	车轮	个	2	M	1.0	A	981101	990101
2	CL121	轮圈	件	1	B	1.0	A	950101	990101
2	CL122	轮胎	套	1	B	1.0	B	950101	990101
2	GB130	辐条	根	42	B	0.9	B	950101	990101
1	11000	车把	套	1	B	1.0	A	950101	990101

3) 库存信息

库存信息是企业所有产品、零部件、在制品、原材料等存在状态的资料。在 MRP 系统中,产品、零部件、在制品、原材料甚至工装工具等统称为"物料"。为便于计算机识别,必须对物料进行编码,物料编码是 MRP 系统识别物料的唯一标志。

(1) 现有库存量。指在企业仓库中实际存放物料的可用库存数量。

(2) 计划收到量(在途量)。指根据正在执行中的采购订单或生产订单在未来的某一个时段将要入库或将要完成的数量。

(3) 已分配量。指尚保存在仓库中但已经被分配掉的物料数量。

(4) 提前期。指执行某项任务由开始到完成所消耗的时间。

(5) 订购(生产)数量。是指在某个时段内向供应商订购或要求生产部门生产某种物料的数量。

(6) 安全库存量。为了预防需求或供应方面的不可预测的波动,在仓库中应经常保持的最低库存数量。

根据以上各个数值,可以计算出某项物料的净需求量:

净需求量=毛需求量+已分配量

或

净需求量=计划需求量—计划收到量—现有库存量

3. MRP 的基本运算逻辑

MRP 的运算逻辑如图 7-5 所示。以下列举产品 A 的产品结构图(见图 7-6)、产品 A 的主生产计划单(见表 7-7)、库存文件(见表 7-8)来说明 MRP 运算逻辑步骤。

第 7 章 库存控制管理

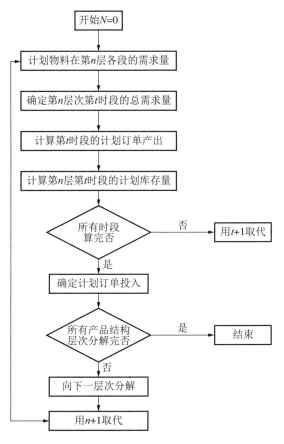

图 7-5 MRP 运算逻辑

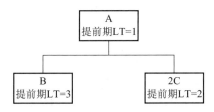

图 7-6 产品 A 的产品结构图

表 7-7 产品 A 的主生产计划单

周	3	4	5	6	7	8	9	10
A	20	10	20	20	15	20	20	10

表 7-8 库存文件

周	1	2	3	4	5	6	7	8	现有库存	固定批量
B（计划到货）			40						40	40
C（计划到货）				50					70	50

（1）依据产品结构图就可以计算各个产品及相应部件的需求量，并据此制出采购计划，如表 7-9 和表 7-10 所示。

(2) 由于提前期的存在，物料的计划交付时间和净需求时间有时会不一致。另外，为了简化计划，未将安全库存量考虑在内。

经过以上展开计算后，可以得出产品 A 的零部件的各项相关需求量。然而，现实中企业的经营情况不会这样简单，在许多加工制造企业中，由于产品种类繁多，并不是只有产品 A 要用到部件 B、部件 C 及零件 D 与零件 E，可能还有其他产品也需要用到它们，也可能零件 D、零件 E 还有一定的独立需求，所以 MRP 要先把企业在一定时段内对同一零（部）件的毛需求汇总，然后再据此零（部）件在各个时段内的净需求量和计划交付量来安排生产计划和采购计划。

假设企业还有产品 X 要用到零件 D。此外，零件 D 还有一定的独立需求，对零件 D 的总需求进行计算。求得零件 D 的总需求量后，进一步计算出该零件的总净需求量和计划交付量。由此，就能够在适当的时间安排有关的生产计划和采购计划，这样就完成了一个基本 MRP 的运算。

表 7-9　产品及相应部件需求清单

时段	1	2	3	4	5	6	7	8	9	10
A 计划产出量			20	10	20	20	15	20	20	10
计划投入量		20	10	20	20	15	20	20	10	
B 毛需求量		20	10	20	20	15	20	20	10	
计划到货量				40						
可用库存量（40）										
净需要量										
计划订货量										
发出订货量										
C 毛需求量		40	20	40	40	30	40	40	20	
计划到货量				50						
可用库存量（70）										
净需要量										
计划订货量										
发出订货量										

表 7-10　产品及部件生产采购计划清单

时段	1	2	3	4	5	6	7	8	9	10
A 计划产出量			20	10	20	20	15	20	20	10
计划投入量		20	10	20	20	15	20	20	10	
B 毛需求量		20	10	20	20	15	20	20	10	
计划到货量				40						
可用库存量（40）	40	20	50	30	10	35	15	35	25	25
净需要量						5		5		
计划订货量						40		40		

续表

时段	1	2	3	4	5	6	7	8	9	10
发出订货量			40		40					
C毛需求量		40	20	40	40	30	40	40	20	
计划到货量				50						
可用库存量（70）	70	30	10	20	30	0	10	20	0	
净需要量					20		40	30		
计划订货量					50		50	50		
发出订货量			50		50	50				

当然，上述运算是在计算机的帮助下遵循分层处理原则（MRP系统从MPS开始计算，然后按照BOM，逐层展开相关需求件的计算，直到最底层）完成的。借助先进的计算机技术和管理软件对物料需求量进行计算，与用传统的手工方式计算相比，计算时间大大缩短，准确度也相应地大幅度提高。

4. 闭环MRP系统

传统的MRP根据有关资料可计算出相关物料需求的准确时间与数量，但还不够完善，其主要不足是未考虑到生产企业现有的生产能力、采购等有关条件的约束。因此，计算出来的物料需求日期有可能因设备和工时的不足而没有能力生产，或者因原料的不足而无法生产，同时也缺乏计划实施的反馈信息，难以对计划进行及时变换。为了解决以上问题，MRP系统在20世纪70年代发展为闭环MRP系统。

闭环MRP系统除了物料需求计划外，还将生产能力需求计划、车间作业计划和采购作业计划也纳入MRP，形成了一个封闭的系统。

1）闭环MRP的原理与结构

MRP系统的正常运行，需要有一个现实的主生产计划。该计划除了反映市场需求和合同订单以外，还必须满足企业的生产能力约束条件。因此，除了要编制资源需求计划外，还需要制定能力需求计划（capacity requirement planning，CRP），并同各个工作中心的能力平衡。只有在采取了措施，能力与资源均满足负荷需求时，才能开始执行计划。

要保证计划的实现就必须控制计划。执行MRP时要用派工单来控制加工的优先顺序，用采购单来控制采购的优先顺序。这样，基本MRP系统进一步发展，把能力需求计划和执行及控制计划的功能也包括进来，形成一个环形回路，称为闭环MRP。

2）能力需求计划

能力需求计划（CRP）是对执行物料需求计划（MRP）所需能力进行核算的一种计划管理方法。具体而言，CRP就是对各生产阶段和各工作中心所需的各种资源进行精确计算，得出人力负荷、设备负荷等资源负荷情况，并做好产能负荷的平衡工作。

（1）产能负荷分析与能力计划。在闭环MRP系统中，关键工作中心的负荷平衡称为产能负荷分析，或称为粗能力计划，即在闭环MRP设定好主生产计划后，再通过对关键工作中心生产能力和计划生产量的对比，判断主生产计划是否可行。

全部工作中心的负荷平衡称为能力需求计划，或称为详细能力计划，它的计划物件为相关需求件，主要面向车间。在闭环 MRP 通过 MRP 运算得出对各种物料的需求量后，计算各时段分配给工作中心的工作量，判断是否超出该工作中心的最大工作能力，并做出调整。

（2）制定能力需求计划的依据，主要有 3 个，分别为工作中心、工作日历和工艺路线。

工作中心是各种生产或加工能力单元和成本计算单元的统称，统一用工时来量化其能力的大小。

工作日历是用于编制计划的特殊形式的日历，是由普通日历除去双休日、假日、停工和其他不生产的日期，并将日期表示为顺序形式。

工艺路线是反映制造某项"物料"加工方法及加工次序的文件，以此说明加工和装配的工序顺序、每道工序工作中心、各项时间定额、外协工序的时间和费用等。

（3）能力需求计划的运算逻辑。闭环 MRP 的基本目标是满足客户和市场的需求，因此在编制计划时，先不考虑能力约束，要优先保证计划需求，然后再进行能力计划。经过多次反复运算、调整核实，才转入下一个阶段。能力需求计划的运算过程就是把物料需求计划单换算成需求数量及生成能力需求报表。

当然，在计划时段中也有可能出现能力需求超负荷或低负荷的情况。闭环 MRP 能力计划通常是通过报表的形式（如直方图）向计划人员报告，但并不进行能力负荷的自动平衡，该工作由人工完成。

3）现场作业控制

在各工作中心与负荷需求基本平衡后，就需要集中解决如何具体地组织生产活动，使各种资源既能合理利用又能按期完成各项订单任务，并将客观生产活动进行的状况及时反馈到系统中，以便根据实际情况进行调整与控制，这就是现场作业控制。该项工作内容一般包括以下 4 个方面。

（1）车间订单下达。指核实 MRP 生产计划的订单，并转换为下达订单。

（2）作业排序。指从工作中心的角度控制加工工件的作业顺序或作业优先顺序。

（3）投入产出控制。指监控作业流程（正在作业的车间订单）的过程。通过工作中心的技术方法，利用投入和产出报告，及时发现生产中存在的问题，以便采取相应的措施。

（4）作业信息反馈。指跟踪作业订单在制造过程中的运动，根据各种资源消耗的实际资料，更新库存余额并完成 MRP 的闭环。

5. MRP Ⅱ 系统

闭环 MRP 系统的出现，统一了生产活动方面的各种子系统。在企业管理中，生产管理只是一个方面，涉及的主要是物流，而与物流密切相关的还有资金流。资金流在许多企业中是由财会人员另行管理的，这就有可能造成资料的重复录入与存储，甚至造成资料的不一致。

20 世纪 80 年代，随着闭环 MRP 的推广，人们在此基础上把生产、财务、销售、工程技术、采购等各子系统集成为一体化的系统，该系统被称为制造资源计划（manufacturing resource planning）系统，英文缩写也是 MRP，为了区别于物料需求计划（亦缩写为 MRP）而记为 MRP Ⅱ。

1）MRP Ⅱ 的原理与逻辑

MRP Ⅱ 的基本思想就是把企业联成一个有机整体，从整体最优的角度出发，运用科学方法对企业各种制造资源和产、供、销、财各个环节进行有效的计划、组织和控制，使各个职能得以协调发展,并充分发挥作用。

MRPⅡ系统的逻辑流程包括了决策层、计划层和控制执行层(如图7-7所示),可以理解为经营计划管理的流程。其基础是综合资料,这些资料要储存在计算机系统的资料库中,并且反复调用。这些资料信息的集成,把企业各个部门的业务沟通起来,可以理解为计算机资料库存系统,左侧是主要财务系统,这里只列出应收账、总账和应付账,各个连线表明信息的流向及相互之间的集成关系。

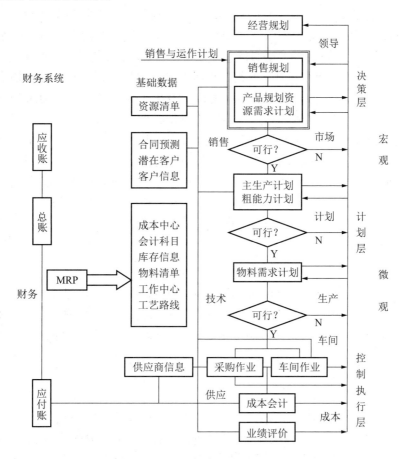

图 7-7　MRPⅡ系统的逻辑流程图

2) MRPⅡ管理模式的特点

MRPⅡ的每一项特点都含有管理模式的变革和人员素质或行为变革两方面,这些特点是相辅相成的。

(1) 计划的一贯性与可行性。MRPⅡ是一种计划主导型管理模式,计划层从宏观到微观、从战略到战术、由粗到细逐层优化,但始终保证与企业经营战略目标一致。它把通常的三级计划管理统一起来,计划编制工作集中在厂级职能部门,车间班组只能执行计划、调度和反馈信息。计划下达前应反复验证和平衡生产能力,并根据反馈信息及时调整,处理好供需矛盾,以保证计划的一贯性、有效性和可执行性。

(2) 管理的系统性。MRPⅡ是一项系统工程,它把所有与企业生产经营直接相关部门的工作联结并整合成一个完整系统,各个部门都立足系统整体做好本职工作,每个员工都知道自己的工作质量同其他职能的关系。这一要求只有在"一个计划"下才有可能实现,条块分割、各行其是的局面最终将被团队精神所取代。

(3) 资料共用性。MRP Ⅱ 是一种制造企业管理信息系统,企业各部门都依据同一资料信息进行管理,任何一种资料的变动都能及时地反映给所有部门,实现信息共享。在统一资料库存的配合下,按照规范化的处理程式进行管理和决策,改变了过去那种信息不通、情况不明、盲目决策、相互矛盾的现象。

(4) 动态应变性。MRP Ⅱ 是一个闭环系统,它要求跟踪、控制和反馈瞬息万变的实际情况,管理人员可随时根据企业内外条件的变化迅速做出反应,及时调整运行的组织,保证生产正常进行。它可以及时掌握各种动态信息,保持较短的生产、较强的应变能力。

(5) 类比预见性。MRP Ⅱ 同时具有类比功能,可以预见在相当长的计划期内可能发生的问题,事先采取措施消除隐患,而不是等问题已经发生了再花几倍的精力去处理,可使管理人员从忙碌的事务堆里解脱出来,致力于实质性的分析研究,提供多个方案供领导决策。

(6) 物流、资金流的统一。MRP Ⅱ 包含成本会计和财务功能。可以由生产活动直接产生财务资料,把实物形态的物料流动直接转换为价值形态的资金流动,以保证生产和财务资料的一致。财务部门把得到的资金信息及时用于控制成本,通过资金流动状况反映物料和经营情况,随时分析企业的经济效益,并参与决策,指导和控制经营生产活动。

综上,MRP Ⅱ 是一个比闭环 MRP 更完整的生产经营管理计划体系,是实现制造业企业整体效益的有效管理模式。

6. ERP 系统

ERP(enterprise resource planning)系统即企业资源计划系统,是由美国 Gartner Group 咨询公司在 1993 年首先提出的,是当今国际上一个最先进的企业管理模式。它在体现先进的企业管理理论的同时,也提供了企业信息化集成的最佳解决方案。它把企业的物流、人流、资金流、信息流统一起来进行管理,以求最大限度地利用企业现有资源,实现企业经济效益的最大化。

1) ERP 系统的管理思想

ERP 系统是指建立在信息技术基础上,以系统化的管理思想,为企业决策层及员工提供决策运行手段的管理平台。它是从 MRP 发展而来的新一代集成化管理信息系统,扩展了 MRP 的功能。它跳出了传统企业边界,从供应链范围去优化企业的资源。ERP 的核心管理思想就是实现对整个供应链的有效管理,主要体现在以下几个方面。

(1) 体现对整个供应链资源进行管理的思想。现代企业的竞争已经不是单一企业之间的竞争,而是一个企业供应链与另一个企业供应链之间的竞争,即企业不但要领先自己的资源,还必须把经营过程中的有关各方,如供应商、制造工厂、分销网络、客户等纳入一个紧密的供应链中,才能在市场中获得竞争优势。ERP 系统正是适应了这一市场竞争的需要,实现了对企业整个供应链的管理。

(2) 体现精益生产、同步工程和敏捷制造的思想。ERP 系统可支持混合型生产方式的管理,其管理思想表现在两个方面:一是"精益生产"(lean production, LP)思想,即企业把客户、销售代理商、供应商、协作单位纳入生产体系,与之建立起利益共享的合作伙伴关系,进而组成一个企业供应链;二是"敏捷制造"(agile manufacturing, AM)思想,即当市场上出现新的机会,而企业的基本合作伙伴不能满足新产品开发、生产的要求时,企业就组织一个由特定的供应商和销售渠道组成的短期或一次性供应链,形成"虚拟工厂",把供应和协作单位看成是企业的一个组成部分,运用"同步工程(synchronization engineering or simultaneous engineering,SE)"组织生产,用最短的时间将新产品打入市场,时刻保持产品的高质量、多样化和灵活性。这就是"敏捷制造"的核心理念。

2) ERP与MRPⅡ的区别

(1) 在资源管理范围方面的差别。MRPⅡ系统侧重对企业内部人、财、物等资源的管理,ERP系统在MRPⅡ的基础上扩展了管理范围,把客户需求、企业内部的制造活动,以及供应商的制造资源整合在一起,形成一个完整的企业供应链并对供应链的所有环节,如订单、采购、库存、计划、生产制造、质量控制、运输、分销、服务与维护、财务管理、人事管理、实验室管理、专案管理、配方管理等进行有效管理。

(2) 在生产方式管理方面的差别。MRPⅡ系统把企业归类为几种典型的生产方式进行管理,如重复制造、批量生产、按订单生产、按订单装配、按库存生产等,对每一种类型都有一种管理标准。20世纪80年代末90年代初,为了紧跟市场变化,企业主要采用了多品种小批量生产以及看板式生产等生产方式。由单一的生产方式向混合型生产发展,ERP则能很好地支持管理混合型制造环境,满足了企业的这种经营需求。

(3) 在管理功能方面的差别。ERP系统除了具备MRPⅡ系统的制造、分销、财务管理功能外,还支持整个供应链上物料流通体系中供、产、需等各个环节之间的运输管理和仓库管理,支持生产保障体系的质量管理、实验室管理、设备维修管理和备用件管理,支持对工作流(业务处理流程)的管理。

(4) 在事务处理控制方面的差别。MRPⅡ系统通过计划的及时滚动来控制整个生产过程。它的即时性较差,一般只能实现事中控制。而ERP系统可支持在线分析处理(online analytical processing,OLAP)及售后服务和质量反馈,强调企业的事前控制能力。它可以将设计、制造、销售、运输等集成并能并行地进行各种相关的作业,为企业提供了对质量、变化适应、客户满意、绩效等关键问题的即时分析能力。此外,在MRPⅡ系统中,财务系统只是一个信息的归结者,其功能是将供、产、销中的数量信息转变为价值信息,是物流的价值反映,而ERP系统则将财务计划和价值控制功能集成到整个供应链上。

(5) 在跨国(或地区)经营事务处理方面的差别。当前企业内部各个组织单元之间、企业与外部的业务单元之间的协调变得越来越多和越来越重要。ERP系统依托完整的组织架构,对跨国经营的多个国家(或地区)、多工厂、多语种、多币制的生产管理而言更具支持力。

(6) 在计算机资讯处理技术方面的差别。随着IT技术的飞速发展,网络通信技术的应用越来越广,ERP系统得以实现对供应信息进行集成管理。ERP系统采用客户端/服务器(C/S)体系结构和分散式资料处理技术,支持Internet/Intranet/Extranet、电子商务(E-business、E-commerce)、电子数据交换(EDI)。此外,ERP系统还能实现在不同平台上的相互操作。

7.4 面向供应链的库存控制思想

随着市场全球化和竞争的加剧,企业之间的竞争已变成供应链之间的竞争。传统的库存控制思想仅仅停留在企业内部库存,但内部库存的控制效率往往受到供应链上游供应商的供应效率和下游客户的需求变化的影响。如果他们波动较大,仅从企业内部进行控制难以达到效果;如果站在供应链的角度进行库存控制,有利于降低库存风险,减少库存费用,并提供企业的市场竞争力。

7.4.1 牛鞭效应

牛鞭效应是指由供应链下游需求的小变动而引发的供应链上游需求的剧烈变动。企业只有对供应链末端客户的需求形成快速反应才能获得经营成功。为了形成最强大的竞争优势,供应链成员要相互合作,缩小服务与客户需求之间的缝隙,形成无缝隙供应链。而无缝隙供应链的形成,关键在于对供应链中信息流的正确理解和系统结构的优化,从源头上减弱和消除供应链中存在的"牛鞭效应"。这也是目前供应链管理体系中亟待解决的现实问题。

1. 牛鞭效应产生的原因

宝洁公司(P&G)在研究"尿不湿"市场需求时发现,该产品的零售数量是相当稳定的,波动并不大。但在考察分销中心订货情况时,吃惊地发现波动明显增大了。销售中心人员说,他们是根据汇总的销售商订货需求量进行订货的。公司进一步研究后发现,零售商往往根据对历史销量及现实销售情况的预测,确定一个较客观的订货量,但为了保证这个订货量是及时可得的,并且能够适应顾客需求增量的变化,他们通常会将预测订货量作一定放大后向批发商订货;批发商出于同样的考虑,也会在汇总零售商订货量的基础上再作一定的放大后向销售中心订货。这样,虽然顾客需求量并没有大的波动,但经过零售商和批发商后,订货量就放大了。考察其他供应商如3M公司的订货情况时,他们惊奇地发现订货量的变化更大,而且越往供应链上游其订货量偏差越大。这就是营销活动中的需求变异放大现象,人们通俗地称之为"牛鞭效应"。

供应链中,在每一个供应链节点企业的信息都会发生扭曲,并且这种扭曲程度沿着供应链向上游逐级放大,因而订货量的波动程度沿供应链不断扩大。很显然,这种现象将会给企业带来严重后果,如产品的库存水平的提高、服务水平的下降、供应链总成本过高,以及定制化程度低等问题,这必然降低供应链企业的整体竞争力,最终使每一个供应链成员蒙受损失。因此,剖析牛鞭效应的成因,探寻相应的整治对策,弱化和根除其负面影响,以求提高供应链敏捷性,是当前理论工作者和实际工作者探讨、摸索并亟待解决的一个重大现实问题。

1)供应链结构是产生牛鞭效应的根源

只有从系统的角度分析供应链结构,才能把握牛鞭效应的症结所在。供应链系统的结构可从两个方面来考虑:一是要素组成(参与的实体),二是要素(实体)之间的相互作用和相互依赖(实体之间)的关系。根据水平层次和垂直规模的不同,可将供应链的结构分为短粗结构、整树结构、链状结构和细长结构四种。

水平层次是指整个供应链所包括的所有供应商和消费者的层次数量,它决定了供应链的长度。对于核心企业而言,垂直规模是指供应链各层所包含的供应商或消费者的数目,它决定了供应链的宽度。水平层次多和垂直规模大的供应链结构为整树结构,它的形状像一棵有着茂盛枝叶和完整根须的大树,核心企业拥有大量的不同层次的供应商和消费者;水平层次多而垂直规模小的供应链结构为细长结构;相反地,水平层次少而垂直规模大的供应链结构为短粗结构;水平层次少且垂直规模也小的供应链结构为链状结构。

在传统的供应链结构下,由于上游和下游的委托代理关系是结构内生的,而且委托方和代理商之间，委托方之间和代理商之间的利益又不协调，加之信息的不完善和契约的局限性，缺乏有效的激励机制，导致双方利益目标和博弈结果之间的次优选择，这是产生牛鞭效应的基于结构的经济学原因。随着供应链水平层次和垂直规模的增多，委托代理关系的梯次也就增加了，利益目标和博弈决策之间的二次选择也就被多次重复，而每一次重复都意味着次优选择的进一步优化，这是牛鞭效应随供应链长度、宽度增加而逐渐放大的原因。因此，对于上述供应链四种结构，在其他条件相同时，链状结构对牛鞭效应的影响最小，而整树结构影响最大，短粗结构和细长结构视具体情况而定。供应链中的成员个数越多，信息被加工的次数越多，其被扭曲的现象也越严重。

要素之间的关系可分为完全合作、部分合作和独立决策三种。它们分别从组织结构、信息结构和保证机制三个方面对牛鞭效应产生影响。完全合作在信息结构上达到信息完全共享，对生产的安排、计划的执行、库存的分配、市场的预测等实行集中统一的控制，便于识别被加工过的信息，不会对供应商订单波动产生太大影响，也不会加剧牛鞭效应。部分合作只是信息结构上部分信息的共享，没有组织结构上的合作，如果合作的主要内容与订货流程息息相关，那么会对供应商订单波动产生一定影响，否则牛鞭效应会依旧存在。在经过多次重复合作和博弈之后，相互的信任也会减少牛鞭效应。独立决策的结果是最大化了牛鞭效应，特别是在产品短缺、交货时间长、市场波动比较大的情况下，供应商将面临巨大的需求波动。

2) 需求预测修正是引发牛鞭效应的直接原因

在供应链中，每个企业都会向其上游订货，当供应链的成员采用其直接的下游订货数据作为需求信息时，就会放大需求。零售商按顾客需求预测订货，确定订货点和安全库存，通常采用指数平滑法来预测平均需求及其方差，观察的数据越多，对预测值的修正也就越多，从而增大了需求的变动性。同样，分销商按零售商的订货数量来预测需求，连续对未来需求进行修正，最后到达上游供应商手中的订货数量已是经过多次修正的库存补给量，这样不可避免地导致牛鞭效应的产生。

3) 批量订购、价格波动、短缺博弈加剧牛鞭效应

在供应链中，每个企业出于成本和安全库存考虑，通常都会进行批量订购，所以从经销商到制造商到供应商，订货量要比实际销售量大得多。由于存在大量的安全库存产生牛鞭效应不可避免，并且供应链中各环节的交货期越长，订单波动会越剧烈。此外，订单通常都是随机分布，甚至是重叠的，当顾客的订货周期重叠时，很多顾客会在同一时间订货，需求高度集中，从而导致牛鞭效应高峰的出现。

基于批量的价格折扣和一些促销手段造成的价格波动，往往会促使零售商在低价时购买大量商品，产生预先购买行为，使得采购量大于实际需要量，人为增大了需求的变动性，无疑加剧了牛鞭效应。

短缺博弈行为则表现在当产品供不应求时，制造商往往进行配额限量供应，此时，销售商为了获得更大份额的配给量，故意夸大其订货需求；当需求降温时，订货又突然消失。这种由于短缺博弈导致的需求信息的扭曲最终引发牛鞭效应。

2. 牛鞭效应的解决方法

从供应商的角度看，牛鞭效应是供应链上的各级销售商（总经销商、批发商、零售商）转嫁风险和进行投机的结果，它会导致生产无序、库存增加、成本加重、通路阻塞、市场混乱、风险增大，因此妥善解决牛鞭效应就能规避风险，减量增效。企业可以从以下 5 个方面

进行综合治理。

1) 订货分级管理

从供应商的角度看，销售商（批发商、零售商）的地位和作用并不都是相同的。按照帕累托定律，他们有的是一般销售商，有的是重要销售商，有的是关键销售商，而且关键销售商的比例约占20%，却实现了80%的销量。因此，供应商应根据一定标准将销售商进行分类，划分不同的等级，对他们的订货实行分级管理。如对于普通销售商的订货实行满足管理，对于重要销售商的订货进行充分管理，对于关键销售商的订货实现完美管理。这样就可以通过管住关键销售商和重要销售商来减少变异概率。在供应短缺时，可以优先确保关键销售商的订货。供应商还可以通过分级管理策略，在合适时机剔除不合格销售商，以维护销售商的统一性和渠道管理的规范性。

2) 加强入出库管理，合理分担库存责任

避免人为处理供应链上有关数据的一个方法是要让上游企业可以获得其下游企业的真实需求信息，这样，上下游企业都可以根据相同的原始资料来制定供需计划。IBM、惠普、苹果等公司在合作协议中就明确要求分销商将零售商中央仓库里产品的出库情况反馈回去，虽然这些数据没有零售商销售点的数据那么全面，但这总比把货物发送出去以后就失去货物的信息要好得多。

使用电子数据交换系统（EDI）等现代信息技术对销售情况进行适时跟踪也是解决牛鞭效应的重要方法。如戴尔（DELL）通过Internet/Intranet、电话、传真等组成了一个高效信息网络，当订单产生时即可传至DELL信息中心，由信息中心将订单分解为子任务，并通过Internet和企业间信息网分派给各区域中心，各区域中心按DELL电子订单进行组装，并按时间表在约定的时间内准时供货（通常不超过48小时），从而使订货、制造、供应"一站式"完成，有效地防止了牛鞭效应的产生。

联合库存管理策略是合理分担库存责任、防止需求变异放大的先进方法。在被动的供应商管理库存的环境下，销售商的大库存并不需要预付款，不会增加资金周转压力；相反地，大库存还会起到融资作用，提高资本收益率，甚至大库存还能起到制约供应商的作用。因此，它实质上放大了订货需求，使供应商的风险异常加大。联合库存管理则对此进行修正，它在供应商与销售商之间建立起合理的库存成本、运输成本与竞争性库存损失的分担机制，将供应商全责转化为各销售商的部分责任，从而使双方成本和风险共担，利益共享，有利于形成成本、风险与效益平衡，从而有效地抑制了牛鞭效应的产生和加剧。

3) 缩短订货提前期，实行外包服务

一般来说，订货提前期越短，订量越准确，因此鼓励缩短订货提前期是破解牛鞭效应的一个好办法。

根据沃尔玛（Wal-Mart）的调查，如果提前26周进货，需求预测误差为40%；如果提前16周进货，则需求预测的误差为20%；如果在销售时节开始时进货，则需求预测的误差为10%。如果再应用现代信息系统及时获得销售信息和货物流动情况，同时采用多频率小数量联合送货方式，实现实需型订货，则可以进一步降低需求预测的误差。

使用外包服务，如第三方物流也可以缩短提前期，使小批订货实现规模经营，这样销售商就无须从同一个供应商那里一次性大批订货。虽然这样会增加额外的处理费用和管理费用，但只要所节省的费用比额外的费用大，这种方法还是值得应用的。

4）规避短缺情况下的博弈行为

面临供应不足时，供应商可以根据顾客以前的销售记录而不是根据订购的数量来进行限额供应，这样就可以防止销售商为了获得更多的供应而夸大订购量。通用汽车公司长期以来都是这样做的，现在很多大公司（如惠普等）也开始采用这种方法。

在供不应求时，销售商对供应商的供应情况缺乏了解，因此很容易加剧博弈的程度。供应商与销售商共享供应能力和库存状况的有关信息能减轻销售商的忧虑，从而在一定程度上可以防止他们参与博弈，但是共享这些信息并不能完全解决问题。如果供应商在销售旺季来临之前帮助销售商做好订货工作，他们就能更好地设计生产能力和安排生产进度以满足产品的需求，从而降低产生牛鞭效应的机会。

5）提前回款期限管理

根据回款比例安排物流配送是消除订货量虚高的一个好办法，因为这种方法只是将期初预订数作为一种参考，具体的供应与回款挂钩，从而保证了订购和配送的双回路管理。

提前回款期限管理的具体方法是将会计核算期分为若干周期，在每个周期（如将一个月分为 3 个周期或者 4 个周期，每个周期 10 d 或者 7 d）末就应当回款一次；对于在周期末之前多少天积极回款者实施相应的价格优惠等，会有利于该项计划的推进。

7.4.2 零库存管理

1. 零库存的产生背景和含义

1）零库存的产生背景

零库存管理的概念产生于 20 世纪 60 年代。当时全球汽车生产方式主要以美国福特汽车公司的"总动员生产"方式为主。伴随能源危机，再加上国内资源贫乏，日本丰田汽车公司的大野耐一等在考察美国汽车工业之后，结合公司的实际提出了准时制（just in time，JIT）生产，即在正确的时间用正确的方式将正确的数量和正确的货物交给正确的人，这称为"5R"。JIT 生产方式是丰田汽车公司在逐步扩大其生产规模、确定规模生产体制的过程中诞生和发展起来的。当时丰田汽车公司实施准时制生产，在管理手段上采用看板管理、单元化生产等技术，以实现在生产过程中基本上没有积压的原材料和半成品。这不仅大大降低了库存和资金的积压，而且提高了相关生产活动的管理效率。需要说明的是，丰田汽车公司只是在生产领域实现了零库存，在原材料供应和产品销售领域并没有实现零库存。

JIT 生产方式为丰田公司渡过第一次能源危机起到了重要作用。其经营绩效与其他汽车制造企业的经营绩效开始拉开距离，JIT 生产方式的优势开始引起人们的关注和研究。随着零库存理论在丰田汽车公司的成功实施，越来越多的日本企业加入实行零库存管理的行列中。

经过几十年的发展，零库存管理在日本已经拥有了供、产、销的集团化作业团队，形成了以零库存管理为核心的供应链体系；美国的企业从 20 世纪 80 年代开始逐步了解并认识了零库存管理理论。后来 JIT 生产方式被世界各国所重视，并应用于各行各业。现在，零库存管理已从最初的一种减少库存水平的方法，发展成为内涵丰富，包括特定知识、技术、方法的管理科学。

零库存管理不仅应用在生产过程中，而且延伸到原材料供应、物流配送、产成品销售等各个环节。JIT 的核心思想总结起来有两点：避免浪费和消灭库存。

2）零库存的含义

从物流运动合理化的角度来看，零库存概念包含两层含义：一是库存对象物的数量趋于零或等于零（即近乎无库存物资）；二是库存设施、设备的数量及库存劳动耗费同时趋于零或等于零（即不存在库存活动）。而后一种意义上的零库存，实际上是社会库存结构合理调整和库存集中化的表现。就其经济意义上而言，它远大于通常意义上的仓库物资数量的合理减少。

但是，零库存并不等于不要储备和没有储备。对某个具体企业而言，零库存是在有充分社会储备前提下的一种特殊存储形式，其管理核心在于有效地利用库存材料，尽快地生产更好的产品，并有一个反应迅速的营销系统把它们交到消费者手中，将生产、销售周期尽可能地压到最短，竭力避免无效库存。因此，一个生产企业并不能真正实现库存为零，只能是库存沉淀为零；或者说，一切库存都是在按照计划流动，而"零库存"只是一个"零库存"的思想和"零库存"的管理制度。从全社会来看，不可能也不应该实现零库存。为了应付可能发生的各种自然灾害和其他意外事件，或调控生产和需求，国家通常都会以一定形式（包括库存形式）储备一些重要物资，如粮食、战略物资、抢险救灾物资等。因此，在微观领域，一些经营实体可以进行零库存式的生产和无库存式的销售，但整个国家或社会不能没有库存。

因此，要全面了解"零库存"的含义，还需要了解零库存管理与传统库存管理的区别。零库存管理思想的实质是通过不断地降低库存以暴露问题，不断地改进、提高管理水平和效率，从而增加企业的经济效益。单纯的"零库存"指标不是目的，暴露问题、解决问题、提高管理水平和效率才是零库存的意义所在。由于零库存是一种最高标准，因此企业总处于不断发现问题、不断进步的动态改进过程中。零库存管理是在传统库存管理思想上的一次变革，是实现库存合理化的必然趋势。表7-11 分析了零库存管理与传统库存管理的区别。

表7-11 两种不同库存管理比较

比较项目	传统库存管理	零库存管理
库存行为认识	认为库存对企业极为重要，保持一定数量的库存有助于企业提高效率	认为库存是一种浪费，是为掩盖管理工作失误提供方便
库存管理区域	只控制企业内部的物流	应对整个供应链系统的存货进行控制
库存管理重点	强调管理库存成本	强调存货质量和生产时机

2. 零库存的方式

"零库存"是通过在生产和流通领域按照JIT组织物资供应来实现的，但它并不限于某种特定形式，因为许多现代生产库存管理制度都会降低库存总体水平，有的也实现了某些环节、某些部门的零库存。零库存的具体方式很多，主要有以下几种。

1）委托保管方式

接受企业的委托，由受托方代存代管所有权属于企业的物资，从而使企业不再保有库存，甚至可不再保有保险储备库存，从而实现零库存。受托方收取一定数量的代管费用。这种零库存形式的优势在于受委托方利用其专业的优势，可以实现较高水平和较低费用的库存管理；用户不再设库，同时减去了仓库及库存管理的大量事务，集中力量于生产经营。但是，这种零库存方式主要是靠库存转移实现的，并不能使库存总量降低。

2）协作分包方式

协作分包是制造业企业的一种产业结构方式，包括美国的"SUB-ON"方式和日本的

"下请"方式。这种结构形式可以以若干企业（即分包企业）的柔性生产准时供应，使主企业的供应库存为零；同时主企业的集中销售库存使若干分包企业（劳务及销售企业）的销售库存为零。主企业主要负责装配和产品市场开拓的指导，分包企业各自分包劳务、零部件制造、供应和销售。

3) 轮动方式

轮动方式也称同步方式，是在对系统进行周密设计前提下，使每个环节速率完全协调，从而根本取消工位甚至是工位暂时停滞的一种零库存、零储备形式。这是建立在传送带式生产基础上，使生产与材料供应同步进行，通过传送系统供应实现零库存的形式。

4) 准时方式

在生产工位之间或在供应与生产之间完全做到轮动，是一个难度很大的系统工程，而且需要很大的投资；同时，有一些产业还不适合采用轮动方式。因而，很多企业广泛采用比轮动方式具有更多灵活性且较易实现的准时方式。准时方式不是采用类似传送带的轮动系统，而是依靠有效的衔接和计划达到工位之间、供应与生产之间的协调，从而实现零库存。如果说轮动方式主要靠"硬件"，那么准时供应系统则在很大程度上依靠"软件"。

5) 看板方式

看板方式是即时方式中的一种简单有效的方式，也称"传票卡制度"或"卡片"制度，最早在日本得到了完善和发展。准时化生产要求在需要的时候生产出需要数量的产品，而看板方式是实施拉动式准时化的一种非常有效的手段。它以"彻底消除无效劳动和浪费"为指导思想，以市场需求作为整个企业经营的初始拉动点，以市场需求的品种、数量、时间和地点来准时地组织各环节生产，前工序仅生产后工序所要的品种和数量，不进行多余的生产，不设置多余的库存，使企业形成一个逆向的、环环相扣的物流链。

6) 水龙头方式

这是一种像拧开水龙头就可以取水无须自己保有库存的零库存形式，是日本索尼公司首先采用的。这种方式经过一定时间的演进，已发展成即时供应制度。用户可以随时提出购入要求，需要多少就能购入多少，供货者以自己的库存和有效供应系统承担即时供应的责任，从而使用户实现零库存。

7) 配送方式

这是一种综合运用上述若干方式，采取配送制度保证供应，从而实现零库存的一种管理方法。该方法将企业划分成若干个小部分，依据每个部分的特征，分别实施不同的管理方法，再从宏观的角度考虑统一的调配、整体的管理，最终使企业不论是在内部还是在全局都能达到高效而流畅的供、产、销一体化。

3. 零库存的实施原则和途径

企业要想实现零库存，首先应判断企业是否适合采用零库存策略。

1) 实施零库存的原则

一个企业是否能采用零库存策略，必须根据自身所处的行业、商业环境、管理水平综合加以判断和决策，如物流的社会化程度、企业信息化水平、企业生产的产品特点等。

是否采用零库存策略，关键是要找到一个平衡点。在这个平衡点上，增加单位库存量所增加的库存费用等于因为增加这个库存所减少的生产、交换和消费成本之和，也就是经济学上所讲的边际成本等于边际收益。

2）实施零库存的途径

（1）充分利用第三方物流服务。库存成本不能消灭，只能转嫁。采用委托第三方物流服务的方式实现零库存具有两点好处：一是受托方（第三方）可以充分发挥其专业化的优势，开展规模经营活动，从而实现以较低费用的库存管理提供较高水平的后勤活动；二是可以大量减少委托方的后勤工作。由此，委托方能够集中精力从事生产经营活动。

（2）推行配套生产和分包销售的经营制度。配套生产和分包销售多出现在制造企业。实践表明，采用上述方式从事生产经营活动，在一定程度内也可以实现零库存，原因如下：

一是在协作、配套的生产方式下，企业之间的经济关系更加密切，一些企业之间（如在生产零配件的企业和组装产品的主导企业之间）能够自然地构筑起稳定的供货（或购货）渠道。供货渠道稳定，则意味着可以免除生产企业在后勤保障工作上的后顾之忧，进而可减少物资库存总量，甚至取消产品库存，实现零库存。

二是在分包销售的体制下，实行统一的组织产品销售、集中设库储存产品的制度，并通过配额供货的形式将产品分包给经销商。因此，在各个分包（销售）点上是没有库存的，也就是说，在分包销售制度下，分包者的"销售品库存"等于零。

在发达国家制造业中，许多生产商的零库存大都是通过推行上述生产方式和产品销售制度而实现的。有些生产汽车、家用电器等机电产品的企业都是集团性组织，企业结构由少数几家规模很大的主导企业和若干家小型协作企业组成。其中，主导企业主要负责完成产品装配、市场开发等任务；小型协作企业则负责自己的生产活动，并且能在指定的时间内送货到位。由于供货有保障，主导企业都不再另设一级库存，从而使其库存呈"零"的状态。

（3）实施库存集中管理。在保生产、保供应思想主导下，大部分企业采用多级分散采购、分散管理库存的体制。在分散管理库存体制下，企业层层设库、层层设账，形成车间有小库、分厂设中库、总厂建大库的小而全、大而全的库存管理体系。这种体制虽然能满足二级单位方便使用和应付紧急需要，却造成企业的人力、物力、财力的大量浪费，更为严重的是增加了企业总库存，占用了大量的企业流动资金。

库存集中管理就是由企业的一个部门对企业库存物流物资统一协调、统一指挥、统一调度和总量控制，达到既保证企业的物资供应，又能使库存最小化和降低库存成本。库存集中管理体制不仅有利于企业节约仓库设施，减少库存管理费用，进行库存物资统一调度，而且可以实现库存资源信息共享，提高企业应变能力。

（4）采用供应链管理模式。采用供应链管理模式实现零库存，就是在生产到消费的过程中，供应链企业之间通过信息交流与共享，增加库存决策信息的适时性、准确性、透明性，并减少不确定因素对库存的影响，达到各成员单位的无缝连接，确保库存量最大限度降低。采用供应链管理模式实现零库存，需要从以下几个环节入手。

① 整合供应链业务流程，为订单而采购，减少库存。要求企业以顾客的需求为生产经营的起点，企业的采购、存货储备、生产和销售都由顾客的订单来支配、运作。库存管理是以客户订单为依据，根据需求信息向前反馈；企业则根据订单将销售计划、生产计划和采购计划编制成整体计划。

② 充分利用供应商库存和联合管理库存来降低库存水平。采用供应商管理库存加强了供应商的责任。供应商根据需求状况和变化趋势确定库存水平和补给策略，以对市场需求实现快速响应；需求方不设库存或少设库存，可以减少资金占用。联合管理库存是供需双方同时

参与，共同制定库存计划，使供应链各成员单位之间对需求的预期保持一致，从而消除需求变异放大现象，提高供应链同步化程度和整体运作水平，降低库存规模。

③ 强化库存定额管理。供应链上的供应商和需求方，根据需求的重要性、使用频率、价值、采购难易程度、制造周期、可替代程度等对物料进行分类，并对不同类别的物料进行综合分析，确定库存定额和订货周期，并严格按照库存定额编制采购订单，由此避免了无计划采购。

④ 加强信息化基础建设。通过计算机和信息网络，及时掌握并反馈库存信息，实现供应链内外信息系统集成和信息共享，从而有效地控制库存。

7.4.3 供应商管理库存控制思想

长期以来，供应链各个环节都有自己的库存和库存控制策略。由于各自的库存控制策略不同，所以不可避免地产生需求的扭曲现象，即所谓的需求放大现象，导致供应商无法快速地响应用户的需求。在此情况下，出现了供应链环境下的库存控制思想，旨在减弱需求的扭曲现象，供应商管理库存控制方法应运而生。

1. VMI 的基本概念

在供应链管理环境下，供应链各个环节的活动应该都是同步进行的，传统的库存控制方法无法满足这一要求。近年来，国外出现了一种新的供应链库存管理方法即供应商管理库存（vendor managed inventory，VMI）。这种库存管理策略打破了传统的各自为政的库存管理模式，体现了供应链的集成化管理思想，是一种新兴的有代表性的库存管理思想。

1）VMI 的概念

20 世纪 80 年代，VMI 已开始运用；20 世纪 90 年代，相关文献大量涌现，但由于各学者研究对象和目的的不同，至今对 VMI 的定义并未达成一致。VMI 是一种供应链集成化运作的决策代理模式，以双方都获得最低成本为目标，在一个共同框架协议下将用户库存决策权代理给供应商，由供应商代理分销商或批发商行使库存决策权力，并通过对该框架协议经常性监督和修正使库存得到持续改进。这一定义将供应链理念引入 VMI，体现了供应链集成化思想，是目前比较公认的 VMI 定义。我国学者马士华借鉴此定义，将 VMI 表述为"一种以用户和供应商双方都能获得最低成本为目的，遵守一个共同的协议，由供应商管理库存，并不断监督协议执行情况和修正协议内容，使库存管理得到持续改进的库存管理方法。"

VMI 的主要思想是供应商在用户允许下设立库存，确定库存水平和补给策略并拥有库存控制权。精心设计与开发的 VMI 系统，不仅可以降低供应链的库存水平、降低成本、改善资金流，而且用户还可获得高水平的服务，与供应商共享需求变化的透明性和获得更高的用户信任度。

综上，VMI 的概念可概括如下：VMI 是指供应商管理库存在供应链环境下，由供应链上的制造商、批发商等上游企业对众多分销商、零售商等下游企业的流通库存进行统一管理和控制的一种新型管理方式；其主要思想就是实施供应厂商一体化。在这种方式下，供应链的上游企业不再是被动地按照下游订单发货和补充订货，而是根据自己对众多下游经销商需求的整体把握，主动安排一种更合理的发货方式，既满足下游经销商的需求，同时又使自己的库存管理和补充存货策略更合理，从而使供应链上供需双方成本降低，实现 VMI 下的双赢。

一般而言,库存设置与管理是由同一组织完成的。而这种库存管理模式并不总是最优的。关于 VMI,有人认为是一种用户和供应商之间的合作性策略,以对方都是最低的成本来优化产品的可得性,并在一个达成共识的目标框架下由供应商来管理库存,这样的目标框架被经常性监督和修正以产生一种持续改进的环境。因此,VMI 就是供应商代替用户(需求方)管理库存,库存的管理职能转由供应商负责。

也有人认为,VMI 是一种库存管理方案,是以掌握零售商销售资料和库存量作为市场需求预测和库存补货的解决方法。经由销售资料得到市场消费需求信息,供应商可以更有效地计划、更快速地反应市场变化和消费者的需求。因此,VMI 可以用来降低库存量、改善库存周转,从而保持库存水平最优;同时供应商和用户分享重要信息,所以双方都可以改善需求预测、补货计划、促销管理和装运计划等。VMI 把由传统通路产生订单作补货依据,改变为以实际的或预测的消费需求作补货依据。

例如,一个供应商用库存来应付不可预测的或某一用户不稳定的(这里的用户不是指最终用户,而是分销商或批发商)需求,用户也设立库存来应付不稳定的内部需求或供应链的不确定性。供应链中每一个组织独立地寻求保护各自在供应链的利益不受意外干扰,虽然这是可以理解的,但却是不可取的,因为这样做的结果影响了供应链的优化运行。供应链中各个不同组织根据各自的需要独立运作,导致重复建立库存,无法达到供应链全局的最低成本,整个供应链系统的库存会随着供应链长度的增加而发生需求扭曲。VMI 库存管理系统突破传统的条块分割的库存管理模式,以系统、集成的管理思想进行库存管理,能使供应链系统各环节获得同步运作。

2) VMI 系统的构成

VMI 系统可分成两个模组:第一个是需求预测计划模组,可以产生准确的需求预测;第二个是配销计划模组,可根据实际客户订单、运送方式,产生客户满意度高而成本低的配送。

(1) 需求预测计划模组。需求预测的最主要目的就是协助供应商作库存管理决策。准确预测可让供应商明确应该销售何种商品、销售给谁、以何种价格销售、何时销售等。

预测所需参考的要素包括客户订货历史资料,即客户平常的订货资料(可以作为未来预测的需求);非客户历史资料,即市场情报,如促销活动资料等。

需求预测程序分为三步。第一步,供应商收到用户最近的产品销售资料,然后做需求历史分析;第二步,使用统计分析方法,以客户的平均历史需求、客户的需求动向、客户需求的周期做参考,产生最初的预测模式;第三步,由统计工具模拟不同的条件,如促销活动、市场动向、广告、价格异动等,产生调整后的预测需求。

(2) 配销计划模组。配销计划最主要目的是有效地管理库存量。VMI 可以比较库存计划和实际库存量并得知目前库存量尚能维持多久。所产生的补货计划是依据需求预测计划模组得到的需求预测、与用户约定的补货规则(如最小订购量、配送提前期、安全库存)、配送原则等。在补货订单方面,VMI 可以自动完成最符合经济效益的配送策略(如运送量、运输工具的承载量)及配送进度。

2. VMI 的实施方法与实施步骤

1) VMI 的实施方法

(1) VMI 的实施原则。成功实施 VMI 需建立基于标准的托付订单处理模式,即由供应商和批发商一起确定供应商的订单业务处理过程所需要的信息和库存控制参数,然后建立一种订单处理的标准模式（如 EDI 标准报文），最后把订货、交货和票据处理各个业务功能集成在供应商一边。VMI 使用 EDI 使供应商与客户彼此交换资料。交换的资料包括产品活动、计划进度及预测、订单确认、订单等。

库存状态透明性（对供应商）是实施供应商管理库存的关键。供应商要能够随时跟踪和检查到销售商的库存状态，从而快速地响应市场的需求变化，对企业的生产（供应）状态做出相应的调整。为此需要建立一种能够让供应商和用户（分销商、批发商）的库存信息系统透明连接的方法。

VMI 要想成功实施，还必须遵循 4 个基本原则。首先是合作性原则。在实施该原则时，相互信任与信息透明是很重要的，供应商和用户（零售商）都要有较好的合作精神。

其次是使双方成本最小的互惠原则。VMI 不是关于成本如何分配或谁来支付的问题，而是通过该策略的实施减少整个供应链上的库存成本，使双方都能获益。

再次是框架协议，建立目标一致性原则。双方都明确各自的责任，观念上达成一致的目标，如库存放在哪里，什么时候支付，是否支付管理费，要花费多少等，这些问题都要体现在框架协议中。

最后是持续改进原则，使供需双方能共享利益和消除浪费。精心设计与开发的 VMI 系统，不仅可以降低供应链的库存水平，降低成本，而且用户还可获得高水平的服务，改善资金流，与供应商共享需求变化的透明性和获得更高的用户信任度。

（2）VMI 的管理方式。根据 Carlyn 和 Mary 的研究，VMI 主要存在以下 4 种管理库存的方式，而不同的方式体现合作的程度不同、不同节点企业管理风险不同、利益分配不同。

① 供应商提供所有产品的软件；用户使用软件执行存货决策，用户拥有存货所有权，管理存货。

② 供应商在用户的所在地代表用户执行存货决策、管理存货，但是存货的所有权归用户。

③ 供应商在用户的所在地代表用户执行存货决策、管理存货，供应商拥有存货的所有权。

④ 供应商不在用户的所在地，但是定期派人代表用户执行存货决策、管理存货，供应商拥有存货的所有权。

（3）VMI 补货作业过程。常用 VMI 管理方式的作业流程如图 7-8 所示，具体过程如下。

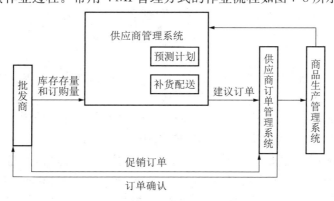

图 7-8　常用 VMI 管理方式的作业流程

① 批发商每日或每周送出正确的商品活动资料给供应商。
② 供应商接收用户传送来的商品活动资料并根据此资料与商品的历史资料做预测。
③ 供应商使用统计方法,针对每种商品做出预测。
④ 供应商根据市场情报、销售情形对上述产生的预测进行适当调整。
⑤ 供应商按照调整后的预测再修订补货系统预先设定的条件、配送条件、客户要求的服务等级、安全库存量等,产生出最具效益的订单量。
⑥ 供应商根据现有的库存量、已订购量做出最佳的补货计划。
⑦ 供应商根据自动货物装载系统计算得到最佳运输配送。
⑧ 供应商根据以上得到的最佳订货量,在供应商内部产生用户所需的订单。
⑨ 供应商产生订单后确认资料并传送给用户,通过用户补货。

2) VMI 的实施步骤

供应商管理库存的策略实施可以分为以下步骤进行。

(1) 建立顾客情报信息系统。供应商要有效地管理销售库存,必须能够获得顾客的有关信息。通过建立顾客的信息库,供应商能够掌握需求变化的有关情况,把由批发商(分销商)进行的需求预测与分析功能集成到供应商的系统中来。

(2) 建立销售网络管理系统。供应商要很好地管理库存,必须建立起完善的销售网络管理系统,保证自己的产品需求信息流和物流的畅通。为此,必须保证产品条码的可读性和唯一性,解决产品分类、编码的标准化问题,解决商品存储运输过程中的识别问题。

目前已有许多企业开始采用 MRP II 或 ERP 企业资源计划系统,这些软件系统都集成了销售管理的功能。通过对这些功能的扩展可以建立完善的销售网络管理系统,保证企业的产品需求信息流和物流的畅通。

(3) 建立供应商与分销商(批发商)的合作框架协议。供应商和销售商(批发商)通过协商,确定处理订单的业务流程及控制库存的有关参数(如再订货点、最低库存水平等)、库存信息的传递方式(如 EDI 或 Internet)等。

(4) 组织机构的变革。组织机构的变革很重要,因为 VMI 策略改变了供应商的组织模式。过去一般由财务部处理与用户有关的事情,引入 VMI 策略后,订货部门产生了一个新的职能,负责用户库存的控制、库存补给和服务水平。

3. VMI 的支持技术

VMI 的支持技术主要包括 EDI/Internet、ID 代码、条码、条码应用标识符、连续补给程序等。

1) EDI/Internet

EDI 是一种在处理商业或行政事务时,按照一个公认的标准所形成的结构化事务处理或信息数据格式,实现计算机到计算机的数据传输。

供应商要有效地对用户(分销商、批发商)的库存进行管理,采用 EDI 进行供应链的商品数据交换是一种安全可靠的方法。为了能够实现供应商对用户的库存进行实时测量,供应商必须每天都能了解用户的库存补给状态。因此,采用基于商业和运输电子数据交换管理(electronic data interchange for administration commerce and transport,EDIFACT,联合国确认的全球电子数据交换的通信标准)标准的库存报告清单能够提高供应链的运作效率,每天的库存水平(或定期的库存检查报告)、最低的库存补给量都能自动地生成,大大提高了供应商对库存的监控效率。分销商（批发商）的库存状态也可以通过 EDI 报文通知供应商。

在 VMI 管理系统中，供应商有关装运、发票等工作都不需要做特殊的安排，主要的数据有用户需求的物料信息记录、订货点水平和最小交货量等；用户（批发商、分销商）唯一需要做的是能够接受 EDI 订单确认和配送建议，以及利用该系统发放采购订单。

2) ID 代码

供应商要有效地管理用户的库存，必须对用户的商品进行正确识别，为此应对供应链商品进行编码，获得商品的标识（ID）代码并与供应商的产品数据库相连，以实现对用户商品的正确识别。目前国外企业已建立了应用于供应链的 ID 代码标准系统，我国也建有关于物资分类编码的国家标准。实现 ID 代码标准化，有利于采用 EDI（电子数据交换）系统进行数据交换与传送，提高供应商对库存管理的效率。

因为用户（批发商、分销商）的商品多种多样，有来自不同的供应商的同类产品，也有来自同一供应商的不同产品，所以供应商应尽量使自己的产品按国际标准进行编码，以便在用户库存中对本企业的产品进行快速跟踪和分拣。目前国际上通行的商品代码标准是国际物品编码协会（EAN）和美国统一代码委员会（UCC）共同编制的全球通用的 ID 代码标准。

3) 条码

条码是 ID 代码的一种符号，是对 ID 代码进行自动识别并将数据自动输入计算机的方法和手段。条码技术的应用解决了数据录入与数据采集的"瓶颈"，为供应商管理用户库存提供了有力支持。

条码是目前国际上供应链管理中普遍采用的一种技术手段。为有效实施 VMI 管理系统，应该尽可能使供应商的产品条码化。条码技术对提高库存管理的效率是非常显著的，是实现库存管理电子化的重要工具手段，它使供应商对产品的库存控制一直可以延伸到销售商的 POS 系统，实现用户库存的供应链网络化控制。

4) 条码应用标识符

条码应用标识符是 EAN 和 UCC 规定的用于传输那些无法在计算机文件中查到或无法用 EDI 方式传输的数据的标准。条码应用标识符与数据库、EDI 的整合，为供应链上信息处理和传输提供了有效的技术支撑。

条码应用标识符是一个 2~4 位的代码，用于定义其后续数据的含义及格式。例如，应用标识符 00 所定义的后续数据的含义为 SSCC-18 代码，数据长度为 18 位（不包括应用标识符本身）；应用标识符 01 所定义的后续数据的含义为 EAN-14 代码，数据长度为 14 位。应用标识符还可以用于传送商品单元的附加信息，如批号、保质期、重量、生产日期等。使用应用标识符可以将不同内容的数据表示在一个 EAN/UCC-128 条码中且不需分隔，既节省空间，又为数据的自动采集创造了条件。

5) 连续补给程序

连续补给程序是零售商向供应商发出订单时，将传统订货方法改为由供应商根据用户库存和销售信息决定商品的补给数量。这是一种实现 VMI 管理策略的有力工具和手段。为了快速响应用户降低库存的要求，供应商通过和用户（批发商、分销商）建立合作伙伴关系，主动提高向用户交货的频率，使供应商从过去单纯地执行用户的采购订单，变为主动为用户分组补充库存。这既使供应商快速响应了用户对迅速补充库存的需求，也减少了用户库存水平。

4. VMI 的模型

供应链体系中的 VMI 并不是要建立"上游组织、下游组织"一对一的管理模式。储存于某个下游组织内的 VMI，作为上游组织和该组织的共享资源，可以辐射周边的相关组织。因此，VMI 作为一种建立供应链的有效方式，形成了物流、资金流和信息流的集成应用，为科学管理供应链的库存设计了一套合理的解决方案。借助 VMI，供应链上企业的价值联系在一起，形成了一个资源和利益互动的体系。

虽然 VMI 由供应商管理，但企业是将 VMI 作为一项资源来应用的。从 VMI 的运行结构来看，企业与供应商交换的信息不仅仅是库存信息，还包括企业的生产计划、需求计划和采购计划，以及供应商的补库计划和运输计划等。

采用 VMI 管理策略要求建立企业战略联盟，并从组织上促进企业间的信息共享，在信息、库存、物流等方面进行系统管理。实施供应商管理库存主要包括以下内容。

（1）把在行业中占主导地位和实施供应链管理模式的企业称为核心企业，在核心企业的主导下完成供应链的构建，核心企业与核心企业之间联结成供应链网络。

（2）建立法律和市场环境下的合作框架协议，实现贸易伙伴间密切合作，共享利益，共担风险，共同确定补充订货点、最低库存水平参数、库存信息传递方式等。

（3）充分利用信息技术实现供应链上的信息集成，达到共享订货、库存状态、缺货状况、生产计划、运输安排、在途库存、资金结算等信息。按照商定的协议订单、提单、送货单、入库单等标准化和格式化商业文件，在贸易伙伴的网络系统间进行数据交换和自动处理。

（4）建立完备的物流系统，对存储、分销和运输货物进行综合管理，使自动化系统、分销系统、存储系统和运输系统实现同步数字化管理。迅速反馈物流各个环节的信息，组织进货，指导仓储，为经营决策提供依据，有效地降低了物流成本。

5. VMI 的优点与局限性

通过国内外实例，VMI 被证明是一种先进的库存管理模式。VMI 把顾客从库存陷阱中解决出来，顾客不需要占用库存资金，也不需要增加采购、进度、入库、出库、保管等一系列的工作，能够集中更多的资金、人力、物力用于提高其核心竞争力，从而为整个供应链，包括供应链企业创造一个更加有利的环境。

供应商掌握顾客的库存后，供应商具有很大的主动性和灵活性，能够提高资源的利用率，减少浪费及非增值活动，提高生产和运输的效率。供应商管理库存，顾客的库存消耗就成为市场需求的组成部分，直接反映了顾客的消费水平和消费倾向，这有利于供应商改进产品结构和设计开发销售新产品，对企业的生产和经营决策起着信息支撑作用。

供应商通过 IT 共享顾客的需求信息，削弱了供应链需求波动引起的牛鞭效应，从而减少安全库存。VMI 还能降低交易成本。在 VMI 模式下，基于互信的合作伙伴关系，顾客将其库存的补货决策权完全交给供应商，从而减少了传统补货模式下协商、谈判等事务性工作，大大节约了交易费用。

VMI 可以提高服务水平。VMI 通过供应商将供需双方的信息及职能活动集成，使得企业访问的界面更加友好；业务活动同步运作，从而提高供需双方的柔性及顾客响应能力。当需求异常波动时，供应商能够及时获取需求信息，并快速调整补货策略。同时，生产、运输部门也同步做出快速反应，调整作业计划。

供应链管理中的成功通常源于理解和管理好存货成本和消费者服务水平之间的关系，最引人注目的是使两方面都得到改进，这就是VMI策略的意义。

1) 成本缩减

需求的易变性是大部分供应链面临的主要问题，它既损害了顾客的服务也减少了产品的收入。在传统零售情况下，管理政策常常使销售的波动状况更糟；同时，由于需求的不确定性、有冲突的执行标准、用户行为的互相孤立、产品短缺造成的订货膨胀等原因，订购的方式可能会更坏。

许多供应商被VMI吸引是因为它缓和了需求的不确定性。来自消费组织的少有的大订单迫使供应商维持剩余的能力或超额的成品存货量，这是为确保能响应顾客服务要求，是一种成本很高的方法。VMI可以削弱产量的峰值和谷值，允许小规模的生产能力和存货水平。

用户被VMI吸引是因为它解决了有冲突的执行标准带来的两难状况。比如，月末的存货水平，对于作为零售商的用户是很重要的，但顾客服务水平也是必要的，而这些标准是冲突的。零售商在月初储备货物以保证高水平的顾客服务，然后使存货水平在月末下降以达到库存目标（而不管它对服务水平的影响）。在季末涉及财政报告时，这种不利的影响将更加明显。

在VMI中，补货频率通常由每月提高到每周（甚至每天），这会使双方都受益。供应商在工厂可以看到更流畅的需求信号。由于更好地利用了生产及运输资源，这就大大降低了成本，也降低了对大容量的作为缓冲的存货需求。供应商可以做出与需要相协调的补货决定，而且提高了"需求倾向趋势"意识。消费组织从合理的低水平库存流转中受益，即使用户将所有权（物主身份）让渡给供应商，但运输和仓储效率得以改善，此外，月末或季末的服务水平也会得到提高。

在零售供应链中，不同用户间的订货很少能相互协调，要变动一个用户为不同的配送中心订货的订单就更少，而且订单经常同时来，这就使及时实现所有的递送请求变得不可能。VMI中，更大的协调将支持供应商对平稳生产的需求，而不必牺牲顾客的服务和储存目标。

最后，VMI将使运输成本减少。如果处理得好，这种方法将增加低成本的满载运输的比例，从而削减高成本的未满载货物的比例，这可以通过供应商协调补给过程实现。另一个方案是更有效的补货路线规划，如一辆专用货车可以在途中停车多次，为某几位邻近的顾客补货。

2) 服务改善

对零售商而言，服务好坏常常用产品的可得性来衡量。这来自一个很简单的想法，即当顾客走进商店，想买的产品却没有，这桩买卖就失去了，结果相当严重，因为失去一桩生意的"成本"可能是失去"信誉"。所以，在计划时零售商希望供应商是可信任、可靠的。在商品销售计划中，零售商更希望供应商拥有极具吸引力的货架空间。因此，以可靠而著称的供应商可以获得更高的收益。在其他条件相同的情况下，人人都可以从改善了的服务中受益。

VMI中，对多用户补货、递送的协调大大改善了服务水平。一项不重要的递送可以推迟一两天，以确保先完成主要的递送业务。类似的，相对于小的业务，可以先完成大的补货业务。由于有能力平衡所有合作伙伴的需求，供应商可以改善系统的工作状况而不让任何的个体顾客冒险，并向顾客保证他们最主要的需要将会受到最密切的关注。如果没有VMI，供应商很难有效安排顾客需求的先后顺序。

如果扩大解决现有问题的范围，服务就可以进一步改善。如缺货的时候，在一个用户的配送中心之间（或多个用户的配送中心之间）平衡存货是十分必要的。如果没有VMI，通常无法做到存货平衡，因为供应商和顾客都看不到存货的整体配置（分布）。在VMI下，当用户将货物返还给供应商，供应商可以将其供给另一位用户，这时就实现了存货平衡。

而且，VMI可以使产品更新更加方便，使更少的旧货在系统中流通，避免顾客抢购。此外，新产品的上架速度将更快。由于信息共享，不用为货物更新而未及时推销而着急，而且零售商可以保持"时尚"的好名誉。

尽管VMI是一种非常有效的库存管理模式，但要成功实施仍有较大难度，在供应链主体中存在以下问题。

（1）企业间缺乏信任，合作意识不强。VMI是跨企业边界的集成与协调，要求供需双方建立互信的合作伙伴关系。如果企业之间缺乏信任，要实现信息共享和企业间的集成与协调是不可能的。而且由于供应商和顾客实行库存信息共享，也存在滥用信息和泄密的可能。

（2）VMI中的框架协议虽然是双方协议，但供应商处于主导地位，是单行的过程，决策过程中缺乏足够的协商，难免造成失误。

（3）责任与利益不统一。在VMI模式下，供应商承担了顾客的库存管理及需求预测分析的责任，但比其顾客获取的利润更少，而未承担库存管理责任的顾客却获得更多的利润，造成了责任与利益不统一，从而影响了供应商实施VMI的积极性。因此，顾客应从长远利益来考虑，采取一些激励措施激发供应商的积极性，如通过合约将一定比例的利润支付给供应商。VMI的实施减少了库存总费用，但在VMI系统中，供应商比以前承担了更多的管理责任，如库存费用、运输费用和意外损失（如物品损坏）不是由顾客承担的，而是由供应商承担。由此可见，VMI实际上是对传统的库存控制策略进行"责任倒置"后的一种库存管理办法，这加大了供应商的风险。

因此，实施VMI必须慎重，既要看到VMI所带来的利益，也要考虑其存在的问题，绝不能草率行事。

7.4.4 联合管理库存控制思想

为了克服VMI系统的局限性，同时避免或者减少牛鞭效应，联合管理库存（jointly managed inventory，JMI）随之而出。不同于VMI集成化运作的决策代理模式，联合库存是一种风险分担的库存控制模式。JMI体现了战略供应商联盟的新型企业合作关系，强调供应链企业之间的互利合作关系，适合实施联合库存的核心企业是零售业及连锁经营企业中的地区分销中心（或在供应链上占据核心位置的大型企业）。

1. JMI的概念及基本思想

联合管理库存，就是供应链上的各类企业（供应商、制造商、分销商）通过对消费需求的认识和预测的协调一致，共同进行库存的管理和控制，利益共享、风险同担。它使得供应链环节中的各类企业共同对库存问题进行管理。因此，在供应链企业之间的合作关系中，JMI更强调双方的互利合作关系，更集中地体现了战略供应商联盟的新型企业合作思想。

JMI的思想可以从分销中心的联合库存功能谈起，地区分销中心体现了一种简单的联合管理库存思想。传统的分销模式是分销商根据市场需求直接向工厂订货，比如汽车分销商（或批发商）根据顾客对车型、款式、颜色、价格等的不同需求向汽车制造厂订货，需要经过一段较长时间才能达到，因为顾客不想等待这么久的时间，各个分销商不得不进行库存备货，这样大量的库存使分销商难以承受。

JMI 旨在解决供应链系统中由于各节点企业的相互独立库存运作模式导致的需求放大现象，是提高供应链的同步化程度的一种有效方法。和 VMI 不同，JMI 强调供应链中各个节点同时参与、共同制定库存计划，使供应过程中的每个库存管理者（供应商、制造商、分销商）都从相互之间的协调性考虑，使供应链相邻的两个节点之间的库存管理者对需求的预期保持一致，从而消除了需求变异放大现象。JMI 把供应链系统管理进一步集成为"上游"和"下游"两个协调管理中心，从而部分消除了由于供应链环节之间的不确定性和需求信息扭曲现象导致的供应链的库存波动。通过协调处理中心，供需双方共享需求信息，使供应链的运行更加稳定。图 7-9 为基于协调中心联合管理库存的供应链系统模型。

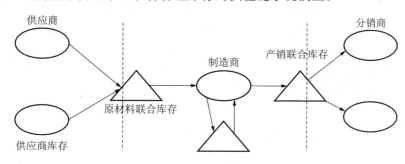

图 7-9　基于协调中心联合管理库存的供应链系统模型

2. JMI 的管理优势

基于协调中心的库存管理同传统的库存管理模式相比，具有以下几个方面的优势。

（1）为实现供应链的同步化运作提供了条件和保证。

（2）减少了供应链中的需求扭曲现象，降低了库存的不确定性，提高了供应链的稳定性。

（3）库存作为供需双方信息交流和协调的纽带，可以暴露供应链管理中的缺陷，为改进供应链管理水平提供依据。

（4）为实现零库存管理、准时采购及精细供应链管理创造了条件。

（5）进一步体现了供应链管理的资源共享和风险分担的原则。

3. JMI 的实施策略

1）建立供需协调管理机制

为了发挥联合管理库存的作用，供需双方应从合作的精神出发，建立供需协调的管理机制（如图 7-10 所示），明确各自的目标和责任，搭建合作沟通的渠道，为供应链的联合管理库存提供有效的机制。没有一个协调的管理机制，供需双方就不可能进行有效的联合管理库存。建立供需协调管理机制，要从以下几个方面着手。

（1）建立共同合作目标。建立联合管理库存模式，首先供需双方必须本着互惠互利的原则，建立共同的合作目标。为此，要了解供需双方在市场目标中的共同之处和冲突点，通过协商形成共同的目标，如顾客满意、利润的共同增长、风险的减少等。

（2）建立联合库存的协调控制方法。联合管理库存中心担负着协调供需双方利益的角色，起协调控制器的作用。因此，需要对库存优化的方法进行明确确定。这些内容包括库存如何在多个需求商之间调节与分配,库存的最大量和最低库存、安全库存的确定,需求的预测等。

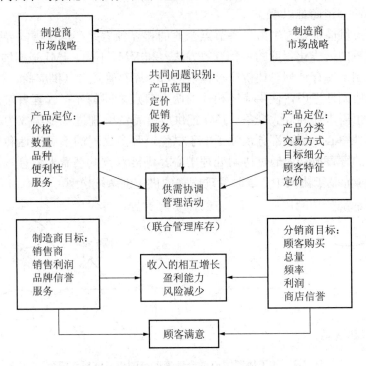

图 7-10 供应商与分销商协调的管理机制

(3) 建立信息沟通渠道或系统。信息共享是供应链管理的特色之一。为了提高整个供应链需求信息的一致性和稳定性,减少由于多重预测导致的需求信息扭曲,应增加供应链各方获得需求信息的及时性和透明性。为此,应建立一种信息沟通的渠道或系统,以保证需求信息在供应链中的畅通性和准确性。要将条码技术、扫描技术、POS 系统和 EDI 集成起来,并充分利用网络优势,在供需双方之间建立一个畅通的信息沟通桥梁和联系纽带。

(4) 建立利益分配和激励机制。有效运行基于协调中心的库存管理就必须建立一种公平的利益分配制度,将通过供应链管理实现的利益在供应链各节点企业之间进行合理分配。另外,还要建立激励机制,对参与协调库存管理中心的各个企业(供应商、制造商、分销商、批发商)进行有效的激励,防止机会主义行为,增加供应链运作的协调性。

2) 发挥两种资源计划系统的作用

为了发挥联合管理库存的作用,在供应链管理库存中应充分利用目前比较成熟的两种资源管理系统,即在原材料库存协调管理中心采用制造资源计划系统,在产品联合协调管理库存中心则采用配送资源计划(DRP),然后将这两种资源计划系统很好地结合并发挥其作用。

3) 建立快速响应系统

快速响应(quick response,QR)系统是 20 世纪 80 年代末由美国服装行业发展起来的一种供应链管理策略,目的在于减少供应链中从原材料到用户过程的时间和库存,最大限度地提高供应的运作效率。快速响应系统在美国等西方国家的供应链管理中被认为是一种有效的管理策略,经历了 3 个发展阶段。第一阶段为商品条码化,通过对商品的标准化识别处理加快订单的传输速度;第二阶段是内部业务处理的自动化,采用自动补库与 EDI 数据交换系统提高业务自动化水平;第三阶段是采用更有效的企业间的合作,消除供应链组织之间的障碍，提高供应链的整体效率，如通过供需双方合作确定库存水平和销售策略等。

目前在欧美等西方国家，QR 系统应用已到达第三阶段。美国的 Kurt Salmon 协会调查分析认为，实施快速响应系统后供应链效率有较大提高，缺货大大减少，保证 24 小时供货，库存周转速度提高 1~2 倍。快速响应系统需要供需双方的密切合作，因此协调库存管理中心的建立为快速响应系统发挥更大的作用创造了有利的条件。

4）发挥第三方物流系统的作用

第三方物流系统（third party logistics，TPL）是供应链集成的一种物流管理方法。TPL 也叫作物流服务提供者（logistics service provider，LSP），它为顾客提供各种服务，如产品运输、订单选择、库存管理等。第三方物流系统是由一些大的公共仓储公司通过提供更多的附加服务演变而来的，另外一种是由一些制造企业的运输和分销部门演变而来。

把库存管理的部分功能代理给第三方物流系统管理，可以使企业更加集中精力于自己的核心业务。第三方物流系统起到了供应商和顾客之间联系的桥梁作用，为供应链主体企业减少成本、集中于核心业务、获得更多的市场信息、一流的物流咨询、改进服务质量、快速进入国际市场等提供了极大可能。

面向协调中心的第三方物流系统使供应与需求双方都取消了各自独立的库存，增加了供应链的敏捷性和协调性，并且大大改善了供应链的顾客服务水平和运作效率。

4. JMI 的实施步骤

为了充分发挥联合管理库存的优势，建立供需协调管理机制，供需双方应本着充分合作的精神，明确各自的目标和责任，建立合作和沟通的渠道，为供应链的联合管理库存机制提供条件。针对企业的供应链结构，联合管理库存的供应链管理实施步骤如图 7-11 所示。

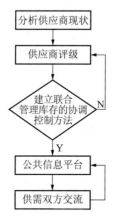

图 7-11 联合管理库存的供应链管理实施步骤

（1）分析供应商的现状，如利用现存的关键绩效指标（key performance indicator，KPI）对供应商评级。

（2）选取级别最高的若干供应商，建立联合库存管理模式。供需双方应本着互惠互利的原则，采用 SWOT 法（优势、弱势、机会、威胁），通过协商建立共同的合作目标。

（3）建立联合管理库存的协调控制方法。通过供需双方的固定部门，利用 EDI 技术建立一个共享的工作平台，实现对双方的库存信息、最大最小库存、安全库存、需求的预测等实时共享，升级优化。

(4) 在供需双方的资源管理系统（如 MRP Ⅱ/DRP）之间建立系统间的共享，增强供需双方的协调机制。

(5) 定期召开供需双方见面会，就联合管理库存的协调问题、数据处理和共享的问题、双方工作流程的沟通等进行面对面的交流，增进了解，促进合作。联合库存管理协调机制能对需求变化做出快速响应，从而能提升供应链各个节点企业的运行效率，降低库存成本，赢得竞争优势。

5. JMI 的动态运作模式

供应链管理环境下，供应链上各节点企业之间的联合管理库存是一个复杂的动态循环过程。不管是分销商与制造商的产成品联合库存，还是供应商与制造商的原材料联合库存都是一个动态变化的量，它们会随着时间的推移而发生盘点数量的变化。库存随着需求过程而减少，随着补充过程而增大。

制造商与分销商的联合产品库存来自顾客的不断需求，持续销售是引起产品库存量逐渐减少的动力，不断的生产又使产品库存量逐步增加，企业的目的是在此动态过程，即销售与生产过程中，使产品库存保持一个平衡的最优状态。在此最优库存状态下，企业的交货水平使得顾客满意度可以达到一个设定值（如 95%），同时产品库存不是很大，不会占用过多资金，有利于降低产品成本及资金的机会成本。实际上，市场需求会表现出诸如市场需求突然增加或突然减少的特点，市场需求的这种不确定性增加了保持库存水平在一个比较优的状态的难度。

由于原材料需求为非独立性需求，市场需求的不确定性会通过产成品传导给原材料，从而影响原材料联合库存水平。比如，当产成品需求增加时，若要继续保持 95% 的顾客满意度，就必须提高公司的生产能力，及时安排生产。处于供应链上的核心制造商根据市场需求量，指导生产计划的制定及生产能力的调整。生产计划安排好以后，就可以根据生产计划来计算原材料需求并订购原材料，增加原材料联合库的库存水平。供应链管理环境下，联合库存动态运作模式如图 7-12 所示。

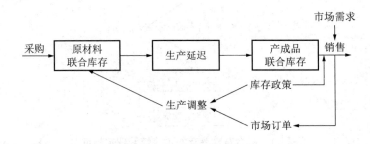

图 7-12 联合库存动态运作模式

从图 7-12 的联合管理库存动态运作模式中可以看出，市场需求对产成品库存及原材料库存起着主导作用，因此，研究市场需求的变化对库存的影响显得非常重要。

处于供应链上的制造商以下游分销商的市场需求信息作为产品需求的依据，并据此安排生产计划或供应计划。因此，市场需求的增加必然引起产成品库存的变化，并且直接影响核心企业的生产调整计划，从而影响原材料库存。这是一个在动态的系统中综合解决产成品库存及原材料库存管理的问题，旨在实现供应链库存整体优化的目标。

7.4.5 合作计划、预测与补给

供应商管理库存和联合管理库存都存在局限性，都没有调动下级节点企业的积极性，而过度地以顾客为中心，供应链没有实现真正的集成，使得库存水平较高，订单落实速度慢。当发现供应出现问题（如产品短缺）时，留给供应商解决问题的时间非常有限。针对 JMI 和 VMI 的不足，20 世纪 90 年代末又有学者提出一种新的供应链库存管理方法，即协同计划、预测与补给（collaborative planning, forecasting and replenishment, CPFR）。CPFR 建立在 JMI 和 VMI 的最佳分级实践基础上，博采众长、融会贯通，是体现供应商与零售商之间协调与合作关系的新型模型。

1. CPFR 的产生和发展

CPFR 的形成始于沃尔玛所推动的 CFAR（collaborative forecast and replenishment），CFAR 是利用 Internet 通过零售企业与生产企业的合作，共同做出商品预测，并在此基础上实行连续补货的系统。后来，在沃尔玛的不断推动之下，基于信息共享的 CFAR 系统向 CPFR 发展，CPFR 是在 CFAR 共同预测和补货的基础上，进一步推动共同计划的制定，即合作企业不仅实行共同预测和补货，同时将原来属于各企业内部事务的计划工作（如生产计划、库存计划、配送计划、销售规划等）也由供应链各企业共同参与制定。

1995 年，沃尔玛与其供应商 Warner-Lambert、管理信息系统供应商 SAP、供应链软件商 Manugistics 等 5 家公司联合成立了工作小组，进行 CPFR 的研究和探索。1998 年美国召开零售系统大会加以倡导，目前试验的零售企业有沃尔玛、凯马特和威克曼斯，生产企业有 P&G、金佰利、HP 等 7 家企业，可以说，这是目前供应链管理在信息共享方面的最新发展。从 CPFR 实施后的绩效看，Warner-Lambert 公司零售商品满足率从 87% 提高到 98%，新增销售收入 800 万美元。在 CPFR 取得初步成功后，组成了由零售商、制造商和方案提供商等 30 多个实体参加的 CPFR 委员会，与 VICS（voluntary interindustry commerce standards）协会一起致力于 CPFR 的研究、标准制定、软件开发和推广应用工作。美国商业部资料表明，1997 年美国零售商品供应链中的库存约 1 万亿美元；CPFR 理事会估计，通过全面成功实施 CPFR 可以减少这些库存的 15%～25%，即 1 500 亿～2 500 亿美元。由于 CPFR 巨大的潜在效益和市场前景，一些著名的企业软件商如 SAP、Manugistics、i2 等正在开发 CPFR 软件系统和从事相关服务。

2. CPFR 的基本内容

1）CPFR 的有关概念

CPFR 是一系列的活动过程，应用了一系列的处理和技术模型，提供覆盖整个供应链的合作过程，通过共同管理业务过程和共享信息来改善零售商和供应商的伙伴关系，提高预测的准确度，最终达到提高供应链效率、减少库存和提高消费者满意程度的目的。

CPFR 最大的优势是能及时准确地预测由各项促销措施或异常变化带来的销售高峰和波动，从而使销售商和供应商都能做好充分的准备，赢得主动；同时，CPFR 采取了"双赢"的原则，始终从全局的观点出发，制定统一的管理目标及方案实施办法，以库存管理为核心，兼顾供应链上其他方面的管理。

虽然 CPFR 是建立在供应商管理库存和联合管理库存的最佳分级实践的基础上，但它摒弃了两者的主要缺点（没有一个适合所有贸易伙伴的业务过程、未实现供应链的集成等），通过供应链企业共同建立一个适合所有贸易伙伴的业务过程来实现供应链集成，将协同行为渗透到预测、作业层次等。CPFR 有以下四个方面的特征。

（1）协同。美国战略理论研究专家依戈尔·安索夫首次提出了协同的概念。所谓协同效应，是指在复杂大系统内各子系统的协同行为产生出的超越各要素自身的单独作用，从而形成整个系统的统一和联合作用。在 CPFR 中，供应链上下游企业就是各个子系统，协同效应可以使整个供应链系统发挥的功效大于各个子系统功效的简单相加。供应链上下游企业只有确立起共同的目标，才能使双方的绩效都得到提升，取得综合性的效益。CPFR 这种新型的合作关系要求双方长期承诺公开沟通、信息分享，从而确立其协同性的经营战略，尽管这种战略的实施必须建立在信任和承诺的基础上，但是这是买卖双方取得长远发展和良好绩效的唯一途径。

（2）计划。1995 年沃尔玛公司与 Warner-Lambert 公司的 CPFR 为消费品行业推动双赢的供应链管理奠定了基础。此后，当国际行商标准协会 VCIS 定义项目公共标准时，认为需要在已有的结构上增加"P"，即合作规划及合作财务。此外，为了实现共同的目标，还需要双方制定促销计划、库存政策变化计划、产品导入和终止计划等。

（3）预测。CPFR 中的预测强调买卖双方必须做出最终的协同预测。协同预测可以大大降低整个供应链体系的低效率、死库存，提高产品销量，节约供应链的资源，最终实现协同。促销计划是实现预测精度提高的关键。CPFR 所推动的协同预测还有一个特点，就是它不仅关注供应链双方共同做出最终预测，同时也强调双方都应参与预测反馈信息的处理和预测模型的制定与修正，特别是如何处理预测数据的波动等问题。只有把数据集成、预测和处理的所有方面都考虑清楚，才有可能真正实现共同目标，使协同预测落在实处。

（4）补货。根据指导原则，协同运输计划也被认为是补货的主要因素。此外，例外状况的出现也需要转化为存货的百分比、预测精度、安全库存水准、订单实现的比例、前置时间以及订单批准的比例，所有这些都需要在双方公认的计分卡基础上定期协同审核。潜在的分歧，如基本供应量、过度承诺等，双方应加以解决。

CPFR 针对合作伙伴的战略和投资能力不同、市场信息来源不同的特点，建成一个方案组。零售商和制造商从不同的角度收集不同层次的数据，通过反复交换数据和业务情报改善制定需求计划的能力，最后得到基于 POS 的消费者需求的单一共享预测。这个单一共享需求计划可以作为零售商和制造商与产品有关的所有内部计划活动的基础，它能使价值链集成得以实现。以单一共享需求计划为基础能够发现和利用许多商业机会，优化供应链库存和改善顾客服务，最终为供应链伙伴带来丰厚的收益，如表 7-12 所示。

表 7-12 实施 CPFR 的利益

零售商	制造商	供应商
增加销售	增加销售	
较高的订单满足率	较高的服务水平（库存水平）	引导物料流向（减少存货点的数量）
较快的订单响应时间	降低产品库存	提高预测的准确度
降低产品库存，防止产品过时及变质	较快的循环周期	降低系统费用
	减少产能需求	

2) CPFR 的指导原则

CPFR 中贸易伙伴框架结构和运作过程以消费者为中心，并且面向价值链成功运作。其指导原则为：合作伙伴构成的框架及其运行规则主要根据消费者的需求和整个价值链的增值来制定；贸易伙伴共同负责开发单一、共享的消费者需求预测系统，这个系统驱动整个价值链计划；贸易伙伴均承诺共享预测并在消除供应过程约束上共担风险。

CPFR 能实现伙伴间更广泛深入的合作，它主要体现了以下思想。

（1）合作伙伴构成的框架及其运行规则主要基于消费者的需求和整个价值链的增值。由于供应链上各企业的运作过程、竞争能力、信息来源等不一致，在 CPFR 中设计了若干运作方案供各合作方选择，一个企业可选择多个方案，各方案都确定了核心企业来承担产品的主要生产任务。

（2）供应链上企业的生产计划基于同一销售预测报告。销售商和制造商对市场有不同的认识；销售商直接和最终用户见面，可根据 POS 数据来推测消费者的需求，同时销售商也和若干制造商有联系，并可了解其市场销售计划；制造商和若干销售商联系，并了解其商业计划。根据这些不同，在没有泄露各自商业机密的前提下，销售商和制造商可交换各自的信息和数据，来改善其市场预测能力，使最终的预测报告更为准确、可信。供应链上的各企业则根据这个预测报告来制定各自的生产计划，从而使供应链的管理得到集成。

（3）消除供应过程的约束限制。这个限制主要是由于企业的生产柔性不够。一般来说，销售商的订单所规定的交货日期比制造商生产这些产品的时间要短。在这种情况下，制造商不得不保持一定的产品库存，但是如果能延长订单周期，使之与制造商的生产周期相一致，那么制造商就可真正做到按订单生产及零库存管理，就可减少甚至去掉库存，大大提高企业的经济效益。另一个有望解决的限制是贯穿于产品制造、运输及分销等过程的企业间资源的优化调度问题。

3）基于 CPFR 的合作伙伴关系

基于 CPFR 的合作伙伴关系（见图 7-13）可分为 4 个职责层。第 1 层为决策层，主要职

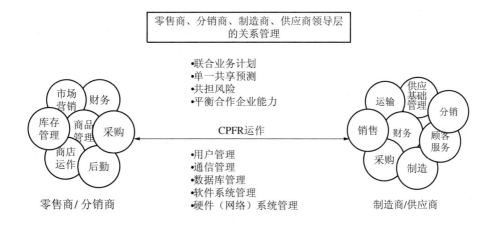

图 7-13 基于 CPFR 的合作伙伴管理

责是零售商、分销商、制造商和供应商领导层的关系管理，包括企业联盟目标和战略的制定、跨企业业务过程的建立、共享的领导层和执行、企业联盟的信息交换和共同决策；第2层为运作层，主要职责是CPFR的实施和运作，包括制定联合业务计划、建立单一共享需求预测、共担风险和平衡合作企业能力；第3层为内部管理层，主要职责是负责企业内部的运作和管理，在零售环境中主要包括商品或分类管理、库存管理、商店运作和后勤等，在供应环境中主要包括顾客服务、市场营销、制造、销售和分销等；第4层为系统管理层，主要负责供应链运作的支撑系统和环境管理及维护。

4）基于CPFR的价值观

在基于CPFR的供应链中，企业需要转变对自己、顾客和合作伙伴的价值观，主要表现在以下几个方面。

(1) 以"双赢"的态度看待合作伙伴和供应链的相互作用。企业必须了解整个供应链的过程，以发现自己的信息和能力在何处有助于供应链，进而有益于最终消费者和供应链合作伙伴。

(2) 为供应链成功运作提供持续保证，共同承担责任。这是基于CPFR的供应链成功运作所必需的企业价值观。每个合作伙伴对供应链的保证、权限和能力不同，合作伙伴应能够调整其业务活动以适应这些不同。无论在哪个职责层，合作伙伴坚持各自的保证和责任，这是供应链成功运作的关键。

(3) 正确处理长期利益与转向机会的关系。合作企业可能遇到来自供应链之外的一些机会，这些机会要求企业将重点转向其他产品。由于产品转向会较大地抑制合作伙伴的协调需求和供应计划的能力，它不能与CPFR共存，因此合作企业应该拒绝这种产品转向的机会。

(4) 实现跨企业、面向团队的供应链。团队成员可能参与其他团队，甚至与它们的合作伙伴的竞争对手合作。团队联合的深度和交换信息的类型可能造成多个CPFR团队中人员的冲突。在这种情况下，必须有效地构建支持完整团队和个体关系的公司价值系统。

(5) 制定和维护行业标准。公司价值系统的另一个重要组成部分是对行业标准的支持。每个公司有一个单独开发的过程，这会影响公司与合作伙伴的联合。制定行业标准必须具有便于实行的一致性，又允许公司间执行标准时因司制宜，这样才能被有效应用。开发和评价这些标准有利于合作伙伴的信息共享和合作。

3. CPFR的模型

CPFR的业务模型中，业务活动可划分为计划、预测和补给3个阶段，包括9个主要流程步骤。第1个阶段为计划，包括第1～2步；第2个阶段为预测，包括第3～8步；第3个阶段为补给，包括第9步（如图7-14所示）。表7-13是CPFR各步骤的目的和输出结果。

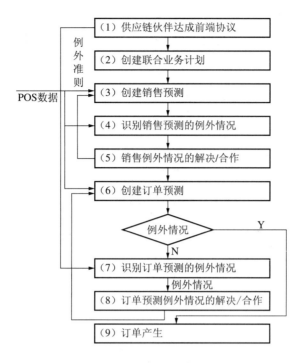

图 7-14　CPFR 过程图

（1）供应链伙伴达成前端合作协议。这一步是供应链合作伙伴（包括零售商、分销商和制造商等）为合作关系建立指南和规则，共同达成一个通用业务协议，包括合作的全面认识、合作目标、机密协议、资源授权、合作伙伴的任务和成绩的检测。

（2）创建联合业务计划。供应链合作伙伴相互交换战略和业务计划信息，以发展联合业务计划。合作伙伴首先建立合作伙伴关系战略，然后定义分类任务、目标和策略，并建立合作项目的管理简况（如订单最小批量、交货期、订单间隔等）。

（3）创建销售预测。利用零售商 POS 数据、因果关系信息、已计划事件信息创建一个支持共同业务计划的销售预测。

（4）识别销售预测的例外情况。识别分布在销售预测约束之外的项目，每个项目的例外准则需在第 1 步中得到认同。

（5）销售预测例外情况的解决/合作。通过查询共享数据、E-mail、电话、交谈、会议等解决销售预测例外情况，并将产生的变化提交给销售预测（第 3 步）。

（6）创建订单预测。合并 POS 数据、因果关系信息和库存策略，产生一个支持共享销售预测和共同业务计划的订单预测，提出分时间段的实际需求数量，并通过产品及接收地点反映库存目标。订单预测周期内的短期部分用于产生订单，在冻结预测周期外的长期部分用于计划。

（7）识别订单预测的例外情况。识别分布在订单预测约束之外的项目，例外准则在第 1 步已建立。

（8）订单预测例外情况的解决/合作。通过查询共享数据、E-mail、电话、交谈、会议等调查研究订单预测例外情况，并将产生的变化提交给订单预测（第 6 步）。

（9）订单产生。将订单预测转换为已承诺的订单。订单产生可由制造商或分销商根据能力、系统和资源来完成。

CPFR的模型可用于创建一个消费者需求的单一预测，协同制造商和零售商的订单周期，最终建立一个企业间的价值链环境，在获得最大盈利及顾客满意度的同时减少浪费和降低成本。

表7-13 CPFR的各步骤、目的和输出结果

序号	步骤	目的	输出结果
（1）	供应链伙伴达成前端合作协议	建立制造商、分销商或配送商合作关系的指导文件和游戏规则	制定符合CPFR标准并约定合作关系的蓝本，蓝本约定合作方交换的信息和分担风险的承诺
（2）	创建联合业务计划	合作方交换公司策略和业务计划信息以建立合作业务计划，从而有效地减低例外情况的发生	制定业务计划书并在业务计划书上明确规定策略、具体实施方法
（3）	创建销售预测	POS数据、临时信息和计划事件方面的信息采集并建立销售预测	共同建立销售预测
（4）	识别销售预测的例外情况	由制造商和配送商共同确定销售计划约束的例外情况	例外情况列表
（5）	销售例外情况的解决/合作	通过共享的数据、E-mail、电话交谈、会议等共同解决例外情况	调整修改过的销售计划
（6）	创建订单预测	POS数据、临时数据、库存策略结合起来制订订单预测方案以支持共享的销售预测和合作业务计划，以及以时间数为基础的实际数量和库存目标	以时间数为基础的精细订单预测和安全库存
（7）	识别订单预测的例外情况	由供应商和配送商共同确定订单预测约束例外情况	例外情况列表
（8）	订单预测例外情况的解决/合作	通过共享的数据、E-mail、电话交谈、会议等解决例外情况	修改过的订单预测
（9）	订单生成	由订单预测转化为确定的订单	订单及订单确认回执

4. CPFR的局限性

同传统的供应链库存管理模式相比，CPFR在改善供应链合作关系、提高顾客满意度和供应链整体运作效率方面，取得了重大进步，具有重要的理论和应用价值，但是它也存在局限性。

（1）以消费者为中心的思想未能完全实现，因为缺乏最主要的当事人——消费者的积极参与和密切配合。由于合作过程是在消费者缺席的情况下展开的，缺乏与消费者的互动和交流；而POS只能提供关于过去的统计数据，不能真正反映消费者未来需求的真实情况。所以，建立在POS基础上的需求预测难免存在偏差，以此存在偏差的信息驱动的供应链效率则不能完全令人满意。

（2）CPFR始于需求预测，终于订单产生，因此合作过程不是十分完善。CPFR的工作

重点是产品的生产领域和流通领域的良好对接,但这种合作仍集中于流通领域,主要通过更加接近实际的消费预测以驱动生产过程。

供应链管理涉及一系列错综复杂的业务活动,它不仅跨越由供应商、制造商、零售商及消费者等不同企业组成的供应链"空间通道",还经历了计划、执行订单、供货等供应链"时间通道"。尽管计划工作在供应链运营过程中居于重要地位,但供应链运营效果不但取决于计划制定过程中的合作行为,还取决于全过程中全体供应链成员的群策群力。所以,供应链成员之间的合作过程应该从计划工作开始,一直持续到生产出顾客满意的产品,并送到顾客手中为止。虽然 CPFR 对供应链企业之间的合作关系进行了一定的安排,但还远远不够。

思考与案例分析

1. 思考题

(1) EOQ 库存控制方法的适用条件是什么?

(2) 再订货点库存控制方法的适用条件是什么?

(3) 如何对 ABC 库存控制得出的不同类型库存进行管理?

(4) 比较 ABC 库存控制法和 MRP 库存控制法的优缺点。

(5) 供应链环境下的库存控制和传统库存控制方法的不同体现在哪儿?

(6) VMI 库存控制思想的条件是什么?适用什么样的企业?

(7) 什么是牛鞭效应?降低牛鞭效应的影响有哪些措施?

2. 案例分析

詹姆电子寻找有效的库存管理策略

1. 背景介绍

詹姆电子(JAM)是一家生产诸如工业继电器等产品的韩国制造商企业。公司在远东地区的 5 个国家拥有 5 家制造工厂,公司总部在首尔。

美国詹姆公司是詹姆电子的一个子公司,专门为美国国内提供配送和服务业务。公司在芝加哥设有一个中心仓库,为两类顾客提供服务,即分销商和原始设备制造商。分销商一般持有詹姆公司产品的库存,根据顾客需要供应产品;原始设备制造商使用詹姆公司的产品来生产各种类型的产品,如自动化车库的开门装置。

2. 实例

詹姆电子大约生产 2 500 种不同的产品,所有这些产品都是在远东地区制造的;产成品储存在韩国的一个中心仓库,然后从这里运往不同的国家。在美国销售的产品是通过海运运到芝加哥仓库的。

近年来,美国詹姆公司已经感到竞争大大加剧了,并感受到来自顾客要求提高服务水平和降低成本的巨大压力。不幸的是,正如库存经理艾尔所说:"目前的服务水平处于历史最低水平,只有大约 70% 的订单能够准时交货。另外,很多没有需求的产品占用了大量库存。"

在最近一次与美国詹姆公司总裁和总经理及韩国总部代表的会议中,艾尔指出了服务水平低下的几个原因。

(1) 预测顾客需求存在很大的困难。

(2) 供应链存在很长的提前期。美国仓库发出的订单一般要6~7周后才能交货。存在如此长的提前期主要原因：一是韩国的中央配送中心需要1周来处理订单；二是海上运输时间比较长。

(3) 公司有大量的库存。如前所述，美国詹姆公司要向顾客配送约2 500种不同的产品。

(4) 总部给予美国子公司较低的优先权。美国的订单提前期一般要比其他地方的订单早1周左右。

为了说明预测顾客需求的难度，艾尔向大家提供了某种产品的月需求量信息。但是，总经理很不同意艾尔的观点。他指出，可以通过空运的方式来缩短提前期。这样，运输成本肯定会提高。但是，怎么样进行成本节约呢？

最终，公司决定建立一个特别小组解决这个问题。

分析讨论题：

(1) 詹姆公司如何针对这种变动较大的顾客需求进行预测？

(2) 提前期和提前期的变动对库存有什么影响？詹姆公司该怎么处理？

(3) 对詹姆公司来讲，什么是有效的库存管理策略？

G医院的易耗品采购

G医院从许多供应商那里订货，确定订货数量时很少进行成本权衡。表7-14是从G医院库存中随机抽取的订货策略样本。假设G医院对这些物品都不保留安全储备。

表7-14 G医院随机抽取的订货策略样本

物品	目前订货量/件	年使用量/件	价格/元	年占用资金/元
A	500	1 000	30	30 000
B	30	360	5	1 800
C	72	432	50	21 600
D	10 000	5 000	0.42	2 100
E	600	1 800	3	5 400
合计				60 900

医院的某管理者在最近的一次培训中了解到关于库存控制的策略。由于库存货物的成本主要是资金的机会成本，他认为在G医院，货物单价的15%~30%是合理的储存成本百分比。接下来的工作中，他发现确定订货成本是比较困难的。经过仔细研究，他确定这项成本主要是工资，但确定分摊的最好办法只能是猜测。他估计，每份订单的成本为1~10元。

分析讨论题：

大幅度减少订货批量，增加订货次数需要医院的采购部门增加大量员工，这在未来的几年中是不可能的。是否有办法既节约成本又不增加订货次数？

参考文献

[1] 田奇. 仓储物流机械与设备 [M]. 北京：机械工业出版社，2008.
[2] 田源，张文杰. 仓储规划与管理 [M]. 北京：清华大学出版社，2009.
[3] 张耀平. 仓储技术与库存管理 [M]. 北京：中国铁道出版社，2007.
[4] 王大平. 物流设备应用与管理 [M]. 杭州：浙江大学出版社，2004.
[5] 刘云霞. 现代物流配送管理 [M]. 北京：北京交通大学出版社，2009.
[6] 张晓川. 现代仓储物流技术与装备 [M]. 北京：化学工业出版社，2003.
[7] 刘昌祺，金跃跃. 仓储系统设施设备选择及设计 [M]. 北京：机械工业出版社，2010.
[8] 张浩. 采购管理与库存控制 [M]. 北京：北京大学出版社，2010.
[9] 田源. 仓储管理. 2版 [M]. 北京：机械工业出版社，2009.
[10] 霍红，刘莉. 物流仓储管理 [M]. 北京：化学工业出版社，2009.
[11] 梁军. 仓储管理 [M]. 杭州：浙江大学出版社，2009.
[12] 孔令中. 现代物流设备设计与选用 [M]. 北京：化学工业出版社，2006.
[13] 于英. 物流技术装备 [M]. 北京：北京大学出版社，2010.
[14] 林立千. 设施规划与物流中心设计 [M]. 北京：清华大学出版社，2003.
[15] 张元昌. 仓储管理与库存控制 [M]. 北京：中国纺织出版社，2004.
[16] 刘莉. 仓储管理实务 [M]. 北京：中国物资出版社，2006.
[17] 孙明贵，李志远，金梅. 库存物流管理 [M]. 北京：中国社会科学出版社，2005.
[18] 裴少峰，曹利强，梁彤伟. 物流技术与装备学 [M]. 广州：中山大学出版社，2006.
[19] 王道平，侯美玲. 供应链库存管理与控制 [M]. 北京：北京大学出版社，2011.
[20] 张铎. 仓储规划与技术 [M]. 北京：清华大学出版社，2002.
[21] 白世贞，刘莉. 现代仓储物流技术与装备 [M]. 北京：中国物资出版社，2007.
[22] 现代物流管理课题组. 物流库存管理 [M]. 广州：广东经济出版社，2002.
[23] 邓世祯. 高效库存管理技法 [M]. 广州：广东经济出版社，2002.
[24] 刘昌祺，金跃跃. 仓储系统设施设备选择及设计 [M]. 北京：机械工业出版社，2010.
[25] 汤齐. 物流设施与规划 [M]. 北京：中国铁道出版社，2011.
[26] 周万森. 仓储配送管理 [M]. 北京：北京大学出版社，2005.
[27] 刘莉. 现代仓储运作与管理 [M]. 北京：北京大学出版社，2004.
[28] 申纲领. 仓储管理实务 [M]. 郑州：河南科学技术出版社，2009.
[29] 中国物流与采购联合会. 中国物流发展报告 [M]. 北京：中国物资出版社，2011.
[30] 孙磊，吴耀华，张冠女. 动态 EIQ-ABC 分析在配送中心规划中的应用 [J]. 山东大学学报（工学版）. 2007 (6)：81-85，113.
[31] 赖瑾. 智能 AGV 系统在现代报业印刷的应用分析 [J]. 广东印刷，2012 (2)：27-29.
[32] 汤向东. 供应链牛鞭效应的形成机理分析 [J]. 价值工程，2009 (5)：73-76.